广西财税与经济社会发展报告

(2019)

广西财经学院广西（东盟）财经研究中心／著

REPORT ON FINANCE,

TAXATION, ECONOMIC AND SOCIAL DEVELOPMENT

IN GUANGXI (2019)

社会科学文献出版社
SOCIAL SCIENCES ACADEMIC PRESS (CHINA)

前　言

在广西财经学院的大力支持下，广西（东盟）财经研究中心举全力打造的《广西财税与经济社会发展报告（2019）》正式问世了。本书是兼具研究性、决策参考性和史料性的智库产品，它以广西财税与地方经济社会发展关系为研究主线，以广西地方财税中心工作和经济发展重点、热点问题为导向，以定量分析为主要技术工具，开展前瞻性、战略性和储备性财税对策研究，充分体现各个角度各种背景的专业知识和见解，着力为广西各级党政部门财税经济社会决策提供独立的专业判断和资政服务，为财税研究和教学工作者提供专业的研究视点和丰富的研究史料，为社会各界了解广西财税与经济社会发展提供专业窗口。

专注、专业和持续深化研究才可能出智库精品。本书是民间智库成果最典型的呈现形式，以年度为时间单元连续跟踪研究是其最显著的特征。广西财经学院广西（东盟）财经研究中心是教育部国别与区域研究中心和广西壮族自治区高校重点智库，坚持为财经改革、领导决策、地方经济社会发展提供智力服务的“三服务”方向，提供财经智力服务。

本书选择地方财税与经济社会发展作为研究主题的思考。经济决定财税，经济基础决定财政收入。财政是国家治理的基础和重要支柱，财政支出决定社会发展，财税政策影响经济社会发展。服务经济社会发展是财政税收的重要职能，也是广西（东盟）财经研究中心的职能定位和坚持的重点方向。基于这样的认知，研究团队决定打破从财税视野研究财税发展问题的常态化路径，转向从经济社会发展的视角去研究财税问题，实现自我挑战。

本书研创的难点及解决思路。研究难点在于，怎样确定财政税收与经济社会的联结点，以避免最终研究成果出现财政税收与经济社会发展分析分层、割裂的问题。解决思路如下，首先在定性上，根据财政收支与经济社会发展的关系划分两大研究板块，第一大板块将财政收入与广西经济发展对接起来，第二大板块将财政支出与广西社会发展对接起来。其次在定量技术上，设计了4个维度的联结指标。第一个维度指标——财政收入负担，它对接了财政收入与GDP的关系；第二个维度指标——财税弹性系数指标，它对接了财政收入增长与GDP增长的匹配关系；第三个维度指标——财政收入贡献与经济贡献的匹配度指标，它对接了财政收入贡献与其经济贡献的匹配关系；第四个维度指标——基本公共服务财政支出负担指标，它对接了财政支出水平与基本公共服务支出水平的关系。综上，实现了财税与经济社会发展分析的有机联结。

本书系统梳理和评估了2018年广西财税收支与经济社会协调发展的状况和财税政策对经济社会的影响，纵向和横向定量比较评估2018年广西财税收支和经济社会协调发展水平与全国平均水平和典型东、中、西部省份①水平的差距，分析了差距存在的原因，有针对性地提出了对策建议；就2019～2020年经济社会发展形势对广西财税收支的影响进行了预测，展望了广西财税与经济社会协调发展的前景。

本书的主要研究结论如下。第一，基于广西经济发展的财政收入评估结论。广西财政收入是广西经济发展的重要体现。财政总收入、一般公共预算收入和税收负担平稳适中，宏观税收、产业税收、中央本级税收和增值税收入增长与经济增长的匹配度恰当，财政收入和税收收入结构也较为合理，共享税收入和第三产业税收对地方本级税收贡献最大，财政税收收入状况健康且可持续性较强。但是，地方财政收入有过度依赖中央财政转移支付的倾向，中央本级税收贡献高于地方本级税收贡献。做大经济蛋糕，培养地方税源，提高财政自给能力是未来的努力方向。第二，基于广西社会发展的财政支出评估结论。广西财政总支出指数和人均财政支出指数总体上都呈上升趋势，财政对民生性支出特别是对精准扶贫支出的倾斜指数快速上升，财政对

① 本书中“省份”包括省、自治区、直辖市。

广西社会发展的支出规模不断扩大。广西财政支出对广西社会的发展起到了强有力的支撑作用，也充分体现了广西贯彻落实国家精准扶贫方略和重点支出政策的力度。第三，基于横向比较视角的结论。一是广西收支上升水平相对于全国来说较慢，广西与全国平均水平的差距有拉大的趋势。二是广西平均和人均财政收入、税收收入全面低于东、中、西部和少数民族地区平均水平，并且差距较大，会影响广西人均基本公共福利水平，但这也符合广西作为西部欠发达省份的实际。三是广西第二产业和工业税负、企业所得税负、涉外经济和私营经济税负均低于全国平均水平，为广西工业、对外开放和私营企业发展提供了比较优势明显的税收营商环境。西部大开发税收政策以第二产业所得税优惠政策为主，广西作为少数民族自治区还享有对企业所得税地方分享部分的减免税权，广西独有的多重税收优惠政策叠加上述产业、领域的轻税负环境，有利于增强广西企业的发展后劲。四是广西税收总收入和地方本级税收都高度依赖共享税地方分享收入的贡献，这已成为一般规律，并在发达地区得到更典型的体现。但广西这项指标与全国平均水平仍有差距，可视为广西地方本级未来税源的增长点。建议广西地方政府高度重视共享税基的培育和建设，增强地方财政收入可持续发展动能。五是广西宏观税收弹性系数与全国相近，税收与经济增长的匹配性较好。虽然广西宏观税负水平与全国平均水平差距还较大，但差距在收窄。这也是经济欠发达地区的典型状态，与地方工业化发展处于相对较低的水平相关。提高广西工业化水平，是改善广西宏观税负水平的治本之策。六是广西产业税收贡献率和增值税收入贡献率与全国平均水平高度一致，显示出广西产业税收贡献和增值税收入贡献的可持续性。七是广西平均财政支出高于东部、略高于中部，但低于西部和少数民族地区，人均财政支出低于中部、西部和少数民族地区，一方面是由于广西作为欠发达地区，所获得的上级政府的转移支付更多，另一方面有可能是由人口因素造成的。八是广西的财政收支水平虽然在不断提高，但是与其他地区相比依然存在一定的差距，这样的财政收支水平目前还难以满足其职能需要。

本书写作人员及写作分工。本书总策划：霍军研究员、博士［广西财经学院广西（东盟）财经研究中心]。本书组织协调：廖文龙副校长、教授（广西财经学院），秦斌主任、教授［广西财经学院广西（东盟）财经研究中心办公室]，秦强副主任、副教授、博士［广西财经学院广西（东盟）财经研究中心办公室]。总报告：《广西财政与经济社会发展报告》（廖文龙教授；刘昶博士，中国财政科学研究院）；《广西税收与经济发展报告》（霍军研究员）。专题报告：《广西财税与产业发展报告》［梁来存教授、博士，广西财经学院广西（东盟）财经研究中心］；《广西县域财税与产业发展报告》［黄朝阳老师，广西财经学院党委、院长办公室；韦永贵博士，广西财经学院广西（东盟）财经研究中心］；《广西财税与区域经济协调发展报告》（吴碧波博士，广西社会科学院）；《广西税收与跨境贸易发展报告》（裴春梅博士，南宁师范大学）；《广西财政支持基本公共服务发展报告》（胡均民博士、研究员，广西财经学院财政与公共管理学院）；《广西财税营商环境发展报告》（龙丽佳讲师，广西职业师范学院）。附录及主要参考文献由霍军研究员整理。本书资料整理：陈晓老师［广西财经学院广西（东盟）财经研究中心，在读博士］，陆华讲师（广西财经学院财政与公共管理学院）。本书数据支持：苏娜老师（广西泛北东盟财经研究中心），高姣萍编辑（广西壮族自治区财政厅财政科学研究所），杨静经济师（国家税务总局广西壮族自治区税务局），王大敏和宋献靖同学（广西财经学院计算机专业本科生）。

在本书出版之际，谨向对广西财经学院广西（东盟）财经研究中心及本书研究工作给予大力支持和帮助的中国国际税收研究会，国家税务总局税收科学研究所，广西壮族自治区财政厅、商务厅、统计局和扶贫办，国家税务总局广西壮族自治区税务局，以及广西财经学院的领导和同志们表示诚挚的谢意！向对本书的研究给予精准专业指导的中国国际税收研究会副会长刘磊博士，国务院发展研究中心倪红日研究员，中国财政科学研究院二级教授孙钢，国家税务总局税收科学研究所研究员付广军博士，中国人民政治协商会议第十届广西壮族自治区委员会副主席、广西财政学会会长苏道俨，广西社会科学联合会副主席、研究员刘家凯等各位财税界知名专家学者表示诚挚的谢意！向对本书出版给予大力支持和帮助的社会科学文献出版社的领导和编辑表示诚挚的谢意！

由于编撰者水平有限，本书难免有疏漏和不足之处，恳请广大读者朋友批评指正。

编者

2020 年 5 月

目 录

CONTENTS

I General Reports

II Special Reports

总 报 告

General Reports

广西财政与经济社会发展报告

一 2018年基于广西经济社会发展的财政收支总体评估

基于广西经济社会发展的财政收支总体评估部分的主要目的是通过历史数据的分析对广西财政收支指标进行综合评估。本部分分别基于广西经济发展和社会发展评估广西财政收入和支出指标。

《中华人民共和国预算法》（以下简称《预算法》）规定，中国的预算包括一般公共预算①、政府性基金预算、国有资本经营预算、社会保险基金预算②。也就是说目前中国的预算体系由四本预算组成。其中，一般公共预算是主体，其他三本预算是其重要组成部分。本报告的综合评估部分除了涉

① 一般公共预算是新《预算法》修订之后的称谓，此前曾一度被称为公共财政预算。目前部分统计数据仍沿用公共财政预算的称谓，如《广西统计年鉴》。本报告一律使用新《预算法》所确定的新的称谓。

② 2014 年 8 月 31 日新修订通过的《中华人民共和国预算法》第五条。

及一般公共预算外，还涉及政府性基金预算和国有资本经营预算，基本不涉及社会保险基金预算。因为广西自 2010 年才对外公布国有资本经营预算，并且在《广西财政年鉴》中专门给出“广西壮族自治区国有资本经营预算收支决算总表”，为了数据统一，本部分评估所使用数据均从 2010 年开始①。另外，本报告将基期统一确定为 2018 年。

（一）基于广西经济发展的财政收入指标评估

财政收入是经济发展的函数，其中，财政收入是因变量，而经济发展是自变量。财政收入与经济发展直接相关，这种经济相关性或相关度既体现在总量上，也体现在结构上。本报告认为财政与经济相关度至少体现在以下三个指标上：①财政收入负担指标；②财政收入弹性指标；③基于财政收入结构的财政依存度指标。② 以上这三个指标也就是本报告将要分析的基于广西经济发展的财政收入指标。一般而言，这几个指标都应与经济发展相适应，而且大致保持平稳，并处于适度、合理的区间范围之内，否则反过来就会对经济发展产生破坏和干扰作用。

1. 基于 GDP 的广西财政收入负担指标

财政收入负担衡量的是一个地区的经济所承担的财政收入负担状况。鉴于财政收入有不同口径的概念，此处分为财政总收入负担、一般公共预算收入负担、非税收入负担及地方债务收入负担等几个指标③。2010～2018 年广西财政收入负担汇总如表 1 所示。

---

① 实际上除了国有资本经营预算的限制外，2007 年的政府收支分类改革、2008 年土地出让预算收入完全纳入政府性基金预算管理、2011 年预算外收入完全纳入预算管理等预算管理因素都是本报告财政部分时间选取限制的重要因素。

② 前两个指标参考《国家税务总局系统组织收入工作考核办法（试行）》（国税发〔2000〕39 号），其中一个考核指标就是税收与经济相关度，包括两个子指标，即税收负担和税收弹性系数。最后一个指标类似于《财政管理工作绩效考核与激励办法》（财预〔2018〕222 号）中的财政收入质量指标。

③ 税收收入是财政收入的重要组成部分，鉴于下一篇报告中将专门论述税收相关问题，此处就不重复了。

表 1　2010～2018 年广西财政收入负担汇总

单位：%

年份	财政总收入负担	一般公共预算收入负担	税收负担	非税收入负担	地方债务收入负担
2010	12.84	8.07	5.58	2.49	0.57
2011	13.16	8.08	5.50	2.58	0.51
2012	13.89	8.95	5.85	3.10	0.54
2013	13.85	9.12	6.06	3.06	0.66
2014	13.80	9.07	6.24	2.83	0.71
2015	13.88	9.02	6.14	2.88	5.30
2016	13.40	8.50	5.66	2.84	4.18
2017	14.06	8.72	5.71	3.01	5.06
2018	13.71	8.26	5.51	2.75	4.18

第一，财政总收入负担。

财政总收入负担，反映的是一定时期内某一地区所有居民和企业所承担的税收负担和非税收入负担之和。财政总收入指的是地方本级一般公共预算收入加上按照分税制财政管理体制上划中央的收入，包括全部的消费税以及共享税中属于中央的部分税收收入，如增值税的 75%（或 50%）①，企业所得税以及个人所得税的 60%，等等。

如表 2 所示，2010～2018 年广西财政总收入负担整体上经历了一个先上升后保持平稳再波动的变化过程。具体地，2010～2012 年广西财政总收入负担稳步上升，2013～2015 年保持平稳，而 2016 年出现了下滑，2017 年又出现了反弹，2018 年再次回落。一般指标下，一个地区的财政总收入负担应保持稳定。既不宜过高，也不宜过低，过高说明该地区的企业和居民的负担过重；过低则说明该地经济对财政收入的贡献过低，无法满足本地区居民对公共服务的需求。

① 2016 年 5 月 1 日"营改增"试点全面推开，原属于地方收入的营业税全部改为增值税。为了照顾地方利益，中央对全面"营改增"之后的增值税收入进行了重新划分。按照《国务院关于印发全面推开营改增试点后调整中央与地方增值税收入划分过渡方案的通知》（国发〔2016〕26 号）规定，自 2016 年 5 月 1 日起中央和地方增值税的分成比例由原来的75%∶25%调整为 50%∶50%。

表2　2010～2018年广西财政总收入负担

单位：%

年份	财政总收入负担
2010	12.84
2011	13.16
2012	13.89
2013	13.85
2014	13.80
2015	13.88
2016	13.40
2017	14.06
2018	13.71

资料来源：历年《广西统计年鉴》《广西财政年鉴》以及广西统计局和财政厅官网。

第二，一般公共预算收入负担。

一般公共预算收入负担，包括一个地区所有居民和企业所承担的税收负担、非税收入负担之和。

从表3可以看出，2010～2018年广西一般公共预算收入负担经历了先上升再下降的整体趋势。具体来说，2010～2011年基本持平，没有明显变化，但是2012年有一定幅度的上升，2013～2015年，广西一般公共预算收入负担基本保持稳定，2015年之后开始出现较大幅度的下降，2017年有所反弹，但2018年又继续下降。正常指标下，与财政总收入负担一样，一个地区的一般公共预算收入负担应该保持合理范围内的稳定。

表3　2010～2018年广西一般公共预算收入负担

单位：%

年份	一般公共预算收入负担
2010	8.07
2011	8.08
2012	8.95
2013	9.12
2014	9.07

续表

年份	一般公共预算收入负担
2015	9.02
2016	8.50
2017	8.72
2018	8.26

资料来源：历年《广西统计年鉴》《广西财政年鉴》以及广西统计局和财政厅官网。

第三，非税收入负担。

非税收入负担，反映的是一个地区所有居民和企业所承担的税收负担以外的非税收入负担之和。按照《政府非税收入管理办法》（财税〔2016〕33号）规定，非税收入是指除税收收入以外，由各级国家机关、事业单位、代行政府职能的社会团体及其他组织依法利用国家权力、政府信誉、国有资源（资产）所有者权益等取得的各项收入。该办法还指出了非税收入的外延，包括行政事业性收费收入、政府性基金收入、罚没收入、国有资源（资产）有偿使用收入、国有资本收益等12种非税收入，但不包括社会保险费、住房公积金（指计入缴存人个人账户部分）。此处的非税收入仅指纳入一般公共预算管理的部分非税收入项目。

如表4所示，2010～2018年广西非税收入负担呈现波动式变化趋势。具体来看，只有2010～2012年有较大幅度的增长，在2012年达到峰值之后开始下降，到2014～2016年基本保持平稳，2017年小幅上升，2018年又开始回落。

表4　2010～2018年广西非税收入负担

单位：%

年份	非税收入负担
2010	2.49
2011	2.58
2012	3.10
2013	3.06

续表

年份	非税收入负担
2014	2.83
2015	2.88
2016	2.84
2017	3.01
2018	2.75

资料来源：历年《广西统计年鉴》《广西财政年鉴》以及广西统计局和财政厅官网。

第四，地方债务收入负担。

地方债务收入负担，反映的是地方政府所承担的债务负担。中国的地方债务管理经历了几个不同的发展阶段，一开始是由财政部代发代还地方债，接着在部分地区试点自发代还，最后放开由地方省级政府（包括计划单列市）自发自还。该项收入的名称也经历了“国债转贷收入”“财政部代理发行地方政府债券收入”“地方政府债务收入”等。地方政府债务收入的数据从历年的《中国财政年鉴》广西一般公共预算收支决算总表的线下项目获取。

从表5可以看出，2010～2018年广西地方债务收入负担变化可以分为两个阶段，以2015年为分界线，一个阶段是2015年之前，另一个是2015年之后。具体地，2010～2014年广西地方债务收入负担总体呈上升趋势，而2015年陡然增加，自此以后呈现波浪式变动的态势。主要原因是2014年新《预算法》修订以后允许地方省级政府按照市场化原则自发自还地方政府债券。

表5　2010～2018年广西地方债务收入负担

单位：%

年份	地方债务收入负担
2010	0.57
2011	0.51
2012	0.54
2013	0.66
2014	0.71

续表

年份	地方债务收入负担
2015	5.30
2016	4.18
2017	5.06
2018	4.18

资料来源：2010～2017 年的数据来自《中国财政年鉴》线下项目，不包括结余债务收入，因为这不是当年的数据，2018 年的数据则来自《广西壮族自治区全区与自治区本级 2018 年预算执行指标和 2019 年预算（草案）》。

2. 广西财政收入与经济增长匹配性指标

本报告中财政收入与经济增长之间的匹配关系或匹配性可以使用数学上的弹性系数来表示。弹性（Elasticity）或弹性系数是现代经济学的基本概念之一，主要用来衡量某一经济变量（因变量）随另一经济变量（自变量）的变化而变化的程度或敏感性。具体而言，它就是这样一个指标或数字，它指的是当一个经济变量发生一个百分点的变动时，由它引起的另一个经济变量变动的百分比。经济上所使用的弹性的基本公式为：弹性系数 = 因变量的变动比例/自变量的变动比例。本报告即借用经济学中弹性这一基本概念来衡量财政收入与经济增长之间的匹配性。

财政收入弹性系数是衡量财政收入与经济增长之间关系的指标，指的是财政收入变动与经济增长变动的比值。一般而言，每年的财政收入总是随经济增长而有一定增加，因此，财政收入弹性系数总是大于 0。而且，财政收入增长比例应该和经济增长比例大致相同，即当财政收入弹性系数为 1 时，增长形势比较完美和协调。但是，财政收入增长受多种因素影响，比如经济结构对财政收入增长的影响，包括由产业结构、所有制结构、国民收入结构和分配结构的调整及变化导致的财源结构和财政收入质量的改变；另外，税制改革、征管及统计口径等因素也会影响财政收入指标。因此，由于受多种因素的影响，财政收入和经济增长会出现不同步的情况。

财政收入弹性系数既反映财政收入与经济增长之间的协调性和匹配性，同时还是反映财政收入的汲取效率以及国民经济的财政收入边际负担水平的重要指标。所以，弹性系数应保持在合理区间。而且，财政收入与经济发展之间的匹配应该是一个动态匹配的过程。

因为财政收入有几个层次的概念，所以分别使用财政总收入弹性系数、一般公共预算收入弹性系数、税收收入弹性系数（见下一篇报告）、非税收入弹性系数、地方债务收入弹性系数等指标详细揭示广西财政收入与经济增长之间的匹配关系。

计算弹性系数有两种方法，一种是以现价计算，另一种是以不变价计算。如果以现价计算，2017 年 GDP 的增长率仅为 1.12%，与前后年份的差距较大，这样必然导致 2017 年的弹性系数出现畸高的问题。为了便于比较，本报告将两种计算方法的结果同时呈现（见表 6 和表 7）。

表 6　2010～2018 年广西财政收入弹性系数（现价）

年份	财政总收入弹性系数	一般公共预算收入弹性系数	税收收入弹性系数	非税收入弹性系数	地方债务收入弹性系数
2010	1.16	1.04	1.19	0.73	-0.66
2011	1.14	1.01	0.92	1.21	0.40
2012	1.55	2.05	1.63	2.96	1.64
2013	0.97	1.20	1.37	0.87	3.11
2014	0.95	0.94	1.38	0.06	1.99
2015	1.09	0.91	0.76	1.23	97.32
2016	0.58	0.30	0.05	0.84	-1.54
2017	5.45	3.37	1.85	6.40	19.78
2018	0.72	0.42	0.62	0.04	-0.94

表 7　2010～2018 年广西财政收入弹性系数（不变价）

年份	财政总收入弹性系数	一般公共预算收入弹性系数	税收收入弹性系数	非税收入弹性系数	地方债务收入弹性系数
2010	1.89	1.70	1.95	1.20	-1.08
2011	2.08	1.85	1.69	2.21	0.74
2012	1.54	2.04	1.61	2.94	1.62
2013	1.04	1.27	1.46	0.93	3.31
2014	0.95	0.93	1.37	0.06	1.98

续表

年份	财政总收入弹性系数	一般公共预算收入弹性系数	税收收入弹性系数	非税收入弹性系数	地方债务收入弹性系数
2015	0.97	0.81	0.68	1.09	86.64
2016	0.71	0.37	0.06	1.04	-1.90
2017	0.86	0.53	0.29	1.01	3.13
2018	1.05	0.60	0.89	0.05	-1.36

第一，财政总收入弹性系数。

财政总收入弹性系数是衡量财政总收入与经济增长之间关系的指标，指的是财政总收入变动与经济增长变动的比值。通过对广西 2010～2018 年的数据进行计算，可以得出 9 年间的财政总收入弹性系数。表 8 同时给出现价和不变价计算的财政总收入弹性系数。

表 8　2010～2018 年广西财政总收入弹性系数

年份	财政总收入弹性系数（现价）	财政总收入弹性系数（不变价）
2010	1.16	1.89
2011	1.14	2.08
2012	1.55	1.54
2013	0.97	1.04
2014	0.95	0.95
2015	1.09	0.97
2016	0.58	0.71
2017	5.45	0.86
2018	0.72	1.05

现价计算的财政总收入弹性。从表 8 中可以看出，2010～2015 年弹性系数比较平稳，基本上围绕单位弹性 1 没有很大的波动，但是 2016～2018 年经历了大幅波动，2017 年的弹性系数突然增加到 5.45，到 2018 年基本又恢复到 2016 年的水平，发生如此大波动的主要原因是以现价计算的 GDP 增速太低了。

以不变价计算的结果相对而言要平稳得多。如表 8 所示，2010～2018 年以不变价计算的广西财政总收入弹性系数整体上经历了从下降到平稳的过程，2013～2018 年基本上呈现围绕在单位弹性 1 周围平稳波动的态势。

第二，一般公共预算收入弹性系数。

一般公共预算收入弹性系数是衡量一般公共预算收入与经济增长之间关系的指标，指的是一般公共预算收入变动与经济增长变动的比值。同样计算了现价和不变价的一般公共预算收入弹性系数，如表 9 所示。

表 9　2010～2018 年广西一般公共预算收入弹性系数

年份	一般公共预算收入弹性系数（现价）	一般公共预算收入弹性系数（不变价）
2010	1.04	1.70
2011	1.01	1.85
2012	2.05	2.04
2013	1.20	1.27
2014	0.94	0.93
2015	0.91	0.81
2016	0.30	0.37
2017	3.37	0.53
2018	0.42	0.60

现价计算的一般公共预算收入弹性，在 2010～2018 年经历了几次比较大的波动，2010～2013 年，先从 2010 年的 1.04 的系数上升到 2012 年的 2.05，然后到 2013 年又跌至 1.20 的系数，在 2014～2015 年比较平稳但是有微小的下降，到 2016 年已经下降到 0.5 以下了，但是 2017 年又有了一个很大幅度的上升至 3.4 左右，2018 年断崖式下跌至 0.5 以下。主要还是因为现价计算的 GDP 增速较低。不变价计算的一般公共预算收入弹性，从 2010 年小幅增至 2012 年的 2.04，接着从 2013 年开始一路跌至 0.37，后又恢复至 0.5 左右。

第三，非税收入弹性系数。

非税收入弹性系数是衡量非税收入与经济增长之间关系的指标，指的是非税收入变动与经济增长变动的比值。同样对比现价和不变价计算的非税收入弹性系数，现价计算的弹性系数波动较大，而不变价计算的弹性系数波动要小，而且总的变动趋势与一般公共预算收入弹性类似，见表 10。

表 10　2010～2018 年广西非税收入弹性系数

年份	非税收入弹性系数(现价)	非税收入弹性系数(不变价)
2010	0.73	1.20
2011	1.21	2.21
2012	2.96	2.94
2013	0.87	0.93
2014	0.06	0.06
2015	1.23	1.09
2016	0.84	1.04
2017	6.40	1.01
2018	0.04	0.05

第四，地方债务收入弹性系数。

地方债务收入弹性系数是衡量地方债务收入与经济增长之间关系的指标，指的是地方债务收入变动与经济增长变动的比值。表 11 显示，2010～2016 年债务现价和债务不变价的变动趋势基本一致，2015 年有大幅度的增长，但是到 2016 年又大幅下降。地方债务收入弹性系数变动的主要原因是债务管理制度的变化，因为 2015 年新《预算法》实施，允许地方省级政府自借自还地方政府债务，因此这一年的债务规模相对于前一年有大幅度的提升，反映在地方债务收入弹性系数上也是如此。

表 11　2010～2018 年广西地方债务收入弹性系数

年份	地方债务收入弹性系数(现价)	地方债务收入弹性系数(不变价)
2010	-0.66	-1.08
2011	0.40	0.74
2012	1.64	1.62
2013	3.11	3.31
2014	1.99	1.98
2015	97.32	86.64
2016	-1.54	-1.90
2017	19.78	3.13
2018	-0.94	-1.36

资料来源：2010～2017 年的数据来自《中国财政年鉴》线下项目，不包括结转等，因为这不是当年的数据，2018 年的数据则来自《广西壮族自治区全区与自治区本级 2018 年预算执行指标和 2019 年预算（草案）》。

3. 基于财政收入结构的广西财政依存度指标

财政收入由不同性质的收入共同组成，理论上包括税收收入和非税收入两类。而且，中国实行的是特殊的复式预算管理体制，所以中国的财政收入又可以按照预算类别分为一般公共预算收入、政府性基金预算收入、国有资本经营预算收入和社会保险基金预算收入。政府财政对不同类别的财政收入的依赖是有差别的，这里使用依存度这个指标来揭示。

计算财政依存度指标的关键在于确定分母。一种是使用财政收入做分母，而财政收入又分为狭义的一般公共预算收入和加上其他预算收入后更广义的财政收入。因为不同的预算之间存在复杂的衔接关系，如果简单地进行加总的话，就会造成重复计算等问题，所以如果选择财政收入做分母，我们暂时选择《中国财政年鉴》中的一般公共预算收入总计做分母。一般公共预算收入总计除了线上的地方本级一般公共预算收入（税收收入和非税收入）外，还包括线下的中央补助收入和地方政府债务收入，以及其他一些调整项目，如结余收入、调入收入等。另一种是使用财政支出做分母，理由是财政收入最基本的目的是满足财政支出需要，以财政支出做分母计算财政依存度，表示政府的财政支出对不同收入的依赖程度，因此具有重要的意义。如果选择财政支出做分母，则使用一般公共预算支出作为分母。而且选用的是一般公共预算支出合计，因为在统计上一般公共预算支出合计等于前面的一般公共预算收入总计。综上，最终以一般公共预算收入总计或一般公共预算支出合计作为依存度指标的分母。而且，以一般公共预算支出合计做分母的指标要高于以一般公共预算收入总计做分母的指标。

第一，对一般公共预算收入的依存度。

对一般公共预算收入的依存度是指一般公共预算收入在一般公共预算中所占的比重。地方一般公共预算收入相对于一般公共预算支出的比重，我们一般称为地方财政自给率。这与后面提到的对上级财政的依赖度是相对的概念。

在本报告中，我们为了更加全面准确地反映问题，将一般公共预算收入和支出分别作为分母进行计算，并且在一张图中呈现以便比较，具体见图 1。

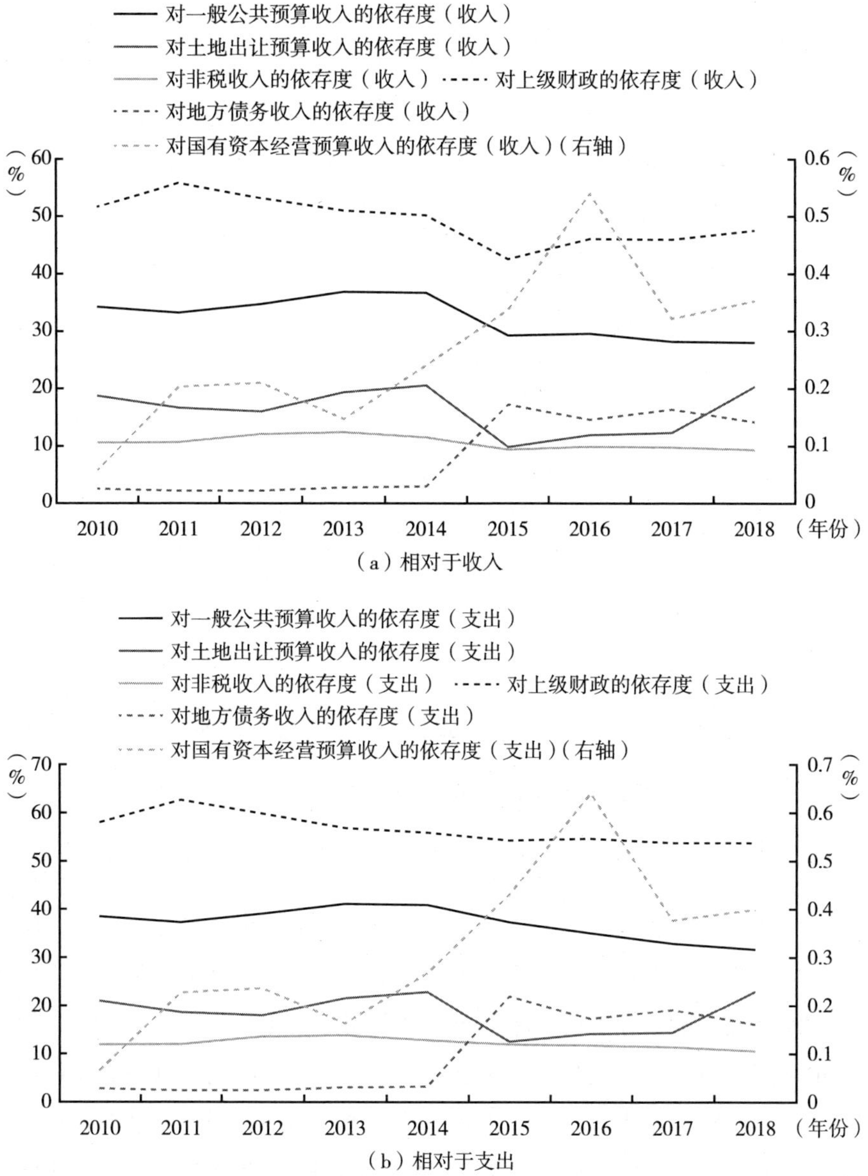

图1　2010～2018年广西财政收入依存度

如图2所示，无论是相对于一般公共预算收入总计还是相对于一般公共预算支出合计，财政对一般公共预算收入依存度的变化趋势基本是一致的，表现为先缓慢上升再下降，下降幅度比上升幅度稍大。具体来说，2010～2013 年小幅度缓慢上升，在 2013 年到达峰值之后开始下降。下降的过程中，按照收入计算的依存度下降的幅度较大、速度较快，直接从 36.87% 降到 2015 年的 29.22%；而按照支出计算的依存度则呈缓缓下降的趋势。而且，从依存度指标的数值来看，广西财政对一般公共预算收入的依存度不大，2018 年广西财政支出对一般公共预算收入的依存度约为 32%。

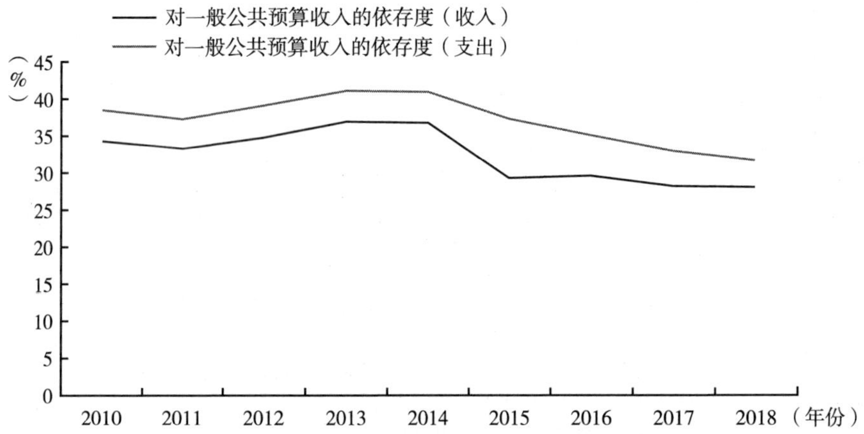

图 2　2010～2018 年广西对一般公共预算收入的依存度

第二，对土地出让预算收入的依存度。

对土地出让预算收入的依存度是反映财政对土地出让预算收入依存度的指标。因为土地出让预算收入来自政府性基金预算，而分母则来自一般公共预算，所以这里的依存度仅是相当于，并非实际占比。

根据图 3 所示，无论是以一般公共预算收入为参照还是以一般公共预算支出为参照，对土地出让预算收入的依存度指标的变化趋势几乎是一模一样的，波动的时间点都是一致的，从 2010 年开始下降到 2012 年，然后开始上升到 2014 年，再下降到 2015 年达到最低点，然后又开始上升，一直到 2018 年基本回升到 2014 年的高度。国有土地出让预算收入的跨年度波动比较大，原因是土地出让预算收入与房地产市场的波动高度关联，随行就市的特点明显。对土地出让预算收入依赖过大会对地方财政经济带来一定的风险。

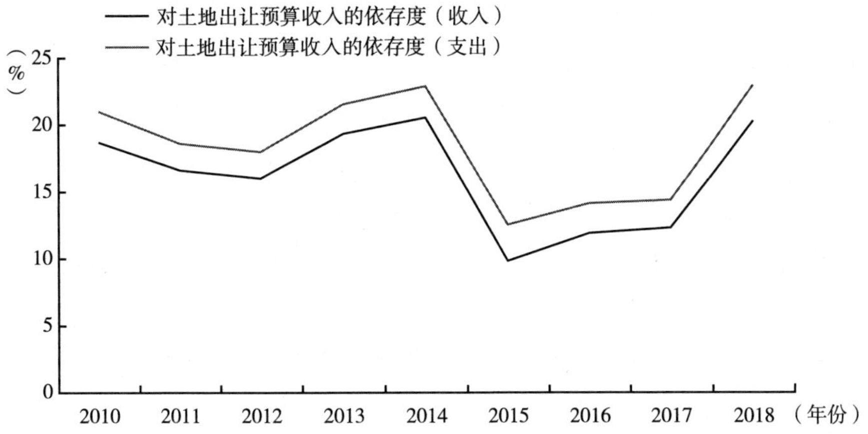

图 3　2010～2018 年广西对土地出让预算收入的依存度

第三，对国有资本经营预算收入的依存度。

对国有资本经营预算收入的依存度是反映财政对国有资本经营预算收入依存度的指标。同样，因为国有资本经营预算收入来自国有资本经营预算，而分母则来自一般公共预算，所以这里的依存度仅是相当于，并非真的占比，具体见图 4。

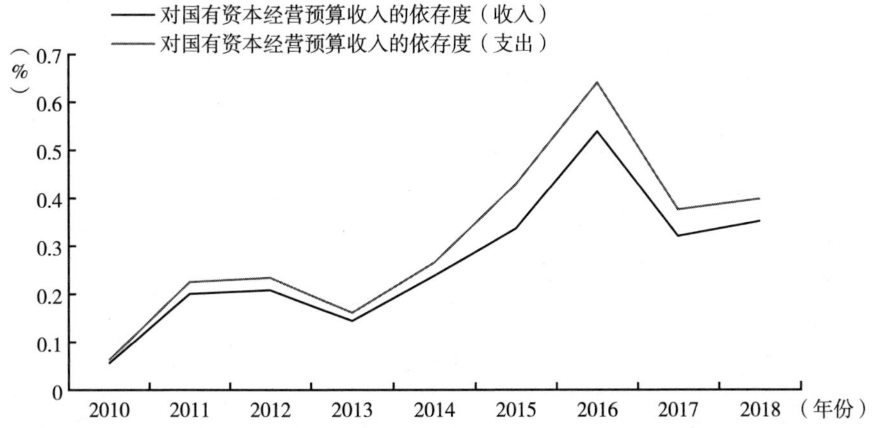

图 4　2010～2018 年广西对国有资本经营预算收入的依存度

图4显示，按照一般公共预算收入和一般公共预算支出计算的依存度曲线的变化趋势基本一致。总体来看，2010～2016年呈现上升趋势，且上升幅度较大，在2016年达到最高点，其中从2010年上升到2011年后，持平了一年，但是到了2012年开始有所下降，一直到2013年后才又开始增长，并且增速较快，到2016年到达峰值后开始下降，从2017年又有所回落。不过，从依存度指标的数值来看，广西财政对国有资本经营预算收入的依存度相对很低，2018年广西财政收入对国有资本经营预算收入的依存度仅为0.35%，而财政支出对国有资本经营预算收入的依存度也才约为0.4%。

第四，对非税收入的依存度。

对非税收入的依存度是反映财政对非税收入依存度的指标。虽然，前面分析的土地出让预算收入和国有资本经营预算收入在性质上也属于非税收入，但是这里的非税收入仅仅指一般公共预算中的非税收入，并不包括土地出让预算收入和国有资本经营预算收入。

图5显示，无论是根据一般公共预算收入计算还是根据一般公共预算支出计算的对非税收入的依存度，它们的变动趋势基本一致。总体来看，变化波动的幅度并不太大，2010～2013年呈缓慢增长趋势，2013年后开始下降。按照一般公共预算收入计算的指标在2015年下降幅度稍大，随后呈缓慢下降趋势。

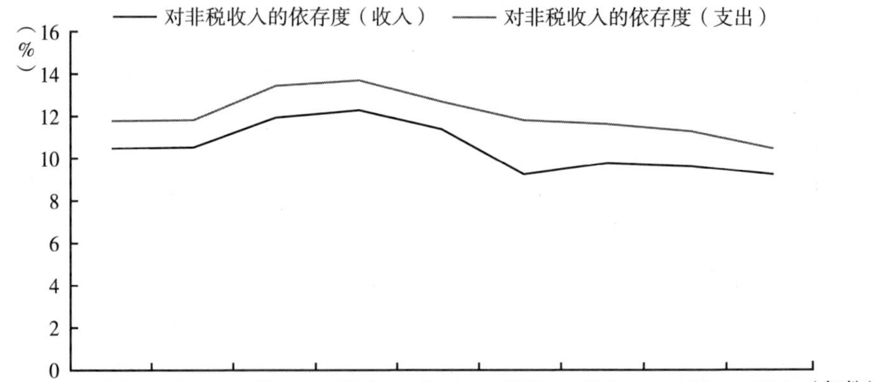

图5　2010～2018年广西对非税收入的依存度

第五，对上级财政的依存度。

对上级财政的依存度是反映地方财政对上级财政依存度的指标。中央财政补助包括中央对地方的转移支付和税收返还，其中转移支付是主体。转移支付相对于一般公共预算支出的比重，我们一般将其称作转移支付依赖度。其实，对上级财政的依赖与前面提到的地方财政自给率是相对的概念。

图 6 显示，无论是按照收入还是支出计算的对上级财政的依存度，其变化趋势基本上是一致的，只是按照一般公共预算支出计算的依存度变化更为平缓，而按照一般公共预算收入进行计算的依存度变化波动相对更大。2011 年相对 2010 年有所提升，2011 ~ 2015 年一路下降，2016 年相对 2015 年有所提升，然后又下降，2018 年再度提升。而且，从依存度指标的数值来看，广西财政对上级财政的依存度较高，2018 年广西财政支出对中央补助收入的依存度约为 54%。

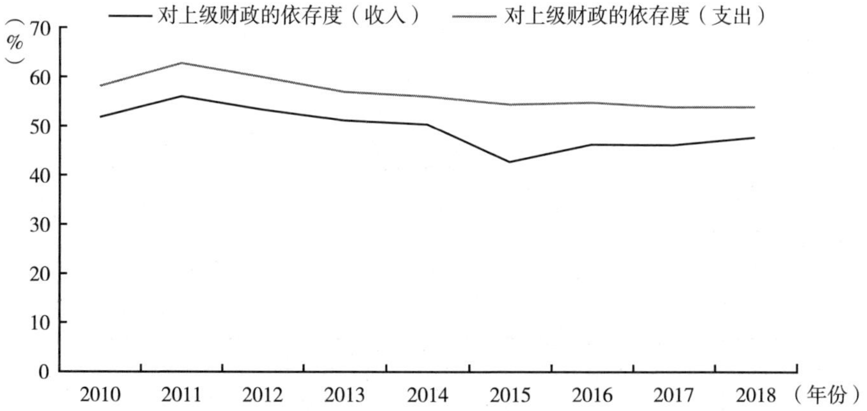

图 6　2010 ~ 2018 年广西对上级财政的依存度

资料来源：2018 年的数据来自《广西壮族自治区全区与自治区本级 2018 年预算执行指标和 2019 年预算（草案）》。

第六，对地方债务收入的依存度。

对地方债务收入的依存度是指地方债务收入在一般公共预算中所占的比重。地方债务收入相对于一般公共预算支出的比重，我们一般称之为债务收入依存度。债务收入依存度是通行的衡量政府债务规模适度性和财政健康性或持续性的参考指标之一。当政府债务的发行量过大，债务收入依存度过高时，表明财政过分依赖债务收入，财政处于脆弱的状态，并对财政的未来发展构成潜在的威胁。因为债务收入毕竟是一种有偿性的收入，未来是要承担还本付息责任的。而且，一般认为债务收入的实质是延期的税收收入，而财政支出主要还是应依赖税收收入。

图 7 显示，按照两种方式计算的对地方债务收入的依存度的变化趋势几乎一致，都是 2010 ~2014 年变化较小，从 2015 年才开始陡然快速增长，随后反复波动，2016 年下降，2017 年又上升，2018 年基本又下降到 2016 年的水平。2015 年债务收入依存度陡升的原因与前面债务收入负担和债务收入弹性的原因基本一致，主要是预算管理制度的变化导致。另外，从具体的数值来看，2018 年广西财政支出对地方债务收入的依存度约为 16%。

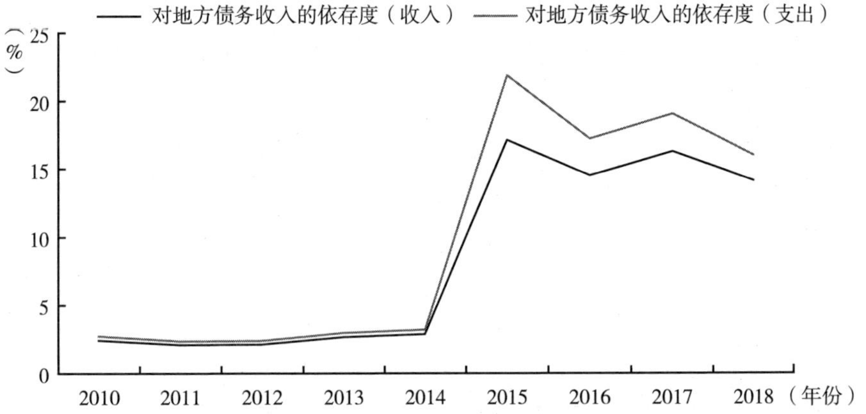

图 7　2010 ~2018 年广西对地方债务收入的依存度

（二）基于广西社会发展的财政支出指标评估

财政是国家治理的基础和重要支柱，财政支出理应为经济社会发展服务，广西的财政支出要坚持为全区经济社会发展提供强有力的财政支撑。而且，现在预算审查的重点已经由收支平衡和赤字规模向支出预算和政策拓展。目前的财政支出由需求管理的工具越来越多地向社会政策转变。所以财政支出是预算管理的重点，也是政府政策的重点。在基于社会发展的财政支出状况评估部分，我们按照财政支出总量和结构的分类办法，将支出评估分为对财政总支出的评估和对财政支出结构的评估。

1. 广西财政总支出指标

本节支出的数据是一般公共预算中的地方本级一般公共预算支出，也是《中国财政年鉴》中地方政府预决算表中的一般公共预算支出合计数，即线上支出数。为什么不是支出总计数，即包括线下项目的支出数呢？因为线上项目才是符合地方支出意图的支出，而线下项目主要包括“债务还本”、“上解中央的支出”和“年终结余”等，如果将这些项目算在一起则不合理，所以财政总支出指的是广西本级一般公共预算支出合计数。

第一，财政总支出规模。

此处我们采用相对规模，而非绝对规模。为了去除价格因素的影响，我们使用财政支出总额除以同期的 GDP 来作无量纲化处理。从表 12 中可以看出广西的财政总支出规模基本上呈现稳步上升的态势。

表 12　2010～2018 年广西财政总支出规模

单位：%

年份	规模
2010	20.98
2011	21.72
2012	22.90
2013	22.09
2014	22.20
2015	24.26
2016	24.42
2017	26.52
2018	26.09

第二，人均财政支出。

从表 13 中可以看出，广西的人均财政支出水平呈现持续上升的态势。

表 13　2010～2018 年广西人均财政支出

年份	财政支出总额(万元)	人口(万人)	人均财政支出(元)
2010	20075900	4610	4354.86
2011	25452800	4645	5479.61
2012	29852261	4682	6375.96
2013	31922604	4719	6764.70
2014	34797900	4754	7319.71
2015	40764211	4796	8499.63
2016	44724830	4838	9244.49
2017	49128931	4885	10057.10
2018	53108900	4926	10781.34

2. 基于财政支出结构的广西财政支出倾斜指标

支出结构能够准确反映政府的政策重点。支出倾斜反映了政府的各个支出项目上的选择和偏好，目前社会关注度比较高的就是民生支出，另外三大攻坚战中精准脱贫和污染防治也需要财政大力支持，因此将财政支持扶贫和环保作为重点予以关注。分别列在精准扶贫支出和生态环境支出下反映。2010～2018 年广西财政支出倾斜指标如图 8 所示。

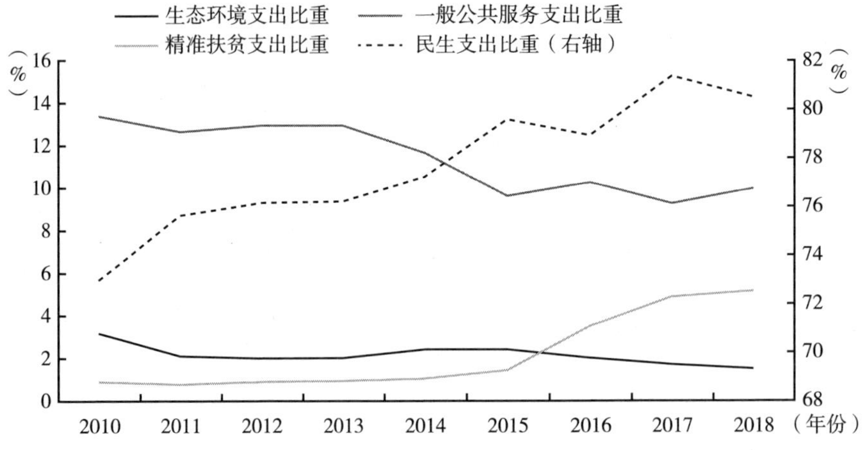

图 8　2010～2018 年广西财政支出倾斜指标

第一，财政收支缺口。

财政收支缺口指的是地方本级自有收入与其承担的财政事权和支出责任之间的不匹配程度。它反映的是一个多级政府间支出职能和收入能力之间的结构性失衡。2010 年以来广西的财政收支缺口曾有所缓解，但是近年来这一指标在快速上升，这表明广西本级一般公共预算收入越来越难以满足其支出需要，更多地依赖中央财政补助和地方债务收入，见图 9。

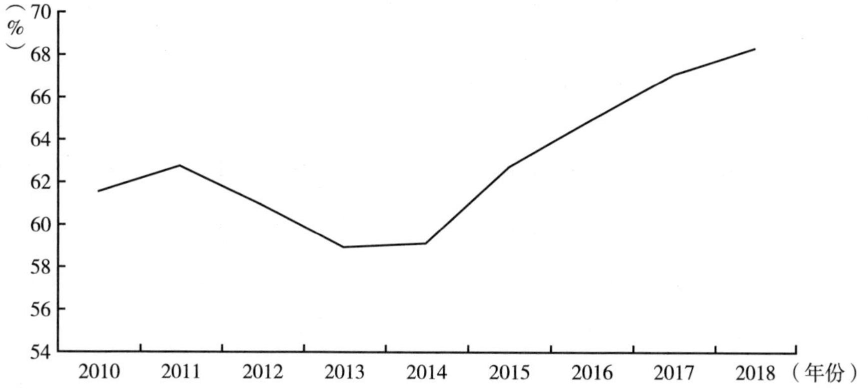

图 9　2010 ~ 2018 年广西财政收支缺口

第二，一般公共服务支出倾斜。

借鉴已有研究[①]使用一般公共服务支出占一般公共预算支出的比重来反映政府行政管理方面的支出倾斜指标，这一指标一定程度上揭示了政府“吃饭财政”的指标，从图 10 中可以看出广西财政用于一般公共服务的支出比重呈下降趋势。尤其是 2013 ~ 2015 年，这一指标一度快速下降，此后呈现波动下降的趋势。

第三，民生支出倾斜。

财政民生支出反映了人民群众对基本公共服务的需求，此类支出是社会

① 中国各地区财政发展指数 2018 年报告。

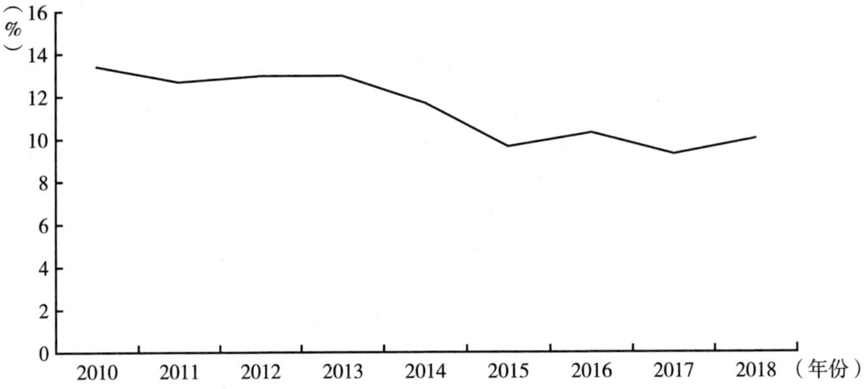

图 10　2010～2018 年广西一般公共服务支出比重

普遍关注的焦点，也是各级政府财政政策支持的重点。每年各级政府财政部门都会对外公布民生支出的数据和比例。但是，目前出于多方面的考虑，财政部并未明确给出民生支出的统计口径。广西层面也未曾公开过其统计口径，这里我们参考相关资料，将财政支出功能分类中的教育支出等十三类财政支出数据加总归为民生支出。根据该口径计算的 2017 年广西财政民生支出为 3996. 24 亿元，此数据与广西壮族自治区官方给出的 3996. 26 亿元差距不大；而且，根据这一口径计算的 2015 年的民生支出数据为 3243. 79 亿元，与官方公布的数据 3243. 78 亿元几乎一致，进一步验证了这里所使用的十三类民生支出口径的合理性。因此，我们这里使用此口径的统计数据来计算广西的财政民生支出和倾斜水平。

从图 11 中可以看出，2010 年以来广西的民生支出比重在持续提升，目前已经稳定在 80% 以上。这直接体现出自治区党委和政府有力地贯彻和落实了习近平总书记以人民为中心的发展思想。

第四，精准扶贫支出倾斜。

精准扶贫是关系全面建成小康社会的重要举措。这里我们用扶贫支出占一般公共预算支出的比重来表示财政对精准扶贫的支持和倾斜。从图 12 中可以看出，2010 年以来广西用于扶贫的财政支出在持续增加，党的十八大

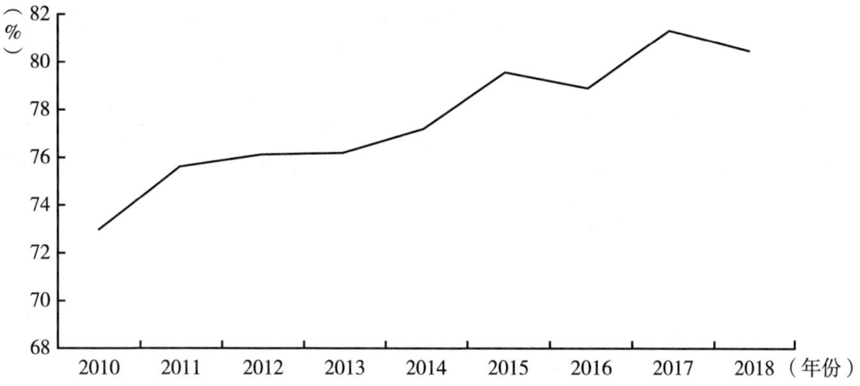

图 11　2010～2018 年广西民生支出比重

资料来源：2010～2017 年的数据来自《广西财政年鉴》；2018 年数据来自《2018 年广西壮族自治区国民经济和社会发展统计公报》。

以来，扶贫支出的比例更是显著快速地增加，已经从当初不足 1% 增加到 2018 年的 5.18%。

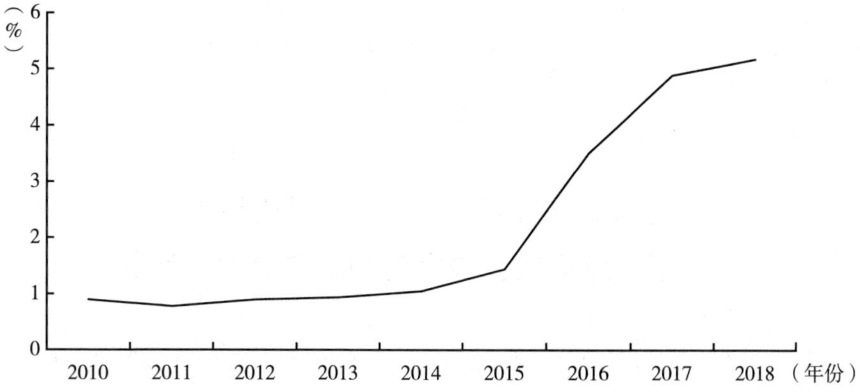

图 12　2010～2018 年广西精准扶贫支出比重

资料来源：2010～2017 年的数据来自《广西统计年鉴》；2018 年的数据来自《广西壮族自治区全区与自治区本级 2018 年预算执行指标和 2019 年预算（草案）》。

第五，生态环境支出倾斜。

如图 13 所示，广西财政用于生态环境方面的支出在波动中下降，出现这一现象的原因可能是广西的生态环境状况总体而言是不错的，自然基础比较好，再加上前期用于环境的财政支出总量也比较大，效果也比较理想，后期投入的增量和增速有所下降，尤其是在与其他支出项目竞争的情况下环境的财政支出比例有了一定的下滑。尽管环境支出比例的下降有一定的原因，但是这种趋势应该引起注意。

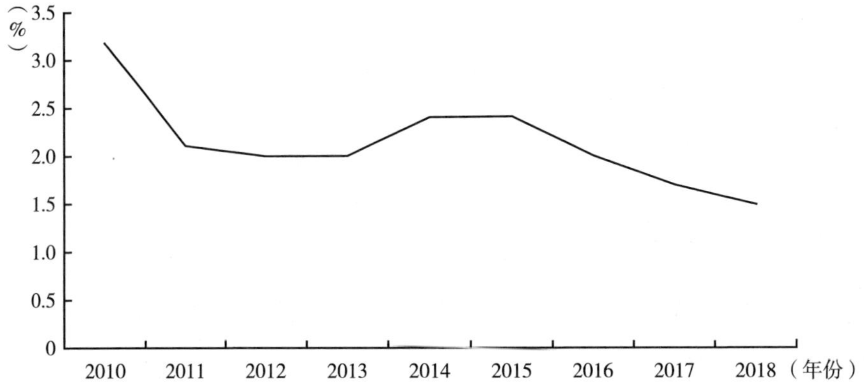

图 13　2010～2018 年广西生态环境支出倾斜

资料来源：2010～2017 年的数据来自《广西财政年鉴》；2018 年的节能环保支出数据来自财政厅官网：2018 年 12 月月报分析数据。

二　2018年广西与全国和典型省份基于经济社会发展的财政收支水平比较

本部分将广西的财政收支指标与全国平均水平、典型发达省份、典型中部省份、典型西部省份以及五个自治区平均水平进行横向比较，通过比较，我们可以大致确定广西的财政收支指标与同时期的其他典型省份的相对指标，有利于我们更好地做出评估和判断。简单起见，这里仅仅比较两个财政收支水平的指标，一个是财政收支相对于 GDP 的水平，另一个是人均财政收支水平。这两个指标都是相对水平的数据，因此可比性也很强。而且，本部分仅以一般公共预算收支作为财政收支水平的代表来进行比较。

（一）与全国平均水平比较

通过与全国平均水平的比较可以确定广西的财政收支水平在全国所处的位置。关于全国平均水平的计算办法有两种：第一种办法是使用全国层面财政收支总额数据直接计算；第二种办法是先分别计算31个省份（不含港澳台地区）的财政收支水平，然后再求平均数。我们这里使用第二种办法，因为这种计算办法不用考虑中央和地方之间复杂的财政体制关系，而且数据容易获得并且可以保证所使用数据都是同一口径的。

1. 与全国基于经济发展的财政收入平均水平比较

我们这里使用财政收入相对于GDP的比重以及人均财政收入两个指标来比较广西财政收入与全国平均水平的差异。财政收入使用地方一般公共预算收入来表示。

第一，与全国平均财政收入相对于GDP的比重比较。

从图14中可以看出，广西财政收入相对于GDP的比重与全国的平均水平之间有一定的差距，而且这个差距曾有小幅扩大的趋势。另外，广西财政收入相对于GDP的比重与全国平均水平的变动趋势基本一致，都经历了先上升后下降的过程，不同的是，广西财政收入水平出现下降趋势的时间要早于全国平均水平，广西出现在2013年，而全国平均水平下降出现在2015年。

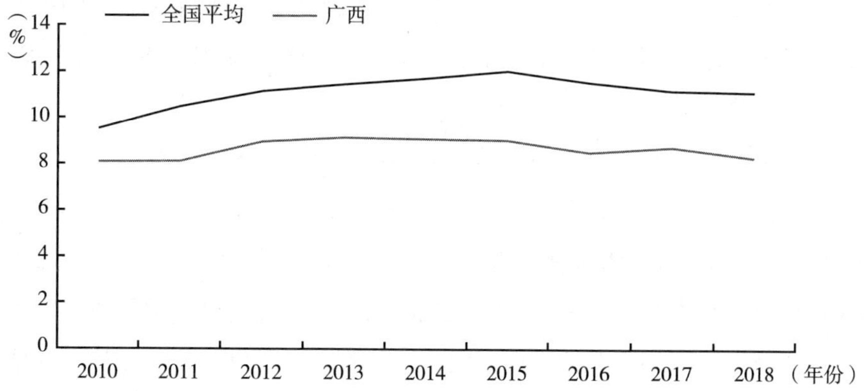

图14　2010～2018年广西财政收入相对于GDP的比重与全国平均水平的比较

第二，与全国人均财政收入水平比较。

从图 15 可以看出，广西人均财政收入明显低于全国平均水平，全国人均财政收入平均水平基本上是广西的 2 倍，而且这种差距还有持续扩大的趋势。从图中可以看出，尽管广西人均财政收入水平和全国人均财政收入平均水平都在增加，但是全国平均水平增加速度明显快于广西，这直接导致二者差距的加大。

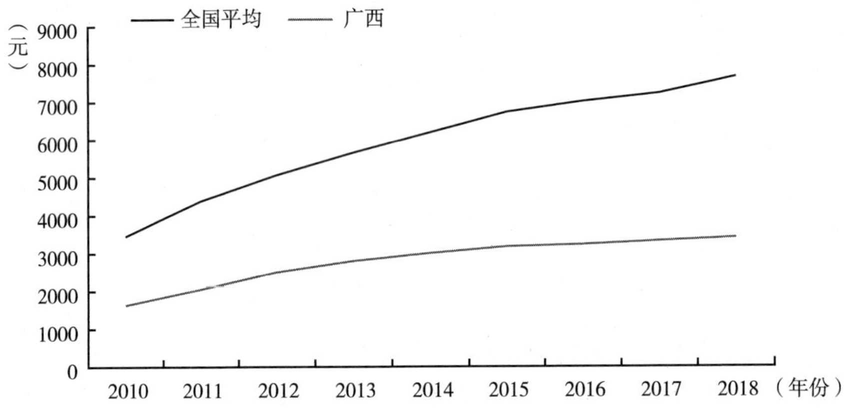

图 15　2010～2018 年广西人均财政收入与全国平均水平的比较

2. 与全国基于社会发展的财政支出平均水平比较

广西财政支出水平与全国平均财政支出水平的比较使用财政支出相对于 GDP 的比重和人均财政支出两个指标来反映。同样，财政支出使用一般公共预算支出来表示。

第一，与全国平均财政支出相对于 GDP 的比重比较。

观察财政支出相对于 GDP 的比重这个指标，广西的财政支出水平与全国平均财政支出水平的变化趋势是基本一致的，总体上都呈现缓慢上升的态势。但是，广西的财政支出水平比全国平均水平要低，二者之间长期保持约 5 个百分点的差距。不过 2017 年之后两者之间的差距有所缩小，主要是因为广西的财政支出相对于 GDP 的比重有了较快的增长。具体比较指标见图 16。

第二，与全国人均财政支出水平比较。

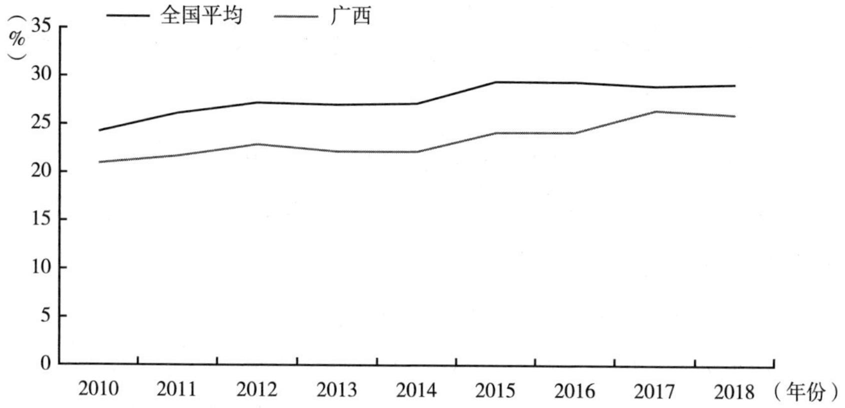

图 16　2010～2018 年广西财政支出相对于 GDP 的比重与全国平均水平的比较

图 17 表示的是广西人均财政支出水平与全国人均财政支出水平的对比指标。全国人均财政支出水平要高于广西人均财政支出水平，而且两者之间的差距随着时间的推移而扩大。另外，广西人均财政支出水平与全国人均财政支出水平的变化趋势基本一致，都呈现较快上升的趋势。但是，全国人均财政支出水平的上升速度相对更快，这也是后期两者差距扩大的直接原因。

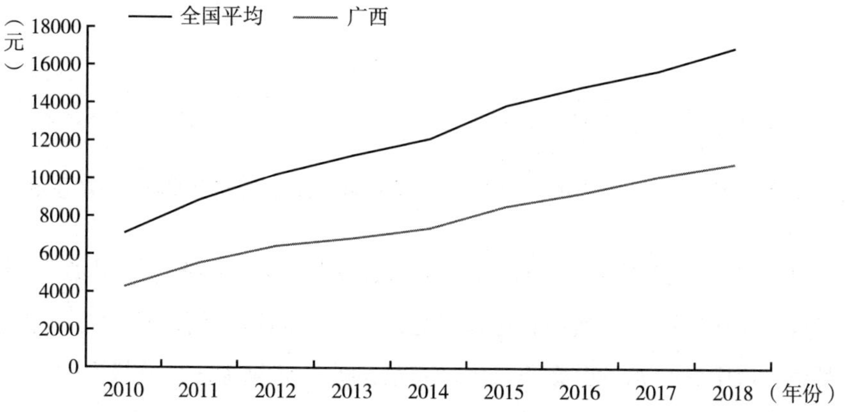

图 17　2010～2018 年广西人均财政支出与全国平均水平的比较

（二）与典型发达省份基于经济社会发展的财政收支水平比较

1. 与典型发达省份基于经济发展的财政收入水平比较

第一，与东部及其典型省份财政收入相对于 GDP 的比重比较。

为了更加明确广西的财政收入的水平指标，我们将广西的财政收入与东部地区的平均水平进行比较。根据行政区域划分，东部地区包括北京、天津、河北、上海、江苏、浙江、福建、山东、广东、海南、辽宁共 11 个省份[①]。

如图 18 所示，广西的财政收入水平与东部平均财政收入水平的变化趋势区别并不大，只是总体来看东部地区的平均水平比广西要高出 3 个百分点以上，而且在 2015 年之后广西的财政收入水平有所下降，东部平均财政收入水平呈缓慢上升的态势。

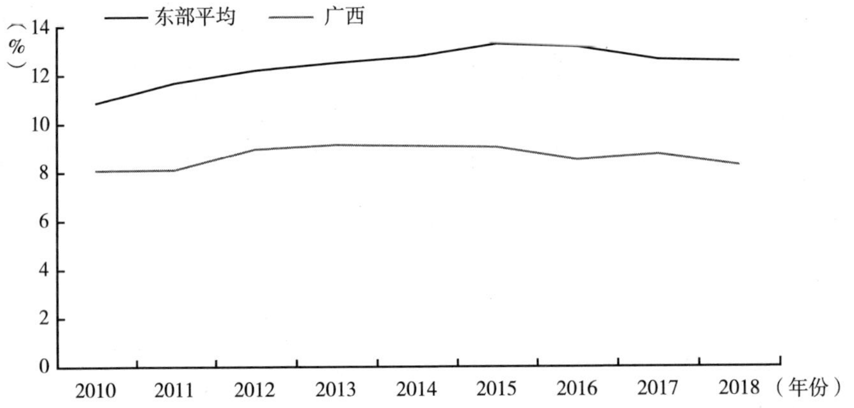

图 18　2010～2018 年广西财政收入相对于 GDP 的比重与东部平均水平的比较

图 19 是广西与东部 3 个典型省份的财政收入水平的比较。广西的财政收入水平相比东部 3 个典型省份来说是最低的，而且变化比较平缓。东部 3 个典型省份中，广东的财政收入水平是最高的，变化幅度也是最大的，呈持续增长趋势；浙江也是呈持续增长趋势，只是财政收入水平始终比广东低；

① 区域的划分参考《中国统计年鉴》的标准，中部和西部地区也是如此。

江苏在2010~2013年的财政收入水平与广东是持平的，只是从2013年后拉开差距，到2015年后江苏财政收入水平开始显著下降，水平远远低于广东，也与浙江拉开了一定的差距，不过即使如此，依然比广西的财政收入水平高。

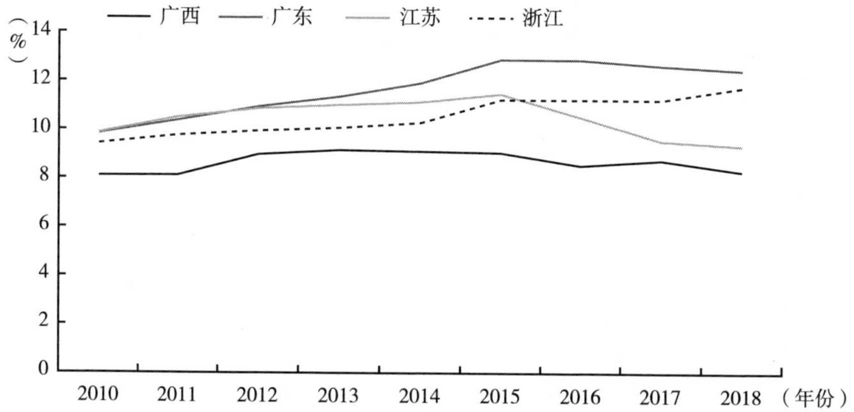

图19　2010~2018年广西财政收入相对于GDP的比重与东部典型省份的比较

第二，与东部及其典型省份人均财政收入水平比较。

在人均财政收入这个指标上，广西与东部3个典型省份的对比指标与其在相对于GDP的比重这个指标上的对比指标基本一致，广西的人均财政收入水平远远低于东部3个典型发达省份，具体指标见图20。

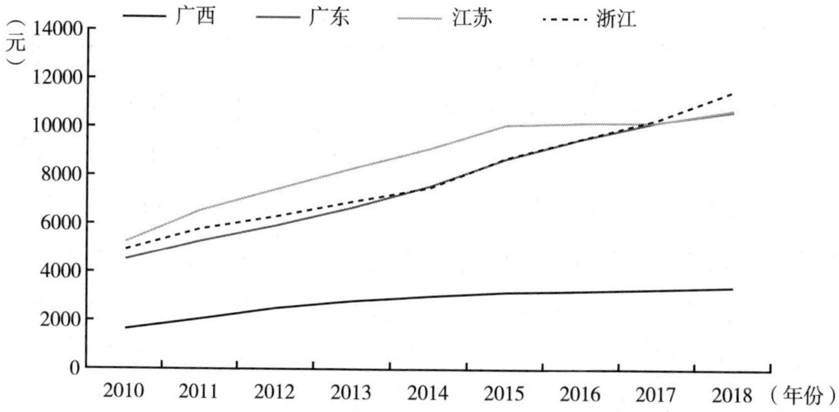

图20　2010~2018年广西人均财政收入与东部典型省份的比较

2. 与典型发达省份基于社会发展的财政支出水平比较

在这里我们同样计算了财政支出相对于 GDP 的比重以及人均财政支出水平。

第一，与东部及其典型省份财政支出水平比较。

如图 21 所示，广西财政支出水平与东部地区平均财政支出水平的变化趋势是一致的，都呈现逐步上升的趋势，并且没有出现较大的波动。不过，在 2010 ~ 2018 年，广西的财政支出水平相比东部平均财政支出水平来说要高。

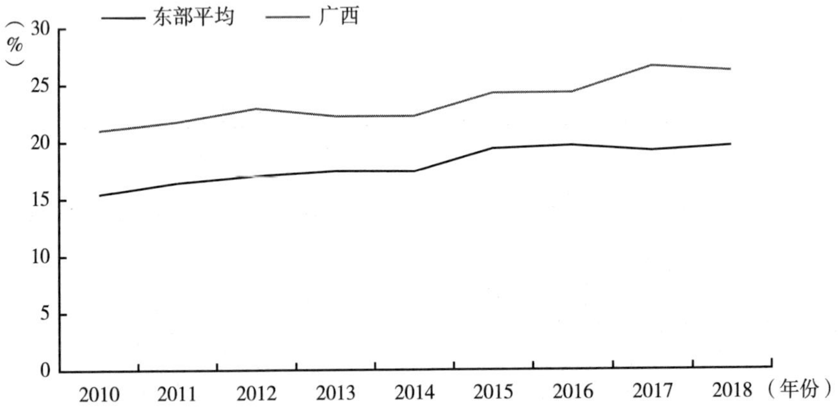

图 21　2010 ~ 2018 年广西财政支出相对于 GDP 的比重与东部平均水平的比较

广西与东部 3 个典型省份财政支出水平比较的具体指标如图 22 所示。广西的财政支出水平高于东部这 3 个典型省份，但 4 个省份的变化趋势基本一致，特别是东部 3 个典型省份的变化趋势非常接近，甚至有些年份基本重合。2010 ~ 2014 年，广东和江苏是基本重合的，浙江略低，但 2014 年后发生了转折，3 个省份都出现了较大幅度的上升并拉开了差距，其中广东最高，浙江次之，江苏最低，而且 2014 ~ 2018 年也一直保持这样的变化指标，3 个省份的排名也是保持不变。广西一直高于 3 个省份 10 个百分点左右，仅 2015 年有所缩小，而且广西的财政支出水平一直处于缓慢上升的状态。

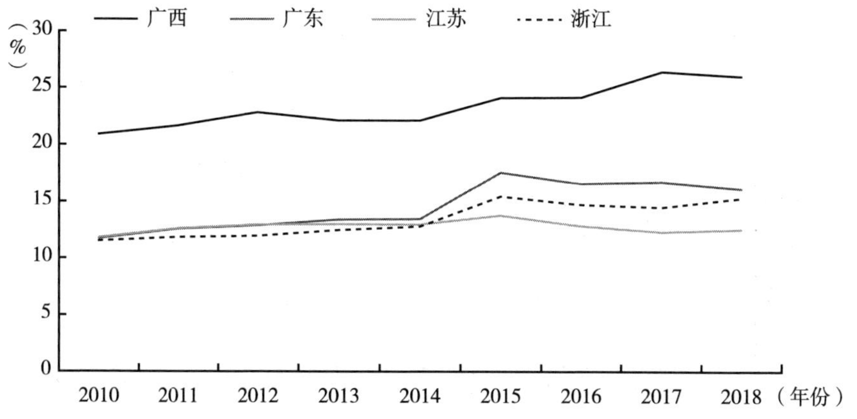

图 22　2010～2018 年广西财政支出相对于 GDP 的比重与东部典型省份的比较

第二，与东部及其典型省份人均财政支出水平比较。

如图 23 所示，广西人均财政支出水平一直低于东部地区的平均水平，二者都呈现上升的变化趋势，只是在 2014 年之后两者之间的水平差距有所拉大。

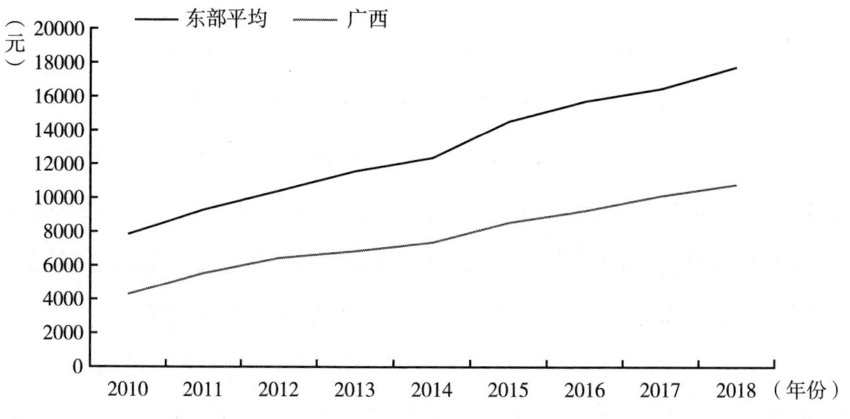

图 23　2010～2018 年广西人均财政支出与东部平均水平的比较

图 24 显示，广西人均财政支出水平比东部 3 个典型发达省份要低，但是总体来看，4 个省份的变化基本上呈逐步上升趋势，而且广东和浙江从 2014 年到 2015 年还有一个跳跃式上升。

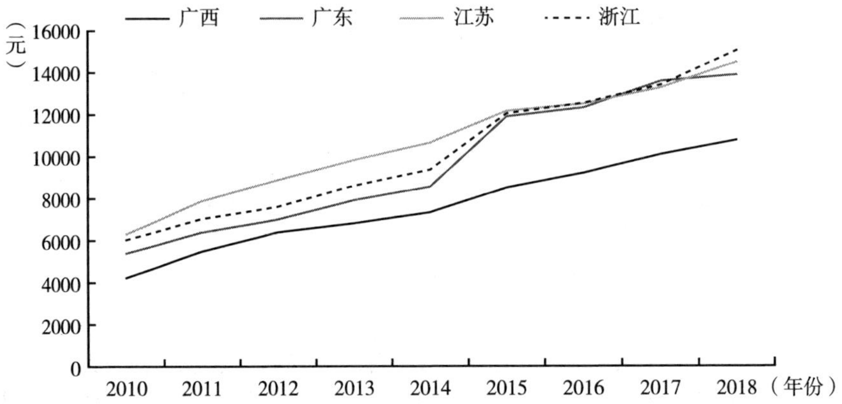

图 24　2010～2018 年广西人均财政支出与东部典型省份的比较

（三）与典型中部省份基于经济社会发展的财政收支水平比较

除了东部发达地区，我们还比较了广西与中部地区的财政收支水平。根据行政区域划分，中部地区包括山西、安徽、江西、河南、湖北、湖南、吉林、黑龙江，共 8 个省份。

1. 与典型中部省份基于经济发展的财政收入水平比较

第一，与典型中部省份财政收入相对于 GDP 的比重比较。

图 25 显示，广西财政收入水平与中部地区平均财政收入水平的变化趋势比较一致，不过广西的财政收入水平要低于中部地区的平均财政收入水平，二者之间有一定的差距，这也是与实际指标相符合的，因为根据划分标准，广西属于西部地区，与中部地区有一些差距是正常的现象。

除了与中部地区平均财政收入水平进行比较外，我们还选取了中部 3 个典型的省份与广西进行比较。图 26 显示，中部典型省份之间的变化趋势还是存在一些差别的，其中河南和湖南的变化趋势接近，湖南的财政收入水平略高于河南，只是差距逐渐缩小，到 2018 年基本一致。但是都比广西的财政收入水平低，湖北与广西相比较，2010～2014 年，湖北的财政收入水平是低于广西的，到 2014 年之后湖北开始较快增长，并且

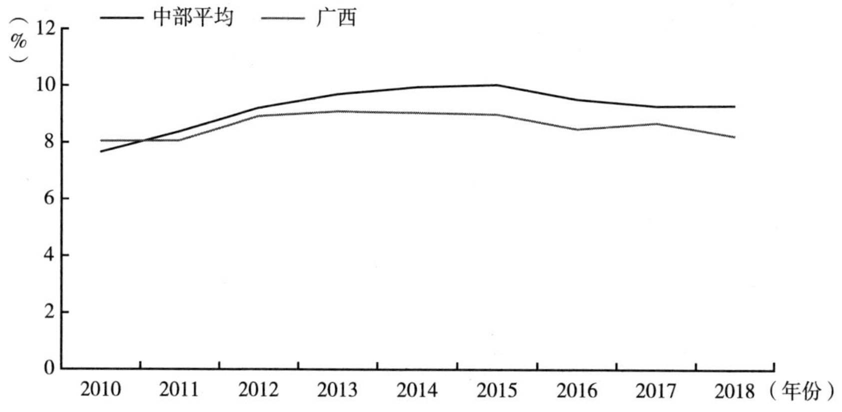

图 25　2010～2018 年广西财政收入相对于 GDP 的比重与中部平均水平的比较

超过了广西。然而，从 2018 年开始，湖北和广西的财政收入水平又趋近了。

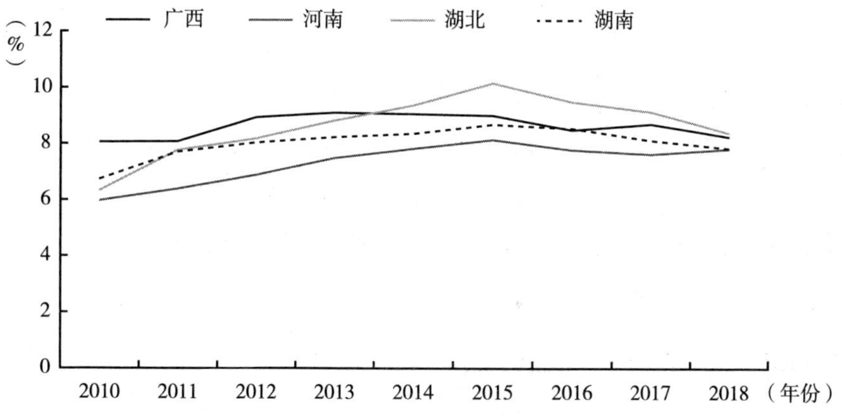

图 26　2010～2018 年广西财政收入相对于 GDP 的比重与中部典型省份的比较

第二，与典型中部省份人均财政收入水平比较。

图 27 显示，广西与中部地区人均财政收入水平的变化趋势比较一致，都呈逐步上升趋势，但是中部地区人均财政收入高于广西，而且随着人均财政收入水平的提高，两者之间的差距也在不断拉大。无论是从财政收入相对

于 GDP 的比重指标还是从人均财政收入水平指标来看，广西的财政收入水平都低于中部地区的平均水平。不过这个差距比广西与东部地区平均水平之间的差距要小。

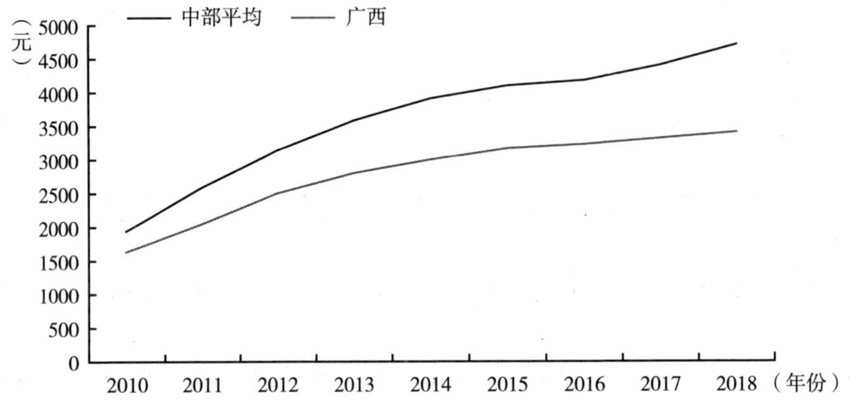

图 27　2010～2018 年广西人均财政收入与中部平均水平的比较

图 28 显示，广西与中部 3 个典型省份的人均财政收入水平变化都呈逐渐上升的趋势，而且湖北的人均财政收入水平增长较快，且比其他 3 个省份的人均财政收入水平要高。相比较而言，其他 3 个省份的上升速度较慢，特别是广西，2010～2014 年处于河南和湖南之间，到了 2015 年之后上升速度更加缓慢，逐渐降到最低，与中部 3 个典型省份的差距逐渐拉大。

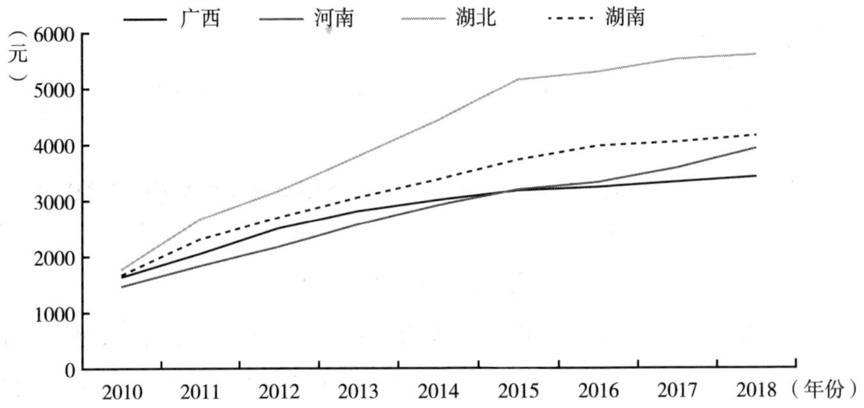

图 28　2010～2018 年广西人均财政收入与中部典型省份的比较

2. 与典型中部省份基于社会发展的财政支出水平比较

第一，与典型中部省份财政支出相对于GDP的比重比较。

与中部地区平均财政支出水平比较。图29显示，两者变化趋势相近，都呈缓慢上升的趋势，没有较大的波动，而且广西的水平要高于中部的平均水平，一开始差距较大，在2013~2016年两者之间的差距有所缩小，不过在2016年后两者差距又开始扩大。

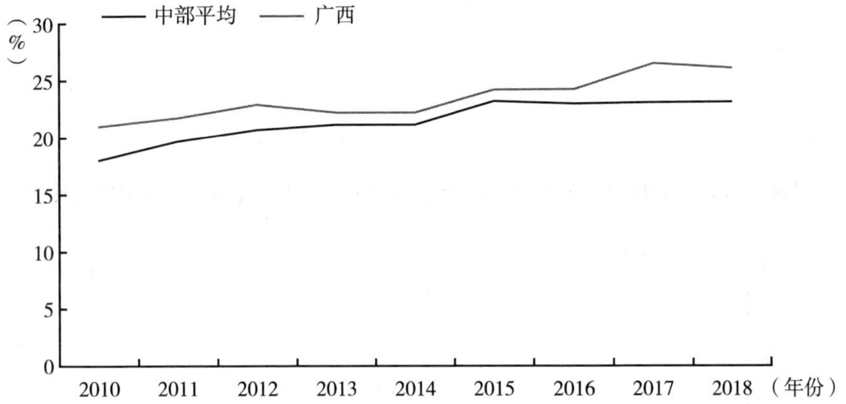

图29　2010~2018年广西财政支出相对于GDP的比重与中部平均水平的比较

与中部的河南、湖北和湖南3个典型省份财政支出水平比较。图30显示，4个省份的曲线变化图都相对趋于平稳且缓慢上升，波动都不大，而广西的财政支出水平比其他3个省份要高，其中，河南和湖南一直是以非常缓慢的速度增长的，在这9年期间，仅仅增长了不到5个百分点，而湖北在2015年存在一个小小的波动，在这一年高于其他两个省份，但是在这之前和之后基本处于河南和湖南的中间水平。

第二，与典型中部省份人均财政支出水平比较。

与中部人均财政支出水平比较。图31显示，两者的变化几乎一致，都呈较快上升的趋势。另外，中部地区的人均支出水平要高于广西，而且2010~2018年一直持续保持着这种差距。

与中部的河南、湖北和湖南3个典型省份人均财政支出水平比较。

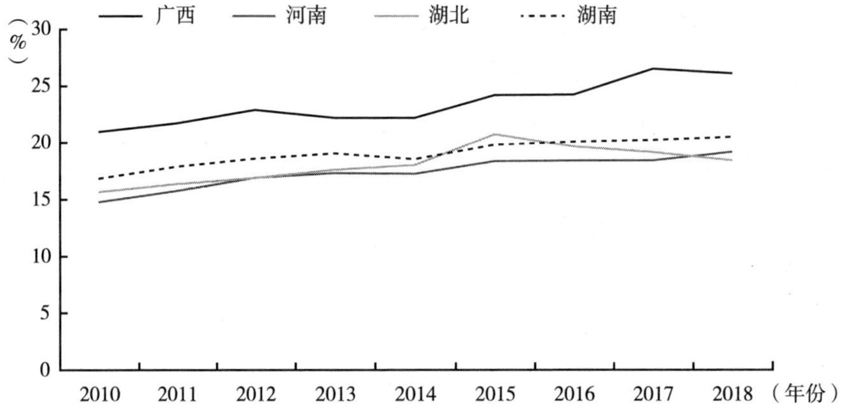

图 30　2010～2018 年广西财政支出相对于 GDP 的比重与中部典型省份的比较

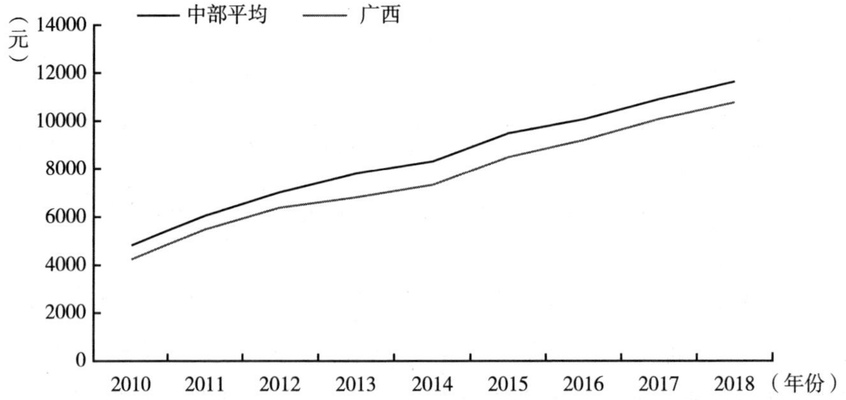

图 31　2010～2018 年广西人均财政支出与中部平均水平的比较

图 32 显示，除了湖北以外，其他三省份的变化曲线基本是直线上升趋势，基本没有波动，而且广西与湖南的变化曲线基本重合，说明这两个省份的人均财政支出水平几乎是相同的，河南的水平最低，湖北的水平最高，而且在 2014 年后，湖北的上升幅度更大，但是 2015 年之后有所回落，不过也继续保持上升状态，广西就处于河南和湖北的中间水平。

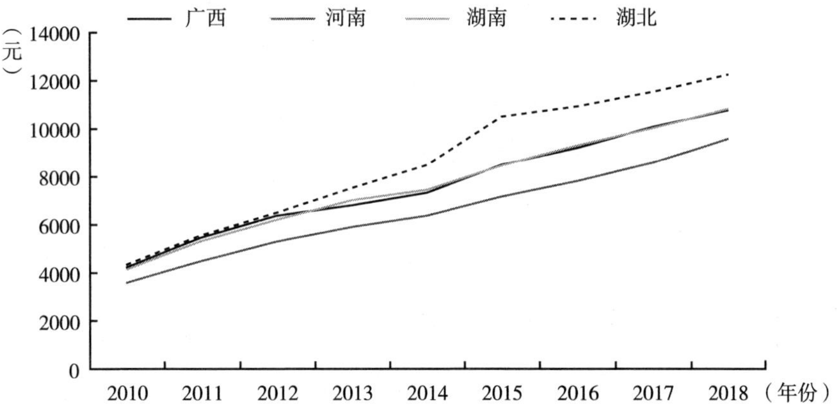

图 32　2010～2018 年广西人均财政支出与中部典型省份的比较

（四）与典型西部省份基于经济社会发展的财政收支水平比较

分析完东部和中部地区，不可避免地也要对西部地区进行分析，而且广西本身也属于西部地区的范围，西部地区包括内蒙古、广西、重庆、四川、贵州、云南、西藏、陕西、甘肃、青海、宁夏、新疆，共 12 个省份。

1. 与典型西部省份基于经济发展的财政收入水平比较

第一，与典型西部省份财政收入相对于 GDP 的比重比较。

与西部地区平均财政收入水平比较。图 33 显示，广西财政收入水平低于西部地区平均财政收入水平，而且二者的差距还比较大。另外，9 年间广西财政收入变动低于西部地区平均水平的变动，而且二者都有回归到 2010 年水平的趋势。

与西部地区的贵州、重庆和云南 3 个典型省份的财政收入水平比较。图 34 显示，贵州、重庆和云南的财政收入水平都比广西高，而且差距较大。从整体的变动趋势来看，基本上呈先上升再下降的趋势。对于贵州、重庆和云南的变化指标，在 2010 年时，三省份的起点比较接近，后来发生了分化，也都经历了先上升后下降的变化趋势，而且后期又基本趋同，只是贵州的指标相对略高一点。

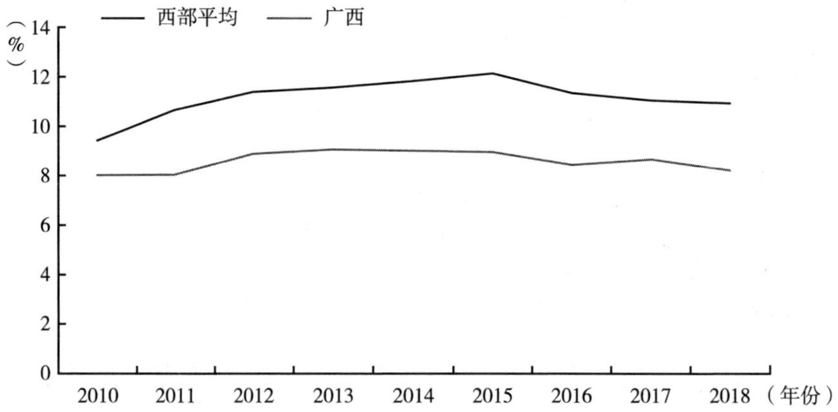

图 33　2010～2018 年广西财政收入相对于 GDP 的比重与西部平均水平的比较

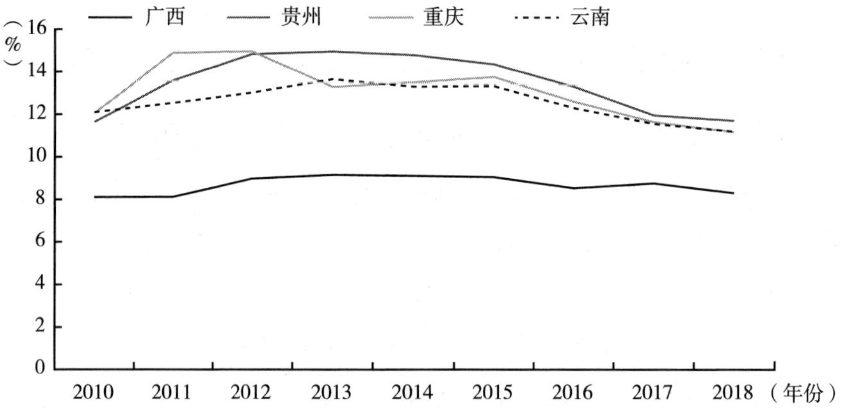

图 34　2010～2018 年广西财政收入相对于 GDP 的比重与西部典型省份的比较

第二，与典型西部省份人均财政收入水平比较。

与西部地区人均财政收入的平均水平比较。图 35 显示，广西人均财政收入水平低于西部地区的平均水平，虽然二者都在逐渐上升，但是广西的人均财政收入曲线相对更平坦，直接的结果就是，二者之间的差距逐步扩大。从 2010 年相差 600 元左右，到 2018 年相差近 2000 元。

与西部地区 3 个典型省份的人均财政收入水平比较。图 36 显示，广西人均财政收入水平最低，重庆的人均财政收入水平最高，而且远远高于其他

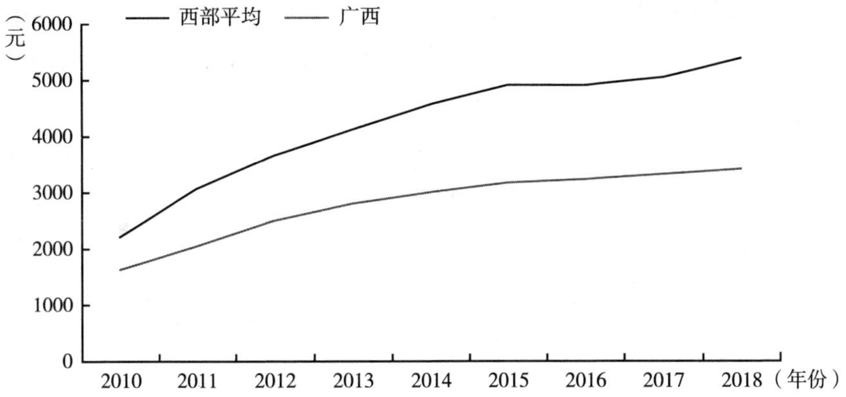

图 35　2010～2018 年广西人均财政收入与西部平均水平的比较

3 个省份。广西、贵州和云南 3 个省份的变化趋势基本相同，只是贵州人均财政收入的增长较快，先后于 2011 年和 2013 年超越广西和云南，广西的人均财政收入增长较慢，面对其他省份的快速增长则一直处于最底端。

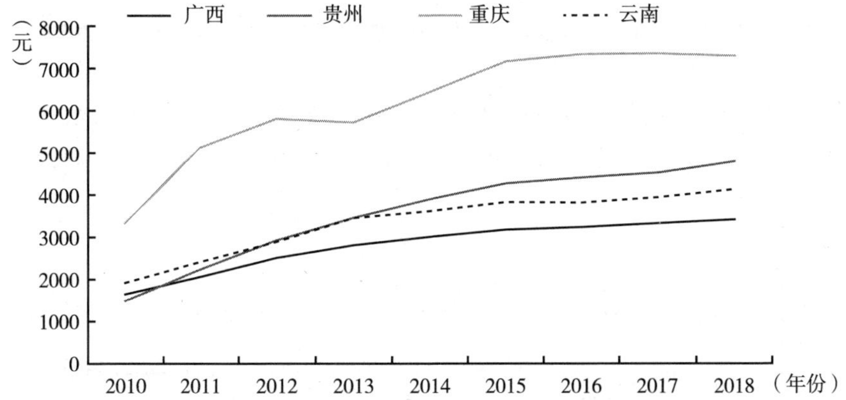

图 36　2010～2018 年广西人均财政收入与西部典型省份的比较

2. 与典型西部省份基于社会发展的财政支出水平比较

第一，与典型西部省份财政支出相对于 GDP 的比重比较。

与西部地区平均财政支出水平比较。图 37 显示，2010～2018 年广西财政支出相对于 GDP 的比重与西部地区的平均财政支出水平相比变化趋势比较一致，但是总体来看，西部地区平均财政支出水平比广西高，而且高出很多。在人均财政支出这个指标上，虽然二者都在不断增加，但是广西的人均财政支出远低于西部地区的平均水平，而且由于西部地区平均财政支出水平增长更快，所以二者之间的差距越来越大，并且这种差距扩大趋势暂时没有改变的迹象。

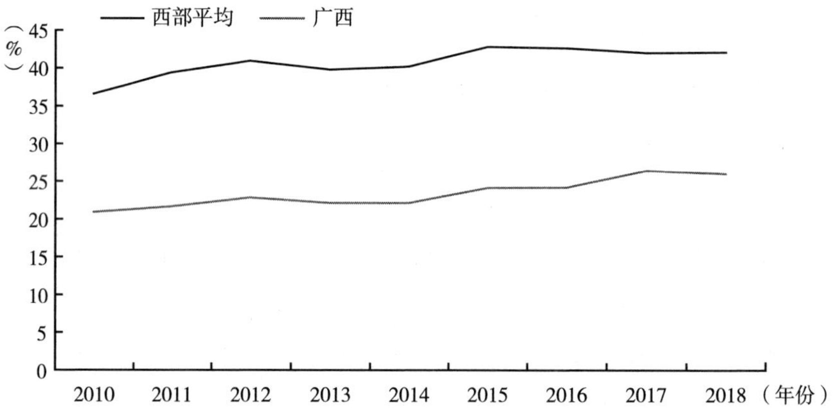

图 37　2010～2018 年广西财政支出相对于 GDP 的比重与西部平均水平的比较

与西部 3 个典型省份财政支出水平比较。图 38 显示，广西财政支出水平是最低的，只在 2015 年后有所改善，超越了重庆。西部 3 个典型省份中，

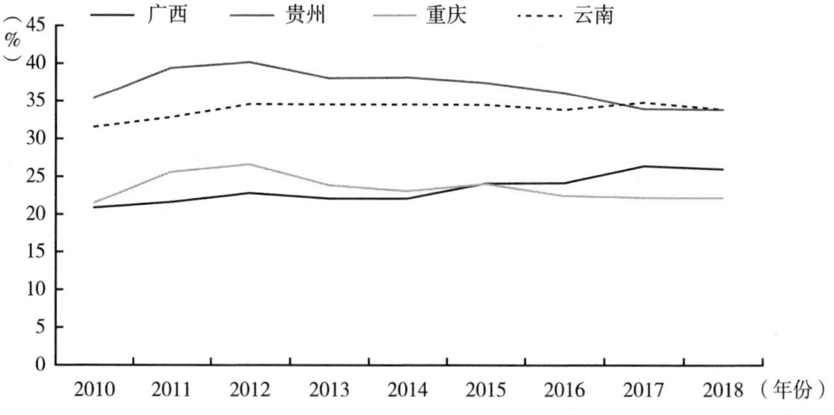

图 38　2010～2018 年广西财政支出相对于 GDP 的比重与西部典型省份的比较

贵州财政支出水平最高，云南次之，重庆最低，贵州和云南在2013年之后的差距越来越小，到2017年和2018年基本重合。

第二，与典型西部省份人均财政支出水平比较。

与西部地区人均财政支出的平均水平比较。图39显示，广西人均财政支出水平低于西部地区的平均水平，虽然二者都在逐渐上升，但是广西的人均财政支出曲线相对更平坦，直接的结果就是，二者之间的差距在逐步扩大。

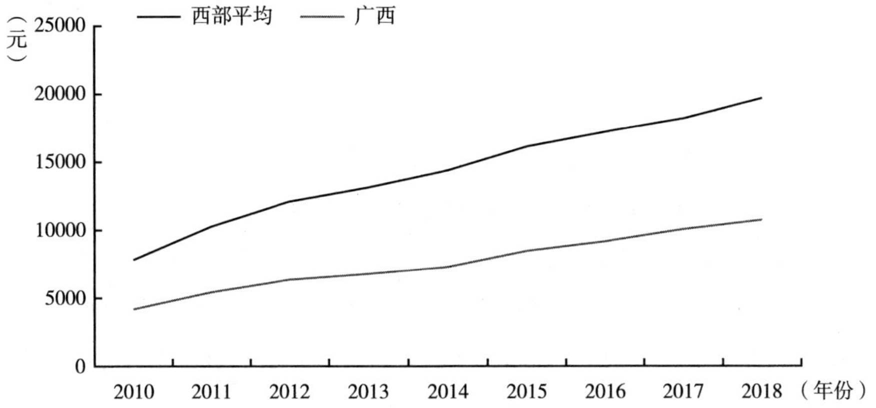

图39　2010～2018年广西人均财政支出与西部平均水平的比较

与西部3个典型省份人均财政支出水平比较。图40显示，4个省份整体的变化趋势相对比较一致，都呈稳步较快上升趋势，除了重庆有较大波动

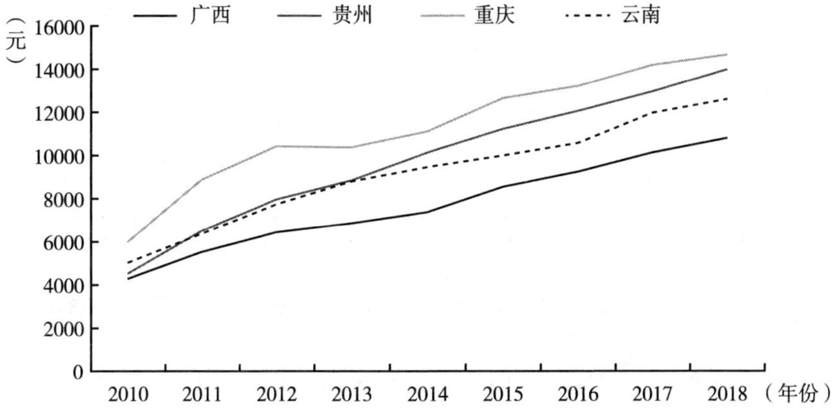

图40　2010～2018年广西人均财政支出与西部典型省份的比较

外，其他3个省份基本上呈直线式上升趋势，而且重庆的人均财政支出水平最高，广西最低，云南和贵州一开始不相上下，后来贵州超过了云南，还拉开并保持了一定的差距。

（五）与自治区基于经济社会发展的财政收支水平比较

中国共有内蒙古自治区、宁夏回族自治区、新疆维吾尔自治区、西藏自治区、广西壮族自治区5个自治区，其在经济社会上具有一定的特殊性，尤其是在财政收支上更是如此。广西作为自治区之一，有必要在财政收支指标上与其他几个自治区进行比较。

1. 与自治区基于经济发展的财政收入水平比较

第一，与自治区财政收入相对于GDP的比重比较。

与自治区财政收入的平均水平比较。图41显示，广西财政收入水平低于自治区的平均水平。2010年两者的水平比较接近，但是随着时间的推移，两者虽然都有所上升，但是广西财政收入水平的增长明显低于自治区平均水平，所以两者之间的差距在逐渐扩大。

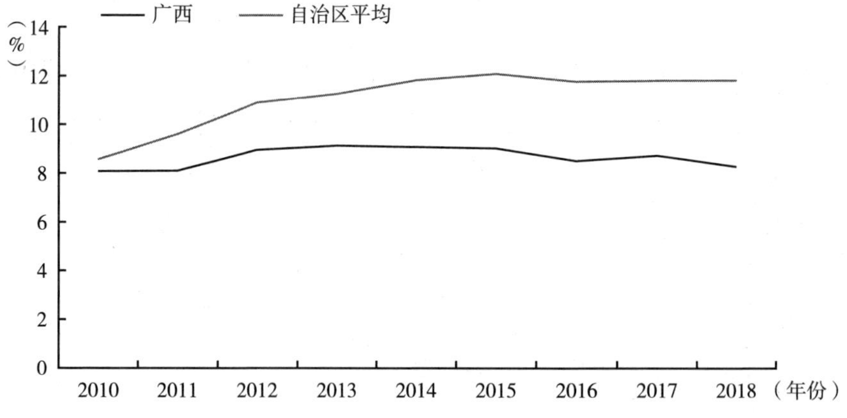

图41　2010～2018年广西财政收入相对于GDP的比重与自治区平均水平的比较

与自治区的典型代表——内蒙古的财政收入水平比较。图42显示，广西财政收入相对于GDP的比重低于内蒙古的水平，二者的变动趋势差异不大，基本都是呈上升趋势，只是广西上升的速度比较缓慢，而且近年来还出现了下降的态势，因此二者之间的差距从2014年后有所扩大。

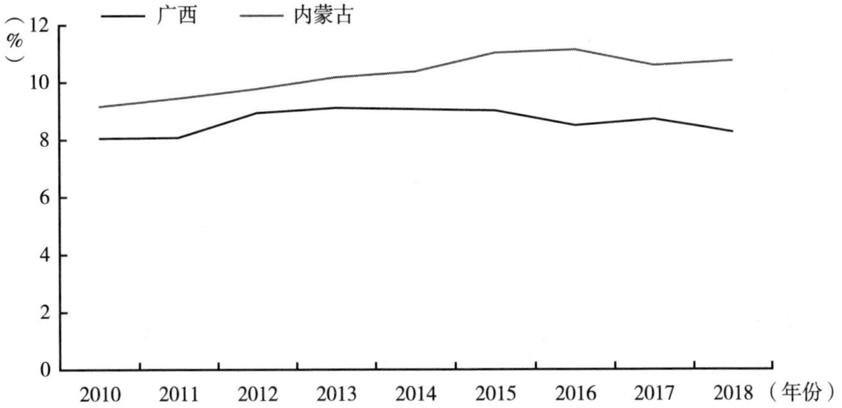

图42　2010～2018年广西财政收入相对于GDP的比重与内蒙古的比较

第二，与自治区人均财政收入水平比较。

与自治区人均财政收入平均水平比较。图43显示，广西人均财政收入水平低于自治区的平均水平，而且这种差距从2010年到2018年在逐年扩大。

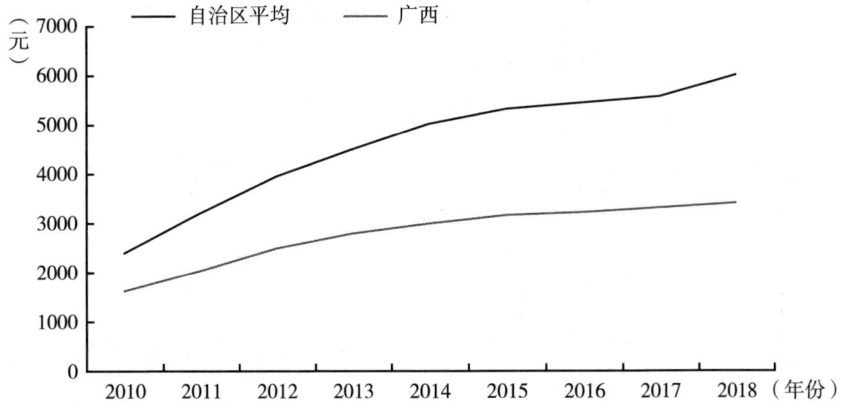

图43　2010～2018年广西人均财政收入与自治区平均水平的比较

与内蒙古的人均财政收入水平比较。图 44 显示，广西人均财政收入水平也远低于内蒙古的人均财政收入水平，而且二者之间的差距曾一度扩大，不过由于在 2016～2018 年内蒙古的人均财政收入水平出现了一定的波动，这也造成了二者之间差距的回落。

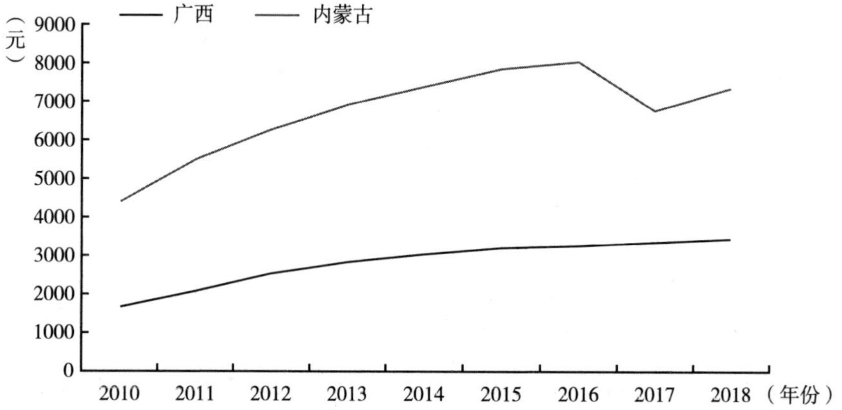

图 44　2010～2018 年广西人均财政收入与内蒙古的比较

2. 与自治区基于社会发展的财政支出水平比较

第一，与自治区财政支出相对于 GDP 的比重比较。

与自治区的财政支出平均水平比较指标。图 45 显示，广西财政支出水平远远低于自治区的平均水平，基本上只有自治区平均水平的一半。而且，这种差距还有长期持续保持的趋势。

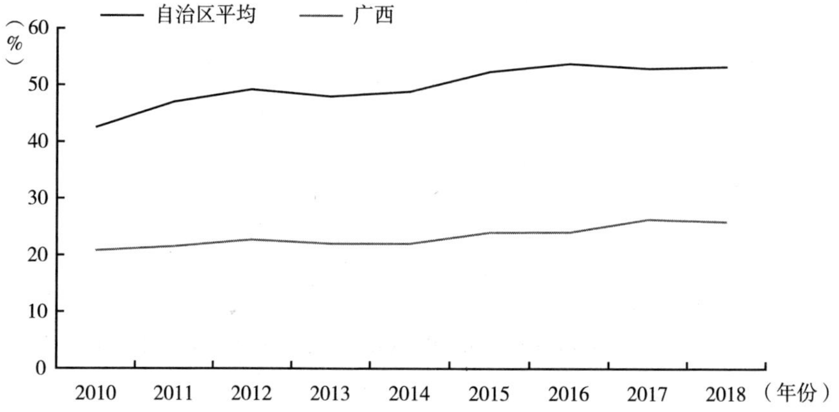

图 45　2010～2018 年广西财政支出相对于 GDP 的比重与自治区平均水平的比较

与内蒙古财政支出水平比较。图 46 显示，广西财政支出相对于 GDP 的比重与内蒙古的水平是非常接近的，二者的差距较小，一开始广西略高于内蒙古，后来内蒙古逐渐追平并超越广西，2016～2018 年广西的财政支出水平低于内蒙古。

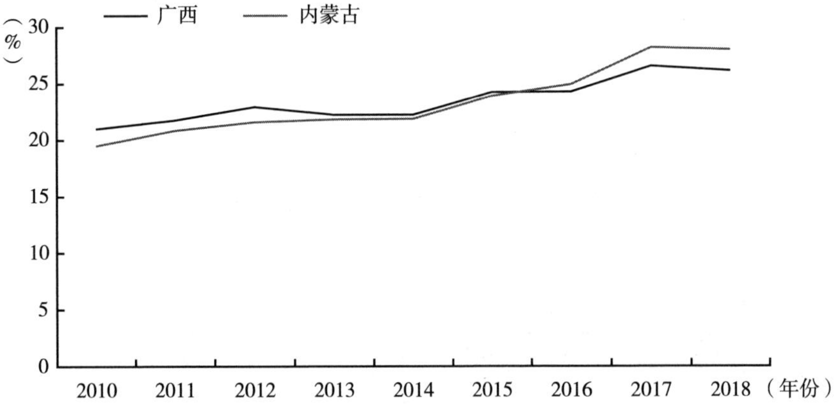

图 46　2010～2018 年广西财政支出相对于 GDP 的比重与内蒙古的比较

第二，与自治区人均财政支出水平比较。

与自治区人均财政支出平均水平比较。图 47 显示，广西人均财政支出水平低于自治区的平均水平，而且这种差距从 2010 年到 2018 年在逐年扩大。

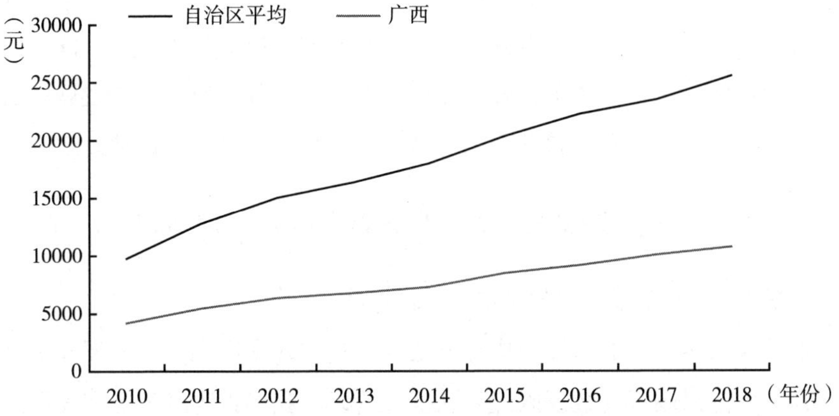

图 47　2010～2018 年广西人均财政支出与自治区平均水平的比较

与内蒙古人均财政支出水平比较。图 48 显示，内蒙古的人均财政支出水平高于广西，广西与内蒙古之间的差距较大，而且一直保持这样的差距，甚至到后期还有所扩大。

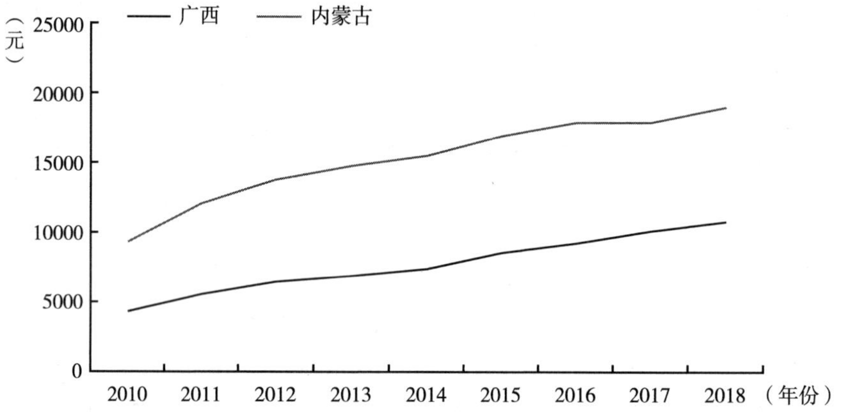

图 48　2010～2018 年广西人均财政支出与内蒙古的比较

三　2018年广西基于经济社会发展的财政收支指标评估结论及建议

前文我们分别从基于广西经济发展的财政收入指标、基于广西社会发展的财政支出指标以及广西与全国平均水平和典型省份比较等三个大的方面进行了分析评估，这样基本上比较全面地反映了广西基于经济社会发展的财政收支综合指标。下面我们将结合前面各部分的分析内容进行评估总结。

（一）广西基于经济社会发展的财政收支指标评估结论

1. 基于广西经济发展的财政收入评估结论

财政收入是财政的主要组成部分之一，是财政支出的资金来源和保障基础。经济决定财政，财政反映经济状况。所以，我们首先基于经济发展的角度对广西财政收入进行了评估。主要包括基于 GDP 的广西财政收入负担指标、广西财政收入与经济增长匹配性指标和基于财政收入结构的广西财政依存度指标。根据前面的指标计算和分析，可以得出以下结论。

第一，关于基于 GDP 的广西财政收入负担的结论。

基于 GDP 的广西财政收入负担指标，包括财政总收入负担、一般公共预算收入负担、非税收入负担和地方债务收入负担，通过计算和分析发现，考察时期范围内广西的财政收入负担波动从大到小依次是地方债务收入负担、非税收入负担、一般公共预算收入负担、财政总收入负担。地方债务收入负担波动大的主要原因是中国地方债务的管理制度，具体地，2015 年地方债务收入负担发生了较大幅度的增长，这与当年新《预算法》的实施带来的债务管理变化有着极大的关系。非税收入负担的波动主要是因为非税收入项目较多，影响因素也比较多，除了经济因素之外还有很多其他的影响因素。一般公共预算收入负担和财政总收入负担波动因为综合了税收收入和非税收入的波动，是二者的加权之和，而税收收入波动相对于非税收入波动而言要小，所以最终一般公共预算收入负担和财政总收入负担的波动也相对较小。

第二，关于广西财政收入与经济增长匹配性的结论。

广西财政收入与经济增长匹配性指标使用弹性系数来表示，包括财政总收入弹性系数、一般公共预算收入弹性系数、非税收入弹性系数、地方债务收入弹性系数等指标。

在这一部分我们分别使用 GDP 现价和不变价进行计算，根据前文的分析，可以得出以下结论：①按现价计算的广西财政总收入、一般公共预算收入、非税收入、地方债务收入等的弹性系数波动比较大，特别是在 2017 年，相反，按照不变价计算的弹性系数波动则较小。②无论按照现价还是不变价计算，波动从大到小依次是地方债务收入弹性、非税收入弹性、一般公共预算收入弹性、财政总收入弹性。③如果按照现价计算，除了 2017 年外，财政总收入弹性和一般公共预算收入弹性基本上稳定在 1 左右，非税收入弹性系数的波动则出现了几次极端值，按照不变价计算的指标也基本如此。总之，除了地方债务收入和非税收入比较特殊外，广西的财政总收入和一般公共预算收入的弹性系数基本处于合理范围内，这说明广西的财政收入与经济增长的匹配性较高。

第三，关于基于财政收入结构的广西财政依存度的结论。

基于财政收入结构的广西财政依存度指标，包括对一般公共预算收入依存度、对土地出让预算收入依存度、对国有资本经营预算收入依存度、对非税收入依存度、对上级财政依存度和对地方债务收入依存度。而且，我们使用了两种办法计算广西的财政依存度，一种是用一般公共预算收入总计做分母，计算财政收入对各项收入的依存度；一种是用一般公共预算支出合计做分母，计算财政支出对各项收入的依存度。根据前文对以上几个指标的计算和分析我们发现：①两种计算方法得出的广西财政对各项收入的依存度变化趋势是一致的，只是以支出做分母计算的数值相对于以收入做分母计算的数值要高；②在各项财政收入之中，广西对上级财政依存度最高，对一般公共预算收入依存度次之，对土地出让预算收入依赖度也较高，对非税收入依存度一直保持在比较平稳的位置，而对于地方债务收入依存度大幅提高是在2015年后，这与新《预算法》实施后地方拥有自借自还地方债务的权利有关，对国有资本经营预算收入依存度很小。另外，对一般公共预算收入、上级财政和非税收入的依存度基本是比较平稳的，这也是与中国的稳定的财政制度相关的，而其他比如对土地出让预算收入、地方债务收入以及国有资本经营预算收入的依存度的波动很大，主要是因为土地出让预算收入与房地产市场高度相连，以及新《预算法》的实施。

总之，基于广西经济发展的财政收入评估显示，广西的财政收入虽然存在一定的问题，但是，总体上来看，广西的财政收入是广西经济发展的重要体现。财政收入负担总体上平稳适中，与经济形成了较好的匹配关系，收入结构也较为合理，财政收入状况健康且可持续性较强。

2. 基于广西社会发展的财政支出评估结论

财政支出是预算管理的重点部分，也是体现国家政策的主要表现形式，无论是支出规模还是支出结构都会影响经济和社会的发展，通过前文对基于广西社会发展的财政总支出指标和基于财政支出结构的广西财政支出倾斜指标的分析，我们可以得到以下结论。

第一，关于基于广西社会发展的财政总支出的结论。

在基于广西社会发展的财政总支出部分，我们分析了两个相对水平的财政支出指标，即财政支出相对于 GDP 的比重和财政支出相对于人口规模的指标。从中可以看出，随着经济社会的发展，广西财政总支出水平和人均财政支出水平总体上都呈上升趋势，这说明财政对社会发展的支出和支持规模在不断扩大。

第二，关于基于财政支出结构的广西财政支出倾斜的结论。

在基于财政支出结构的广西财政支出倾斜指标部分，我们主要分析了一般公共服务支出、民生支出、精准扶贫支出和生态环境支出的倾斜指标。其中，一般公共服务支出倾斜呈下降趋势，这是因为在党的十八大后大力压缩一般性支出，特别是严格控制“三公经费”。与之相对的是财政对民生支出，特别是对精准扶贫支出的倾斜呈现不断快速上升的趋势，这表明广西财政对民生，特别是精准扶贫这样国家级的攻坚战略的支持和倾斜力度越来越大，同时也说明广西历年来高度重视民生问题，始终坚持把保障和改善民生作为财政支出的优先方向。不过，同时也应该看到同为支持三大攻坚战之一的生态环境支出倾斜却在下降，虽有原因但也应该引起关注和重视。

总之，广西的财政支出对自治区社会的发展起到了强有力的支撑作用，同时也很好地贯彻落实了国家的发展战略和重点支出政策，很好地体现了财政是国家治理的基础和重要支柱。

（二）广西财政发展水平与全国和典型省份的比较评估结论

确定广西财政收支水平除了直接分析和评估其自身的财政收支状况尤其是纵向发展指标外，还可以将其与全国平均水平和典型省份的水平进行横向比较以做出更加准确的评估和判断。前文中我们就广西的财政收支发展水平与全国平均水平、典型东部省份、典型中部省份、典型西部省份及自治区进行了比较，通过分析可以得出以下结论。

1. 关于与全国基于经济社会发展的财政收支平均水平比较的结论

与全国平均财政收入和支出、全国人均财政收入和支出进行比较，发现广西的财政收入和支出水平无论是相对于 GDP 的比重还是人均水平都要低于全国平均水平。虽然，广西和全国的财政收支基本都呈现上升趋势，但是广西上升的水平相对于全国来说较慢，所以广西与全国平均水平的差距有拉大的趋势。

2. 关于与典型东部省份基于经济社会发展的财政收支水平比较的结论

与东部地区的平均财政收入以及人均财政收入、典型省份的财政收入以及人均财政收入进行比较，发现无论是东部地区平均财政收入水平还是典型省份的财政收入水平或人均财政收入水平，都比广西的要高，这也是符合广西作为西部落后省份的实际指标的。

而与东部地区平均财政支出水平和典型东部省份的支出水平（相对于 GDP 的比重）相比，广西的指标更高。一方面是因为广西作为落后地区，所获得的上级政府的转移支付更多；另一方面是因为 GDP 水平与东部地区相差太大，但是人均财政支出水平相对更低，有可能是人口因素造成的。

3. 关于与典型中部省份基于经济社会发展的财政收支水平比较的结论

与中部地区的平均财政收入和支出以及人均财政收入和支出、典型省份的财政收入和支出以及人均财政收入和支出进行比较，发现广西的财政收入和人均财政收入水平低于中部地区平均水平，但是与所选取的典型中部省份相比并没有太大的差异，尤其是在财政收入相对于 GDP 的比重这个指标上；广西的财政支出相对水平要比中部地区和典型省份稍微高一些，而人均财政支出水平低于中部地区平均水平。

4. 关于与典型西部省份基于经济社会发展的财政收支水平比较的结论

与西部地区的平均财政收入和支出以及人均财政收入和支出、典型省份的财政收入和支出以及人均财政收入和支出进行比较，发现广西的财政收入水平和人均财政收入水平都比西部地区平均水平和典型省份低，而广西的财政支出水平和人均财政支出水平更是比西部地区和典型省份低。

5. 关于与自治区基于经济社会发展的财政收支水平比较的结论

与自治区的平均财政收入和支出以及人均财政收入和支出、典型自治区的平均财政收入和支出以及人均财政收入和支出进行比较，发现广西的财政收入、财政支出以及人均财政收入和支出水平都比自治区平均水平低，而且部分指标的差距还有拉大的趋势，和典型自治区相比，除了财政支出相对于GDP 的比重这个指标外，广西的财政收支水平也是较低的。

总之，通过与全国以及典型省份的横向比较可以看出，广西的财政收支水平虽然在不断地发展，但是相比较而言还是存在一定的差距。这样的财政收支水平要满足其职能需要还有一定的困难。

（三）对策建议

1. 促进广西经济发展的财政收入政策建议

综合前文的评估结论，为了促进广西经济发展，我们提出以下几个方面的财政收入政策建议。

第一，总体上应坚持广西财政收入负担的稳中趋降的方向。

合理适度的财政收入负担水平是经济发展的重要条件，尤其是在当前国内外风险挑战明显增多的复杂局面下，稳定经济增速，提升经济高质量发展水平显得尤为重要。近年来中国积极的财政政策取向基本不会改变，而减税降费政策是财政收入侧最重要的政策。因此，广西财政要继续加大力度落实既定的减税降费政策，从税费制度和政策以及征管等多个角度入手，以税费负担稳中趋降为方向，构建有利于广西经济稳定增长和高质量发展的低税费负担制度环境。

第二，保持广西财政收入与经济增长和发展的匹配性。

随着经济的增长和发展，财政收入应同步增长，原则上应保持财政收入相对于经济增长的合理弹性。前文的结论显示，广西的财政收入与经济增长的匹配性还是比较高的。因此，应该保持广西财政总收入和一般公共预算收入弹性的稳定，并适度降低非税收入和地方债务收入弹性。

第三，调整优化广西财政收入依存结构。

广西的财政收入依存结构特点包括对中央财政的依赖度较大，对一般公共预算依存度不高。广西应该在积极争取中央对广西的财政补助支持——转移支付和税收返还的支持和倾斜——的前提下，提升对一般公共预算的依存度。不过这涉及中央与地方的财政体制调整问题，广西可以做的是结合国家财政收入体制改革方向积极培植有潜力的地方财源，如消费税和房产税等。另外，考虑到防范和化解风险的需要，在综合考虑财政现实状况，尤其是财政可持续性的前提下，调整广西财政对债务的依赖水平。

2. 促进广西社会发展的财政支出政策建议

综合前文的结论，为了促进广西社会发展，我们提出以下两个方面的财政支出政策建议。

第一，保持广西财政支出总规模和人均财政支出的适度合理增长。

为了保证财政对社会发展的支持，首先要有量的保证，而且随着经济社会的发展，财政对社会发展的支持还应保持适度合理增加。但是，保持财政支出增长的前提是要综合考虑广西的财力状况。

第二，持续优化广西财政支出结构，优先保障重点支出，特别是民生支出。

相对于大量的财政支出需求，政府的财力总是有限的，因此有必要调整优化财政支出结构，确保对重点领域和项目的支持力度，压缩不合理的行政开支、严控“三公经费”，大力压减非刚性、非急需的支出项目，规范财政支出。除了调整优化支出结构外，还应注重提高财政支出的绩效，最大化地发挥财政资金的效用。

四　2019～2020年基于广西经济社会发展的财政收支预测

本部分所使用的预测办法主要是指数平滑法（Exponential Smoothing，ES），这是一种简单实用的适应性预测方法，其原理是任一期的指数平滑值（预测值）都是本期实际观察值与前一期指数平滑值的加权平均。该方法是经济预测中最常用的方法之一，尤其是运用于短期经济发展趋势的预测；而且，当用于预测的观测值较少的时候，指数平滑法是一种很有效的预测方法。

相对于其他常用的预测方法，指数平滑法有其独特的优点：①简单的全期平均法是对时间数列的过去数据一个不漏地全部加以同等利用；移动平均法则不考虑较远期的数据，并在加权移动平均法中给予近期资料更大的权重；而指数平滑法则兼容了全期平均法和移动平均法所长，不舍弃过去的数据，但是仅给予逐渐减弱的影响程度，即随着数据的远离，赋予逐渐收敛为零的权数。也就是说指数平滑法是在移动平均法基础上发展起来的一种时间序列分析预测法，它是通过计算指数平滑值，借助一定的时间序列预测模型对现象的未来进行预测。②相对于大多数使用固定系数来做预测的回归模型而言，指数平滑法能够根据过去的预测误差进行调整，适应性更强。

鉴于指数平滑法的以上优点，再加上本报告是对未来一两年发展趋势的短期预测，而且用于本报告预测的观测值也较少，所以指数平滑法对本报告来说是一个不错的选择。另外，为了减少预测敏感性、增强预测稳健性，我们汇报了几种不同的预测结果，并报告了预测区间和平均值。当然，指数平滑法也有一些缺点和问题，对使用该办法预测的数据进行解读时应该谨慎，本报告的预测结果仅仅是一种参考。

（一）基于广西经济社会发展的财政面临的机遇和风险

近年来，随着中国特色社会主义进入新时代，中国经济也已经由高速增长阶段转向高质量发展阶段，这一基本判断也决定了广西经济社会发展的时代背景和基础。十九大报告提出，到2020年的这段时期是全面建成小康社会的决胜期，尤其是2020年是“十三五”任务目标以及全面建成小康社会的收官之年，所以我们会面临各种任务和考验，不过这对广西而言既是机遇也是挑战。

1. 广西财政收支发展面临的机遇

第一，财政收入发展蕴含的经济改进前景机遇。

广西经济发展的机遇主要有以下几个方面，对财政经济平稳运行有着极大的支撑作用：①经济发展拥有足够的韧性和巨大的潜力，广西虽然处于西部地区，但是它拥有得天独厚的自然条件以及优越的区位优势，具有无限的发展潜力；②经济增长和发展态势长期向好，近些年来广西的经济发展水平呈不断增长的趋势；③经济结构不断优化，随着供给侧结构性改革的逐步推进，广西的经济结构也得到了很大程度的优化；④新旧动能转换较快，在贯彻国家新旧动能转换政策的过程中，广西快速实现了新旧动能的转换；⑤高质量发展取得明显成效，在保持经济持续发展的过程中，广西更加注重高质量的发展，取得了一些成就。以上这些积极的经济因素极大利好于未来广西财政收入的发展。

第二，财政支出发展蕴含的社会改进前景机遇。

前期的各项改革，包括供给侧结构性改革、高质量发展、实施乡村振兴、补齐基础设施短板等，进一步增强了广西社会发展的基础。而且，得益于前期的各项财政支出的支持，广西的民生福祉也明显改善，教育、卫生、医疗等事业取得了长足的进步；生态环境也得到极大改善，包括在农村地区推行的“美丽广西 · 宜居乡村”建设极大地推进了农村环境的综合治理，这为以后的生态文明建设奠定了良好的基础；前期的支持脱贫攻坚的财政支出为最终按时脱贫提供了较大的保障，也为全面建成小康社会奠定了基础。

2. 广西财政收支发展面临的风险

第一，财政收入发展面临的经济不确定前景风险。

面对国内外的复杂环境，以及更大的不确定性、更多的风险挑战，整个经济都面临新的下行压力，要保持广西经济持续健康发展的难度也比较大。具体来说，广西经济发展会继续保持“增速换挡、结构优化、动力转换”的大趋势，也就是说广西依然处于爬坡过坎的动能转换期、夯实转型升级基础的关键期，实体经济的发展面临很多困难。因此，财政收入增长的根基是不够牢固的，整个财政都会面临很大的风险挑战。特别是还有减税降费政策可能带来的财政收入增速降低、防范化解金融风险给传统优势产业财政收入增长带来的不确定性因素，而且新增企业项目也难以在短期内拉动财政增收。

第二，财政支出发展面临的社会不确定前景风险。

财政支出方面同样面临很大的不确定性，由于现阶段持续实施积极的财政政策，为了贯彻落实中央大政方针和广西的决策部署，无论是打好三大攻坚战还是各项民生事业的发展，都需要大量财力的投入，但是由于经济下行压力以及减税降费等因素，广西财政收入增速可能呈下降的趋势，收支之间的缺口加大，矛盾也会更加凸显。各项社会事业的发展需要持续大量的财政投入，但是财政收入有限，财政收支矛盾较大，这就必然影响到某些领域社会事业的发展。

（二）基于广西经济发展的财政收入前景

1. 基于 GDP 的广西财政收入前景

第一，财政总收入负担前景。

预测的2019年和2020年的广西财政总收入负担的平均值分别为13.99%和14.08%（见表14），相对于2018年而言有了小幅上升，总体上维持近年来的小幅波动上升的态势。

表14　财政总收入负担预测

单位：%

项目	2019年	2020年
直接预测法	13.88	13.95
分子分母分别预测法	14.12	14.29
分项分别预测加总法	13.98	13.99
预测范围	13.88～14.12	13.95～14.29
平均值	13.99	14.08

注：财政总收入＝地方一般公共预算收入＋上划中央收入；一般公共预算收入＝税收收入＋非税收入；非税收入＝专项收入＋行政事业性收费收入＋罚没收入＋国有资本经营收入＋国有资源（资产）有偿使用收入＋其他收入。

资料来源：历年《广西财政年鉴》《广西统计年鉴》；《广西壮族自治区全区与自治区本级2018年预算执行指标和2019年预算（草案）》；财政厅官网：2018年12月月报分析数据。

第二，一般公共预算收入负担前景。

广西一般公共预算收入负担在2019年和2020年的预测平均值分别为8.26%和8.14%（见表15），相对于2018年有小幅下降，这与近年来减税降费的大背景基本一致。

表 15　一般公共预算收入负担预测

单位：%

项目	2019 年	2020 年
直接预测法	8. 11	7. 88
分子分母分别预测法	8. 29	8. 20
分项分别预测加总法	8. 39	8. 34
预测范围	8. 11 ~8. 39	7. 88 ~8. 34
平均值	8. 26	8. 14

第三，非税收入负担前景。

广西 2019 年和 2020 年非税收入负担预测平均值分别为 2. 81% 和 2. 82%（见表 16），在 2018 年的基础上有了小幅的提升，这和减税带来的非税收入提升有关。

表 16　非税收入负担预测

单位：%

项目	2019 年	2020 年
直接预测法	2. 88	2. 97
分子分母分别预测法	2. 79	2. 78
分项分别预测加总法	2. 76	2. 69
预测范围	2. 76 ~2. 88	2. 69 ~2. 97
平均值	2. 81	2. 82

注：这里的非税收入的项目共有专项收入、行政事业性收费收入、罚没收入、国有资本经营收入、国有资源（资产）有偿使用收入、其他收入 6 项。

第四，地方债务收入负担前景。

广西 2019 年和 2020 年的地方债务收入负担预测平均值分别为 4. 34% 和 4. 35%（见表 17），相对于 2018 年有了一定的提升，但是幅度并不大，这既与弥补减税降费带来的收入缺口相关，同时又与防范和化解金融风险攻坚战有关。

表 17　地方债务收入负担预测

单位：%

项目	2019 年	2020 年
直接预测法	4. 38	4. 41
分子分母分别预测法	4. 31	4. 29
预测范围	4. 31 ~4. 38	4. 29 ~4. 41
平均值	4. 34	4. 35

2. 广西财政收入与经济增长匹配性前景预测

第一，财政总收入弹性系数前景。

广西 2019 年和 2020 年的财政总收入弹性系数的预测平均值分别为 1. 57 和 1. 23（见表 18），相对于 2018 年有所提高，2020 年相对于 2019 年有所回落，广西财政总收入弹性基本上维持在合理的区间范围内。

表 18　财政总收入弹性预测

项目	2019 年	2020 年
直接预测法	1. 30	1. 42
分子分母分别预测法	1. 85	1. 25
分项分别预测加总法	1. 57	1. 02
预测范围	1. 30 ~1. 85	1. 02 ~1. 42
平均值	1. 57	1. 23

第二，一般公共预算收入弹性系数前景。

广西 2019 年和 2020 年的一般公共预算收入弹性系数的预测平均值分别为 1. 19 和 0. 91（见表 19），相对于 2018 年有一定的提升，但是基本维持在一个比较理想的水平上，如果能够继续保持这种趋势，预计未来的几年中，一般公共预算收入弹性会在平稳中波动。

表 19　一般公共预算收入弹性预测

项目	2019 年	2020 年
直接预测法	1. 05	1. 07
分子分母分别预测法	1. 10	0. 76
分项分别预测加总法	1. 43	0. 90
预测范围	1. 05 ~ 1. 43	0. 76 ~ 1. 07
平均值	1. 19	0. 91

第三，非税收入弹性系数前景。

广西 2019 年和 2020 年预测的非税收入弹性系数的平均值分别为 1. 58 和 1. 35（见表 20），相对于 2018 年来说，有比较明显的增长或者说波动较大，但这也基本符合非税收入的特点。

表 20　非税收入弹性预测

项目	2019 年	2020 年
直接预测法	2. 21	2. 56
分子分母分别预测法	1. 42	0. 98
分项分别预测加总法	1. 10	0. 51
预测范围	1. 10 ~ 2. 21	0. 51 ~ 2. 56
平均值	1. 58	1. 35

第四，地方债务收入弹性系数前景。

广西 2019 年和 2020 年的地方债务收入弹性系数的预测平均值分别为 5. 29 和 5. 24（见表 21），虽然预测值显示连续两年的变化很小，但是相对于 2018 年来说，波动幅度较大，这也符合债务收入弹性的特点，因为债务收入本身是根据很多因素确定的，其相对经济的弹性波动较大也算正常。

表 21　地方债务收入弹性预测

项目	2019 年	2020 年
直接预测法	8. 62	9. 62
分子分母分别预测法	1. 95	0. 86
预测范围	1. 95 ~ 8. 62	0. 86 ~ 9. 62
平均值	5. 29	5. 24

3. 基于财政收入结构的广西财政收入依存前景

第一，地方财政对一般公共预算收入依存前景。

广西 2019 年和 2020 年的一般公共预算收入依存度的预测平均值分别为 26.61% 和 25.96%（见表 22），这是历史趋势的延续。一般公共预算收入依存度的持续下降意味着广西财政的自给率在持续下降，这并不是一个好的趋势。

表 22　对一般公共预算收入依存度预测

单位：%

项目	2019 年	2020 年
直接预测法	27.80	27.62
分子分母分别预测法	25.86	24.91
分项分别预测加总法	26.16	25.36
预测范围	25.86 ~ 27.80	24.91 ~ 27.62
平均值	26.61	25.96

第二，地方财政对土地出让预算收入依存前景。

广西 2019 年和 2020 年对土地出让预算收入依存度的预测平均值分别为 16.79% 和 17.08%（见表 23），相对于 2018 年有所下降。因为 2018 年数值基本接近近十年来的峰值，预测值在此基础上下降也属正常。

表 23　对土地出让预算收入依存度预测

单位：%

项目	2019 年	2020 年
直接预测法	17.27	17.73
分子分母分别预测法	16.31	16.42
预测范围	16.31 ~ 17.27	16.42 ~ 17.73
平均值	16.79	17.08

第三，地方财政对国有资本经营预算收入依存前景。

广西2019年和2020年对国有资本经营预算收入依存度的预测平均值分别为0.43%和0.46%（见表24），数值非常小，这跟国有资本经营预算本来所占份额很小相关，不过相对于2018年来说，2019年和2020年的数值是呈上升趋势的，在减税降费的背景下其他收入上升也是合理的。

表24　对国有资本经营预算收入依存度预测

单位：%

项目	2019年	2020年
直接预测法	0.47	0.51
分子分母分别预测法	0.39	0.41
预测范围	0.39～0.47	0.41～0.51
平均值	0.43	0.46

第四，地方财政对非税收入依存前景。

广西2019年和2020年对非税收入依存度的预测平均值分别为8.93%和8.77%（见表25），广西对非税收入依存度下降与减税降费的背景下各地发生的税收收入和非税收入之间的跷跷板效应不太一致，可能跟我们的预测方法有关，而且我们使用往年非税收入依存度直接预测的结果是上升的，实际的结果可能会落在我们的预测范围之内。

表25　对非税收入依存度预测

单位:%

项目	2019年	2020年
直接预测法	9.48	9.64
分子分母分别预测法	8.70	8.47
分项分别预测加总法	8.61	8.19
预测范围	8.61～9.48	8.19～9.64
平均值	8.93	8.77

第五，地方财政对上级财政依存前景。

广西2019年和2020年对上级财政依存度的预测平均值分别为45.81%和45.34%（见表26），预测值本身较高，这比较符合广西位于西部地区，经济发展水平相对落后，财政较多依赖中央转移支付和税收返还的现状。

表26　对上级财政依存度预测

单位：%

项目	2019年	2020年
直接预测法	46.44	46.07
分子分母分别预测法	45.17	44.60
预测范围	45.17~46.44	44.60~46.07
平均值	45.81	45.34

第六，地方财政对地方债务收入依存前景。

广西2019年和2020年对地方债务收入依存度的预测平均值分别为14.04%和13.87%（见表27），2019年相对于2018年来说基本没有太大的变化，预计2020年在2019年的基础上有所下降。

表27　对地方债务收入依存度预测

单位:%

项目	2019年	2020年
直接预测法	14.61	14.71
分子分母分别预测法	13.46	13.03
预测范围	13.46~14.61	13.03~14.71
平均值	14.04	13.87

（三）基于广西社会发展的财政支出前景

1. 广西财政总支出规模前景

第一，财政总支出前景。

广西2019年和2020年的财政总支出水平的预测平均值分别为

27.43%和28.36%（见表28），相对于2018年的财政总支出水平是有所上升的，这与近10年来的整体变化趋势是一致的，总体上呈持续增长的态势。

表28　财政总支出水平预测

单位：%

项目	2019年	2020年
直接预测法	27.14	28.16
分子分母分别预测法	26.99	27.63
分项分别预测加总法	28.16	29.28
预测范围	26.99～28.16	27.63～29.28
平均值	27.43	28.36

第二，人均财政支出前景。

广西2019年和2020年的人均财政支出水平的预测平均值分别为11672.78元和12519.87元（见表29），相对于2018年来说是上升的，而且在我们选取的2010～2020年，广西的人均财政支出水平持续上升，而且有较大的涨幅。

表29　人均财政支出水平预测

单位：元

项目	2019年	2020年
直接预测法	11619.84	12427.92
分子分母分别预测法	11449.85	12199.35
分项分别预测加总法	11948.65	12932.34
预测范围	11449.85～11948.65	12199.35～12932.34
平均值	11672.78	12519.87

2. 基于财政支出结构的广西财政支出倾斜前景

第一，一般公共服务支出倾斜前景。

广西2019年和2020年的一般公共服务支出倾斜的预测平均值分别为

9.66%和9.39%（见表30），与2018年相比有所下降，这与2010~2018年持续下降的趋势是吻合的，特别是在党的十八大之后实行了“八项规定”以及压减“三公经费”等一系列措施。

表30　一般公共服务支出倾斜预测

单位：%

项目	2019年	2020年
直接预测法	9.52	9.09
分子分母分别预测法	9.80	9.68
预测范围	9.52~9.80	9.09~9.68
平均值	9.66	9.39

第二，民生支出倾斜前景。

广西2019年和2020年的民生支出倾斜的预测平均值分别为81.68%和82.41%（见表31），可以看出民生支出倾斜水平很高，而且相对于2018年也呈较大幅度的增长，这是未来的趋势，而且关注民生、重视民生、保障民生、改善民生，是党和政府的职责和目标所在。

表31　民生支出倾斜预测

单位：%

项目	2019年	2020年
直接预测法	82.64	83.70
分子分母分别预测法	81.03	81.55
分项分别预测加总法	81.37	81.97
预测范围	81.03~82.64	81.55~83.70
平均值	81.68	82.41

注：民生支出包括支出功能分类中的教育支出、科学技术支出、文化体育与传媒支出、社会保障和就业支出、医疗卫生和计划生育支出、节能环保支出、城乡社区支出、农林水支出、交通运输支出、商业服务业等支出、国土资源气象等支出、住房保障支出、粮油物资储备支出等13项支出。

第三，精准扶贫支出倾斜前景。

广西2019年和2020年精准扶贫支出倾斜的预测平均值分别为5.70%和

6.18%（见表32），相对于2018年来说，呈继续上升的态势，广西在2015年后精准扶贫支出倾斜开始大幅增长。2020年是全面建成小康社会决胜期的最后一年，扶贫支出可能会持续加码。

表32　精准扶贫支出倾斜预测

单位：%

项目	2019年	2020年
直接预测法	5.96	6.74
分子分母分别预测法	5.44	5.62
预测范围	5.44～5.96	5.62～6.74
平均值	5.70	6.18

第四，生态环境支出倾斜前景。

广西2019年和2020年的生态环境支出倾斜的预测平均值分别为1.22%和1.13%（见表33），总体来看有所下降，与2018年相比在持续减少，这可能跟我们的预测方法有关，但是这种持续降低的趋势应该会扭转。

表33　生态环境支出倾斜预测

单位：%

项目	2019年	2020年
直接预测法	1.31	1.12
分子分母分别预测法	1.12	1.13
预测范围	1.12～1.31	1.12～1.13
平均值	1.22	1.13

广西税收与经济发展报告

经济决定税收，税收影响经济，两者辩证统一。本报告以税收与经济发展关系为研究对象，综合评估2018年广西税收与经济发展的总体运行状况，比较分析2018年广西与全国和典型省份税收与经济发展水平的差距，初步评估2019年广西经济形势发展变化对税收收入的预期影响，并提出对策建议。

一 2018年基于广西经济发展的税收指标总体评估

经济与税收的相关性主要包括总量、增长、结构的 匹配。因此，经济与税收的相关性集中反映在这4组指标上：税收负担指标；税收收入弹性指标；基于经济税收结构的税收依存度指标；经济税收贡献与经济贡献匹配度指标。本报告就是针对上述4组一级指标及其衍生的二级甚至三级指标展开的。

经济决定税收，但税收对经济又有能动作用，因此要合理处理经济与税收的关系，具体到经济与税收相关性的4组一级指标，则税收负担和基于经济税收结构的税收依存度2组指标强调税收取之于经济有度，过高的税收会伤及税收的经济之本；而税收收入弹性和经济税收贡献与经济贡献匹配度2组指标却强调税收与经济的增长和贡献之间要协调和对称，税收增长过快于经济增长或经济的税收贡献份额过多超越经济的贡献份额，意味着税收过度取之于经济反而会累及经济的可持续性。

（一）基于GDP的广西税收负担指标评估

根据税收收入的不同分类标准及其与经济的相关性，税收负担一级指标可衍生出宏观税负、央地税负、税类税负、产业税负、经济类型税负和进出口贸易税负等6个二级指标（甚至还有部分指标衍生出三级指标），这6个二级指标易获得统计年鉴等数据支持，因此本部分对税收负担的分析评估就是针对以上二级指标展开的。

1. 广西宏观税负指标

借鉴国际经验，我们将宏观税负区分为窄口径宏观税负和宽口径宏观税负。考虑第一产业为无税产业或低税产业，为了减弱各省份工业化水平不均衡对宏观税负省际、市际比较的不公平，本文使用的GDP均为不包含第一产业增加值的GDP，即第二产业增加值与第三产业增加值之和。

窄口径宏观税负（以下简称宏观税负1），用公式表示：宏观税负1 = 税收总额/GDP。宽口径宏观税负（以下简称宏观税负2），用公式表示：宏观税负2 = （税收总额 + 社会保障费总额）/GDP。

第一，广西窄口径宏观税负指标。

2018年广西宏观税负1，即窄口径宏观税负为14.9%（见表1），与2017年相比，微升了0.02个百分点。

表1　2017～2018年广西宏观税负

单位：%

2017年		2018年	
宏观税负1	宏观税负2	宏观税负1	宏观税负2
14.88	17.5	14.9	15.1

资料来源：中央政府网站、中国统计网站、中商情报网，广西政府网站、广西统计网站，财政部网站、税务总局网站，广西财政厅网站、广西税务局网站，典型省份政府网站、统计网站、财政厅网站、税务局网站。本报告同。

第二，广西宽口径宏观税负指标。

2018年广西宏观税负2，即宽口径宏观税负为15.1%（见表1），与2017年相同口径相比降幅较明显，降低了2.4个百分点；比窄口径宏观税负高出0.2个百分点，而2017年两者相差2.62个百分点。

2. 广西央地税负指标

根据各类税收中央与地方收入归属的关系，央地税负二级指标又可衍生出央地本级税负、央地税类税负两组三级指标。而央地税类税负这组三级指标又可衍生出共享税类主要税种分量税负和地方税类主要税种分量税负两组四级指标。本部分的评估就是针对上述指标展开的。

第一，广西央地本级税负指标。

2018 年，广西中央本级和地方本级税负分别为 6.9% 和 6.5%（见表 2），中央本级税负高于地方本级税负 0.4 个百分点，而 2017 年中央本级税负却低于地方本级税负 0.2 个百分点。与 2017 年相比，2018 年广西中央本级和地方本级税负分别上升 1.3 个和 0.7 个百分点，中央本级税收负担升幅高于地方本级税收负担升幅 0.6 个百分点。

表 2　2017 ~ 2018 年广西中央与地方本级税负

单位：%

2017 年		2018 年	
中央本级税负	地方本级税负	中央本级税负	地方本级税负
5.6	5.8	6.9	6.5

第二，广西央地税类税负指标。

根据税收归入的行政层级归属标准，税收可分为中央税类、中央与地方共享税类和地方税类，其中与地方本级税收收入相关的是共享税类和地方税类，因此本部分主要分析这 2 个指标。

2018 年，广西中央与地方共享税类税负和地方税类税负分别为 8.6% 和 4.1%（见表 3），共享税类税负高出地方税类税负 4.5 个百分点，也即共享税类税负相当于地方税类税负 2 倍多。与 2017 年相比，2018 年广西共享税类税负下降 1.3 个百分点，地方税类税负则上升 1.1 个百分点，共享税类税负与地方税类税负的差距也由 6.9 个百分点缩小到 4.5 个百分点，消减了 2.4 个百分点。

表3　2017～2018年广西中央与地方税类税负

单位：%

2017年		2018年	
共享税类税负	地方税类税负	共享税类税负	地方税类税负
9.9	3.0	8.6	4.1

第三，广西央地共享税类主要税种分量税负指标。

增值税和企业所得税是中国的主体税种，也是中央与地方共享税的主体税种。2018年，广西中央与地方共享税类税种中增值税、企业所得税和个人所得税的税收负担分别为5.40%、2.16%和0.88%（见表4），其中，增值税负担比企业所得税和个人所得税负担分别高出3.24个和4.52个百分点，换言之，广西增值税负担超出企业所得税负担1.5倍，超出个人所得税负担5倍多。

表4　2017～2018年广西中央与地方共享税类主要税种负担

单位：%

2017年			2018年		
增值税	企业所得税	个人所得税	增值税	企业所得税	个人所得税
6.80	2.02	0.80	5.40	2.16	0.88

与2017年相比，2018年广西增值税负担下降1.4个百分点，企业所得税负担和个人所得税负担分别微长0.14个和0.08个百分点，增值税负担与企业所得税和个人所得税负担的差距也分别消减了1.54个和1.48个百分点。增值税负担下降主要是由于中央全面“营改增”的政策效应。

第四，广西地方税类主要税种分量税负指标。

2018年，广西地方税类主要税种中，土地增值税、契税和房产税的负担分别为0.49%、0.71%和0.19%（见表5），契税负担最高，分别高出土地增值税税负和房产税税负0.22个和0.52个百分点；土地增值税税负次之，比房产税税负高出 0.3 个百分点，也即比房产税税负重约 1.6 倍。

表 5 2018 年广西地方税类主要税种负担

单位：%

土地增值税	契税	房产税
0.49	0.71	0.19

3. 广西税类税负指标

根据课税对象标准，税收又可分为货物劳务税类、所得税类、财产税类和其他税类，这个分类标准是国际上最常用的分类标准。因为国际上几乎没有其他税类的税种，因此本部分主要分析前 3 个指标。

2018 年，广西货物劳务税类、所得税类和财产税类的收入负担分别为 10.44%、3.53% 和 1.50%（见表 6），货物劳务税类收入负担最高，财产税类收入负担最小，货物劳务税类收入负担分别是所得税类和财产税类收入负担的 2.96 倍和 6.96 倍。

表 6 2017～2018 年广西税类（基于课税对象）税负

单位：%

2017 年			2018 年		
货物劳务税类	所得税类	财产税类	货物劳务税类	所得税类	财产税类
9.14	2.71	1.86	10.44	3.53	1.50

与 2017 年相比，2018 年广西货物劳务税类税负和所得税类税负分别上升 1.3 个和 0.82 个百分点，财产税类税负则下降 0.36 个百分点。

4. 广西产业税负指标

第一，第二产业税负和第三产业税负指标。

2018 年，广西第二产业税负和第三产业税负分别为 14.19% 和 15.41%（见表 7），第三产业税负略高于第二产业税负 1.22 个百分点。

表 7　2017～2018 年广西产业税负

单位：%

2017 年		2018 年	
第二产业税负	第三产业税负	第二产业税负	第三产业税负
14.03	15.61	14.19	15.41

与 2017 年相比，2018 年广西第二产业税负略升 0.16 个百分点，第三产业税负略微下降 0.2 个百分点，第三产业税负对第二产业税负的出超由 1.58 个百分点下降至 1.22 个百分点，消减了 0.36 个百分点。

第二，工业税负和工业增值税税负指标。

2018 年，广西工业税负和工业增值税税负分别为 14.9% 和 5.4%（见表 8），工业税负比工业增值税税负高 9.5 个百分点，前者约是后者的 3 倍。2018 年工业增值税税负比 2017 年下降 0.62 个百分点。

表 8　2017～2018 年广西工业税负和工业增值税税负

单位：%

2017 年		2018 年	
工业税负	工业增值税税负	工业税负	工业增值税税负
14.9	6.02	14.9	5.4

5. 广西经济类型税负指标

经济类型税负主要指国有经济、非国有经济、私营经济、个体经济和涉外经济等税收负担。其中，涉外经济是外商投资企业和港澳台资企业的统称。官方统计年鉴分经济类型经济数据的有限性，给经济类型的税收分析带来极大的困难。

2018 年，广西国有企业税负为 1.73%（见表 9），比非国有企业中税负最重的私营企业税负高出 0.12 个百分点，比非国有企业中税负最轻的涉外企业税负高 0.67 个百分点。民营企业平均税负为 1.29%，整体比国有企业税负低0.44个百分点，比私营企业税负低0.32个百分点，比个体经济税负高0.09个百分点，比涉外经济税负高0.23个百分点。

表9 2018年广西经济类型税负

单位：%

国有企业税负	民营企业税负			
	平均	私营企业税负	涉外企业税负	个体经济税负
1.73	1.29	1.61	1.06	1.20

6.广西进出口贸易税负指标

第一，进口“两税”负担指标。

进口“两税”即海关代征进口增值税和进口消费税。2018年，广西进口“两税”负担为13.36%（见表10），比2017年上升2.7个百分点。

表10 2017～2018年广西进出口贸易税负

单位：%

2017年		2018年	
进口“两税”负担	出口退税负担	进口“两税”负担	出口退税负担
10.66	2.44	13.36	3.37

第二，出口退税负担指标。

2018年，广西出口退税负担为3.37%，比2017年上升0.93个百分点。进口“两税”负担与出口退税负担的差距由2017年的8.22个百分点扩大至2018年的9.99个百分点（见表10）。

（二）广西税收与经济增长匹配指标

税收收入弹性系数反映税收增长与经济增长的匹配性和协调性。税收收入弹性系数为1，表示税收增长与经济增长高度协调。税收收入弹性系数小于1，表示税收增长滞后于经济增长，征税相对经济不足，或者反映减税政策需要。税收收入弹性系数大于1，表示税收增长超越经济增长，税收负担超过经济的承受力，可能会伤及税基。在以所得税类为主的税制结构中，税收收入弹性大于1为常态，而在货物劳务税的税制结构中，税收弹性小于1为常态。

基于经济数据获取的局限，税收收入弹性一级指标下的经济类型税收弹性二级指标被舍弃，因此本部分的评估主要针对其余二级指标展开。

2018年，广西宏观税收收入弹性系数为0.99，是2010年以来最好的数据，广西税收增长重新回到与经济增长同步协调的轨道。

1. 广西央地税收收入弹性系数指标

第一，广西央地本级税收收入弹性系数指标。

2018年，广西中央本级税收收入弹性系数为1.24（见表11），显示中央本级税收收入增长与经济增长的协调性较好；广西地方本级税收收入弹性系数高达5.56，比同期广西中央本级税收收入弹性系数高4.32，地方本级税收收入增长与经济增长的偏离度高达近5倍，显示广西地方本级税收收入增长与广西经济增长的协调性较差，税收收入增长极大偏离了经济增长的基本面。

表11　2018年广西央地本级税收收入弹性系数

中央本级税收收入弹性系数	地方本级税收收入弹性系数
1.24	5.56

第二，广西央地税类收入弹性系数指标。

2018年，广西中央与地方税类结构中，中央与地方共享税类收入弹性系数为-0.29（见表12），显示共享税类收入是负增长。而广西地方税类收入弹性系数却高达4.98，地方税类收入增长畸高与共享税类收入负增长存在巨大落差，这是非常极端的个案。

表12　2018年广西央地税类收入弹性系数

中央与地方共享税类收入弹性系数	地方税类收入弹性系数
-0.29	4.98

第三，广西央地共享税类主要税种收入弹性系数指标。

2018 年，广西央地共享税类中增值税收入弹性系数为 -1.16（见表 13），即当年增值税收入为负增长，这与共享税类收入弹性系数变化方向一致。企业所得税收入弹性系数为 1.74，个人所得税收入弹性系数为 1.96，两者税收收入增长都偏离经济增长轨道，其中个人所得税收入增长对经济增长的偏离度高于企业所得税收入增长对经济增长的偏离度 0.22。

表 13　2018 年广西央地共享税类主要税种收入弹性系数

增值税收入弹性系数	企业所得税收入弹性系数	个人所得税收入弹性系数
-1.16	1.74	1.96

2. 广西税类收入弹性系数指标

第一，货物劳务税类收入弹性系数指标。

2018 年，广西货物劳务税类收入弹性系数为 2.46（见表 14），货物劳务税类收入增长与经济增长的偏离度高达 1.46 倍，货物劳务税类收入弹性系数比所得税类收入弹性系数高 0.7，比财产税类收入弹性系数高 3.43，是全部税类结构中税收收入增长与经济增长偏离度最大的税类。

表 14　2018 年广西税类收入弹性系数

货物劳务税类 收入弹性系数	所得税类 收入弹性系数	财产税类 收入弹性系数
2.46	1.76	-0.97

第二，所得税类收入弹性系数指标。

2018 年，广西所得税类收入弹性系数为 1.76（见表 14），低于货物劳务税类收入弹性系数 0.7，高于财产税类收入弹性系数 2.73。虽然广西所得税类收入增长也偏离广西经济增长轨道，但它偏离的程度是三类税收中最低的。

第三，财产税类收入弹性系数指标。

2018 年，广西财产税类收入弹性系数为 -0.97（见表 14），财产税类收入呈现负增长，也即逆经济增长方向，与同期共享税类中主体税种增值税增长弹性系数的变动方向一致，也是地方税类中极为罕见的现象。

3. 广西产业税收收入弹性系数指标

第一，第二、第三产业税收收入弹性系数指标。

2018 年，广西第二产业税收收入弹性系数为 1.15，第三产业税收收入弹性系数为 0.89（见表 15），两者与标准税收收入弹性 1 分别相差 0.15 和 0.11，显示出无论是第二产业税收收入增长还是第三产业税收收入增长，与经济增长的协调性都较好。从所得税收入增长与经济增长的合理关系来看，第二产业税收收入增长与经济增长的协调性要优于第三产业税收收入增长与经济增长的协调性。

表 15　2018 年广西产业税收收入弹性系数

第二产业税收收入弹性系数	第三产业税收收入弹性系数	工业增值税收入弹性系数
1.15	0.89	-1.32

第二，工业增值税收入弹性系数指标。

2018 年，广西工业增值税收入弹性系数为 -1.32（见表 15），即工业增值税收入呈现负增长，工业增值税收入增长与工业经济增长呈现倒挂关系。

4. 广西进出口贸易税收收入弹性系数指标

第一，进口“两税”收入弹性系数指标。

2018 年，广西进口“两税”收入弹性系数为 -5.04（见表 16），显示广西进口“两税”收入增长与进口贸易增长是逆向的，即广西进口“两税”收入增长为正增长，而进口贸易增长是负增长，并且进口“两税”收入增长与进口贸易增长的背离度畸高。2017 年广西进口“两税”收入弹性系数为 1.86，显示广西进口“两税”收入增长与进口贸易增长是同向的，但两者偏离标准值相差约1倍，两者不协调度仍较高。进入2018年，进口“两税”收入增长与进口贸易增长不是偏离，而是背离。

表16　2017～2018年广西进出口贸易税收收入弹性系数

2017年税收收入弹性系数		2018年税收收入弹性系数	
进口“两税”	出口退税	进口“两税”	出口退税
1.86	0.16	-5.04	3.65

第二，出口贸易退税弹性系数指标。

2018年，广西出口贸易退税弹性系数为3.65（见表16），显示广西出口退税增长与出口贸易增长虽然为正增长，但出口退税增长远高于出口贸易增长，出口退税弹性系数与税收收入弹性系数标准值相差2.65倍，广西出口退税增长与出口贸易增长落差巨大。

（三）基于经济税收收入结构的广西税收依存度指标评估

基于税制结构的广西税收依存度指广西税收收入结构中各组成部分的税收收入贡献度。经济结构和税制结构共同决定不同分类下的税收收入贡献度的差别。

基于经济数据获取的局限或经济与税收弱相关，基于经济税收收入结构的税收依存度一级指标下只保留宏观税收收入贡献、央地税收收入贡献、税类收入贡献和产业税收收入贡献、进出口贸易税收收入贡献5组二级指标，本部分的评估主要针对上述二级指标展开。

1. 广西宏观税收收入贡献度指标

第一，广西税收总量的全国贡献度指标。

2018年广西税收总量对全国税收总量的贡献度仅1.52%（见表17），2017年该指标为1.49%，2018年广西税收总量对全国税收总量的贡献度比2017年略上升0.03个百分点。

表 17　2017～2018 年广西税收总量的全国贡献度

单位：%

广西税收总量占全国税收总量比重	
2017 年	2018 年
1.49	1.52

第二，广西人均税收收入贡献度指标。

2018 年，广西人均税收总额和人均地方本级税收总额分别为 5228 元和 3116 元（见表 18）。与 2017 年相比，2018 年广西人均税收总额和人均地方本级税收总额分别增加 464 元和 590 元，人均地方本级税收总额比人均税收总额多增加 126 元，增幅更大。

表 18　2017～2018 年广西人均税收收入总额

单位：元

2017 年		2018 年	
人均税收	人均地方本级税收	人均税收	人均地方本级税收
4764	2526	5228	3116

2. 广西央地税收收入贡献度指标

第一，广西央地本级税收收入贡献度指标。

2018 年，广西税收总量中，中央本级税收总额和地方本级税收总额占比分别为 46.4% 和 43.6%（见表 19），中央本级税收收入贡献高于地方本级税收收入贡献 2.8 个百分点。

表 19　2018 年广西央地本级税收收入贡献度

单位：%

中央本级	地方本级
46.4	43.6

第二，广西央地税类收入的贡献度指标。

2018 年，广西共享税类收入对广西税收总量的贡献和地方税类收入对广西税收总量的贡献分别为 56.8% 和 27.5%（见表 20），共享税类收入对广西税收总量的贡献高于地方税类收入对广西税收总量的贡献 29.3 个百分点。

表 20　2018 年广西央地税类收入的贡献度

单位：%

中央与地方共享税类	地方税类
56.8	27.5

第三，广西央地共享税类主要税种的贡献度指标。

2018 年，广西共享税类中，增值税、企业所得税和个人所得税收入对广西税收总量的贡献分别为 36.3%、14.5% 和 5.9%（见表 21），其中增值税收入对广西税收总量的贡献是个人所得税收入贡献的 6.2 倍，是企业所得税收入贡献的 2.5 倍，居于共享税类收入贡献的第一位；企业所得税收入对广西税收总量的贡献高于个人所得税收入对广西税收总量的贡献 8.6 个百分点，比个人所得税收入贡献多 1.46 倍，居于共享税类收入贡献第二位，但与增值税收入的贡献仍有较大差距。个人所得税收入贡献度与增值税收入贡献度之间尚有较大差距。

表 21　2018 年广西央地共享税类主要税种的贡献度

单位：%

增值税收入	企业所得税收入	个人所得税收入
36.3	14.5	5.9

第四，广西地方本级税收收入贡献度指标。

共享税类收入中地方分享部分对广西地方本级税收收入的贡献。

2018 年，广西地方本级税收收入中，共享税类中地方分享部分收入总量占的比重高达60.5%（见表22），占据广西地方本级税收收入的主体地位。其中，地方分享的增值税收入、企业所得税收入和个人所得税收入的贡献分别为41.7%、13.4%和5.4%。其中，地方分享增值税收入贡献是企业所得税收入贡献的3.1倍，是个人所得税收入贡献的7.7倍，占共享税类中地方分享部分的2/3，是广西地方本级税收收入的主体。企业所得税地方分享部分对广西地方本级税收收入的贡献居第二位，个人所得税地方分享部分对广西地方本级税收收入的贡献居第三位。

表22　2018年广西共享税类收入中地方分享部分对地方本级税收收入的贡献

单位：%

总计占比	增值税地方分享部分占比	企业所得税地方分享部分占比	个人所得税地方分享部分占比
60.5	41.7	13.4	5.4

地方税类主要税种收入对广西地方本级税收收入的贡献。

2018年，地方本级税收收入中，契税和土地增值税收入的贡献分别为11.0%和7.6%（见表23），既高于共享税类中个人所得税地方分享部分收入的贡献，也高于地方税类中其他税种对地方本级税收收入贡献，在地方税类主要税种收入对地方本级税收收入贡献中分别排第一和第二名，在全部地方本级税收贡献中分别排第三和第四名。耕地占用税、房产税、城镇土地使用税和车船税4税的收入加总为10.7%，仍然低于契税单一税种的收入贡献。

表23　2018年广西地方税类主要税种收入对地方本级税收的贡献

单位：%

总占比	土地增值税	契税	房产税	城镇土地使用税	耕地占用税	车船税
39.5	7.6	11.0	2.9	2.4	3.7	1.7

3. 广西税类收入贡献度指标

第一，货物劳务税类收入贡献度指标。

2018年广西货物劳务税类的收入对广西税收总量的贡献度为52.1%（见

表24)，高于所得税类收入贡献度28.4个百分点，高于财产税类收入贡献度42个百分点，以绝对优势稳居广西税收收入贡献度的榜首。

表24　2018年广西央地共享税类主要税种收入的贡献度

单位：%

货物劳务税类收入	所得税类收入	财产税类收入
52.1	23.7	10.1

第二，所得税类收入贡献度指标。

2018年广西所得税类收入贡献度为23.7%（见表24)，高于财产税类收入贡献度13.6个百分点，但与货物劳务税类收入贡献度相差28.4个百分点，差距仍然较大，居于广西税收收入贡献度的第二位。

第三，财产税类收入贡献度指标。

2018年，广西财产税类收入贡献度为10.1%（见表24)，是所得税类收入贡献度的42.6%，是货物劳务税类收入贡献度的19.4%，排在广西税收收入贡献度的末位。

4. 广西产业税收收入贡献度指标

第一，第二、第三产业税收收入贡献度指标。

2018年，广西第二产业税收收入贡献度和第三产业税收收入贡献度分别为44.5%和55.4%（见表25)，两者的贡献度相差10.9个百分点，即第三产业税收收入贡献度高于第二产业税收收入贡献度10.9个百分点。

表25　2018年广西产业税收收入贡献度与工业增值税贡献度

单位：%

产业税收收入结构贡献度		工业增值税收入的贡献度
第二产业	第三产业	
44.5	55.4	12.8

第二，工业增值税收入的贡献度指标。

2018年广西工业增值税收入的贡献度为12.8%（见表25)，与第二产业相差31.7个百分点。

5. 广西进出口贸易税收收入贡献度指标

第一，进口“两税”贡献度指标。

2018年广西进口“两税”贡献度为77.9%（见表26），显示出广西进口“两税”对广西进出口贸易的巨大贡献，广西进出口贸易税收收入高度依赖进口“两税”收入。

表26　2018年广西进出口贸易税收收入贡献度

单位：%

进口“两税”对进出口贸易税收收入的贡献度	出口退税对进出口贸易税收收入的贡献度
77.9	22.1

第二，出口退税贡献度指标。

出口退税对于进出口贸易税收是减税指标，它不仅不能带来进出口贸易税收的增加，反而会减少进出口贸易税收总量。但是，因为出口退税是先征后退的，所以也可以视其为进出口贸易税收的增加项，这项退税总量越多意味着出口企业可以获得越多的退税，可以更有利于促进出口贸易的发展。

2018年广西出口退税贡献度仅为22.1%（见表26），显示出广西出口退税对广西进出口贸易税收的贡献度非常低，远远低于进口“两税”对广西进出口贸易税收的贡献度。

（四）广西税收贡献与经济贡献匹配度指标评估

广西税收贡献与经济贡献匹配度指标指广西税收结构中各类税收收入贡献与其税基的经济贡献的协调性。

1. 广西经济税收贡献与经济贡献匹配度指标

第一，产业税收贡献与产业贡献匹配度指标。

2018年，广西第二产业税收贡献与第二产业贡献匹配指标为0.96（见表27），第二产业税收贡献与第二产业贡献基本匹配；第三产业税收贡献与第三产业贡献匹配指标为1.04，第三产业税收贡献与第三产业贡献也基本匹配。

表 27　2018 年广西产业税收贡献与产业贡献匹配度，以及工业增值税贡献与工业贡献匹配度

产业税收贡献与产业贡献匹配度		工业增值税贡献与工业贡献匹配度
第二产业	第三产业	
0.96	1.04	0.64

第二，工业增值税贡献与工业贡献匹配度指标。

2018 年，广西工业增值税贡献与工业贡献匹配度指标仅为 0.64（见表 27），低于第二产业税收贡献与产业贡献匹配度 0.32。显然，广西工业增值税贡献与工业贡献匹配度较低，工业增值税对税收的贡献份额远低于工业对产业的贡献份额。

第三，进出口贸易税收贡献与贸易贡献匹配度指标。

进口“两税”贡献与进口贸易贡献匹配度。2018 年广西进口“两税”贡献与进口贸易贡献的匹配度为 1.66（见表 28），显示出广西进口“两税”贡献度远高于进口贸易贡献度，广西进口“两税”贡献与进口贸易贡献的匹配度不高。

表 28　2018 年广西进出口贸易税收贡献与贸易贡献匹配度

进口“两税”贡献与进口贸易贡献匹配度	出口退税贡献与出口贸易贡献匹配度
1.66	0.42

出口退税贡献与出口贸易贡献匹配度。2018 年广西出口退税贡献与出口贸易贡献匹配度为 0.42（见表 28），显示出广西出口退税贡献度远远低于出口贸易贡献度，从而导致出口退税贡献与出口贸易贡献的高度不匹配。

2. 广西产业税收增长贡献与产业增长贡献匹配度指标

第一，第二、第三产业税收增长贡献与第二、第三产业增长贡献匹配度指标。

2018 年广西第二产业税收增长贡献与第二产业增长贡献的匹配度为

1.10（见表29），第二产业税收增长贡献与第二产业增长贡献基本匹配；第三产业税收增长贡献与第三产业增长贡献的匹配度为0.95，第三产业税收增长贡献与第三产业增长贡献也基本匹配；第二产业税收增长贡献与第二产业增长贡献的匹配度高于第三产业税收增长贡献与第三产业增长贡献的匹配度0.15，也即第二产业税收增长贡献与第二产业增长贡献的匹配度优于第三产业税收增长贡献与第三产业增长贡献的匹配度。

表29　2018年广西产业税收增长贡献与产业增长贡献匹配度，以及工业增值税增长贡献与工业增长贡献匹配度

产业税收增长贡献与产业增长贡献匹配度		工业增值税增长贡献与工业增长贡献匹配度
第二产业	第三产业	
1.10	0.95	-0.05

第二，工业增值税增长贡献与工业增长贡献匹配度指标。

2018年，广西工业增值税增长贡献与工业增长贡献匹配度出现负值（-0.05）（见表29），显示出工业增值税增长贡献与工业增长贡献出现背离，两者逆向而行，进一步恶化了工业增值税增长贡献与工业增长贡献匹配度。

二　2018年广西与全国及典型省份基于经济发展的税收水平比较

本节纵向上比较广西与全国基于经济发展的税收平均水平，横向上比较广西与典型东部、中部、西部省份以及自治区基于经济发展的税收水平，寻找广西的经济税收收入发展差距，为提出有操作价值的对策建议提供判断依据。

（一）广西与全国基于经济发展的税收水平比较

1. 与全国税负平均水平比较

第一，与全国宏观税负平均水平比较。

2018年，广西窄口径宏观税负和宽口径宏观税负分别为14.9%和

15.1%（见表30），分别比全国相同口径宏观税负平均水平低5.4个和8.3个百分点，广西与全国宽口径宏观税负平均水平的差距程度要高于广西与全国窄口径宏观税负平均水平的差距2.9个百分点。

表30 2018年广西与全国宏观税负平均水平比较

单位：%

项目	宏观税负	
	窄口径	宽口径
全国平均	20.3	23.4
广西	14.9	15.1

第二，与全国央地税负平均水平比较。

其一，与全国央地本级税负平均水平比较。2018年广西中央本级与地方本级税负水平分别为6.9%和6.5%（见表31），比全国相同口径分别低2.2个和2.5个百分点。

表31 2018年广西与全国央地税负平均水平比较

单位：%

项目	央地本级税负水平	
	中央本级	地方本级
全国平均	9.1	9.0
广西	6.9	6.5

其二，与全国央地税类税负平均水平比较。

与全国共享税类收入负担平均水平的比较。2018年广西央地共享税类税收负担为8.6%（见表32），比全国相同口径的平均水平低5.4个百分点，但广西与全国央地共享税类税负平均水平的差距程度高于广西与全国央地税负平均水平的差距，更高于广西与全国宏观税负平均水平的差距。

表 32　2018 年广西与全国央地税类税负平均水平比较

单位：%

项目	央地税类税负水平	
	共享税类	地方税类
全国平均	14.0	5.4
广西	8.6	4.1

与全国地方税类税负平均水平的比较。2018 年广西地方税类税收负担为4.1%（见表32），比全国相同口径的平均水平低 1.3 个百分点，但广西与全国央地本级地方税类收入负担平均水平的差距程度小于广西与全国地方本级税负水平的差距 1.2 个百分点。

其三，与全国央地共享税类主要税种税负平均水平比较。

与全国央地共享税类中增值税税负平均水平比较。2018 年广西增值税收入负担水平为5.4%（见表33），低于全国增值税收入负担平均水平 2 个百分点，广西与全国增值税收入负担水平的差距程度小于广西与全国共享税类税负平均水平的差距3.4 个百分点。

表 33　2018 年广西与全国央地共享税类主要税种税负平均水平比较

单位：%

项目	央地共享税类主要税种税负		
	增值税	企业所得税	个人所得税
全国平均	7.4	4.2	1.7
广西	5.4	2.2	0.9

与全国共享税类中企业所得税税负平均水平比较。2018 年广西企业所得税收入负担水平为2.2%（见表33），低于全国企业所得税收入负担平均水平 2 个百分点，广西与全国企业所得税负担水平的差距程度小于广西与全国共享税类税负平均水平的差距 3.4 个百分点，这与增值税收入负担水平的差距程度一致。

与全国共享税类中个人所得税税负平均水平比较。2018 年广西个人所得税收入负担水平为0.9%（见表33），低于全国个人所得税收入负担平均水平0.8个百分点，广西与全国个人所得税收入负担水平的差距程度最小，既小于广西与全国企业所得税收入负担平均水平的差距，也小于广西与全国共享税类税负平均水平的差距。

其四，与全国地方税类主要税种税负平均水平比较。

与全国土地增值税税负平均水平比较。2018年广西土地增值税收入负担水平为0.49%（见表34），低于全国土地增值税收入负担平均水平0.18个百分点，广西与全国土地增值税收入负担水平的差距程度小于广西与全国地方税类税负平均水平的差距1.12个百分点。

表34　2018年广西与全国地方税类主要税种税负平均水平比较

单位：%

项目	地方税类主要税种税负		
	土地增值税	契税	房产税
全国平均	0.67	0.69	0.35
广西	0.49	0.71	0.19

与全国契税税负平均水平比较。2018年广西契税收入负担水平为0.71%（见表34），高于全国契税收入负担平均水平0.02个百分点，广西与全国契税收入负担水平几近一致，其差距程度远远小于广西与全国地方税类税负平均水平的差距1.28个百分点。

与全国房产税税负平均水平比较。2018年广西房产税收入负担水平为0.19%（见表34），低于全国房产税收入负担平均水平0.16个百分点，广西与全国房产税收入负担水平差距不大，其差距程度小于广西与全国地方税类税负平均水平的差距1.14个百分点。

第三，与全国税类收入负担平均水平比较。

其一，与全国货物劳务税类收入负担平均水平比较。2018年广西货物劳务税类收入负担为10.4%（见表35），略高于全国平均水平1.3个百分点，广西与全国货物劳务税类收入负担平均水平有些差距。

表 35　2018 年广西与全国税类收入负担平均水平比较

单位：%

项目	分税类税负		
	货物劳务税类	所得税类	财产税类
全国平均	9.1	6.6	1.8
广西	10.4	3.5	1.5

其二，与全国所得税类收入负担平均水平比较。2018 年广西所得税类收入负担为 3.5%（见表 35），低于全国所得税类收入负担平均水平 3.1 个百分点。广西与全国所得税类收入负担平均水平的差距程度在三大税类中最高。

其三，与全国财产税类收入负担平均水平比较。2018 年广西财产税类收入负担为 1.5%（见表 35），低于全国财产税类收入负担平均水平 0.3 个百分点。广西与全国财产税类收入负担平均水平基本一致。

第四，与全国产业税负平均水平比较。

其一，与全国第二、第三产业税负平均水平比较。

与全国第二产业税负平均水平比较。2018 年广西第二产业税负为 14.2%（见表 36），比全国第二产业税负平均水平低 5.8 个百分点，广西与全国第二产业税负平均水平差距较大。

表 36　2018 年广西与全国产业税负平均水平比较

单位：%

项目	产业税负	
	第二产业	第三产业
全国平均	20.0	20.5
广西	14.2	15.4

与全国第三产业税负平均水平比较。2018 年广西第三产业税负为 15.4%（见表 36），比全国第三产业税负平均水平低 5.1 个百分点，广西与全国第三产业税负平均水平的差距程度和广西与全国第二产业税负平均水平

的差距程度接近。

其二，与全国工业税负和工业增值税税负平均水平比较。

与全国工业税负平均水平比较。2018 年广西工业税负为 14.9%（见表 37），比全国工业税负平均水平低 6.7 个百分点，广西与全国工业税负平均水平差距较大，其差距程度比与全国第二产业税负水平的差距高 0.9 个百分点。

表 37　2018 年广西与全国工业税负和工业增值税税负平均水平比较

单位：%

项目	工业	
	税负小计	工业增值税税负
全国平均	21.6	8.5
广西	14.9	5.4

与全国工业增值税税负平均水平比较。2018 年广西工业增值税税负为 5.4%（见表 37），比全国工业增值税税负平均水平低 3.1 个百分点，广西与全国工业增值税收入负担平均水平有较大差距，但其差距程度要比与全国工业税负水平的差距低 3.6 个百分点。

第五，与全国经济类型税负平均水平比较。

其一，与全国国有企业税负平均水平比较。2018 年广西国有企业税负为 1.73%（见表 38），略高于全国平均水平 0.05 个百分点，广西与全国国有企业税负平均水平相近。

其二，与全国民营企业（非国有企业）税负平均水平比较。2018 年广西民营企业整体税负为 13.12%（见表 38），低于全国民营企业税负平均水平 5.55 个百分点，广西民营企业税负水平约相当于全国民营企业税负平均水平的 70%，广西与全国民营企业税负平均水平有较大差距。

其三，与全国私营企业税负平均水平比较。2018 年广西私营企业税负为 1.61%（见表 38），低于全国私营企业平均水平 1.53 个百分点，约相当于全国私营企业税负平均水平的 1/2，广西与全国私营企业税负平均水平的差距程度高于与全国民营企业税负平均水平的差距。

其四，与全国涉外企业税负平均水平比较。2018 年广西涉外企业税负为1.06%（见表38），低于全国涉外企业平均水平 2.57 个百分点，约相当于全国涉外企业税负平均水平的 29%，广西与全国涉外企业税负平均水平的差距程度低于广西与全国民营企业税负平均水平的差距，高于广西与全国私营企业税负平均水平的差距。

其五，与全国个体企业税负平均水平比较。2018 年广西个体企业税负为1.20%（见表38），高于全国个体企业税负平均水平 0.09 个百分点，广西与全国个体企业税负平均水平几近一致。

表 38　2018 年广西与全国经济类型税负平均水平比较

单位：%

项目	税收负担				
	国有企业	民营企业	私营企业	涉外企业	个体企业
全国平均	1.68	18.67	3.14	3.63	1.11
广西	1.73	13.12	1.61	1.06	1.20

第六，与全国进出口贸易税负平均水平比较。

其一，与全国进口“两税”负担平均水平比较。2018 年广西进口“两税”负担为13.40%（见表39），高于全国进口“两税”负担平均水平 1.35 个百分点，广西与全国进口“两税”负担平均水平有一定差距。

表 39　2018 年广西与全国进出口贸易税负平均水平比较

单位：%

项目	进口“两税”负担	出口退税负担
全国平均	12.05	9.14
广西	13.40	3.37

其二，与全国出口退税负担平均水平比较。2018 年广西出口退税负担为3.37%（见表39），低于全国出口退税负担平均水平 5.77 个百分点，约相当于全国出口退税负担平均水平的 37%，广西与全国出口退税负担平均

水平差距巨大。

2. 与全国税收与经济增长匹配度平均水平比较

第一，与全国宏观税收弹性平均水平比较。

2018 年广西窄口径宏观税收弹性系数为 0.99（见表 40），高于全国窄口径宏观税收弹性系数平均水平 0.09，广西与全国窄口径宏观税收弹性平均水平基本持平。

表 40　2018 年广西与全国宏观税收弹性平均水平比较

项目	宏观税收弹性(窄口径)
全国平均	0.90
广西	0.99

第二，与全国央地税收收入弹性平均水平比较。

其一，与全国央地本级税收收入弹性平均水平比较。

与全国中央本级税收收入弹性平均水平比较。2018 年广西中央本级税收收入弹性系数为 1.24（见表 41），比全国中央本级税收收入弹性平均水平高 0.41，广西与全国中央本级税收收入弹性平均水平差距较大，但这一差距与两者在税收经济标准弹性系数上的差距比较接近。

表 41　2018 年广西与全国央地本级税收收入弹性平均水平比较

项目	中央本级税收收入弹性系数	地方本级税收收入弹性系数
全国平均	0.83	0.67
广西	1.24	5.56

与全国地方本级税收收入弹性平均水平比较。2018 年广西地方本级税收收入弹性系数为 5.56（见表 41），比全国地方本级税收收入弹性平均水平高 4.89，是全国地方本级税收收入弹性平均水平的 8.3 倍，广西地方本级税收收入弹性系数严重偏离标准的税收经济弹性区间。

其二，与全国央地税类收入弹性平均水平比较。2018 年，广西共享税类和地方税类收入弹性系数分别比全国相同口径低0.28和2.46（见表42）。广西共享税类收入弹性变动方向与全国一致，都体现为负增长，地方税类收入弹性都出现异动，但广西地方税类收入弹性的偏离度比全国的偏离度低2以上。

表42　2018年广西与全国央地税类收入弹性平均水平比较

项目	共享税类收入弹性系数	地方税类收入弹性系数
全国平均	-0.01	7.44
广西	-0.29	4.98

其三，与全国共享税类主要税种收入弹性平均水平比较。

与全国增值税收入弹性平均水平比较。2018年广西增值税收入弹性系数为-1.16（见表43），与全国增值税收入弹性系数负向变动方向一致，显示出广西与全国增值税收入弹性系数都已游离出增值税收入弹性系数的常规边界，只是广西增值税收入弹性系数背离经济增长的程度浅于全国增值税收入弹性平均水平，低于全国平均水平0.22。

表43　2018年广西与全国共享税类主要税种收入弹性平均水平比较

项目	增值税	企业所得税	个人所得税
全国平均	-1.38	0.96	1.58
广西	-1.16	1.74	1.96

与全国企业所得税收入弹性平均水平比较。2018年广西企业所得税收入弹性系数为1.74（见表43），高出全国企业所得税收入弹性系数平均水平0.78，虽然与全国企业所得税收入弹性系数正向变动方向保持一致，但全国企业所得税收入弹性系数平均水平处于企业所得税收入弹性系数的合理区间，而广西企业所得税收入弹性系数却较深偏离企业所得税收入弹性系数的合理区间。

与全国个人所得税收入弹性平均水平比较。2018年广西个人所得税收入弹性系数为1.96（见表43），高出全国个人所得税收入弹性系数平均水平0.38。2018年广西和全国个人所得税收入弹性系数都偏离个人所得税收入弹性系数的合理区间，但广西个人所得税收入弹性系数的偏离度高于全国个人所得税收入弹性系数的偏离度。

第三，与全国税类收入弹性平均水平比较。

其一，与全国货物劳务税类收入弹性平均水平比较。2018年广西货物劳务税类收入弹性系数为2.46（见表44），高于全国货物劳务税类收入弹性系数平均水平3.64。并且，广西与全国货物劳务税类收入弹性系数变动方向相背离，广西货物劳务税类收入弹性系数正向变动，而全国货物劳务税类收入弹性系数负向变动。

表44　2018年广西与全国税类收入弹性平均水平比较

项目	货物劳务税类	所得税类	财产税类
全国平均	-1.18	1.16	0.82
广西	2.46	1.76	-0.97

其二，与全国所得税类收入弹性平均水平比较。2018年广西所得税类收入弹性系数为1.76（见表44），高于全国所得税类收入弹性系数平均水平0.6。广西与全国所得税类收入弹性系数都呈现正向变动趋势，但全国所得税类收入弹性系数处于合理区间内，而广西所得税类收入弹性系数相对偏离合理区间。

其三，与全国财产税类收入弹性平均水平比较。2018年广西财产税类收入弹性系数为-0.97（见表44），与全国财产税类收入弹性系数平均水平虽然只相差1.79，但与全国财产税类收入弹性系数变动方向已背离，已游离出财产税类收入弹性系数的常规边界。

第四，与全国产业税收收入弹性平均水平比较。

其一，与全国第二、第三产业税收分量弹性平均水平比较。

与全国第二产业税收弹性平均水平比较。2018年，广西第二产业税收弹性系数高于全国平均水平 0.41（见表 45），第二产业税收收入增长高于地方经济增长。全国则相反，全国第二产业税收收入增长低于第二产业增长。

表 45　2018 年广西与全国产业税收分量弹性平均水平比较

项目	第二产业税收弹性系数	第三产业税收弹性系数
全国平均	0.74	1.02
广西	1.15	0.89

与全国第三产业税收弹性平均水平比较。2018 年，广西第三产业税收弹性系数低于全国平均水平 0.13（见表 45），第三产业税收收入增长低于地方经济增长。全国则相反，全国第三产业税收收入增长高于第三产业。

其二，与全国工业增值税收入弹性平均水平比较。2018 年，广西工业增值税收入弹性系数为 -1.32（见表 46），与全国工业增值税收入弹性平均水平虽然只相差 1.62，但与全国工业增值税收入弹性系数变动方向已深度背离，已游离出工业增值税收入弹性系数的常规边界。

表 46　2018 年广西与全国工业增值税收入弹性平均水平比较

项目	工业增值税收入弹性系数
全国平均	0.30
广西	-1.32

3. 与全国税收收入贡献度平均水平比较

第一，与全国人均税收收入贡献度平均水平比较。

与全国人均税收贡献度平均水平比较。2018 年广西人均税收收入贡献度为 5228 元（见表 47），低于全国人均税收收入贡献度平均水平 6952 元，仅相当于全国平均水平的 2/5（约 43%），差距巨大。

表 47　2018 年广西与全国人均税收收入贡献度平均水平比较

单位：元

项目	人均税收收入贡献度	人均地方本级税收收入贡献度
全国平均	12180	5419
广西	5228	2278

与全国人均地方本级税收收入贡献度平均水平比较。2018 年广西人均地方本级税收收入贡献度低于全国人均地方本级税收收入贡献度平均水平 3141 元，仅相当于全国平均水平的约 42%（见表 47）。

第二，与全国央地税收收入贡献度平均水平比较。

其一，与全国央地本级税收收入贡献度平均水平比较。

与全国中央本级税收收入贡献度平均水平比较。2018 年广西中央本级税收收入占广西税收总量比重为 46.4%（见表 48），略高于全国中央本级税收收入贡献度平均水平 0.9 个百分点，广西与全国的中央本级税收收入贡献度水平接近。

表 48　2018 年广西与全国央地本级税收收入贡献度平均水平比较

单位：%

项目	中央本级税收收入贡献度	地方本级税收收入贡献度
全国平均	45.5	44.5
广西	46.4	43.6

与全国地方本级税收收入贡献度平均水平比较。2018 年广西地方本级税收收入占广西税收总量比重为 43.6%（见表 48），略低于全国地方本级税收收入贡献度平均水平 0.9 个百分点，广西与全国的地方本级税收收入贡献度水平接近。

其二，与全国央地税类收入贡献度平均水平比较。

与全国共享税类收入贡献度平均水平比较。2018 年广西共享税类收入贡献度为56.8%（见表49），低于全国共享税类收入贡献度平均水平8.4个百分点，广西与全国共享税类收入贡献度水平尚有较大差距。

表49　2018年广西与全国央地税类收入贡献度平均水平比较

单位：%

项目	共享税类收入贡献度	地方税类收入贡献度
全国平均	65.2	26.4
广西	56.8	27.5

与全国地方税类收入贡献度平均水平比较。2018年广西地方税类收入贡献度为27.5%（见表49），高于全国地方税类收入贡献度平均水平1.1个百分点，广西与全国地方税类收入贡献度水平较接近。

其三，与全国共享税类主要税种收入贡献度平均水平比较。

与全国共享税类中增值税收入贡献度平均水平比较。2018年广西增值税收入贡献度为36.3%（见表50），略高于全国增值税收入贡献度平均水平0.2个百分点，广西与全国增值税收入贡献度平均水平相近。

表50　2018年广西与全国共享税类主要税种收入贡献度平均水平比较

单位：%

项目	增值税收入贡献度	企业所得税收入贡献度	个人所得税收入贡献度
全国平均	36.1	20.9	8.2
广西	36.3	14.5	5.9

与全国共享税类中企业所得税收入贡献度平均水平比较。2018年广西企业所得税收入贡献度为14.5%（见表50），低于全国企业所得税收入贡献度平均水平6.4个百分点，广西偏离全国企业所得税收入贡献度平均水平，是广西共享税类主要税种中偏离全国平均水平程度最深的税种。

与全国共享税类中个人所得税收入贡献度平均水平比较。2018年广西个人所得税收入贡献度为5.9%（见表50），低于全国个人所得税收入贡献度平均水平2.3个百分点，广西与全国个人所得税收入贡献度平均水平有一定差距。

第三，与全国地方税收入的地方本级税收收入贡献度平均水平比较。

其一，与全国共享税类地方分享收入总量和地方税类收入总量对地方本级税收收入贡献度平均水平比较。

与全国共享税类地方分享收入总量对地方本级税收收入贡献度平均水平比较。2018 年广西共享税类地方分享收入总量对地方本级税收收入贡献度为 60.5%（见表 51），低于全国共享税类地方分享收入总量对地方本级税收收入的贡献度平均水平 6.2 个百分点，广西与全国共享税类地方分享收入总量对地方本级税收收入的贡献度平均水平有较大差距。

表 51　2018 年广西与全国税类地方收入总量对地方本级税收收入贡献度水平比较

单位：%

项目	对地方本级税收收入贡献度	
	共享税类地方分享收入总量贡献	地方税类收入总量贡献
全国平均	66.7	33.3
广西	60.5	39.5

与全国地方税类收入总量对地方本级税收收入贡献度平均水平比较。2018 年广西地方税类收入总量对地方本级税收收入的贡献度为 39.5%（见表 51），高于全国地方税类收入总量对地方本级税收收入的贡献度平均水平 6.2 个百分点，广西与全国地方税类收入总量对地方本级税收收入的贡献度平均水平有较大差距。

其二，与全国共享税类主要税种地方分享收入分量对地方本级税收收入贡献度平均水平比较。

与增值税地方分享收入分量对地方本级税收贡献平均水平比较。2018 年广西增值税地方分享收入分量对地方本级税收收入的贡献度为 41.7%（见表 52），略高于全国增值税地方分享收入分量对地方本级税收收入的贡献度平均水平 1.1 个百分点，广西与全国增值税地方分享收入分量对地方本级税收收入的贡献度平均水平相近。

表 52　2018 年广西与全国共享税类地方分享收入对地方本级税收收入贡献度水平比较

单位：%

项目	共享税类中地方分享收入占地方本级比重			
	总计占比	增值税贡献占比	企业所得税贡献占比	个人所得税贡献占比
全国平均	66.7	40.6	18.8	7.3
广西	60.5	41.7	13.4	5.4

与企业所得税地方分享收入分量对地方本级税收贡献平均水平比较。2018 年广西企业所得税地方分享收入分量对地方本级税收收入的贡献度为 13.4%（见表 52），低于全国企业所得税地方分享收入分量对地方本级税收收入的贡献度平均水平 5.4 个百分点，广西与全国企业所得税地方分享收入分量对地方本级税收收入的贡献度平均水平的差距程度在广西共享税类主要税种中最高。

与个人所得税地方分享收入分量对地方本级税收贡献平均水平比较。2018 年广西个人所得税地方分享收入分量对地方本级税收收入的贡献度为 5.4%（见表 52），略低于全国个人所得税地方分享收入分量对地方本级税收收入的贡献度平均水平 1.9 个百分点，广西与全国个人所得税地方分享收入分量对地方本级税收收入的贡献度平均水平有一定差距。

其三，与全国地方主要税种收入分量对地方本级税收收入贡献度平均水平比较。

与全国土地增值税收入分量对地方本级税收收入贡献度平均水平比较。2018 年广西土地增值税收入分量对地方本级税收收入的贡献度为 7.6%（见表 53），略高于全国土地增值税收入分量对地方本级税收收入的贡献度平均水平 0.1 个百分点，广西与全国土地增值税收入分量对地方本级税收收入的贡献度平均水平基本一致。

与全国契税收入分量对地方本级税收收入贡献度平均水平比较。2018 年广西契税收入分量对地方本级税收收入的贡献度为 11.0%（见表 53），高于全国契税收入分量对地方本级税收收入的贡献度平均水平 3.4 个百分点，广西与全国契税收入分量对地方本级税收收入的贡献度平均水平的差距最大。

与全国房产税收入分量对地方本级税收收入贡献度平均水平比较。2018年广西房产税收入分量对地方本级税收收入的贡献度为2.9%（见表53），略低于全国房产税收入分量对地方本级税收收入的贡献度平均水平0.9个百分点，广西与全国房产税收入分量对地方本级税收收入的贡献度平均水平相近。

与全国城镇土地使用税收入分量对地方本级税收收入贡献度平均水平比较。2018年广西城镇土地使用税收入分量对地方本级税收收入的贡献度为2.4%（见表53），略低于全国城镇土地使用税收入分量对地方本级税收收入的贡献度平均水平0.8个百分点，广西与全国城镇土地使用税收入分量对地方本级税收收入的贡献度平均水平也相近。

与全国耕地占用税收入分量对地方本级税收收入贡献度平均水平比较。2018年广西耕地占用税收入分量对地方本级税收收入的贡献度为3.7%（见表53），高于全国耕地占用税收入分量对地方本级税收收入的贡献度平均水平2.0个百分点，广西与全国耕地占用税收入分量对地方本级税收收入的贡献度平均水平有一定差距。

与全国车船税收入分量对地方本级税收收入贡献度平均水平比较。2018年广西车船税收入分量对地方本级税收收入的贡献度为1.7%（见表53），稍高于全国车船税收入分量对地方本级税收收入的贡献度平均水平0.6个百分点，广西与全国车船税收入分量对地方本级税收收入的贡献度平均水平较接近。

表53　2018年广西与全国地方本级税收贡献结构比较

单位：%

项目	地方税种收入占地方本级税收比重						
	总占比	土地增值税	契税	房产税	城镇土地使用税	耕地占用税	车船税
全国平均	33.3	7.5	7.6	3.8	3.2	1.7	1.1
广西	39.5	7.6	11.0	2.9	2.4	3.7	1.7

第四，与全国税类分量的税收收入贡献度平均水平比较。

其一，与全国货物劳务税类收入分量的税收收入贡献度平均水平比较。2018 年广西货物劳务税类收入分量对税收总量的贡献度为 52.1%（见表 54），高于全国货物劳务税类收入分量对税收总量的贡献度平均水平 7.6 个百分点，广西与全国货物劳务税类收入分量对税收总量的贡献度平均水平差距较大。

表 54　2018 年广西与全国税类收入贡献平均水平比较

单位：%

项目	分税类收入结构贡献度		
	货物劳务税类收入贡献	所得税类收入贡献	财产税类收入贡献
全国平均	44.5	32.4	8.7
广西	52.1	23.7	10.1

其二，与全国所得税类收入分量的税收收入贡献度平均水平比较。2018 年广西所得税类收入分量对税收总量的贡献度为 23.7%（见表 54），低于全国所得税类收入分量对税收总量的贡献度平均水平 8.7 个百分点，广西与全国所得税类收入分量对税收总量的贡献度平均水平差距也较大。

其三，与全国财产税类收入分量的税收收入贡献度平均水平比较。2018 年广西财产税类收入分量对税收总量的贡献度为 10.1%（见表 54），高于全国财产税类收入分量对税收总量的贡献度平均水平 1.4 个百分点，广西与全国财产税类收入分量对税收总量的贡献度平均水平有一些差距。

第五，与全国产业税收分量的税收收入贡献度平均水平比较。

其一，与全国第二、第三产业税收收入贡献度平均水平比较。

与全国第二产业税收收入贡献度平均水平比较。2018 年广西第二产业税收分量对税收总量的贡献度为 44.5%（见表 55），高于全国第二产业税收分量对税收总量的贡献度平均水平 1.4 个百分点，广西与全国第二产业税收分量对税收总量的贡献度平均水平比较接近。

表 55　2018 年广西与全国产业税收收入贡献度平均水平比较

单位：%

项目	产业税收贡献结构	
	第二产业	第三产业
全国平均	43.1	56.8
广西	44.5	55.4

与全国第三产业税收收入贡献度平均水平比较。2018 年广西第三产业税收分量对税收总量的贡献度为 55.4%（见表 55），低于全国第三产业税收分量对税收总量的贡献度平均水平 1.4 个百分点，广西与全国第三产业税收分量对税收总量的贡献度平均水平比较接近。

其二，与全国工业增值税收入贡献度平均水平比较。2018 年广西工业增值税收入分量对税收总量的贡献度为 12.8%（见表 56），低于全国工业增值税收入分量对税收总量的贡献度平均水平 2.5 个百分点，广西与全国工业增值税收入分量对税收总量的贡献度平均水平的差距大于广西与全国第二产业税收分量对税收总量的贡献度平均水平的差距 1.1 个百分点。

表 56　2018 年广西与全国工业增值税收入贡献度平均水平比较

单位：%

项目	工业增值税收入贡献
全国平均	15.3
广西	12.8

4. 与全国经济税收贡献和经济贡献匹配度平均水平比较

第一，广西对全国产业税收贡献与产业贡献匹配度。

2018 年广西对全国产业税收贡献与产业贡献匹配度为 0.73，而广西对全国产业税收增长贡献与产业增长贡献匹配度为 0.78（见表 57），无论是静态还是动态，广西对全国产业税收贡献与产业贡献匹配度基本保持一致，与产业税收贡献与产业贡献匹配度的标准区间稍有距离。

表 57 2018 年广西对全国产业税收贡献与产业贡献匹配度

对全国产业税收贡献与产业贡献匹配度	对全国产业税收增长贡献与产业增长贡献匹配度
0.73	0.78

第二，与全国产业税收贡献和产业贡献匹配平均水平比较。

其一，与全国第二、第三产业税收贡献和产业贡献匹配度平均水平比较。

与全国第二产业税收贡献和第二产业贡献匹配度平均水平比较。2018 年广西第二产业税收贡献和第二产业贡献匹配度为 0.96（见表 58），低于全国第二产业税收贡献和第二产业贡献匹配度平均水平 0.02，广西与全国第二产业税收贡献和第二产业贡献匹配度平均水平高度接近。

表 58 2018 年广西与全国产业税收贡献和产业贡献匹配度比较

项目	产业税收贡献和产业贡献匹配度	
	第二产业	第三产业
全国平均	0.98	1.01
广西	0.96	1.04

与全国第三产业税收贡献和第三产业贡献匹配度平均水平比较。2018 年广西第三产业税收贡献和第三产业贡献匹配度为 1.04（见表 58），高于全国第三产业税收贡献和第三产业贡献匹配度平均水平 0.03，广西与全国第三产业税收贡献和第三产业贡献匹配度平均水平高度接近。

其二，与全国工业增值税贡献与工业贡献匹配度平均水平比较。2018 年广西工业增值税贡献与工业贡献匹配度为 0.64（见表 59），低于全国工业增值税贡献与工业贡献匹配度平均水平 0.4，低于广西第二产业税收贡献和第二产业贡献匹配度 0.32，全国工业增值税贡献与工业贡献匹配度平均水平处于理想的标准状态，而广西工业增值税贡献与工业贡献匹配度却偏离了税收贡献和经济贡献匹配度变动的合理区间。

表 59　2018 年广西与全国工业增值税贡献与工业贡献匹配度水平比较

项目	工业增值税贡献与工业贡献匹配度
全国平均	1.04
广西	0.64

第二，与全国产业税收增长贡献与产业增长贡献匹配平均水平比较。

其一，与全国第二、第三产业税收增长贡献与产业增长贡献匹配度平均水平比较。2018 年，广西第二产业和第三产业税收增长贡献与产业增长贡献的匹配度指标与全国平均水平分别相差 0.22 和 0.14（见表 60），第三产业税收增长贡献与产业增长贡献的匹配度指标与全国平均水平相近，而第二产业税收增长贡献远远超出其经济承受能力，伤及税基。

表 60　2018 年广西与全国产业税收增长贡献与产业增长贡献匹配度比较

项目	产业税收增长贡献与产业增长贡献匹配度	
	第二产业	第三产业
全国平均	0.88	1.09
广西	1.10	0.95

其二，与全国工业增值税增长贡献与工业增长贡献匹配度平均水平比较。2018 年广西工业增值税增长贡献与工业增长贡献匹配度为负值（-0.05）（见表 61），低于全国工业增值税增长贡献与工业增长贡献匹配度平均水平 0.89，既背离了全国工业增值税增长贡献与工业增长贡献匹配度的正向变动趋势，也背离了广西第二产业税收增长贡献与第二产业增长贡献匹配度的正向变动趋势，与后者的背离程度高于与前者的背离程度 0.26。

表 61　2018 年广西与全国工业增值税增长贡献与工业增长贡献匹配度水平比较

项目	工业增值税增长贡献与工业增长贡献匹配度
全国平均	0.84
广西	-0.05

（二）广西与典型东部省份基于经济发展的税收水平比较

1. 与典型东部省份税负水平比较

第一，与典型东部省份宏观税负水平比较。

2018 年，广西窄口径宏观税负比典型东部 3 省低 1.5（浙江）~2.6（江苏）个百分点，宽口径宏观税负低 5.7（广东）~7.1（浙江）个百分点（见表 62）。广西与东部 3 省宽口径宏观税负水平的差距高于窄口径宏观税负水平的差距 4.2~4.5 个百分点。

表 62　2018 年广西与典型东部省份宏观税负水平比较

单位：%

项目		宏观税负	
		宏观税负 1	宏观税负 2
东部	广东	16.7	20.8
	江苏	17.5	21.3
	浙江	16.4	22.2
广西		14.9	15.1

第二，与典型东部省份央地税负水平比较。

其一，与典型东部省份央地本级税负水平比较。2018 年广西中央本级税负比典型东部省份相同口径低 0.6（浙江）~0.7（江苏）个百分点，与广东持平；地方本级税负比东部 3 省低 0.8（广东）~1.7（江苏）个百分点（见表 63）。显然广西与东部 3 省中央本级税负水平的差距小于地方本级税负水平的差距。

表 63　2018 年广西与典型东部省份央地税负水平比较

单位：%

项目		央地本级税负水平	
		中央本级	地方本级
东部	广东	6.9	7.3
	江苏	7.6	8.2
	浙江	7.5	8.1
广西		6.9	6.5

其二，与典型东部省份央地税类税负水平比较。2018 年广西央地共享税类税负比东部3 省低2.1（广东）~3.4（江苏、浙江）个百分点，地方税类税负比东部3 省高0.6 个百分点（浙江）、低0.3 个百分点（江苏）、低0.9 个百分点（广东），广西与典型东部省份央地共享税类收入负担水平的差距程度高于地方税类收入负担水平的差距幅度（见表64）。

表 64　2018 年广西与典型东部省份央地税类税负水平比较

单位：%

项目		央地税类税负	
		共享税类	地方税类
东部	广东	10.7	5.0
	江苏	12.0	4.4
	浙江	12.0	3.5
广西		8.6	4.1

其三，与典型东部省份共享税类主要税种税负水平比较。2018 年广西增值税收入负担水平低于东部3 省 0.8（广东）~1.6（江苏、浙江）个百分点，企业所得税收入负担水平低于东部 3 省 1.0（广东）~1.4（江苏）个百分点，个人所得税收入负担水平低于东部 3 省 0.4（广东、江苏）~0.8（浙江）个百分点（见表65）。

表 65　2018 年广西与典型东部省份共享税类主要税种税负水平比较

单位：%

项目		共享税类主要税种税负		
		增值税	企业所得税	个人所得税
东部	广东	6.2	3.2	1.3
	江苏	7.0	3.6	1.3
	浙江	7.0	3.4	1.7
广西		5.4	2.2	0.9

其四，与典型东部省份地方税类主要税种税负水平比较。

2018 年广西土地增值税收入负担水平低于东部 3 省 0.07（江苏）~0.58（浙江）个百分点；契税收入负担水平高于东部地区的广东 0.25 个百分点，而与江苏和浙江基本持平；房产税收入负担水平低于东部 3 省 0.11（广东）~0.16（江苏、浙江）个百分点（见表 66）。

表 66　2018 年广西与典型东部省份地方税类主要税种税负水平比较

单位：%

项目		地方税类主要税种税负		
		土地增值税	契税	房产税
东部	广东	0.79	0.46	0.30
	江苏	0.56	0.72	0.35
	浙江	1.07	0.71	0.35
广西		0.49	0.71	0.19

第三，与典型东部省份税类收入负担水平比较。

2018 年广西货物劳务税类收入负担水平高于广东 1.1 个百分点，分别低于江苏 0.2 个百分点和浙江 0.3 个百分点；所得税类收入负担水平低于东部 3 省 1.8（广东）~2.1（浙江）个百分点；财产税类收入负担水平高于东部 3 省 0.1（江苏、浙江）~0.4（广东）个百分点（见表 67）。

表 67　2018 年广西与典型东部省份税类收入负担水平比较

单位：%

项目		分税类税负		
		货物劳务税类	所得税类	财产税类
东部	广东	9.3	5.3	1.1
	江苏	10.6	5.5	1.4
	浙江	10.7	5.6	1.4
广西		10.4	3.5	1.5

第四，与典型东部省份产业税负水平比较。

其一，与典型东部省份第二、第三产业税负水平比较。2018 年广西第二产业税负水平比东部3省低1.6（浙江）~4.8（江苏）个百分点，第三产业税负水平比广东高0.3个百分点，分别比江苏和浙江低0.7个和1.4个百分点（见表68）。

表68　2018年广西与典型东部省份产业税负水平比较

单位：%

项目		产业税负	
		第二产业	第三产业
东部	广东	18.8	15.1
	江苏	19.0	16.1
	浙江	15.8	16.8
广西		14.2	15.4

其二，与典型东部省份工业税负和工业增值税税负水平比较。2018年广西工业税负水平比东部3省低0.6（浙江）~5.3（江苏）个百分点，工业增值税税负水平比东部3省低2.5（广东）~3.4（江苏）个百分点（见表69）。

表69　2018年广西与典型东部省份工业税负和工业增值税税负水平比较

单位：%

项目		工业	
		税负小计	工业增值税税负
东部	广东	19.1	7.9
	江苏	20.2	8.8
	浙江	15.5	8.4
广西		14.9	5.4

2. 与典型东部省份税收与经济增长匹配度水平比较

第一，与典型东部省份宏观税收弹性水平比较。

2018年广西窄口径宏观税收弹性系数比东部3省低0.02（广东）~0.55（浙江）（见表70）。广西与广东窄口径宏观税收弹性系数接近，基本处于理想的税收弹性点位上，而与浙江窄口径宏观税收弹性系数水平差距较大。

表 70　2018 年广西与典型东部省份宏观税收弹性水平比较

项目		宏观税收弹性 1(窄口径)
东部	广东	1. 01
	江苏	1. 24
	浙江	1. 54
广西		0. 99

第二，与典型东部省份央地税收弹性水平比较。

其一，与典型东部省份央地本级税收弹性水平比较。2018 年广西中央本级税收弹性系数分别比江苏和浙江低 0. 04 和 0. 23，高于广东 0. 46，差距较大；地方本级税收弹性系数比东部 3 省高 4. 06（浙江）~4. 39（广东）（见表 71）。广西与江苏和广东中央本级税收弹性系数都保持在合理的税收弹性区间，但广西地方本级税收弹性系数却严重偏离合理的税收弹性区间。

表 71　2018 年广西与典型东部省份央地本级税收弹性水平比较

项目		中央本级税收弹性系数	地方本级税收弹性系数
东部	广东	0. 78	1. 17
	江苏	1. 28	1. 48
	浙江	1. 47	1. 50
广西		1. 24	5. 56

其二，与典型东部省份央地税类收入弹性水平比较。2018 年广西共享税类收入弹性系数比广东高 0. 92，比浙江低 0. 99（见表 72），广西共享税类收入弹性系数背离而非偏离合理税收弹性区间，但其背离的程度小于广东和江苏的背离程度。

表 72　2018 年广西与典型东部省份央地税类收入弹性水平比较

项目		共享税类收入弹性系数	地方税类收入弹性系数
东部	广东	-1.21	14.78
	江苏	-0.37	10.12
	浙江	0.70	5.70
广西		-0.29	4.98

广西地方税类收入弹性系数比东部3省低0.72（浙江）~9.8（广东）。广西地方税类收入弹性虽然严重偏离合理税收弹性区间，但其偏离程度与浙江的偏离程度差距较小，远远低于广东和江苏的偏离程度。

其三，与典型东部省份共享税类主要税种收入弹性水平比较。2018年广西增值税收入弹性系数低于浙江1.1，分别高于广东1.37和江苏0.46（见表73）。广西与典型东部3省增值税收入弹性系数都已背离合理的税收弹性系数区间，但广西的背离程度高于浙江省，而低于广东和江苏。

表 73　2018 年广西与典型东部省份共享税类主要税种收入弹性水平比较

项目		增值税	企业所得税	个人所得税
东部	广东	-2.53	1.07	2.03
	江苏	-1.62	1.81	2.60
	浙江	-0.06	2.14	1.55
广西		-1.16	1.74	1.96

2018年广西企业所得税收入弹性系数高于广东0.67，而分别低于江苏和浙江0.07和0.4，广西企业所得税收入弹性系数严重偏离合理税收弹性区间，但其偏离的程度小于江苏和浙江的偏离程度。

2018年广西个人所得税收入弹性系数高于浙江0.41，分别低于广东和江苏0.07和0.64。2018年广西和东部3省个人所得税收入弹性系数都偏离个人所得税收入弹性系数的合理区间，但广西的偏离度稍高于浙江，而低于广东和江苏的偏离度。

第三，与典型东部省份税类收入弹性水平比较。

2018 年广西货物劳务税类收入弹性系数分别高于广东和江苏 2.22 和 0.67，低于浙江 1.67（见表 74）。广西和东部 3 省货物劳务税类收入弹性系数都偏离合理的税收弹性区间，但广西和浙江的偏离程度比较严重，且浙江比广西的偏离程度更严重。

表 74　2018 年广西与典型东部省份税类收入弹性水平比较

项目		货物劳务税类	所得税类	财产税类
东部	广东	0.24	1.56	0.78
	江苏	1.79	1.90	1.88
	浙江	4.13	1.93	1.22
广西		2.46	1.76	-0.97

2018 年广西所得税类收入弹性系数高于广东 0.2，分别低于江苏和浙江 0.14 和 0.17。广西所得税类收入弹性系数偏离税收弹性合理区间的程度在 4 省份中居于中位。

2018 年广西财产税类收入弹性系数比东部 3 省低 1.75（广东）～2.85（江苏），广东和浙江财产税类收入弹性系数处于合理区间，4 省份中唯独广西较严重背离了税收弹性方向。

第四，与典型东部省份产业税收弹性水平比较。

其一，与典型东部省份第二、第三产业税收分量弹性水平比较。2018 年广西第二产业税收弹性系数低于浙江 0.54，分别高于广东和江苏 0.57 和 0.51；第三产业税收弹性系数低于东部 3 省 0.5（广东）～0.89（江苏）（见表 75）。广西是 4 省份中第二、第三产业税收弹性系数都处于合理区间的省份。

表 75　2018 年广西与典型东部省份产业税收分量弹性水平比较

项目		第二产业税收弹性系数	第三产业税收弹性系数	工业增值税收入弹性系数
东部	广东	0.58	1.39	0.37
	江苏	0.64	1.78	-0.10
	浙江	1.69	1.46	0.63
广西		1.15	0.89	-1.32

其二，与典型东部省份工业增值税收入弹性水平比较。2018 年广西工业增值税收入弹性系数比东部 3 省低 1.22（江苏）~1.95（浙江）。广西与江苏工业增值税收入弹性系数均背离税收弹性标准方向，且广西的背离程度更高。

3. 与典型东部省份税收收入贡献度水平比较

第一，与典型东部省份人均税收收入贡献度水平比较。

2018 年广西人均税收收入贡献度为东部 3 省的 27.3%（江苏）~38%（广东），人均地方本级税收收入贡献度为东部 3 省的 25.4%（江苏）~38%（广东），都仅相当于东部 3 省中最低水平的 38%，分别相当于东部 3 省中最高水平的 27.2% 和 25.4%（见表 76），广西与东部 3 省人均地方本级税收收入贡献度的最高水平差距程度高于双方人均税收收入贡献度的最高水平差距。

表 76　2018 年广西与典型东部省份人均税收收入贡献度水平比较

单位：元

项目		人均税收收入贡献度	人均地方本级税收收入贡献度
东部	广东	13765	5994
	江苏	19197	8969
	浙江	15508	7624
广西		5228	2278

第二，与典型东部省份央地税收收入贡献度水平比较。

其一，与典型东部省份央地本级税收收入贡献度水平比较。2018 年广西中央本级税收占广西税收总量比重高于东部3省0.9（浙江）~5.1（广东）个百分点，而地方本级税收占广西税收总量比重高于广东0.1个百分点，分别低于江苏和浙江3.1个和5.6个百分点（见表77）。广西央地本级税收贡献结构与东部3省基本相反，广西中央本级税收收入贡献度高，而东部3省则地方本级税收收入贡献度高。

表77　2018年广西与典型东部省份央地本级税收收入贡献度水平比较

单位：%

项目		中央本级税收收入贡献度	地方本级税收收入贡献度
东部	广东	41.3	43.5
	江苏	43.8	46.7
	浙江	45.5	49.2
广西		46.4	43.6

其二，与典型东部省份央地税类收入贡献度水平比较。2018年广西共享税类收入贡献度低于东部3省7.0（广东）~16.5（浙江）个百分点，地方税类收入贡献度低于广东2.4个百分点，分别高于江苏和浙江2.5个和6.3个百分点（见表78）。广西共享税类收入贡献度与东部3省差距巨大，地方税类收入贡献度在4省份中排第2位。

表78　2018年广西与典型东部省份央地税类收入贡献度水平比较

单位：%

项目		共享税类收入贡献度	地方税类收入贡献度
东部	广东	63.8	29.9
	江苏	68.6	25.0
	浙江	73.3	21.2
广西		56.8	27.5

其三，与典型东部省份共享税类主要税种收入贡献度水平比较。2018年广西增值税收入贡献度低于东部3省0.5（广东）~6.2（浙江）个百分点，企业所得税收入贡献度低于东部3省4.6（广东）~6.3（江苏、浙江）

个百分点，个人所得税收入贡献度低于东部3省1.7（江苏）~4.1（浙江）个百分点（见表79）。广西共享税类主要税种收入贡献度水平普遍低于典型东部3省，其中个人所得税收入贡献度的差距程度最小，而增值税收入贡献度的高低差距变化最大。

表79　2018年广西与典型东部省份共享税类主要税种收入贡献度水平比较

单位：%

项目		增值税收入贡献度	企业所得税收入贡献度	个人所得税收入贡献度
东部	广东	36.8	19.1	7.9
	江苏	40.2	20.8	7.6
	浙江	42.5	20.8	10.0
广西		36.3	14.5	5.9

第三，与典型东部省份地方税收入的地方本级税收收入贡献度水平比较。

其一，与典型东部省份共享税类地方分享收入总量和地方税类收入总量对地方本级税收收入贡献度水平比较。2018年广西共享税类地方分享收入总量对地方本级税收收入贡献度低于东部3省6.6（广东）~7.8（浙江）个百分点，地方税类收入总量对地方本级税收收入贡献度高于东部3省6.6（广东）~7.8（浙江）个百分点（见表80）。广西共享税类地方分享收入和地方税类收入总量对地方本级税收贡献结构与东部3省的结构正好相反，地方本级税收总量中广西共享税类地方分享收入贡献度低于东部3省，而地方税类收入贡献度则是广西高于东部3省。

表80　2018年广西与典型东部省份税类地方收入总量对地方本级税收收入贡献度水平比较

单位：%

项目		对地方本级税收收入贡献度	
		共享税类地方分享收入总量贡献	地方税类收入总量贡献
东部	广东	67.1	32.9
	江苏	67.4	32.6
	浙江	68.3	31.7
广西		60.5	39.5

其二，与典型东部省份共享税类地方分享收入对地方本级税收收入贡献度水平比较。2018 年广西增值税地方分享收入对地方本级税收收入贡献度低于东部 3 省 0.6（广东）～1.5（浙江）个百分点，广西与东部 3 省水平接近；企业所得税地方分享收入对地方本级税收收入贡献度低于东部 3 省 3.5（浙江）～4.4（江苏）个百分点，广西与东部 3 省水平相差约 4 个百分点，是 3 个税种中差距最大的；个人所得税地方分享收入对地方本级税收收入贡献度低于东部 3 省 1.1（江苏）～2.8（浙江）个百分点，广西与东部 3 省水平有些差距（见表 81）。

表 81　2018 年广西与典型东部省份共享税类地方分享收入对地方本级税收收入贡献度水平比较

单位：%

项目		共享税类中地方分享部分占地方本级比重			
		总计占比	增值税贡献占比	企业所得税贡献占比	个人所得税贡献占比
东部	广东	67.1	42.3	17.5	7.3
	江苏	67.4	43.1	17.8	6.5
	浙江	68.3	43.2	16.9	8.2
广西		60.5	41.7	13.4	5.4

其三，与典型东部省份地方主要税种收入对地方本级税收收入贡献度水平比较。2018 年广西土地增值税收入对地方本级税收收入贡献度低于广东 3.1 个百分点，分别高于江苏和浙江 0.8 个和 1.2 个百分点，广西与东部 3 省水平的差距程度不均衡；契税收入贡献度高于东部 3 省 2.2（江苏、浙江）～4.6（广东）个百分点，广西与东部 3 省水平的差距在地方税种中最大；房产税收入贡献度低于东部 3 省 1.3（广东）～1.4（江苏、浙江）个百分点，广西与东部 3 省水平有一些差距，但差距程度相对均衡；城镇土地使用税收入对地方本级税收收入贡献度低于江苏 0.4 个百分点，分别高于广东和浙江 0.2 个和 0.1 个百分点，广西与东部 3 省水平接近；耕地占用税收入贡献度高于东部 3 省 2.8（浙江）～2.95（江苏）个百分点，广西与东部 3 省之间水平有一定差距，但差距相对均衡；车船税收入贡献度高于东部 3 省 0.6（浙江）～0.92（江苏）个百分点，广西与东部 3 省水平接近（见表 82）。

表 82　2018 年广西与典型东部省份地方本级税收贡献结构比较

单位：%

项目		地方税种收入占地方本级税收比重						
		总占比	土地增值税	契税	房产税	城镇土地使用税	耕地占用税	车船税
东部	广东	32.9	10.7	6.4	4.2	2.2	0.79	0.87
	江苏	32.6	6.8	8.8	4.3	2.8	0.75	0.78
	浙江	31.7	6.4	8.8	4.3	2.3	0.90	1.10
广西		39.5	7.6	11.0	2.9	2.4	3.70	1.70

第四，与典型东部省份税类收入贡献度水平比较。

2018 年广西货物劳务税类收入对税收总量的贡献度高于东部 3 省 5.3（江苏）~6.5（浙江）个百分点，所得税类收入贡献低于东部 3 省 8.3（江苏）~14.5（浙江）个百分点，财产税类收入贡献高于东部 3 省 0.9（浙江）~5.2（广东）个百分点（见表 83）。广西货物劳务税类和财产税类收入对税收总量的贡献度均高于东部 3 省，仅所得税类收入贡献度低于东部 3 省且差距巨大。

表 83　2018 年广西与典型东部省份税类收入贡献度水平比较

单位：%

项目		分税类收入结构贡献度		
		货物劳务税类收入贡献	所得税类收入贡献	财产税类收入贡献
东部	广东	45.7	33.1	4.9
	江苏	46.8	32.0	7.9
	浙江	45.6	38.2	9.2
广西		52.1	23.7	10.1

第五，与典型东部省份产业税收收入贡献度水平比较。

其一，与典型东部省份第二、第三产业税收收入贡献度水平比较。2018 年广西第二产业税收对税收总量的贡献度高于浙江 3.2 个百分点，分别低于广东和江苏 5.1 个和 5.7 个百分点；第三产业税收收入贡献度低于浙江 3.2 个百分点，分别高于广东和江苏 5.1 个和 5.7 个百分点（见表 84）。广西第二产业税收收入贡献度居中下水平，第三产业税收收入贡献度则居中上水平，与浙江水平比较接近。

表 84　2018 年广西与典型东部省份产业税收收入贡献度水平比较

单位：%

项目		产业税收贡献结构		
		第二产业税收贡献	第三产业税收贡献	工业增值税收入贡献
东部	广东	49.6	50.3	19.9
	江苏	50.2	49.7	21.3
	浙江	41.3	58.6	18.6
广西		44.5	55.4	12.8

其二，与典型东部省份工业增值税收入贡献度水平比较。2018 年广西工业增值税收入对税收总量的贡献度低于东部 3 省 5.8（浙江）~8.5（江苏）个百分点，广西与东部 3 省的差距较大。

4. 与典型东部省份经济税收贡献和经济贡献匹配度水平比较

第一，与典型东部省份对全国产业税收贡献和产业贡献匹配度水平比较。

2018 年广西对全国产业税收贡献和产业贡献匹配度低于东部 3 省 0.07（浙江）~0.13（江苏），广西与东部 3 省的差距程度都较均衡；对全国产业税收增长贡献和产业增长贡献匹配度低于东部 3 省 0.09（江苏）~0.95（浙江），广西与浙江的差距巨大，与江苏的水平接近（见表85）。

表 85　2018 年广西与典型东部省份对全国产业税收贡献和产业贡献匹配度水平比较

项目		产业税收贡献和产业贡献匹配度	产业税收增长和产业增长贡献匹配度
东部	广东	0.82	0.91
	江苏	0.86	0.87
	浙江	0.80	1.73
广西		0.73	0.78

第二，与典型东部省份产业税收贡献和产业贡献匹配度水平比较。

其一，与典型东部省份第二、第三产业税收贡献和产业贡献匹配度水平比较。2018 年广西第二产业税收贡献和第二产业贡献匹配度低于东部 3 省 0.01（浙江）~0.16（广东），第三产业税收贡献和第三产业贡献匹配度高于东部 3 省 0.01（浙江）~0.14（广东）（见表 86）。广西与浙江第二、第三产业匹配度水平比较接近，广西第二产业匹配度低于东部 3 省，而第三产业匹配度则高于东部 3 省，广西与东部 3 省第二和第三产业匹配度都在正常区间。

表 86　2018 年广西与典型东部省份产业税收贡献和产业贡献匹配度水平比较

项目		产业税收贡献和产业贡献匹配度		
		第二产业	第三产业	工业增值税贡献和工业贡献
东部	广东	1.12	0.90	0.93
	江苏	1.09	0.92	1.03
	浙江	0.97	1.03	0.98
广西		0.96	1.04	0.64

其二，与典型东部省份工业增值税贡献和工业贡献匹配度水平比较。2018 年广西工业增值税贡献和工业贡献匹配度比东部 3 省低 0.29（广东）~0.39（江苏）（见表 86），广西与东部 3 省的差距较大，广西偏离了税收产业匹配度的正常区间，而东部 3 省都处于税收产业匹配度的正常区间。

第三，与典型东部省份产业税收增长贡献和产业增长贡献匹配度水平比较。

其一，与典型东部省份第二、第三产业税收增长贡献和产业增长贡献匹配度水平比较。2018 年广西第二产业税收增长贡献和产业增长贡献匹配度高于东部 3 省 0.03（浙江）~0.50（江苏），第三产业税收增长贡献和产业增长贡献匹配度低于东部 3 省 0.02（浙江）~0.31（江苏）（见表 87）。广西与浙江的产业税收增长匹配度水平接近，广西与东部 3 省第三产业税收增长匹配度的差距较小且较均衡，但广西与东部 3 省第二产业税收增长匹配度的差距较大且差距程度不均衡。

表 87　2018 年广西与典型东部省份产业税收增长贡献和产业增长贡献匹配度水平比较

项目		产业税收增长贡献和产业增长贡献匹配度		
		第二产业	第三产业	工业增值税增长贡献和工业增长贡献
东部	广东	0.78	1.13	1.77
	江苏	0.60	1.26	-0.62
	浙江	1.07	0.97	3.22
广西		1.10	0.95	-0.05

其二，与典型东部省份工业增值税增长贡献和工业增长贡献匹配度水平比较。2018 年广西工业增值税增长贡献和工业增长贡献匹配度高于江苏 0.57，分别低于广东和浙江 1.82、3.27（见表 87）。广西与江苏该指标背离了产业税收增长匹配度的正常方向，广西与东部 3 省该指标的水平差距也巨大，并且差距程度极不均衡。

（三）广西与典型中部省份基于经济发展的税收水平比较

1. 与典型中部省份税负水平比较

第一，与典型中部省份宏观税负水平比较。

2018 年广西窄口径宏观税负水平高于中部 3 省 0.5（湖北）~3.1（河南）个百分点；宽口径宏观税负水平高于湖南 2.5 个百分点，分别低于河南和湖北 1.3 个和 3.5 个百分点（见表 88）。湖南宽窄口径宏观税负水平处于合理区间，广西窄口径宏观税负水平与湖北接近，宽口径宏观税负水平与河南接近，广西与中部 3 省宽口径宏观税负水平的差距程度高于窄口径。

表 88　2018 年广西与典型中部省份宏观税负水平比较

单位：%

项目		宏观税负	
		宏观税负 1	宏观税负 2
中部	河南	11.8	16.4
	湖北	14.4	18.6
	湖南	12.5	12.6
广西		14.9	15.1

第二，与典型中部省份央地税负水平比较。

其一，与典型中部省份央地本级税负水平比较。2018 年广西中央本级税负水平低于湖北 0.2 个百分点，分别高于河南和湖南 1.6 个和 0.6 个百分点；地方本级税负水平低于湖北 0.3 个百分点，分别高于河南和湖南 0.5 个和 0.6 个百分点（见表 89）。广西与中部 3 省地方本级税负水平比较接近，而中央本级税负水平差距程度不均衡。

表 89　2018 年广西与典型中部省份央地本级税负水平比较

单位：%

项目		央地本级税负水平	
		中央本级	地方本级
中部	河南	5.3	6.0
	湖北	7.1	6.8
	湖南	6.3	5.9
广西		6.9	6.5

其二，与典型中部省份央地税类税负水平比较。2018 年广西共享税类收入负担水平低于湖北 0.4 个百分点，分别高于河南和湖南 1.2 个和 1.3 个百分点；地方税类收入负担水平高于湖南 1.2 个百分点，高于河南、湖北 0.9 个百分点（见表 90）。广西与中部 3 省地方税类收入负担水平差距程度约为 1 个百分点，而共享税类收入负担水平差距程度不均衡。

表 90　2018 年广西与典型中部省份央地税类税负水平比较

单位：%

项目		央地税类税负	
		共享税类	地方税类
中部	河南	7.4	3.2
	湖北	9.0	3.2
	湖南	7.3	2.9
广西		8.6	4.1

其三，与典型中部省份共享税类主要税种税负水平比较。2018 年广西增值税负担水平高于中部 3 省 0.2（湖北）~0.8（河南）个百分点；企业所得税负担水平低于湖北 0.6 个百分点，分别高于河南和湖南 0.2 个和 0.4 个百分点；个人所得税收入负担水平低于湖北 0.05 个百分点，分别高于河南和湖南 0.3 个和 0.1 个百分点（见表 91）。广西增值税负担水平在 4 省份中最高，企业所得税负担水平与河南和湖南接近，个人所得税负担水平与中部 3 省比较接近。

表 91　2018 年广西与典型中部省份共享税类主要税种税负水平比较

单位：%

项目		共享税类主要税种税负		
		增值税	企业所得税	个人所得税
中部	河南	4.6	2.0	0.60
	湖北	5.2	2.8	0.95
	湖南	4.7	1.8	0.80
广西		5.4	2.2	0.90

其四，与典型中部省份地方税类主要税种税负水平比较。2018 年广西土地增值税收入负担水平低于中部 3 省 0.02（湖南）~0.17（湖北）个百分点；契税收入负担水平低于湖南 0.09 个百分点，分别高于河南和湖北 0.15 个和 0.06 个百分点；房产税收入负担水平高于河南 0.02 个百分点，低于湖北 0.06 个百分点，与湖南持平（见表 92）。广西地方税类主要税种税负水平与河南和湖南接近，与湖北有一定差距。

表 92　2018 年广西与典型中部省份地方税类主要税种税负水平比较

单位：%

项目		地方税类主要税种税负		
		土地增值税	契税	房产税
中部	河南	0.54	0.56	0.17
	湖北	0.66	0.65	0.25
	湖南	0.51	0.80	0.19
广西		0.49	0.71	0.19

第三，与典型中部省份税类负担水平比较。

2018 年广西货物劳务税类负担水平高于中部 3 省 0.6（湖北）~2.2（河南）个百分点；所得税类收入负担水平低于湖北 0.9 个百分点，分别高于河南和湖南 0.3 个和 0.4 个百分点；财产税类收入负担水平低于河南 0.2 个百分点，与湖北和湖南持平（见表 93）。广西货物劳务税类负担水平高于中部 3 省，所得税类税负水平与河南和湖南接近，财产税类负担水平与中部 3 省基本相等。

表 93　2018 年广西与典型中部省份税类收入负担水平比较

单位：%

项目		分税类税负		
		货物劳务税类	所得税类	财产税类
中部	河南	8.2	3.2	1.7
	湖北	9.8	4.4	1.5
	湖南	9.2	3.1	1.5
广西		10.4	3.5	1.5

第四，与典型中部省份产业税负水平比较。

其一，与典型中部省份第二、第三产业税负水平比较。2018 年广西第二产业税负水平高于中部 3 省 0.6（湖北）~5.2（河南）个百分点；第三产业税负水平高于中部 3 省 0.3（湖北）~3.6（湖南）个百分点（见表 94）。广西产业税负水平均高于中部 3 省，第二产业税负水平与湖北和湖南接近，第三产业税负水平与河南和湖北接近。

表 94　2018 年广西与典型中部省份产业税负水平比较

单位：%

项目		产业税负	
		第二产业	第三产业
中部	河南	9.0	14.6
	湖北	13.6	15.1
	湖南	13.5	11.8
广西		14.2	15.4

其二，与典型中部省份工业税负和工业增值税税负水平比较。2018 年广西工业税负水平高于中部 3 省 1.0（湖北）~7.5（河南）个百分点，工业增值税税负水平高于中部 3 省 0.5（湖北）~1.6（河南）个百分点（见表 95）。广西工业税负和工业增值税税负均高于中部 3 省，与湖北水平相对接近，与河南水平差距较大。

表 95　2018 年广西与典型中部省份工业税负和工业增值税税负水平比较

单位：%

项目		工业	
		税负小计	工业增值税税负
中部	河南	7.4	3.8
	湖北	13.9	4.9
	湖南	12.9	4.7
广西		14.9	5.4

2. 与典型中部省份税收与经济增长匹配度水平比较

第一，与典型中部省份宏观税收弹性水平比较。

2018 年广西窄口径宏观税收弹性系数高于湖北 0.25，分别低于河南和湖南 0.50 和 0.43（见表 96）。广西窄口径宏观税收弹性系数水平在 4 省份中排第 3 位，但与中部 3 省的差距都较大。

表 96　2018 年广西与典型中部省份宏观税收弹性水平比较

项目		宏观税收弹性 1(窄口径)
中部	河南	1.49
	湖北	0.74
	湖南	1.42
广西		0.99

第二，与典型中部省份央地税收弹性水平比较。

其一，与典型中部省份央地本级税收弹性水平比较。2018 年广西中央本级税收弹性系数低于河南 0.52，分别高于湖北和湖南 0.55 和 0.02，广西与湖南水平相近，都处于税收弹性的合理区间；地方本级税收弹性系数高于中部3省3.86（河南）~4.77（湖北）（见表97），差距异常巨大，主要在于广西该指标严重偏离税收弹性正常区间。

表97　2018年广西与典型中部省份央地本级税收弹性水平比较

项目		中央本级税收弹性系数	地方本级税收弹性系数
中部	河南	1.76	1.70
	湖北	0.69	0.79
	湖南	1.22	1.64
广西		1.24	5.56

其二，与典型中部省份央地税类收入弹性水平比较。2018年，广西共享税类收入弹性系数水平低于中部3省0.78（湖北）~1.44（湖南）；地方税类收入弹性系数高于中部3省0.69（河南）~3.06（湖北）（见表98）。4省份中，仅湖南共享税类收入弹性系数处于合理区间，广西共享税类收入弹性系数与中部3省完全背离；广西和中部3省地方税类收入弹性系数都偏离合理区间，其中广西偏离程度较重。

表98　2018年广西与典型中部省份央地税类收入弹性水平比较

项目		共享税类收入弹性系数	地方税类收入弹性系数
中部	河南	0.52	4.29
	湖北	0.49	1.92
	湖南	1.15	3.15
广西		-0.29	4.98

其三，与典型中部省份共享税类主要税种收入弹性水平比较。2018年广西增值税收入弹性系数低于中部3省1.0（河南）~1.79（湖南）；企业所得税收入弹性系数水平低于湖南0.32，分别高于河南和湖北0.31和0.71；个人所得税收入弹性系数水平高于湖北1.02，分别低于河南和湖南0.33和0.53（见表99）。除了湖北的所得税收入弹性系数处于合理区间，

4 省份其他指标都偏离税收弹性的合理区间，甚至广西与河南增值税收入弹性背离了税收弹性的正常方向，且广西背离的程度更深。

表 99　2018 年广西与典型中部省份共享税类主要税种收入弹性水平比较

项目		增值税	企业所得税	个人所得税
中部	河南	-0.16	1.43	2.29
	湖北	0.15	1.03	0.94
	湖南	0.63	2.06	2.49
广西		-1.16	1.74	1.96

第三，与典型中部省份税类收入弹性水平比较。

2018 年广西货物劳务税类收入弹性系数低于中部 3 省 0.45（湖北）~2.26（河南）；所得税类收入弹性系数高于湖北 0.78，分别低于河南和湖南 0.05 和 0.69；财产税类收入弹性系数低于中部 3 省 1.51（湖北）~2.31（河南）（见表 100）。除了湖北所得税类收入弹性、湖南和河南的财产税类收入弹性尚处于税收弹性的合理区间外，4 省份其他指标都偏离了税收弹性的合理区间，其中，货物劳务税类收入弹性偏离程度最高，财产税类收入弹性偏离程度相对较低，但广西财产税类收入弹性是唯一背离税收弹性正常方向的指标。

表 100　2018 年广西与典型中部省份税类收入弹性水平比较

项目		货物劳务税类	所得税类	财产税类
中部	河南	4.72	1.81	1.34
	湖北	2.91	0.98	0.54
	湖南	4.38	2.45	1.13
广西		2.46	1.76	-0.97

第四，与典型中部省份产业税收弹性水平比较。

其一，与典型中部省份第二、第三产业税收弹性水平比较。2018 年广西第二产业税收弹性系数高于湖北 0.48，分别低于河南和湖南 1.83 和 2.11；第三产业税收弹性系数高于湖北 0.1，分别低于河南和湖南 0.06 和

0.30（见表101）。第二产业税收弹性指标中广西是4省份中唯一处于税收弹性正常区间的指标；广西和中部3省第三产业税收弹性系数基本处于税收弹性正常区间，省际差距程度不大。

表101　2018年广西与典型中部省份产业税收弹性水平比较

项目		第二产业税收弹性系数	第三产业税收弹性系数	工业增值税收入弹性系数
中部	河南	2.98	0.95	0.71
	湖北	0.67	0.79	0.29
	湖南	3.26	1.19	0.66
广西		1.15	0.89	-1.32

其二，与典型中部省份工业增值税收入弹性水平比较。2018年广西工业增值税收入弹性系数低于中部3省1.61（湖北）~2.03（河南）。广西与中部3省工业增值税收入弹性均偏离税收弹性正常区间，但广西却背离税收弹性的正常方向。

3. 与典型中部省份税收收入贡献度水平比较

第一，与典型中部省份人均税收收入贡献度水平比较。

2018年广西人均税收收入贡献度分别低于中部3省154元（河南）~3471元（湖北），人均地方本级税收收入贡献度分别低于中部3省473元（河南）~1866元（湖北）（见表102）。广西与河南人均税收收入贡献度和人均地方本级税收收入贡献度水平相当，但与湖北水平差距巨大。

表102　2018年广西与典型中部省份人均税收收入贡献度水平比较

单位：元

项目		人均税收收入贡献度	人均地方本级税收收入贡献度
中部	河南	5382	2751
	湖北	8699	4144
	湖南	6053	2837
广西		5228	2278

第二，与典型中部省份央地税收收入贡献度水平比较。

其一，与典型中部省份央地本级税收收入贡献度水平比较。2018 年广西中央本级税收占广西税收总量比重略高于河南 1.8 个百分点，分别低于湖北和湖南 3.1 个和 4.3 个百分点（见表 103）。广西中央本级税收收入贡献度在 4 省份中居于中下水平，地方本级税收收入贡献度处于最低水平，并且与中部 3 省有较大差距。

表 103　2018 年广西与典型中部省份央地本级税收收入贡献度水平比较

单位：%

项目		中央本级税收收入贡献度	地方本级税收收入贡献度
中部	河南	44.6	51.1
	湖北	49.5	47.6
	湖南	50.7	46.9
广西		46.4	43.6

其二，与典型中部省份央地税类收入贡献度水平比较。2018 年广西共享税类收入贡献度低于中部 3 省 0.9（湖南）～5.8（湖北）个百分点，广西与湖南水平接近，与其余 2 省差距较大，在 4 省份中排末位；地方税类收入贡献度高于中部 3 省 0.4（河南）～5.2（湖北）个百分点，广西与河南水平相近，与其他 2 省差距较大（见表 104）。

表 104　2018 年广西与典型中部省份央地税类收入贡献度水平比较

单位：%

项目		共享税类收入贡献度	地方税类收入贡献度
中部	河南	61.1	27.1
	湖北	62.6	22.3
	湖南	57.7	22.8
广西		56.8	27.5

其三，与典型中部省份共享税类主要税种收入贡献度水平比较。2018 年广西增值税收入贡献度低于中部 3 省 0.1（湖北）～2.6（河南）个百分

点，广西与湖北水平相近，与其他2省有一定差距，居低水平地位；企业所得税收入贡献度高于湖南0.4个百分点，分别低于河南和湖北2.7个和5.1个百分点，广西与湖南水平相近，与其他2省水平差距较大，居中下水平；个人所得税收入贡献度高于河南0.9个百分点，分别低于湖北和湖南0.7个和0.6个百分点，广西与中部3省的水平接近，居中下水平（见表105）。

表105　2018年广西与典型中部省份共享税类主要税种收入贡献度水平比较

单位：%

项目		增值税收入贡献度	企业所得税收入贡献度	个人所得税收入贡献度
中部	河南	38.9	17.2	5.0
	湖北	36.4	19.6	6.6
	湖南	37.2	14.1	6.5
广西		36.3	14.5	5.9

第三，与典型中部省份地方税收入对地方本级税收收入贡献度水平比较。

其一，与典型中部省份共享税类地方分享收入和地方税类收入对地方本级税收收入贡献度水平比较。2018年广西共享税类地方分享收入对地方本级税收收入贡献度高于中部3省0.2（湖北）~5.0（河南）个百分点；地方税类收入对地方本级税收收入贡献度低于中部3省0.2（湖北）~5.0（河南）个百分点（见表106）。广西与湖北水平相近，共享税类地方分享收入贡献度居高水平地位，地方税类收入贡献度居低水平地位。

表106　2018年广西与典型中部省份税类地方收入总量对地方本级税收收入贡献度水平比较

单位：%

项目		对地方本级税收收入贡献度	
		共享税类地方分享收入贡献	地方税类收入贡献
中部	河南	55.5	44.5
	湖北	60.3	39.7
	湖南	57.2	42.8
广西		60.5	39.5

其二，与典型中部省份共享税类地方分享收入对地方本级税收收入贡献度水平比较。2018 年广西增值税地方分享收入对地方本级税收收入贡献度高于中部 3 省 2.0（湖南）~3.6（河南）个百分点，广西该指标水平最高，但与中部 3 省差距不太大；企业所得税地方分享收入对地方本级税收收入贡献度高于湖南 1.4 个百分点，分别低于河南和湖北 0.1 个和 3.1 个百分点，广西与河南和湖南水平接近；个人所得税地方分享收入对地方本级税收收入贡献度高于河南 1.5 个百分点，分别低于湖北和湖南 0.2 个和 0.1 个百分点，广西与湖北和湖南水平接近（见表 107）。

表 107　2018 年广西与典型中部省份共享税类地方分享收入对地方本级税收收入贡献度水平比较

单位：%

项目		共享税类中地方分享部分占地方本级比重			
		总计占比	增值税贡献占比	企业所得税贡献占比	个人所得税贡献占比
中部	河南	55.5	38.1	13.5	3.9
	湖北	60.3	38.2	16.5	5.6
	湖南	57.2	39.7	12.0	5.5
广西		60.5	41.7	13.4	5.4

其三，与典型中部省份地方主要税种收入分量对地方本级税收收入贡献度水平比较。2018 年广西土地增值税收入对地方本级税收收入贡献度低于中部 3 省 1.1（湖南）~2.1（湖北）个百分点；契税收入对地方本级税收收入贡献度低于湖南 2.5 个百分点，分别高于河南和湖北 1.7 个和 1.6 个百分点；房产税收入对地方本级税收收入贡献度高于河南 0.2 个百分点，分别低于湖北和湖南 0.7 个和 0.4 个百分点；城镇土地使用税收入对地方本级税收收入贡献度低于中部 3 省 0.2（湖北）~2.4（河南）个百分点；耕地占用税收入对地方本级税收收入贡献度高于湖南 1.1 个百分点，分别低于河南和湖北 2.7 个和 0.6 个百分点；车船税收入对地方本级税收收入贡献度分别高于湖北和湖南 0.6 个和 0.4 个百分点（见表 108）。4 省份中，广西土地增值税收入贡献度最低；契税收入贡献度居第二位，与其他 3 省差距较大；房产税

收入贡献度与河南相近；城镇土地使用税收入贡献度与湖北相近，与其他 2 省有一定差距；耕地占用税收入贡献度与湖北接近，与其他 2 省有一定差距；车船税收入贡献度与河南持平，与其他 2 省差距不大。

表 108　2018 年广西与典型中部省份地方本级税收贡献结构比较

单位：%

项目		地方税种收入占地方本级税收比重						
		总占比	土地增值税	契税	房产税	城镇土地使用税	耕地占用税	车船税
中部	河南	44.5	9.0	9.3	2.7	4.8	6.4	1.7
	湖北	39.7	9.7	9.4	3.6	2.6	4.3	1.1
	湖南	42.8	8.7	13.5	3.3	3.6	2.6	1.3
广西		39.5	7.6	11.0	2.9	2.4	3.7	1.7

第四，与典型中部省份税类收入贡献度水平比较。

2018 年广西货物劳务税类收入对税收总量的贡献度低于湖南 4.6 个百分点，分别高于河南和湖北 1.4 个和 0.6 个百分点；所得税类收入对税收总量的贡献度低于中部 3 省 0.9（湖南）～7.1（湖北）个百分点；财产税类收入对税收总量的贡献度低于中部 3 省 0.3（湖北）～4.0（河南）个百分点（见表 109）。广西货物劳务税类收入贡献度与河南和湖北的水平接近，与湖南水平差距较大；广西所得税类收入贡献度与湖南水平接近，与其他两省水平有不同程度差距；广西财产税类收入贡献度与湖北和湖南水平接近，与河南有一定差距。

表 109　2018 年广西与典型中部省份税类收入贡献度水平比较

单位：%

项目		分税类收入结构贡献度		
		货物劳务税类收入贡献	所得税类收入贡献	财产税类收入贡献
中部	河南	50.7	26.8	14.1
	湖北	51.5	30.8	10.4
	湖南	56.7	24.6	11.6
广西		52.1	23.7	10.1

第五，与典型中部省份产业税收收入贡献度水平比较。

其一，与典型中部省份第二、第三产业税收收入贡献度水平比较。2018年广西第二产业税收对税收总量的贡献度高于河南6.1个百分点，分别低于湖北和湖南0.5个和2.1个百分点；第三产业税收对税收总量的贡献度低于河南6.0个百分点，分别高于湖北和湖南0.6个和2.2个百分点（见表110）。广西第二、第三产业税收收入贡献度与湖北水平相近，与河南有较大差距。

表110　2018年广西与典型中部省份产业税收收入贡献度水平比较

单位：%

项目		产业税收贡献结构		
		第二产业税收收入贡献	第三产业税收收入贡献	工业增值税收入贡献
中部	河南	38.4	61.4	14.4
	湖北	45.0	54.8	13.4
	湖南	46.6	53.2	14.4
广西		44.5	55.4	12.8

其二，与典型中部省份工业增值税收入贡献度水平比较。2018年广西工业增值税收入对税收总量的贡献度低于中部3省0.6（湖北）~1.6（河南、湖南）个百分点，广西工业增值税的贡献率与中部3省水平比较接近，居于最低水平位。

4. 与典型中部省份经济税收贡献和经济贡献匹配度水平比较

第一，与典型中部省份对全国产业税收贡献和产业贡献匹配度水平比较。

2018年广西对全国产业税收贡献和产业贡献匹配度高于中部3省0.03（湖北）~1.8（湖南）；广西对全国产业税收增长贡献和产业增长贡献匹配度高于湖北0.18，低于河南1.3（见表111）。广西对全国产业税收贡献和产业贡献匹配度水平和湖北水平相近，都高于其他两省水平；而产业税收增长贡献的匹配度水平与湖北和河南都有一定差距，广西居于中位水平。

表 111　2018 年广西与典型中部省份对全国产业税收贡献和产业贡献匹配度水平比较

项目		产业税收贡献和产业贡献匹配度	产业税收增长贡献和产业增长贡献匹配度
中部	河南	0.57	0.91
	湖北	0.70	0.60
	湖南	0.55	0.90
广西		0.73	0.78

第二，与典型中部省份产业税收贡献和产业贡献匹配度水平比较。

其一，与典型中部省份第二、第三产业税收贡献和产业贡献匹配度水平比较。2018 年广西第二产业税收贡献和第二产业贡献匹配度低于湖南 0.11，分别高于河南和湖北 0.2 和 0.02；第三产业税收贡献和第三产业贡献匹配度高于湖南 0.1，分别低于河南和湖北 0.2 和 0.01（见表 112）。广西产业税收贡献和产业贡献匹配度水平与湖北基本持平，4 省份产业税收贡献匹配度水平都处于合理区间，广西、湖北和湖南 3 省份的水平更逼近标准值。

表 112　2018 年广西与典型中部省份产业税收贡献和产业贡献匹配度比较

项目		产业税收贡献和产业贡献匹配度		
		第二产业	第三产业	工业增值税贡献和工业贡献
中部	河南	0.76	1.24	0.44
	湖北	0.94	1.05	0.58
	湖南	1.07	0.94	0.56
广西		0.96	1.04	0.64

其二，与典型中部省份工业增值税贡献和工业贡献匹配度水平比较。2018 年广西工业增值税贡献和工业贡献匹配度高于中部 3 省 0.06（湖北）~0.2（河南），在 4 省份中居于高位水平。4 省份都偏离税收经济贡献匹配度正常区间，广西偏离度最低。

第三，与典型中部省份产业税收增长贡献和产业增长贡献匹配度水平度比较。

其一，与典型中部省份第二、第三产业税收增长贡献和产业增长贡献匹配度水平比较。2018 年广西第二产业税收增长贡献和产业增长贡献匹配度高于湖北 0.31，分别低于河南和湖南 0.4 和 1.33；第三产业税收增长贡献和产业增长贡献匹配度低于湖北 0.2，分别高于河南和湖南 0.14 和 0.16（见表 113）。广西和湖北的产业税收增长贡献的匹配度都处于正常区间，广西产业税收增长的匹配度最高。4 省份第三产业税收增长贡献匹配度都处于合理区间。

表 113　2018 年广西与典型中部省份产业税收增长贡献和产业增长贡献匹配度水平比较

项目		产业税收增长贡献和产业增长贡献匹配度		
		第二产业	第三产业	工业增值税增长贡献和工业增长贡献
中部	河南	1.50	0.81	1.67
	湖北	0.79	1.15	0.09
	湖南	2.43	0.79	2.16
广西		1.10	0.95	-0.05

其二，与典型中部省份工业增值税增长贡献和工业增长贡献匹配度水平比较。2018 年广西与中部 3 省的工业增值税增长贡献和工业增长贡献匹配度水平差距很大，都偏离了产业税收增长贡献匹配度的合理区间，并且广西背离中部 3 省的常态方向，离产业税收增长贡献匹配度的合理区间最远。

（四）广西与典型西部省份基于经济发展的税收水平比较

1. 与典型西部省份税负水平比较

第一，与典型西部省份宏观税负水平比较。

2018 年广西窄口径宏观税负水平分别低于贵州、云南和内蒙古 4.2 个、6.7 个和 1.6 个百分点；宽口径宏观税负水平分别低于贵州、云南和内蒙古 13.9 个、13.7 个和 7.1 个百分点（见表 114）。广西宏观税负水平低于贵州、云南和内蒙古并差距巨大。

表 114　2018 年广西与典型西部省份宏观税负水平比较

单位：%

项目		宏观税负	
		窄口径	宽口径
西部	贵州	19.1	29.0
	云南	21.6	28.8
	内蒙古	16.5	22.2
广西		14.9	15.1

第二，与典型西部省份央地税负水平比较。

其一，与典型西部省份央地本级税负水平比较。2018 年广西中央本级税负低于云南 4.9 个百分点，分别高于贵州和内蒙古 2.4 个和 0.1 个百分点；地方本级税负分别低于云南和内蒙古 2.7 个和 2.5 个百分点，高于贵州 2.0 个百分点（见表 115）。广西央地本级税负在 4 省份中居中位水平，广西与内蒙古地方本级税负的差距程度高于中央本级税负的差距程度。

表 115　2018 年广西与典型西部省份央地税负水平比较

单位：%

项目		央地本级税负水平	
		中央本级	地方本级
西部	贵州	4.5	4.5
	云南	11.8	9.2
	内蒙古	6.8	9.0
广西		6.9	6.5

其二，与典型西部省份央地税类税负水平比较。2018 年广西共享税类税负分别低于云南和内蒙古 3.7 个和 1.6 个百分点，高于贵州 2.7 个百分点；地方税类税负分别低于云南和内蒙古 0.3 个和 0.8 个百分点，高于贵州 2.2 个百分点（见表 116）。广西央地税类税负水平均低于云南和内蒙古，但 3 省份地方税类税负水平都比较接近，共享税类税负水平差距较大。

表 116　2018 年广西与典型西部省份央地税类税负水平比较

单位：%

项目		央地税类税负	
		共享税类	地方税类
西部	贵州	5.9	1.9
	云南	12.3	4.4
	内蒙古	10.2	4.9
广西		8.6	4.1

其三，与典型西部省份共享税类主要税种税负水平比较。2018 年广西增值税税负分别低于云南和内蒙古 2.5 个和 1.4 个百分点，高于贵州 1.9 个百分点；企业所得税税负分别低于云南和内蒙古 0.6 个和 0.4 个百分点，高于贵州 0.6 个百分点；个人所得税税负分别低于云南和内蒙古 0.5 个和 0.1 个百分点，高于贵州 0.3 个百分点（见表 117）。广西共享税类主要税种税负水平均低于云南和内蒙古，其中增值税税负水平的差距最大；4 省份之间增值税税负水平差距较大，个人所得税税负水平差距仅 0.8 个百分点以内，企业所得税税负水平差距在 1.2 个百分点以内。

表 117　2018 年广西与典型西部省份共享税类主要税种税负水平比较

单位：%

项目		共享税类主要税种税负		
		增值税	企业所得税	个人所得税
西部	贵州	3.5	1.6	0.6
	云南	7.9	2.8	1.4
	内蒙古	6.8	2.6	1.0
广西		5.4	2.2	0.9

其四，与典型西部省份地方税类主要税种税负水平比较。2018 年广西土地增值税税负分别高于贵州 0.14 个百分点、云南 0.37 个百分点、内蒙古 0.29 个百分点；契税税负分别高于贵州 0.36 个百分点、云南 0.55 个百分点、内蒙古 0.45 个百分点；房产税税负低于内蒙古 0.19 个百分点，分别高于贵州 0.06 个百分点、云南 0.13 个百分点（见表 118）。

广西房产税税负水平低于内蒙古，居于4省份第二位，但与其他3省份之间差距较大。

表118　2018年广西与典型西部省份地方税类主要税种税负水平比较

单位：%

项目		地方税类主要税种税负		
		土地增值税	契税	房产税
西部	贵州	0.35	0.35	0.13
	云南	0.12	0.16	0.06
	内蒙古	0.20	0.26	0.38
广西		0.49	0.71	0.19

第三，与典型西部省份税类收入负担水平比较。

2018年广西货物劳务税类税负低于云南5.9个百分点，分别高于贵州3.8个百分点、内蒙古0.3个百分点；所得税类税负分别低于云南和内蒙古1.2个和0.3个百分点，高于贵州0.9个百分点；财产税类税负分别低于云南和内蒙古0.2个和1.7个百分点，高于贵州0.4个百分点（见表119）。广西货物劳务税类税负水平低于云南，居第二位，与内蒙古水平接近；所得税类和财产税类税负水平均低于云南和内蒙古，广西和内蒙古所得税类税负水平接近，除内蒙古外，其余3省份财产税类税负水平接近。

表119　2018年广西与典型西部省份税类收入负担水平比较

单位：%

项目		分税类税负		
		货物劳务税类	所得税类	财产税类
西部	贵州	6.6	2.6	1.1
	云南	16.3	4.7	1.7
	内蒙古	10.1	3.8	3.2
广西		10.4	3.5	1.5

第四，与典型西部省份产业税负水平比较。

其一，与典型西部省份第二、第三产业税负水平比较。2018年广西第二产业税负低于西部3省份4.4（贵州）~10.7（云南）个百分点；第三产业税负低于云南3.4个百分点，分别高于贵州8.9个百分点、内蒙古3.5个百分点（见表120）。广西第二产业税负水平在4省份中最低；4省份第三产业税负水平差距很大，广西居第二位。

表120　2018年广西与典型西部省份产业税负水平比较

单位：%

项目		产业税负	
		第二产业	第三产业
西部	贵州	18.6	6.5
	云南	24.9	18.8
	内蒙古	22.4	11.9
广西		14.2	15.4

其二，与典型西部省份工业税负和工业增值税税负水平比较。2018年广西工业税负分别低于贵州0.9个百分点、云南11.8个百分点、内蒙古1.4个百分点；工业增值税税负低于西部3省份1.2（贵州）~6.1（云南）个百分点（见表121）。4省份工业税负和工业增值税税负差距都较大，其中工业税负差距程度和幅度都更高；广西工业税负和工业增值税税负在4省份中最低。

表121　2018年广西与典型西部省份工业税负和工业增值税税负水平比较

单位：%

项目		工业	
		税负小计	工业增值税税负
西部	贵州	15.8	6.6
	云南	26.7	11.5
	内蒙古	16.3	10.6
广西		14.9	5.4

2. 与典型西部省份税收与经济增长匹配度水平比较

第一，与典型西部省份宏观税收弹性水平比较。

2018年广西窄口径宏观税收弹性系数高于内蒙古0.03，分别低于贵州

0.49、云南0.67（见表122）。广西与内蒙古宏观税收弹性水平相近，并处于税收弹性合理区间；其他两省宏观税收弹性系数相近，但都偏离税收弹性合理区间。

表122　2018年广西与典型西部省份宏观税收弹性水平比较

项目		宏观税收弹性1(窄口径)
西部	贵州	1.48
	云南	1.66
	内蒙古	0.96
广西		0.99

第二，与典型西部省份央地税收弹性水平比较。

其一，与典型西部省份央地本级税收弹性水平比较。2018年广西中央本级税收弹性系数高于内蒙古0.46，分别低于贵州1.02、云南0.24；地方本级税收弹性系数高于西部3省份3.91（云南）～4.75（贵州）（见表123）。广西与内蒙古中央本级税收弹性水平差距最小，尚处于税收弹性合理区间；贵州和内蒙古地方本级税收弹性水平基本处于税收弹性合理区间，广西地方本级税收弹性水平畸高，与西部3省份差距巨大。

表123　2018年广西与典型西部省份央地本级税收弹性水平比较

项目		中央本级税收弹性系数	地方本级税收弹性系数
西部	贵州	2.26	0.81
	云南	1.48	1.65
	内蒙古	0.78	1.17
广西		1.24	5.56

其二，与典型西部省份央地税类收入弹性水平比较。2018年广西共享税类收入弹性系数严重背离西部3省份水平方向，也背离税收弹性的常态方向；地方税类收入弹性系数分别高于云南和内蒙古1.51和1.41，而贵州则背离了税收弹性的常态化方向（见表124）。

表 124　2018 年广西与典型西部省份央地税类收入弹性水平比较

项目		共享税类收入弹性系数	地方税类收入弹性系数
西部	贵州	2.30	-0.70
	云南	1.31	3.47
	内蒙古	0.51	3.57
广西		-0.29	4.98

其三，与典型西部省份共享税类主要税种收入弹性水平比较。2018 年广西和内蒙古增值税收入弹性系数都背离了税收弹性的常态方向，广西背离的程度更重些，云南增值税收入弹性系数处于税收弹性合理区间；除云南外，其他 3 省份企业所得税收入弹性都偏离税收弹性合理区间，其中广西的偏离度最低；4 省份个人所得税收入弹性都偏离税收弹性合理区间，其中内蒙古偏离度在 1 以内，内蒙古偏离度最低，广西的偏离度高于内蒙古 0.31（见表 125）。

表 125　2018 年广西与典型西部省份共享税类主要税种收入弹性水平比较

项目		增值税	企业所得税	个人所得税
西部	贵州	1.75	2.92	4.72
	云南	1.08	1.27	2.76
	内蒙古	-0.81	3.54	1.65
广西		-1.16	1.74	1.96

第三，与典型西部省份税类收入弹性水平比较。

2018 年广西和西部 3 省份货物劳务税类和所得税类收入弹性系数集体偏离税收弹性合理区间，其中，4 省份之间货物劳务税类收入弹性偏离度极不均衡，贵州偏离高达约 5，广西和内蒙古的偏离度在 1.5 以内，广西偏离度比内蒙古高 0.23；4 省份之间所得税类收入弹性偏离度相对均衡，广西和云南的偏离度在 1 以内，广西偏离度最低。贵州和广西的财产税类收入弹性都背离了税收弹性的常态化方向，广西的背离度最低；唯独云南财产税类收入弹性处于合理区间（见表 126）。

表 126　2018 年广西与典型西部省份税类收入弹性水平比较

项目		货物劳务税类	所得税类	财产税类
西部	贵州	6.09	2.56	-1.65
	云南	3.86	1.96	1.03
	内蒙古	2.23	3.06	0.56
广西		2.46	1.76	-0.97

第四，与典型西部省份产业税收弹性水平比较。

其一，与典型西部省份第二、第三产业税收弹性水平比较。2018 年广西、云南和内蒙古第二产业税收弹性处于合理区间，广西和内蒙古的水平更接近税收弹性的标准值；广西和内蒙古第三产业税收弹性处于合理区间，广西和内蒙古的水平更接近税收弹性的标准值（见表 127）。

表 127　2018 年广西与典型西部省份产业税收弹性水平比较

项目		第二产业税收弹性系数	第三产业税收弹性系数	工业增值税收入弹性系数
西部	贵州	1.92	1.51	-6.11
	云南	1.30	2.13	1.75
	内蒙古	1.10	0.91	-0.10
广西		1.15	0.89	-1.32

其二，与典型西部省份工业增值税收入弹性水平比较。2018 年广西和内蒙古工业增值税收入弹性系数都背离了税收弹性的常态方向，广西的背离度低于贵州 4.79、高于内蒙古 1.22；云南工业增值税收入弹性系数轻度偏离税收弹性合理区间。

3. 与典型西部省份税收收入贡献度水平比较

第一，与典型西部省份人均税收收入贡献度水平比较。

2018 年广西人均税收收入贡献度低于西部 3 省份 1651 元（云南）~4913 元（内蒙古），人均地方本级税收收入贡献度低于西部 3 省份 660 元（云南）~3227 元（内蒙古）（见表 128）。广西人均税收收入贡献度和人均地方本级税收收入贡献度在西部4省份中都最低，与同为自治区的内蒙古差距巨大，分别相当于内蒙古水平的51.6%和41.4%。

表128　2018年广西与典型西部省份人均税收收入贡献度水平比较

单位：元

项目		人均税收收入贡献度	人均地方本级税收收入贡献度
西部	贵州	6992	3503
	云南	6879	2938
	内蒙古	10141	5505
广西		5228	2278

第二，与典型西部省份央地税收收入贡献度水平比较。

其一，与典型西部省份央地本级税收收入贡献度水平比较。2018年广西中央本级税收收入贡献度水平高于内蒙古5.2个百分点，分别低于贵州和云南3.2个和8.0个百分点；广西地方本级税收收入贡献度水平高于云南0.9个百分点，分别低于贵州6.5个百分点、内蒙古10.7个百分点，广西与云南水平相近，居4省份中低位（见表129）。

表129　2018年广西与典型西部省份央地本级税收收入贡献度水平比较

单位：%

项目		中央本级税收收入贡献度	地方本级税收收入贡献度
西部	贵州	49.6	50.1
	云南	54.4	42.7
	内蒙古	41.2	54.3
广西		46.4	43.6

其二，与典型西部省份央地税类收入贡献度水平比较。2018年广西共享税类收入贡献水平与云南相近，居4省份中低位，与贵州和内蒙古水平相差6.6个百分点；地方税类收入贡献度低于内蒙古2.1个百分点，居4省份第二位，与其他2省差距较大（见表130）。

表 130　2018 年广西与典型西部省份央地税类收入贡献度水平比较

单位：%

项目		共享税类收入贡献度	地方税类收入贡献度
西部	贵州	63.4	21.3
	云南	56.2	19.5
	内蒙古	63.4	29.6
广西		56.8	27.5

其三，与典型西部省份共享税类主要税种收入贡献度水平比较。2018 年广西增值税收入贡献度与云南相近，居西部 4 省份末位，低于内蒙古 5.1 个百分点；企业所得税收入贡献度高于云南 1.6 个百分点，低于其余西部 2 省份，略低于内蒙古 1.4 个百分点；个人所得税收入贡献度居西部 4 省份末位，略低于内蒙古 0.3 个百分点（见表 131）。

表 131　2018 年广西与典型西部省份共享税类主要税种收入贡献度水平比较

单位：%

项目		增值税收入贡献度	企业所得税收入贡献度	个人所得税收入贡献度
西部	贵州	38.6	17.9	6.9
	云南	36.7	12.9	6.6
	内蒙古	41.4	15.9	6.2
广西		36.3	14.5	5.9

第三，与典型西部省份地方税收入的地方本级税收收入贡献度水平比较。

其一，与典型西部省份共享税类地方分享收入总量和地方税类收入总量对地方本级税收收入贡献度水平比较。2018 年广西共享税类地方分享收入总量对地方本级税收的贡献水平与贵州和云南接近，差距在 2.5 个百分点以内，高于内蒙古 6.2 个百分点；地方税类收入总量对地方本级税收的贡献水平与贵州差距在 2.5 个百分点之内，低于内蒙古 6.2 个百分点（见表 132）。

表 132　2018 年广西与典型西部省份税类地方收入总量对地方本级税收收入贡献度水平比较

单位：%

项目		对地方本级税收贡献度	
		共享税类地方分享收入总量贡献	地方税类收入总量贡献
西部	贵州	58.3	41.7
	云南	61.3	38.7
	内蒙古	54.3	45.7
广西		60.5	39.5

其二，与典型西部省份共享税类地方分享收入对地方本级税收收入贡献度水平比较。2018 年西部 4 省份增值税地方分享收入对地方本级税收的贡献水平差距较均衡，广西高于内蒙古 3.6 个百分点；西部 4 省份企业所得税和个人所得税地方分享收入对地方本级税收的贡献水平差距较均衡，广西居西部 4 省份第二位，分别高于内蒙古 1.7 个和 0.9 个百分点（见表 133）。

表 133　2018 年广西与典型西部省份共享税类地方分享收入对地方本级税收收入贡献度水平比较

单位：%

项目		共享税类中地方分享部分占地方本级比重			
		总计占比	增值税贡献占比	企业所得税贡献占比	个人所得税贡献占比
西部	贵州	58.3	38.5	14.3	5.5
	云南	61.3	43.0	12.1	6.2
	内蒙古	54.3	38.1	11.7	4.5
广西		60.5	41.7	13.4	5.4

其三，与典型西部省份地方主要税种收入对地方本级税收收入贡献度水平比较。2018 年广西与贵州土地增值税收入对地方本级税收收入贡献度水平相近，广西高于内蒙古 5.4 个百分点。广西契税收入对地方本级税收收入贡献度水平居西部 4 省份首位，高于内蒙古 8.1 个百分点。4 省份房产税和车船税收入对地方本级税收收入贡献度水平差距较平衡，广西与贵州房产税收入贡献水平相当，广西低于内蒙古 1.3 个百分点；广西与云南、内蒙古车

船税收入贡献水平相当，居西部4省份最高位。西部4省份城镇土地使用税收入贡献水平差距不平衡，广西居最低位，低于内蒙古4.0个百分点；广西与内蒙古耕地占用税收入贡献水平相当（见表134）。

表134　2018年广西与典型西部省份地方本级税收贡献结构比较

单位：%

项目		地方税种收入占地方本级税收比重						
		总占比	土地增值税	契税	房产税	城镇土地使用税	耕地占用税	车船税
西部	贵州	41.7	7.8	7.6	2.8	2.9	7.4	1.1
	云南	38.7	5.1	6.4	3.3	2.8	2.5	1.6
	内蒙古	45.7	2.2	2.9	4.2	6.4	3.6	1.6
广西		39.5	7.6	11.0	2.9	2.4	3.7	1.7

第四，与典型西部省份税类收入贡献度水平比较。

2018年广西与贵州的货物劳务税类收入对税收总量的贡献水平接近，居西部4省份中下位，高于内蒙古3.8个百分点；西部4省份所得税类收入贡献水平差距较均衡，广西与内蒙古水平相当；广西与贵州的财产税类收入贡献水平比较接近，低于内蒙古最高水平9.3个百分点，居西部4省份中下位（见表135）。

表135　2018年广西与典型西部省份税类收入贡献度水平比较

单位：%

项目		分税类收入结构贡献度		
		货物劳务税类收入贡献	所得税类收入贡献	财产税类收入贡献
西部	贵州	53.9	28.7	12.2
	云南	61.0	21.7	7.9
	内蒙古	48.3	23.3	19.4
广西		52.1	23.7	10.1

第五，与典型西部省份产业税收收入贡献度水平比较。

其一，与典型西部省份第二、第三产业税收收入贡献度水平比较。2018

年广西第二产业税收收入贡献度低于内蒙古最高水平 14.9 个百分点；广西第三产业税收收入贡献度高于内蒙古最低水平 15 个百分点（见表 136）。

表 136　2018 年广西与典型西部省份产业税收收入贡献度水平比较

单位：%

项目		产业税收贡献结构		
		第二产业税收贡献	第三产业税收贡献	工业增值税收入贡献
西部	贵州	42.6	57.1	12.1
	云南	52.2	47.6	15.9
	内蒙古	59.4	40.4	22.5
广西		44.5	55.4	12.8

其二，与典型西部省份工业增值税收入贡献度水平比较。2018 年广西与贵州工业增值税收入对税收总量的贡献水平相当，居西部 4 省份中下位，低于内蒙古最高水平 9.7 个百分点。

4. 与典型西部省份经济税收贡献和经济贡献匹配度水平比较

第一，与典型西部省份对全国产业税收贡献和产业贡献匹配度水平比较。

2018 年广西与云南和内蒙古对全国产业税收贡献和产业贡献匹配度都处于匹配度的合理区间，广西的匹配度水平相对低于云南和内蒙古水平。除云南外，其余西部 3 省份对全国产业税收增长贡献和产业增长贡献匹配度水平基本处于匹配度合理区间，广西匹配度水平高于贵州 0.08，低于内蒙古水平（见表 137）。

表 137　2018 年广西与典型西部省份对全国产业税收贡献和产业贡献匹配度水平比较

项目		产业税收和产业贡献匹配度	产业税收增长和产业增长贡献匹配度
西部	贵州	0.45	0.70
	云南	1.06	1.78
	内蒙古	0.81	0.86
广西		0.73	0.78

第二，与典型西部省份产业税收贡献和产业贡献匹配度水平比较。

其一，与典型西部省份第二、第三产业税收贡献和产业贡献匹配度水平比较。2018 年，除贵州外，西部其余 3 省份第二产业税收贡献和第二产业贡献匹配度水平，以及西部 4 省份第三产业税收贡献和第三产业贡献匹配度水平，都基本处于匹配度合理区间；西部 4 省份中，广西第二、第三产业税收贡献和产业贡献匹配度水平最佳、居首位，内蒙古产业税收贡献和产业贡献匹配度水平相对处于低位（见表 138）。

表 138　2018 年广西与典型西部省份产业税收贡献和产业贡献匹配度比较

项目		产业税收贡献和产业贡献匹配度		
		第二产业	第三产业	工业增值税贡献和工业贡献
西部	贵州	2.06	0.72	1.49
	云南	1.15	0.87	1.35
	内蒙古	1.36	0.72	1.24
广西		0.96	1.04	0.64

其二，与典型西部省份工业增值税贡献和工业贡献匹配度水平比较。2018 年西部 4 省份工业增值税贡献和工业贡献匹配度水平的差距不均衡，广西和贵州的工业增值税贡献和工业贡献的匹配度偏离匹配度合理区间，广西的偏离度相对低于贵州。

第三，与典型西部省份产业税收增长贡献和产业增长贡献匹配度水平比较。

其一，与典型西部省份第二、第三产业税收增长贡献和产业增长贡献匹配度水平的比较。2018 年广西和云南第二产业、第三产业税收增长贡献与产业增长贡献匹配度水平相近，都处于匹配度的合理区间；内蒙古第三产业税收增长贡献和产业增长贡献匹配度水平最低，严重偏离匹配度的合理区间（见表 139）。

表 139　2018 年广西与典型西部省份产业税收增长贡献和产业增长贡献匹配度水平比较

项目		产业税收增长贡献和产业增长贡献匹配度		
		第二产业	第三产业	工业增值税增长贡献和工业增长贡献
西部	贵州	2.66	0.72	0.17
	云南	0.94	1.08	11.67
	内蒙古	2.06	0.37	6.72
广西		1.10	0.95	-0.05

其二，与典型西部省份工业增值税增长贡献和工业增长贡献匹配度水平比较。2018 年西部 4 省份工业增值税增长贡献和工业增长贡献匹配度水平的差异巨大，都偏离了匹配度的合理区间，云南的偏离程度高达 10.67，内蒙古的偏离度也达到 5.72，广西甚至背离了西部其余 3 省份的匹配方向。

三　2018年广西基于经济发展的税收指标评估结论及建议

（一）广西与全国和典型省份税收发展水平比较的评估结论

1. 广西税负水平比较的评估结论

第一，广西各类税负水平基本低于全国平均水平，契税税负例外。

广西整体轻税负既是广西叠加实施国家西部大开发战略和边境贸易税收优惠政策等多重区域发展战略和对外开放战略的结果，又同时构造出广西经济发展的独特区域税收竞争力，助力广西企业减税负、降成本，增强发展新动能，促进广西经济可持续发展。

广西各类税负水平基本处于全国中低税负区（货物劳务税类税负除外），其中宏观税负、共享税类税负、所得税类税负和工业税负水平相对更低。广西窄口径（14.9%）和宽口径（15.1%）宏观税负水平分别低于全国平均水平 5.4 个和 8.3 个百分点；广西中央本级（6.9%）和地方本级（6.5%）税负水平分别低于全国平均水平 2.2 个百分点和 2.5 个百分点，广西共享税类（8.6%）和地方税类（4.1%）税负水平分别低于全国平均水平 5.4 个和 1.3 个百分点，广西共享税类主要税种增值税（5.4%）、企业所得税（2.2%）和个人所得税（0.9%）税负水平分别低于全国平均水平 2 个、2 个和 0.8 个百分点，广西地方税类主要税种土地增值税（0.49%）和房产税（0.19%）税负水平分别低于全国平均水平 0.18 个和 0.16 个百分点；广西所得税类（3.5%）和财产税类（1.5%）税负水平分别低于全国平均水平 3.1 个和 0.3 个百分点；广西第二产业和第三产业税负水平分别低于全国平均水平 5.8 个和 5.1 个百分点，广西工业税负和工业增值税税负水平分别低于全国平均水平 6.7 个和 3.1 个百分点（见表 140 和表 141）。

表 140　2018 年广西与全国税收负担平均水平比较（一）

单位：%

项目	宏观税负		央地本级税负		收入归属税类负担		共享税类主要税种税负			地方税类主要税种税负		
	窄口径	宽口径	中央	地方	共享税类	地方税类	增值税	企业所得税	个人所得税	土地增值税	契税	房产税
全国	20.3	23.4	9.1	9.0	14.0	5.4	7.4	4.2	1.7	0.67	0.69	0.35
广西	14.9	15.1	6.9	6.5	8.6	4.1	5.4	2.2	0.9	0.49	0.71	0.19

表 141　2018 年广西与全国税收负担平均水平比较（二）

单位：%

项目	税类收入税负			产业税负		行业税负	
	货物劳务税类	所得税类	财产税类	第二产业	第三产业	工业	工业增值税
全国	9.1	6.6	1.8	20.0	20.5	21.6	8.5
广西	10.4	3.5	1.5	14.2	15.4	14.9	5.4

广西区位优势典型，多年来叠加享受国家西部大开发战略、粤桂合作特别试验区政策、珠江－西江经济带发展战略、边境（跨境）经济合作区和沿边重点开发开放试验区发展战略、沿边金融综合改革试验区、左右江革命老区振兴规划、广西北部湾经济区开放开发战略、中国－东盟自由贸易区等多重区域发展战略、对外开放战略，广西的轻税政策优势，助力夯实企业发展后劲，推动企业转换发展新动能，步入可持续发展的道路。

第二，广西税负水平整体低于典型东部省份水平，少部分项目税负水平仍高于典型东部省份。

其一，广西税负水平低于典型东部省份水平的项目共18项。在本报告统计的19项税负指标中，广西税负水平低于典型东部3省水平的项目共13项，低于典型东部2省水平的项目4项，低于典型东部1省水平的项目1项（见表142和表143）。

表142　2018年广西与典型东部省份税收负担水平比较（一）

单位：%

项目		宏观税负		央地本级税负		央地税类负担		共享税类主要税种税负			地方税类主要税种税负		
		窄口径	宽口径	中央	地方	共享税类	地方税类	增值税	企业所得税	个人所得税	土地增值税	契税	房产税
东部	广东	16.7	20.8	6.9	7.3	10.7	5.0	6.2	3.2	1.3	0.79	0.46	0.30
	江苏	17.5	21.3	7.6	8.2	12.0	4.4	7.0	3.6	1.3	0.56	0.72	0.35
	浙江	16.4	22.2	7.5	8.1	12.0	3.5	7.0	3.4	1.7	1.07	0.71	0.35
广西		14.9	15.1	6.9	6.5	8.6	4.1	5.4	2.2	0.9	0.49	0.71	0.19

表143　2018年广西与典型东部省份税收负担水平比较（二）

单位：%

项目		税类收入税负			产业税负		行业税负	
		货物劳务税类	所得税类	财产税类	第二产业	第三产业	工业	工业增值税
东部	广东	9.3	5.3	1.1	18.8	15.1	19.1	7.9
	江苏	10.6	5.5	1.4	19.0	16.1	20.2	8.8
	浙江	10.7	5.6	1.4	15.8	16.8	15.5	8.4
广西		10.4	3.5	1.5	14.2	15.4	14.9	5.4

广西税负水平低于典型东部3省水平的项目共13项。即窄口径宏观税负（低于广东1.8个百分点，低于江苏2.6个百分点，低于浙江1.5个百分点）；宽口径宏观税负（低于广东5.7个百分点，低于江苏6.2个百分点，低于浙江7.1个百分点）；地方本级税负（低于广东0.8个百分点，低于江

苏1.7个百分点，低于浙江1.6个百分点）；共享税类税负（低于广东2.1个百分点，低于江苏3.4个百分点，低于浙江3.4个百分点）；共享税类主要税种增值税税负（低于广东0.8个百分点，低于江苏1.6个百分点，低于浙江1.6个百分点）、企业所得税税负（低于广东1.0个百分点，低于江苏1.4个百分点，低于浙江1.2个百分点）、个人所得税税负（低于广东0.4个百分点，低于江苏0.4个百分点，低于浙江0.8个百分点）；地方税类主要税种土地增值税税负（低于广东0.3个百分点，低于江苏0.07个百分点，低于浙江0.58个百分点）、房产税税负（低于广东0.11个百分点，低于江苏0.16个百分点，低于浙江0.16个百分点）；所得税类税负（低于广东1.8个百分点，低于江苏2.0个百分点，低于浙江2.1个百分点）；第二产业税负（低于广东4.6个百分点，低于江苏4.8个百分点，低于浙江1.6个百分点）；工业税负（低于广东4.2个百分点，低于江苏5.3个百分点，低于浙江0.6个百分点）；工业增值税税负（低于广东2.5个百分点，低于江苏3.4个百分点，低于浙江3.0个百分点）。

广西税负水平低于典型东部2省水平的项目共4项。即中央本级税负（低于江苏0.7个百分点，低于浙江0.6个百分点）；地方税类税负（低于广东0.9个百分点，低于江苏0.3个百分点）；货物劳务税类税负（低于江苏0.2个百分点，低于浙江0.3个百分点）；第三产业税负（低于江苏0.7个百分点，低于浙江1.4个百分点）。

广西税负水平低于典型东部1省水平的项目1项，即契税税负（低于江苏0.01个百分点）。

其二，广西税负水平高于典型东部省份税负水平的项目共5项。其中，广西税负水平高于典型东部3省水平的项目1项，高于典型东部1省（广东3项、浙江1项）水平的项目共4项。

广西税负水平高于典型东部3省水平的项目1项。即财产税类税负水平（1.5%）高于典型东部3省0.1（江苏、浙江）~0.4（广东）个百分点。

广西税负水平高于典型东部省份水平的项目共4项。即地方税类税负水平（4.1%）高于浙江0.6个百分点；货物劳务税类税负水平（10.4%）高于广东 1.1 个百分点；第三产业税负水平（15.4%）高于广东 0.3 个百分点；契税税负水平（0.71%）高于广东 0.25 个百分点。

其三，广西税负水平持平典型东部省份水平的项目共 2 项。即中央本级税负水平（6.9%）与广东持平；契税税负水平（0.71%）与浙江省持平。

第三，广西税负水平整体高于典型中部省份。

其一，广西高于典型中部省份税负水平的项目共 17 项。其中，高于典型中部 3 省水平的项目共 8 项，高于典型中部 2 省（河南 7 项、湖南 6 项、湖北 1 项）水平的项目共 7 项，高于典型中部 1 省（河南和湖南各 1 项）水平的项目共 2 项（见表 144 和表 145）。

表 144　2018 年广西与典型中部省份税收负担水平比较（一）

单位：%

项目		宏观税负		央地本级税负		央地税类负担		共享税类主要税种税负			地方税类主要税种税负		
		窄口径	宽口径	中央	地方	共享税类	地方税类	增值税	企业所得税	个人所得税	土地增值税	契税	房产税
中部	河南	11.8	16.4	5.3	6.0	7.4	3.2	4.6	2.0	0.6	0.54	0.56	0.17
	湖北	14.4	18.6	7.1	6.8	9.0	3.2	5.2	2.8	0.95	0.66	0.65	0.25
	湖南	12.5	12.6	6.3	5.9	7.3	2.9	4.7	1.8	0.8	0.51	0.80	0.19
广西		14.9	15.1	6.9	6.5	8.6	4.1	5.4	2.2	0.9	0.49	0.71	0.19

表 145　2018 年广西与典型中部省份税收负担水平比较（二）

单位：%

项目		税类收入税负			产业税负		行业税负	
		货物劳务税类	所得税类	财产税类	第二产业	第三产业	工业	工业增值税
中部	河南	8.2	3.2	1.7	9.0	14.6	7.4	3.8
	湖北	9.8	4.4	1.5	13.6	15.1	13.9	4.9
	湖南	9.2	3.1	1.5	13.5	11.8	12.9	4.7
广西		10.4	3.5	1.5	14.2	15.4	14.9	5.4

广西税负水平高于中部 3 省水平的项目共 8 项。典型中部 3 省中，河南税负水平最低，湖北税负水平最高，湖南税负水平居中。广西窄口径宏观税

负水平（14.9%）高于典型中部3省0.5（湖北）~3.1（河南）个百分点；货物劳务税类税负水平（10.4%）高于典型中部3省0.6（湖北）~2.2（河南）个百分点；地方税类税负水平（4.1%）高于典型中部3省0.9（河南、湖北）~1.2（湖南）个百分点；共享税类主要税种增值税税负水平（5.4%）高于典型中部3省0.2（湖北）~0.8（河南）个百分点；第二产业税负水平（14.2%）高于典型中部3省0.6（湖北）~5.2（河南）个百分点；第三产业税负水平（15.4%）高于典型中部3省0.3（湖北）~3.6（湖南）个百分点；工业税负水平（14.9%）高于典型中部3省1.0（湖北）~7.5（河南）个百分点；工业增值税税负水平（5.4%）高于典型中部3省0.5（湖北）~1.6（河南）个百分点。

广西税负水平高于典型中部2省水平的项目共7项。即中央本级税负水平（6.9%）分别高于典型中部省份河南和湖南1.6个和0.6个百分点；地方本级税负水平（6.5%）分别高于典型中部省份河南和湖南0.5个和0.6个百分点；所得税类税负水平（3.5%）分别高于典型中部省份河南和湖南0.3个和0.4个百分点；共享税类税负水平（8.6%）分别高于典型中部省份河南和湖南1.2个和1.3个百分点；企业所得税税负水平（2.2%）分别高于典型中部省份河南和湖南0.2个和0.4个百分点；个人所得税税负水平（0.9%）分别高于典型中部省份河南和湖南0.3个和0.1个百分点；地方税类主要税种契税税负水平（0.71%）分别高于典型中部省份河南和湖北0.15个和0.06个百分点。

广西税负水平高于典型中部1省水平的项目共2项。即宽口径宏观税负水平（15.1%）高于典型中部省份（湖南）2.5个百分点，房产税税负水平（0.19%）高于典型中部省份（河南）0.02个百分点。

其二，广西税负水平低于典型中部省份水平的项目共11项。其中，低于典型中部3省水平的项目1项，低于典型中部2省水平的项目1项，低于典型中部1省水平的项目共9项（湖北7项，河南和湖南各1项）。

广西税负水平低于典型中部3省水平的项目1项。即地方税类主要税种土地增值税税负水平（低于河南0.05个百分点，低于湖北0.17个百分点，低于湖南 0.02 个百分点）。

广西税负水平低于典型中部 2 省水平的项目 1 项，即宽口径宏观税负水平（低于河南 1.3 个百分点，低于湖北 3.5 个百分点）。

广西税负水平低于典型中部1 省水平的项目共9 项。即中央本级税负水平（低于湖北 0.2 个百分点），地方本级税负水平（低于湖北 0.3 个百分点），共享税类税负水平（低于湖北 0.4 个百分点），所得税类税负水平（低于湖北 0.9 个百分点），财产税类税负水平（低于河南 0.2 个百分点），企业所得税税负水平（低于湖北 0.6 个百分点），个人所得税税负水平（低于湖北 0.05 个百分点），契税税负水平（低于湖南 0.09 个百分点），房产税税负水平（低于湖北 0.06 个百分点）。

其三，广西税负水平与典型中部省份水平完全持平的项目共 2 项（湖南 2 项，湖北 1 项）。即财产税类税负水平（1.5%）与典型中部省份湖北、湖南持平；地方税类主要税种房产税税负水平（0.19%）与典型中部省份湖南持平。

第四，广西税负水平高于典型西部省份与低于典型西部省份的项目数量持平。

其一，广西高于典型西部省份税负水平的项目 14 项。其中，高于西部 2 省水平的项目共 3 项（土地增值税、契税和房产税）；高于西部 1 省水平的项目共 11 项（见表 146 和表 147）。

表 146　2018 年广西与典型西部省份税收负担水平比较（一）

单位：%

项目		宏观税负		央地本级税负		央地税类负担		共享税类主要税种税负			地方税类主要税种税负		
		窄口径	宽口径	中央	地方	共享税类	地方税类	增值税	企业所得税	个人所得税	土地增值税	契税	房产税
西部	贵州	19.1	29.0	4.5	4.5	5.9	1.9	3.5	1.6	0.6	0.35	0.35	0.13
	云南	21.6	28.8	11.8	9.2	12.3	4.4	7.9	2.8	1.4	0.12	0.16	0.06
广西		14.9	15.1	6.9	6.5	8.6	4.1	5.4	2.2	0.9	0.49	0.71	0.19
内蒙古		16.5	22.2	6.8	9.0	10.2	4.9	6.8	2.6	1.0	0.20	0.26	0.38

表 147　2018 年广西与典型西部省份税收负担水平比较（二）

单位：%

项目		税类收入税负			产业税负		行业税负	
		货物劳务税类	所得税类	财产税类	第二产业	第三产业	工业	工业增值税
西部	贵州	6. 6	2. 6	1. 1	18. 6	6. 5	15. 8	6. 6
	云南	16. 3	4. 7	1. 7	24. 9	18. 8	26. 7	11. 5
广西		10. 4	3. 5	1. 5	14. 2	15. 4	14. 9	5. 4
内蒙古		10. 1	3. 8	3. 2	22. 4	11. 9	16. 3	10. 6

广西税负水平高于典型西部 2 省水平的项目 3 项。即地方税类主要税种房产税税负水平（0. 19%）分别高于典型西部 2 省贵州 0. 06 个百分点和云南 0. 13 个百分点；土地增值税税负水平（0. 49%）分别高于典型西部 2 省贵州和云南 0. 14 个和 0. 37 个百分点；契税税负水平（0. 71%）分别高于典型西部省份贵州和云南 0. 36 个和 0. 55 个百分点。

广西税负水平高于典型西部 1 省水平的项目共 11 项。即广西中央本级税负水平（6. 9%）高于典型西部省份贵州 2. 4 个百分点；地方本级税负水平（6. 5%）高于典型西部省份贵州 2. 0 个百分点；共享税类税负水平（8. 6%）高于典型西部省份贵州 2. 7 个百分点；地方税类税负水平（4. 1%）高于典型西部省份贵州 2. 2 个百分点；共享税类主要税种增值税税负水平（5. 4%）高于典型西部省份贵州 1. 9 个百分点；企业所得税税负水平（2. 2%）高于典型西部省份贵州 0. 6 个百分点；个人所得税税负水平（0. 9%）高于典型西部省份贵州 0. 3 个百分点；货物劳务税类税负水平（10. 4%）高于典型西部省份贵州 3. 8 个百分点；所得税类税负水平（3. 5%）高于典型西部省份贵州 0. 9 个百分点；财产税类税负水平（1. 5%）高于典型西部省份贵州 0. 4 个百分点；第三产业税负水平（15. 4%）高于典型西部省份贵州 8. 9 个百分点。

其二，广西税负水平低于典型西部省份水平的项目共 16 项。其中，低于典型西部 2 省（贵州和云南）水平的项目共 3 项，低于典型西部 1 省（云南）水平的项目共 11 项。

低于典型西部 2 省水平的项目共 5 项。即窄口径宏观税负水平（低于贵州4.2个百分点，低于云南6.7个百分点）；宽口径宏观税负水平（低于贵州13.9个百分点，低于云南13.7个百分点）；第二产业税负水平（低于贵州4.4个百分点，低于云南10.7个百分点）；工业税负水平（低于贵州0.9个百分点，低于云南11.8个百分点）；工业增值税税负水平（低于贵州1.2个百分点，低于云南6.1个百分点）。

低于典型西部1省（云南）水平的项目共11项。即中央本级税负水平（低于云南4.9个百分点）；地方本级税负水平（低于云南2.7个百分点）；共享税类税负水平（低于云南3.7个百分点）；地方税类税负水平（低于云南0.3个百分点）；共享税类主要税种增值税税负水平（低于云南2.5个百分点）；企业所得税税负水平（低于云南0.6个百分点）；个人所得税税负水平（低于云南0.5个百分点）；货物劳务税类税负水平（低于云南5.9个百分点）；所得税类税负水平（低于云南1.2个百分点）；财产税类税负水平（低于云南0.2个百分点）；第三产业税负水平（低于云南3.4个百分点）。

第五，广西税负水平整体低于内蒙古，约26%的项目税负水平高于内蒙古。

广西税负水平高于内蒙古水平的项目共5项。主要集中在中央本级、货务劳务税类、第三产业、地方主要税种土地增值税和契税的税负水平上。具体情况如下：中央本级税负水平（6.9%）高于内蒙古水平0.1个百分点，货物劳务税类税负水平（10.4%）高于内蒙古水平0.3个百分点，第三产业税负水平（15.4%）高于内蒙古水平3.5个百分点，地方税类主要税种土地增值税税负水平（0.49%）高于内蒙古水平0.29个百分点，契税税负水平（0.71%）高于内蒙古水平0.45个百分点（见表146和表147）。

广西税负水平低于内蒙古水平的项目共14项。即窄口径宏观税负低于内蒙古1.6个百分点，宽口径宏观税负低于内蒙古7.1个百分点，地方本级税负低于内蒙古2.5个百分点，共享税类税负低于内蒙古1.6个百分点，地方税类税负低于内蒙古0.8个百分点，共享税类主要税种增值税税负低于内蒙古1.4个百分点，企业所得税税负低于内蒙古0.4个百分点，个人所得税税负低于内蒙古 0.1 个百分点，地方税类主要税种房产税税负低于内蒙古 0.19 个百分点，所得税类税负低于内蒙古 0.3 个百分点，财产税类税负低于内蒙古 1.7 个百分点，第二产业税负低于内蒙古 8.2 个百分点，工业税负低于内蒙古 1.4 个百分点，工业增值税税负低于内蒙古 5.2 个百分点。

2. 广西税收弹性水平比较的评估结论

第一，广西与全国税收弹性水平比较的结论。

其一，广西税收弹性水平与全国平均水平同向变动，并且广西与全国都同步居于税收弹性合理区间的 4 项指标，显示出广西税收发展与经济发展、产业发展的良性循环。而广西与全国都同步偏离税收弹性合理区间的 2 项指标，则显示出广西地方税类收入和个人所得税收入过度集中于地方政府，将会弱化地方经济发展的后劲。见表 148。

表 148　2018 年广西与全国税收弹性平均水平比较

项目	窄口径宏观税收弹性	央地本级税收弹性		收入归属税种收入弹性		共享税种收入弹性			税类收入弹性			产业税收弹性		工业增值税弹性
		中央	地方	共享税类	地方税类	增值税	企业所得税	个人所得税	货物劳务税类	所得税类	财产税类	第二产业	第三产业	
全国	0.90	0.83	0.67	-0.01	7.44	-1.38	0.96	1.58	-1.18	1.16	0.82	0.74	1.02	0.30
广西	0.99	1.24	1.56	-0.29	4.98	-1.16	1.74	1.96	2.46	1.76	-0.97	1.15	0.89	-1.32

广西与全国都同步居于税收弹性合理区间的 4 项指标。窄口径宏观税收弹性系数（广西 0.99，全国 0.90）和第三产业税收弹性系数（广西 0.89，全国 1.02）显示，广西窄口径宏观税收增长和第三产业税收增长水平略微滞后于其经济和第三产业增长水平，而全国第三产业税收增长水平稍快于其经济和第三产业增长水平，但广西和全国都同步居于税收弹性合理区间。中央本级税收弹性系数（广西 1.24，全国 0.83），第二产业税收弹性系数（广西 1.15，全国 0.74）显示的情况正好相反，广西中央本级和第二产业税收增长水平稍快于经济和第二产业增长水平，而全国中央本级和第二产业税收增长相对滞后于经济和第二产业增长，但广西和全国中央本级和第二产业

税收弹性都处于税收弹性的合理区间。

广西与全国同步偏离税收弹性合理区间的2项指标，可以看出广西地方税类收入和个人所得税收入过度集中于地方政府，将会弱化地方经济发展的后劲。地方税类收入弹性系数（广西4.98，全国7.44）显示，广西和全国地方税类收入增长水平都严重偏离了经济增长水平，因此都双双严重偏离税收弹性合理区间，但是广西偏离的程度要远远小于全国偏离的程度（2.46）。个人所得税收入弹性系数（广西1.96，全国1.58）显示，广西和全国个人所得税收入增长水平都较大程度偏离了经济增长水平，但广西偏离的程度高于全国偏离的程度。

广西偏离税收弹性合理区间与全国居于税收弹性合理区间并存的3项指标。地方本级税收弹性系数（广西1.56，全国0.67）、所得税类税收弹性系数（广西1.76、全国1.16）和企业所得税收入弹性系数（广西1.74，全国0.96）显示，广西地方本级税收、所得税类税收和企业所得税收入增长水平都过快偏离其经济增长水平，而全国地方本级税收、所得税类税收和企业所得税收入增长水平与其经济增长水平基本协调。

其二，广西和全国背离税收弹性常态化方向的指标分别为4项和3项。广西4项即共享税类、财产税类、增值税和工业增值税收入弹性系数，全国3项即共享税类、货物劳务税类、增值税收入弹性系数。税收弹性的常态化方向即税收增长与经济增长的同步性，它追求税收与经济的良性循环。而税收弹性的非常态化，即税收增长与经济增长是逆向的、背离的，它必然损害税收与经济的良性循环生态。

广西税收弹性水平背离全国平均水平方向，并且广西保持税收弹性的常态化方向与全国背离税收弹性的常态化方向并存1项指标。货物劳务税是中国税收的主体，货物劳务税类收入弹性系数（广西2.46，全国-1.18）显示，广西货物劳务税类弹性系数虽然偏离税收弹性的合理区间，但仍保持税收弹性的常态化方向；而全国该指标已背离税收弹性的常态化方向，因此广西货物劳务税的营商环境强于全国的相同指标环境，更有利于广西企业的减税降费实效。

广西和全国都同步背离税收弹性常态化方向的2项指标。即共享税类收入弹性系数（广西 -0.29，全国 -0.01），增值税收入弹性系数（广西 -1.16，全国 -1.38）。上述2项指标显示，广西共享税类收入弹性背离税收弹性常态化方向的程度比全国平均水平更严重，对广西经济特别是工业的伤害程度更大；而广西增值税收入弹性背离税收弹性常态化方向的程度比全国平均水平轻，对广西经济的伤害程度相对小一些。

广西背离税收弹性的常态化方向与全国保持税收弹性的常态化方向并存的2项指标，即财产税类收入弹性系数（广西 -0.97，全国0.82），工业增值税收入弹性系数（广西 -1.32，全国0.30）。指标显示，广西财产税类和工业增值税收入弹性系数背离税收弹性的常态化方向，而全国相同指标与税收弹性常态化方向一致，这必然导致广西这2项指标的税收营商环境与全国的巨大差距，对广西经济的伤害难以回避。

第二，广西与典型东部省份税收弹性水平比较的结论。

其一，税收弹性系数居于税收弹性合理区间的指标10项，典型东部3省税收与经济协同发展的受益面更广泛。其中，广西4项但集中度高，窄口径宏观税收、中央本级税收、第二产业税收和第三产业税收与经济协同发展；典型东部6项但集中面宽，窄口径宏观税收、中央本级税收、地方本级税收、共享税类、财产税类和企业所得税收入与经济协同发展，见表149。

表149　2018年广西与典型东部省份税收弹性平均水平比较

项目		窄口径宏观税收弹性	央地本级税收弹性		收入归属税种收入弹性		共享税种收入弹性			税类收入弹性			产业税收弹性		工业增值税弹性
			中央	地方	共享税类	地方税类	增值税	企业所得税	个人所得税	货物劳务税类	所得税类	财产税类	第二产业	第三产业	
东部	广东	1.01	0.78	1.17	-1.21	14.78	-2.53	1.07	2.03	0.24	1.56	0.78	0.58	1.39	0.37
	江苏	1.24	1.28	1.48	-0.37	10.12	-1.62	1.81	2.60	1.79	1.90	1.88	0.64	1.78	-0.10
	浙江	1.54	1.47	1.50	0.70	5.70	-0.06	2.14	1.55	4.13	1.93	1.22	1.69	1.46	0.63
广西		0.99	1.24	5.56	-0.29	4.98	-1.16	1.74	1.96	2.46	1.76	-0.97	1.15	0.89	-1.32

广西和典型东部省份都居于税收弹性合理区间的2项指标。即窄口径宏观税收弹性系数（广西0.99，广东1.01，江苏1.24），中央本级税收弹性系数（广西1.24，广东0.78，江苏1.28）。

广西居于税收弹性合理区间、典型东部省份偏离合理区间的4项指标。即窄口径宏观税收弹性系数（广西0.99，浙江1.54），中央本级税收弹性系数（广西1.24，浙江1.47），第二产业税收弹性系数（广西1.15，广东0.58，江苏0.64，浙江1.69），第三产业税收弹性系数（广西0.89，广东1.39，江苏1.78，浙江1.46）。

广西偏离税收弹性合理区间、典型东部省份居于合理区间的4项指标。即共享税类收入弹性系数（广西－0.29，浙江0.70），地方本级税收弹性系数（广西5.56，广东1.17），财产税类收入弹性系数（广西－0.97，广东0.78，浙江1.22），企业所得税弹性系数（广西1.74，广东1.07）。

其二，税收弹性系数偏离税收弹性合理区间的指标方面，广西偏离度高于东部3省的指标总量比偏离度低于东部3省的指标总量少1项，广西税收与经济非协同性的风险更高、涉及的经济面更宽。

广西偏离度低于东部3省的5项指标。即地方税类收入弹性系数（广西4.98，分别低于广东9.8、江苏5.14和浙江0.72），货物劳务税类收入弹性系数（广西2.46，低于浙江1.67），所得税类收入弹性系数（广西1.76，分别低于江苏0.14和浙江0.17），企业所得税弹性系数（广西1.74，分别低于江苏0.07和浙江0.4），个人所得税弹性系数（广西1.96，分别低于广东0.07和江苏0.64）。

广西偏离度高于东部3省的4项指标。即地方本级税收弹性系数（广西5.56，高于江苏4.08和浙江4.06），货物劳务税类收入弹性系数（广西2.46，分别高于广东2.22和江苏0.67），所得税类收入弹性系数（广西1.76，高于广东0.2），个人所得税弹性系数（广西1.96，高于浙江0.41）。

其三，税收弹性系数背离税收弹性合理区间的指标。

广西背离度低于东部3省的2项指标。即共享税类收入弹性系数（广西 -0.29，分别低于广东0.92和江苏0.08），增值税弹性系数（广西 -1.16，分别低于广东1.37和江苏0.46）。

广西背离度高于东部3省的2项指标。工业增值税弹性系数（广西 -1.32，江苏 -0.10），增值税弹性系数（广西 -1.16，浙江 -0.06）。

第三，广西与典型中部省份税收弹性水平比较的结论。

其一，税收弹性系数居于税收弹性合理区间的10项指标，典型中部3省涉及其中10项指标，广西仅涉及其中4项指标，典型中部3省税收与经济协同发展的质量明显强于广西和典型东部3省，见表150。

广西和典型中部省份都居于税收弹性合理区间的3项指标。即窄口径宏观税收弹性系数（广西0.99，湖北0.74），中央本级税收弹性系数（广西1.24，湖南1.22），第三产业税收弹性系数（广西0.89，河南0.95，湖北0.79，湖南1.19）。

表150　2018年广西与典型中部省份税收弹性平均水平比较

项目		窄口径宏观税收弹性	央地本级税收弹性		收入归属税种收入弹性		共享税种收入弹性			税类收入弹性			产业税收弹性		工业增值税弹性
			中央	地方	共享税类	地方税类	增值税	企业所得税	个人所得税	货物劳务税类	所得税类	财产税类	第二产业	第三产业	
中部	河南	1.49	1.76	1.70	0.52	4.29	-0.16	1.43	2.29	4.72	1.81	1.34	2.98	0.95	0.71
	湖北	0.74	0.69	0.79	0.49	1.92	0.15	1.03	0.94	2.91	0.98	0.54	0.67	0.79	0.29
	湖南	1.42	1.22	1.64	1.15	3.15	0.63	2.06	2.49	4.38	2.45	1.13	3.26	1.19	0.66
广西		0.99	1.24	5.56	-0.29	4.98	-1.16	1.74	1.96	2.46	1.76	-0.97	1.15	0.89	-1.32

广西居于税收弹性合理区间、典型中部省份偏离合理区间的3项指标。即窄口径宏观税收弹性系数（广西0.99，河南1.49，湖南1.42），中央本级税收弹性系数（广西1.24，河南1.76，湖北0.69），第二产业税收弹性系数（广西1.15，河南2.98，湖北0.67，湖南3.26）。

广西偏离税收弹性合理区间、典型中部省份居于合理区间的 4 项指标。即地方本级税收弹性系数（广西5.56，湖北0.79），所得税类收入弹性系数（广西1.76，湖北0.98），企业所得税弹性系数（广西1.74，湖北1.03），个人所得税弹性系数（广西1.96，湖北0.94）。

其二，税收弹性系数偏离税收弹性合理区间的指标方面，广西偏离度高于中部3省的指标总量与偏离度低于中部3省的指标总量都为3项，广西和典型中部省份税收与经济非协同性的风险基本相近。

广西偏离度低于中部3省的3项指标。即货物劳务税类收入弹性系数（广西2.46，分别低于河南2.26、湖北0.45和湖南1.92），企业所得税弹性系数（广西1.74，低于湖南0.32），个人所得税弹性系数（广西1.96，分别低于河南0.33、湖南0.53）。

广西偏离度高于中部3省的3项指标。即地方本级税收弹性系数（广西5.56，分别高于河南3.86和湖南3.92），地方税类收入弹性系数（广西4.98，分别高于河南0.69、湖北3.06和湖南1.83），企业所得税弹性系数（广西1.74，高于河南0.31）。

其三，税收弹性系数背离税收弹性合理区间的4项指标。税收弹性系数背离税收弹性合理区间的情形仅存在广西背离度高于中部3省的4项指标，这意味着广西税收增长与经济增长背离的风险，会伤及广西税收与经济发展的可持续性。这4项指标即共享税类收入弹性系数（广西-0.29，河南0.52，湖北0.49），财产税类收入弹性系数（广西-0.97，河南1.34，湖北0.54），增值税弹性系数（广西-1.16，河南-0.16，湖北0.15，湖南0.63），工业增值税弹性系数（广西-1.32，河南0.71，湖北0.29，湖南0.66）。

第四，广西与典型西部省份税收弹性水平比较的结论。

其一，税收弹性系数居于税收弹性合理区间的7项指标，典型西部2省涉及其中6项指标，广西涉及其中4项指标，典型西部2省税收与经济协同发展的质量也明显强于广西，见表151。

表 151　2018 年广西与典型西部省份税收弹性平均水平比较

项目		窄口径宏观税收弹性	央地本级税收弹性		收入归属税种收入弹性		共享税种收入弹性			税类收入弹性			产业税收弹性		工业增值税弹性
			中央	地方	共享税类	地方税类	增值税	企业所得税	个人所得税	货物劳务税类	所得税类	财产税类	第二产业	第三产业	
西部	贵州	1.48	2.26	0.81	2.30	-0.70	1.75	2.92	4.72	6.09	2.56	-1.65	1.92	1.51	-6.11
	云南	1.66	1.48	1.65	1.31	3.47	1.08	1.27	2.76	3.86	1.96	1.03	1.30	2.13	1.75
广西		0.99	1.24	5.56	-0.29	4.98	-1.16	1.74	1.96	2.46	1.76	-0.97	1.15	0.89	-1.32
内蒙古		0.96	0.78	1.17	0.51	3.57	-0.81	3.54	1.65	2.23	3.06	0.56	1.10	0.91	-0.10

广西和典型西部 1 省都居于税收弹性合理区间的 1 项指标。即第二产业税收弹性系数（广西 1.15，云南 1.30）。

广西居于税收弹性合理区间、典型西部 2 省偏离合理区间的 4 项指标。即窄口径宏观税收弹性系数（广西 0.99，贵州 1.48，云南 1.66），中央本级税收弹性系数（广西 1.24，贵州 2.26，云南 1.48），第二产业税收弹性系数（广西 1.15，贵州 1.92），第三产业税收弹性系数（广西 0.89，贵州 1.51，云南 2.13）。

广西偏离税收弹性合理区间、典型西部 2 省居于合理区间的 2 项指标。即地方本级税收弹性系数（广西 5.56，贵州 0.81），企业所得税弹性系数（广西 1.74，云南 1.27）。

其二，税收弹性系数偏离税收弹性合理区间的指标方面。广西偏离度低于典型西部 2 省的指标总量比偏离度高于典型西部 2 省的指标总量多出 1 项，广西税收与经济非协同性的风险较之典型西部 2 省更低，广西税收与经济的协同质量高于典型西部 2 省。

广西偏离度低于典型西部 2 省的 4 项指标。即货物劳务税类收入弹性系数（广西 2.46，分别低于贵州 3.63 和云南 1.4），所得税类收入弹性系数（广西 1.76，分别低于贵州 0.8 和云南 0.2），企业所得税弹性系数（广西 1.74，低于贵州 1.18），个人所得税弹性系数（广西 1.96，分别低于贵州

2.76 和云南 0.8）。

广西偏离度高于典型西部 2 省的 2 项指标。即地方本级税收弹性系数（广西5.56，高于云南3.91），地方税类收入弹性系数（广西4.98，高于云南1.51）。

其三，税收弹性系数背离税收弹性合理区间的指标方面，其中广西背离度高于典型西部 2 省的 3 项指标，这意味着广西在这 3 项指标领域仍存在较高的税收增长与经济增长背离的风险，会危及广西税收与经济发展这 3 个方向的可持续性。而广西共享税类和财产税类税收与经济增长的背离程度虽然相对轻一些，但也仍然是广西税收与经济增长背离的风险所在。

广西背离度高于典型西部 2 省的 3 项指标。即共享税类收入弹性系数（广西背离 0.29，贵州偏离 2.30），增值税弹性系数（广西背离 1.16，贵州偏离 1.75），工业增值税弹性系数（广西背离 1.32，云南偏离 1.75）。

广西背离度低于典型西部 2 省的 3 项指标。即工业增值税弹性系数（广西背离 1. 32，贵州背离 6.11），地方税类收入弹性系数（广西偏离 4.98，贵州背离 0.70），财产税类收入弹性系数（广西背离 0.97，贵州背离 1.65）。

第五，广西与内蒙古税收弹性水平比较的结论。

其一，税收弹性系数居于税收弹性合理区间的 5 项指标。内蒙古涵盖了税收弹性系数居于税收弹性合理区间的 5 项指标，其税收弹性的合理性稍强于广西。

广西和内蒙古都居于税收弹性合理区间的 4 项指标。即窄口径宏观税收弹性系数（广西 0.99，内蒙古 0.96），中央本级税收弹性系数（广西 1.24，内蒙古 0.78），第二产业税收弹性系数（广西 1.15，内蒙古 1.10），第三产业税收弹性系数（广西 0.89，内蒙古 0.91）。

广西偏离税收弹性合理区间、内蒙古居于合理区间的 1 项指标。即地方本级税收弹性系数（广西 5.56，内蒙古 1.17）。

其二，税收弹性系数偏离税收弹性合理区间的指标方面，广西偏离度高于内蒙古的指标比低于内蒙古的指标多 1 项，这意味着广西比内蒙古税收与经济非协同增长的风险更高。

广西偏离度低于内蒙古的 2 项指标。即所得税类收入弹性系数（广西

1.76，低于内蒙古1.3），企业所得税弹性系数（广西1.74，低于内蒙古1.8）。

广西偏离度高于内蒙古的3项指标。即地方税类收入弹性系数（广西4.98，高于内蒙古1.41），货物劳务税类收入弹性系数（广西2.46，高于内蒙古0.23），个人所得税弹性系数（广西1.96，高于内蒙古0.31）。

其三，广西背离度高于内蒙古的4项指标，显现出内蒙古税收增长与经济增长背离的风险低于广西。即共享税类收入弹性系数（广西背离0.29，内蒙古偏离0.51），财产税类收入弹性系数（广西背离0.97，内蒙古偏离0.56），增值税弹性系数（广西背离1.16，内蒙古背离0.81），工业增值税弹性系数（广西背离1.32，内蒙古背离0.10）。

3. 广西经济税收贡献依存水平比较的评估结论

第一，与全国经济税收贡献度平均水平比较的结论。

广西与全国央地本级税收贡献度、产业税收贡献度、地方税类收入贡献度、增值税贡献度水平接近，广西货物劳务税类贡献度和财产税类贡献度高出全国平均水平，广西所得税类贡献度、工业增值税贡献度、企业所得税贡献度、个人所得税贡献度、人均税收贡献度、人均地方本级税收贡献度等关键指标与全国平均水平差距较大，这导致广西经济税收贡献度整体水平落后于全国平均水平，见表152。

表152　2018年广西与全国税收结构贡献水平比较

项目	央地本级税收贡献（%）		央地税类收入贡献（%）		共享税类主要税种贡献（%）			税类贡献（%）			产业税收贡献（%）		工业增值税贡献（%）	人均贡献（元）		对全国税收贡献（%）
	中央	地方	共享税类	地方税类	增值税	企业所得税	个人所得税	货物劳务税类	所得税类	财产税类	第二产业	第三产业		税收	地方本级	
全国	45.5	44.5	65.2	26.4	36.1	20.9	8.2	44.5	32.4	8.7	43.1	56.8	15.3	12180	5419	
广西	46.4	43.6	56.8	27.5	36.3	14.5	5.9	52.1	23.7	10.1	44.5	55.4	12.8	5228	2278	1.5

其一，广西与全国经济税收贡献度水平接近的4项指标，包括2项整体结构贡献度指标和2项单项贡献度指标。

经济税收结构整体贡献水平接近的2项指标。即央地本级税收贡献结构指标与产业税收贡献结构指标。广西（46.4∶43.6）与全国（45.5∶44.5）央地本级税收贡献结构水平相差约1个百分点。广西（44.5∶55.4）与全国（43.1∶56.8）产业税收贡献结构水平也相差约1个百分点。

经济税收结构贡献单项水平接近的2项指标。即地方税类收入贡献指标（广西27.5，全国26.4），共享税类收入贡献结构中增值税贡献指标（广西36.3，全国36.1）。

其二，广西与全国经济税收贡献度水平差异化共指标8项，即结构水平升降变动有度的整体贡献度差异化指标2项和低于全国平均水平的单项贡献度指标6项。

经济税收结构贡献单项水平存在差异的6项指标，全部低于全国平均水平，并且与全国平均水平落差较大，人均指标的落差程度深于总量指标。换言之，经济税收结构贡献单项水平差异化指标中，广西无任何超越全国平均水平的指标，包括总量指标和人均指标在内的所有指标都在全国平均水平之下。人均税收贡献度和人均地方本级税收贡献度分别相当于全国平均水平的43%和42%。

广西经济税收结构整体贡献水平存在差异的指标2项。即税类贡献结构中广西货物劳务税类（52.1%）和财产税类（10.1%）贡献水平高于全国平均水平，而所得税类（23.7%）贡献水平低于全国平均水平。产业税收贡献结构中广西第三产业税收贡献水平低于全国平均水平1.4个百分点，广西第二产业税收贡献水平高于全国平均水平1.4个百分点。

广西低于全国平均水平的单项税收贡献指标6项。即央地共享税类税收贡献度（广西56.8%，低于全国8.4个百分点），共享税类主要税种企业所得税（广西14.5%，低于全国6.4个百分点）和个人所得税（广西5.9%，低于全国2.3个百分点）收入贡献度，工业增值税（广西12.8%，低于全国2.5个百分点）收入贡献度，人均税收贡献度（广西5228元，低于全国6952元），人均地方本级税收贡献度（广西2278元，低于全国3141元）。

第二，与典型东部省份经济税收贡献度水平比较的结论。

广西中央本级税收贡献度、货物劳务税类贡献度、财产税类贡献度、地方税类贡献度高于典型东部省份，这与广西与全国平均水平的情形一致。广西对三大主体税种收入依存度过低，是广西与典型东部省份经济税收贡献度水平的最大差距所在，最终反映在广西与典型东部3省人均税收贡献度、人均地方本级税收贡献度和各省份对全国税收贡献度的巨大差距的结果上（见表153）。这是广西与典型东部3省在经济发展质量、工业附加值水平、企业盈利能力和居民收入水平上的巨大差距所决定的。

表153 2018年广西与典型东部省份税收结构贡献水平比较

项目		央地本级税收贡献（%）		央地税类收入贡献（%）		共享税类主要税种贡献（%）			税类贡献（%）			产业税收贡献（%）		工业增值税贡献（%）	人均贡献（元）		对全国税收贡献（%）
		中央	地方	共享税类	地方税类	增值税	企业所得税	个人所得税	货物劳务税类	所得税类	财产税类	第二产业	第三产业		税收	地方本级	
东部	广东	41.3	43.5	63.8	29.9	36.8	19.1	7.9	43.0	31.7	6.5	48.9	51.0	19.2	13765	5994	9.2
	江苏	43.8	46.7	68.6	25.0	40.2	20.8	7.6	46.7	31.5	8.2	50.7	49.2	20.4	19197	8969	9.1
	浙江	45.5	49.2	73.3	21.2	42.5	20.8	10.0	48.0	34.0	8.7	41.8	58.1	19.7	15508	7624	5.2
广西		46.4	43.6	56.8	27.5	36.3	14.5	5.9	52.1	23.7	10.1	44.5	55.4	12.8	5228	2278	1.5

其一，经济税收结构贡献水平低于典型东部3省的6组9项指标。即共享税类及其主要税种结构（增值税、企业所得税和个人所得税）、所得税类、工业增值税等6项总量指标，以及人均税收、人均地方本级税收、地方对全国税收贡献水平等3项相对指标。6项总量指标都是中国的主体税类和税种，实际上都归到三大主体税种指标上，因为三大主体税种都是共享税类，其中两大主体税种都属于所得税类主要所得税种，工业增值税又是增值税的主体，因此三大主体税种特别是所得税和工业增值税贡献指标反映的是地方经济特别是工业发展的质量，反映企业的盈利能力和水平、工业附加值的高端化水平和居民收入水平，广西与典型东部3省这6项总量指标的差距，反映的是广西地方经济、企业盈利能力、工业发展质量和居民收入水平的差距。广西3项相对指标的巨大落差，更深度支撑6项总量指标背后的经济发展水平差距问题。

经济税收结构整体贡献水平低于典型东部3省的2组指标。共享税类主要税种结构贡献度指标，广西增值税、企业所得税和个人所得税的税收贡献度分别低于广东（低0.5个百分点，低4.6个百分点，低2.0个百分点）、江苏（低3.9个百分点，低6.3个百分点，低1.7个百分点）和浙江（低6.2个百分点，低6.3个百分点，低4.1个百分点）。人均税收贡献和人均地方本级税收贡献度指标，广西分别相当于典型东部3省的27%（江苏）~38%（广东）、25%（江苏）~38%（广东）。

单项税收贡献度低于典型东部3省的4项指标。共享税类收入贡献度指标，广西低于广东7个百分点、低于江苏11.8个百分点、低于浙江16.5个百分点。所得税类收入贡献度指标，广西低于广东8个百分点、低于江苏7.8个百分点、低于浙江10.3个百分点。工业增值税收入贡献度指标，广西低于广东6.4个百分点、低于江苏7.6个百分点、低于浙江6.9个百分点。对全国税收贡献度指标，广西分别相当于广东的16.3%、江苏的16.5%和浙江的28.8%。

其二，单项税收贡献度低于典型东部2省和1省的4项指标。

单项税收贡献度低于典型东部2省的2项指标。地方本级税收贡献度指标，广西低于江苏3.1个百分点、低于浙江5.6个百分点。第二产业税收贡献度指标，广西低于广东4.4个百分点、低于江苏6.2个百分点。

单项税收贡献度低于典型东部1省的2项指标。地方税类收入贡献度指标，广西低于广东2.4个百分点。第三产业税收贡献度指标，广西低于浙江2.7个百分点。

其三，经济税收结构单项贡献水平高于典型东部省份的7项指标。

高于典型东部3省的3项指标。中央本级税收贡献度指标，广西高于广东5.1个百分点、高于江苏2.6个百分点和高于浙江0.9个百分点。货物劳务税类收入贡献度指标，广西高于广东9.1个百分点、高于江苏5.4个百分点和高于浙江4.1个百分点。财产税类收入贡献度指标，广西高于广东3.6个百分点、高于江苏1.9个百分点和高于浙江1.4个百分点。

高于典型东部2省的2项指标。地方税类收入贡献度指标，广西高于江苏2.5个百分点、高于浙江6.3个百分点。第三产业税收贡献度指标，广西高于广东4.4个百分点、高于江苏6.2个百分点。

高于典型东部1省的2项指标。地方本级税收贡献度指标，广西高于广东0.1个百分点。第二产业税收贡献度指标，广西高于浙江2.7个百分点。

第三，与典型中部省份经济税收贡献度水平比较的结论。

广西地方税类、货物劳务税类和第三产业税收贡献3项指标基本高于典型中部省份，即广西税收对这3项指标的依存度高于典型中部省份，广西税收集中度依然缺乏三大主体税种的支持力度；央地本级、共享税类、所得税类、财产税类、增值税、工业增值税、企业所得税、个人所得税和第二产业税收贡献等10项总量指标，以及对全国税收贡献、人均税收贡献和人均地方本级税收贡献3项相对指标，基本低于典型中部省份（见表154）。显然，广西与典型中部省份经济税收贡献度差距涉及的税类和税种指标较为宽泛，差距的面更广泛。

表154　2018年广西与典型中部省份税收结构贡献水平比较

项目		央地本级税收贡献（%）		央地税类收入贡献（%）		共享税类主要税种贡献（%）			税类贡献（%）			产业税收贡献（%）		工业增值税贡献（%）	人均贡献（元）		对全国税收贡献（%）
		中央	地方	共享税类	地方税类	增值税	企业所得税	个人所得税	货物劳务税类	所得税类	财产税类	第二产业	第三产业		税收	地方本级	
中部	河南	44.6	51.1	61.1	27.1	38.9	17.2	5.0	50.7	26.8	14.1	38.4	61.4	14.4	5382	2751	3.0
	湖北	49.5	47.6	62.6	22.3	36.4	19.6	6.6	51.5	30.8	10.4	45.0	54.8	13.4	8699	4144	3.0
	湖南	50.7	46.9	57.7	22.8	37.2	14.1	6.5	56.7	24.6	11.6	46.6	53.2	14.4	6053	2837	2.0
广西		46.4	43.6	56.8	27.5	36.3	14.5	5.9	52.1	23.7	10.1	44.5	55.4	12.8	5228	2278	1.5

其一，经济税收结构贡献水平低于典型中部省份的15项指标。

单项税收贡献度低于典型中部3省的9项指标。地方本级税收贡献度指标，广西低于河南7.5个百分点、低于湖北4.0个百分点和低于湖南3.3个百分点。共享税类收入贡献度指标，广西低于河南4.3个百分点、低于湖北5.8个百分点和低于湖南0.9个百分点。所得税类收入贡献度指标，广西低于河南3.1个百分点、低于湖北7.1个百分点和低于湖南0.9个百分点。财产税类收入贡献度指标，广西低于河南 4. 0 个百分点、低于湖北 0. 3 个百分点和低于湖南 1. 5 个百分点。增值税收入贡献度指标，广西低于河南 2. 6 个百分点、低于湖北 0. 1 个百分点和低于湖南 0. 9 个百分点。工业增值税收入贡献度指标，广西低于河南 1. 6 个百分点、低于湖北 0. 6 个百分点和低于湖南 1. 6 个百分点。对全国税收贡献度指标，广西分别相当于河南的 50%、湖北的 50% 和湖南的 75%。人均税收贡献度指标，广西分别相当于河南的 97%、湖北的 60. 10% 和湖南的 86. 4%。人均地方本级税收贡献度指标，广西分别相当于河南的 82. 8%、湖北的 55% 和湖南的 80. 3%。

单项税收贡献度低于典型中部 2 省的 4 项指标。中央本级税收贡献度指标，广西低于湖北 3. 1 个百分点、低于湖南 4. 3 个百分点。企业所得税收入贡献度指标，广西低于河南 2. 7 个百分点、低于湖北 5. 1 个百分点。个人所得税收入贡献度指标，广西低于湖北 0. 7 个百分点、低于湖南 0. 6 个百分点。第二产业税收贡献度指标，广西低于湖北 0. 5 个百分点、低于湖南 2. 1 个百分点。

单项税收贡献度低于典型中部 1 省的 2 项指标。货物劳务税类收入贡献度指标，广西低于湖南 4. 6 个百分点。第三产业税收贡献度指标，广西低于河南 6 个百分点。

其二，经济税收结构单项贡献水平高于典型东部省份的 7 项指标。

高于典型中部 3 省的 1 项指标。地方税类收入贡献度指标，广西高于河南 0. 4 个百分点、高于湖北 5. 2 个百分点、高于湖南 4. 7 个百分点。

高于典型中部 2 省的 2 项指标。货物劳务税类收入贡献度指标，广西高于河南 1. 4 个百分点、高于湖北 0. 6 个百分点。第三产业税收贡献度指标，广西高于湖北 0. 6 个百分点、高于湖南 2. 2 个百分点。

高于典型中部 1 省的 4 项指标。中央本级税收贡献度指标，广西高于河南 1. 8 个百分点。企业所得税收入贡献度指标，广西高于湖南 0. 4 个百分点。个人所得税收入贡献度指标，广西高于河南 0. 9 个百分点。第二产业税收贡献度指标，广西高于河南 6. 1 个百分点。

第四，与典型西部省份经济税收贡献度水平比较的结论。

广西地方税类贡献度指标高于典型西部省份，中央本级税收、增值税、货物劳务税类三大主要税种贡献指标和3项相对指标均低于典型西部省份（见表155）。换言之，广西与典型西部省份都属于经济欠发达的西部地区，但是，即便在经济发展水平相同的西部地区，广西经济税收贡献度的质量和水平都比较靠后。

表155　2018年广西与典型西部省份税收结构贡献水平比较

项目	央地本级税收贡献（%）		央地税类收入贡献（%）		共享税类主要税种贡献（%）			税类贡献（%）			产业税收贡献（%）		工业增值税贡献（%）	人均贡献（元）		对全国税收贡献（%）
	中央	地方	共享税类	地方税类	增值税	企业所得税	个人所得税	货物劳务税类	所得税类	财产税类	第二产业	第三产业		税收	地方本级	
西部 贵州	49.6	50.1	63.4	21.3	38.6	17.9	6.9	53.9	28.7	12.2	42.6	57.1	12.1	6992	3503	1.5
西部 云南	54.4	42.7	56.2	19.5	36.7	12.9	6.6	61.0	21.7	7.9	52.2	47.6	15.9	6879	2938	2.0
广西	46.4	43.6	56.8	27.5	36.3	14.5	5.9	52.1	23.7	10.1	44.5	55.4	12.8	5228	2278	1.5
内蒙古	41.2	54.3	63.4	29.6	41.4	15.9	6.2	48.3	23.3	19.4	59.4	40.4	22.5	10141	5505	1.5

其一，经济税收结构贡献水平低于典型西部省份的15项指标。

单项税收贡献度低于典型西部2省的6项指标。中央本级税收贡献度指标，广西低于贵州3.2个百分点、低于云南8.0个百分点。货物劳务税类收入贡献度指标，广西低于贵州1.8个百分点、低于云南8.9个百分点。增值税收入贡献度指标，广西低于贵州2.3个百分点、低于云南0.4个百分点。个人所得税收入贡献度指标，广西低于贵州1.0个百分点、低于云南0.7个百分点。人均税收贡献度指标，广西分别相当于贵州的74.8%和云南的76.0%。人均地方本级税收贡献度指标，广西分别相当于贵州的65.0%和云南的77.5%。

单项税收贡献度低于典型西部1省的9项指标。地方本级税收贡献度指标，广西低于贵州6.5个百分点。共享税类收入贡献度指标，广西低于贵州6.6个百分点。财产税类收入贡献度指标，广西低于贵州2.1个百分点。所得税类收入贡献度指标，广西低于贵州5.0个百分点。企业所得税收入贡献度指标，广西低于贵州 3.4 个百分点。第二产业税收贡献度指标，广西低于云南 7.7 个百分点。第三产业税收贡献度指标，广西低于贵州 1.7 个百分点。工业增值税收入贡献度指标，广西低于云南 3.1 个百分点。对全国税收贡献度指标，广西低于云南 0.5 个百分点。

其二，经济税收结构单项贡献水平高于典型西部省份的 9 项指标。

高于典型西部 2 省的 1 项指标。地方税类收入贡献度指标，广西高于贵州 6.2 个百分点、高于云南 8.0 个百分点。

高于典型西部 1 省的 8 项指标。地方本级税收贡献度指标，广西高于云南 0.9 个百分点。共享税类收入贡献度指标，广西高于云南 0.6 个百分点。所得税类收入贡献度指标，广西高于云南 2.0 个百分点。财产税类收入贡献度指标，广西高于云南 2.2 个百分点。企业所得税收入贡献度指标，广西高于云南 1.6 个百分点。第二产业税收贡献度指标，广西高于贵州 1.9 个百分点。第三产业税收贡献度指标，广西高于云南 7.8 个百分点。工业增值税收入贡献度指标，广西高于贵州 0.7 个百分点。

第五，与内蒙古经济税收贡献度水平比较的结论。

广西中央本级税收、货物劳务税类、所得税类和第三产业税收贡献度等 4 项指标高于内蒙古；对全国税收贡献指标与内蒙古持平；其余 11 项税收贡献指标全部低于内蒙古，即包括三大主要税种收入贡献和 2 项相对指标等关键指标广西仍然滞后于内蒙古。广西和内蒙古同时属于西部经济欠发达的自治区，经济基础和政策环境基本相同，但广西经济税收贡献度水平仍然低于内蒙古，它反映出广西与内蒙古经济发展水平、工业发展质量仍然存在差距。

其一，经济税收结构贡献水平低于内蒙古自治区的 11 项指标。即地方本级税收贡献度指标低 10.7 个百分点，共享税类收入贡献度指标低 6.6 个百分点，地方税类收入贡献度指标低 2.1 个百分点，财产类收入贡献度指标低 9.3 个百分点，增值税收入贡献度指标低 5.1 个百分点，工业增值税收入贡献度指标低 9.7 个百分点，企业所得税收入贡献度指标低 1.4 个百分点，个人所得税收入贡献度指标低 0.3 个百分点，第二产业税收贡献度指标低 14.9 个百分点，人均税收贡献度指标相当于内蒙古的 51.6%，人均地方本级税收贡献度指标相当于内蒙古的41.4%。

其二，经济税收结构贡献水平高于内蒙古的4项指标。中央本级税收贡献度指标高5.2个百分点，货物劳务税类收入贡献度指标高3.8个百分点，所得税类收入贡献度指标高0.4个百分点，第三产业税收贡献度指标高15.0个百分点。

4. 广西经济税收贡献与经济贡献匹配水平比较的评估结论

第一，与全国经济税收贡献匹配度平均水平比较的结论。

广西经济税收贡献匹配度水平略低于全国平均水平。广西经济税收贡献匹配度居合理区间的指标占75%，比全国平均水平（100%）低25个百分点。全国全部6项经济税收匹配度指标都居于合理区间，广西有2项指标即工业增值税及其增长指标偏离甚至背离合理区间和常态化方向，见表156。

表156　2018年广西与全国经济税收贡献匹配度平均水平比较

项目	对全国GDP税收贡献与GDP贡献匹配度		产业结构税收贡献与产业贡献匹配度				工业增值税贡献与工业贡献匹配度	
	静态	增长动态	第二产业	第三产业	第二产业增长	第三产业增长	静态	增长动态
广西	0.73	0.78	0.96	1.04	1.10	0.95	0.64	-0.05
全国平均	100.00	100.00	0.98	1.01	0.88	1.09	1.04	0.84

其一，产业税收贡献与产业贡献匹配度与全国平均水平接近合理区间的4项指标。第二产业税收贡献与第二产业贡献匹配度，广西低0.04，全国平均低0.02；第三产业税收贡献与第三产业贡献匹配度，广西高0.04，全国平均高0.01。第二产业税收增长贡献与第二产业增长贡献匹配度，广西高0.10，全国平均低0.12；第三产业税收增长贡献与第三产业增长贡献匹配度，广西低0.05，全国平均高0.09。

其二，产业税收贡献与产业贡献匹配度偏离或背离全国平均水平的2项指标。工业增值税贡献与工业贡献匹配度，广西偏离标准0.36，全国平均高出0.04，工业增值税增长贡献与工业增长贡献匹配度，广西背离标准

0.05，全国平均偏离0.16。

第二，与典型东部省份经济税收贡献匹配度水平比较的结论。

广西经济税收贡献匹配度水平与典型东部省份接近。广西经济税收贡献匹配度居合理区间的指标占75%，比典型东部省份低4个百分点。典型东部省份偏离合理区间的5项指标分布在全国GDP 1项、第二产业1项和工业税收增长3项，涉及产业和行业的面比广西宽泛（广西仅限工业），有重度指标但无超特重度指标，偏离程度总体比广西重、比典型西部省份轻。与典型中西部省份相比，广西和典型东部省份都有1项背离常态方向指标，也都发生在工业增值税增长匹配度指标上，但典型东部省份的背离程度高于广西（见表157）。

表157　2018年广西与典型东部省份经济税收贡献匹配度比较

项目		对全国GDP税收贡献与GDP贡献匹配度		产业结构税收贡献与产业贡献匹配度				工业增值税贡献与工业贡献匹配度	
		静态	增长动态	第二产业	第三产业	第二产业增长	第三产业增长	静态	增长动态
广西		0.73	0.78	0.96	1.04	1.10	0.95	0.64	-0.05
东部	广东	0.82	0.91	1.12	0.90	0.78	1.13	0.93	1.77
	江苏	0.86	0.87	1.09	0.92	0.60	1.26	1.03	-0.62
	浙江	0.80	1.73	0.97	1.03	1.07	0.97	0.98	3.22

其一，产业税收贡献与产业贡献匹配度处于合理区间的7项指标。对全国GDP税收贡献与GDP贡献匹配度，广西低0.27，广东低0.18，江苏低0.14，浙江低0.20；对全国GDP税收增长贡献与GDP增长贡献匹配度，广西低0.22，广东低0.09，江苏低0.13；第二产业税收贡献与第二产业贡献匹配度，广西低0.04，广东高0.12，江苏高0.09，浙江低0.03；第三产业税收贡献与第三产业贡献匹配度，广西高0.04，广东低0.10，江苏低0.08，浙江高0.03；第二产业税收增长贡献与第二产业增长贡献匹配度，广西高0.10，广东低0.22，浙江高0.07；第三产业税收增长贡献与第三产业增长贡献匹配度，广西低0.05，广东高0.13，江苏高0.26，浙江低0.03；工业增值税贡献

与工业贡献匹配度，广东低 0.07，江苏高 0.03，浙江低 0.02。

其二，产业税收贡献与产业贡献匹配度偏离或背离合理区间的 4 项指标。

偏离合理区间。对全国 GDP 税收增长贡献与 GDP 增长贡献匹配度，浙江高 0.73。第二产业税收增长贡献与第二产业增长贡献匹配度，江苏低 0.40。工业增值税贡献与工业贡献匹配度，广西低 0.36。工业增值税增长贡献与工业增长贡献匹配度，广东高 0.77，浙江高 2.22。

背离常态方向。工业增值税增长贡献与工业增长贡献匹配度，广西低 1.05，江苏低 1.62。

第三，与典型中部省份经济税收贡献匹配度水平比较的结论。

广西经济税收贡献匹配度水平整体优于典型中部省份。广西经济税收贡献匹配度居合理区间的指标占 75%，比典型中部省份高 25 个百分点。典型中部省份偏离合理区间的 11 项指标中 8 项集中在第二产业和工业税收匹配度上，涉及产业和行业的面比广西宽泛（广西仅限工业）、比典型西部省份窄（少了第三产业），偏离程度比广西重、比典型西部省份轻（无超特重度指标）。广西比典型中部省份多 1 项背离常态方向指标，发生在工业增值税增长匹配度上（见表 158）。

表 158　2018 年广西与典型中部省份经济税收贡献匹配度比较

项目		对全国 GDP 税收贡献与 GDP 贡献匹配度		产业结构税收贡献与产业贡献匹配度				工业增值税贡献与工业贡献匹配度	
		静态	增长动态	第二产业	第三产业	第二产业增长	第三产业增长	静态	增长动态
广西		0.73	0.78	0.96	1.04	1.10	0.95	0.64	-0.05
中部	河南	0.57	0.91	0.76	1.24	1.50	0.81	0.44	1.67
	湖北	0.70	0.60	0.94	1.05	0.79	1.15	0.58	0.09
	湖南	0.55	0.90	1.07	0.94	2.43	0.79	0.56	2.16

其一，产业税收贡献与产业贡献匹配度处于合理区间的 6 项指标。对全国 GDP 税收贡献与 GDP 贡献匹配度，广西低 0.27，湖北低 0.30；对全国 GDP 税收增长贡献与 GDP 增长贡献匹配度，广西低 0.22，河南低 0.09；第

二产业税收贡献与第二产业贡献匹配度，广西低 0.04，河南低 0.24，湖北低 0.06，湖南高 0.07；第三产业税收贡献与第三产业贡献匹配度，广西高 0.04，河南高 0.24，湖北高 0.05，湖南低 0.06；第二产业税收增长贡献与第二产业增长贡献匹配度，广西高 0.1，湖北低 0.21；第三产业税收增长贡献与第三产业增长贡献匹配度，广西低 0.05，河南低 0.19，湖北高 0.15，湖南低 0.21。

其二，产业税收贡献与产业贡献匹配度偏离或背离合理区间的指标。

偏离合理区间。对全国 GDP 税收贡献与 GDP 贡献匹配度，河南低 0.43，湖南低 0.45；对全国 GDP 税收增长贡献与 GDP 增长贡献匹配度，湖北低 0.40；第二产业税收增长贡献与第二产业增长贡献匹配度，河南高 0.5，湖南高 1.43；工业增值税贡献与工业贡献匹配度，广西低 0.36，河南低 0.56，湖北低 0.42，湖南低 0.44；工业增值税增长贡献与工业增长贡献匹配度，河南高 0.67，湖北低 0.91，湖南高 1.16。

背离常态方向。工业增值税增长贡献与工业增长贡献匹配度，广西背离 1.05。

第四，与典型西部省份经济税收贡献匹配度水平比较的结论。

广西经济税收贡献匹配度水平整体优于典型西部省份。广西经济税收贡献匹配度居合理区间的指标占 75%，比典型西部省份高 25 个百分点。典型西部省份偏离合理区间的 9 项指标中 7 项集中在第二产业、第三产业和工业税收匹配度上，而涉及产业和行业的面比广西宽泛（广西仅限工业），3 项重度、超重度甚至超特重（超过 10 个百分点）指标都集中在第二产业和工业税收匹配度上。广西比典型西部省份多 1 项背离常态方向指标，发生在工业增值税增长匹配度上（见表 159）。

其一，产业税收贡献与产业贡献匹配度处于合理区间的 6 项指标。对全国 GDP 税收贡献与 GDP 贡献匹配度，广西低 0.27，云南高 0.06；对全国 GDP 税收增长贡献与 GDP 增长贡献匹配度，广西低 0.22，贵州低 0.3；第二

表 159　2018 年广西与典型西部省份经济税收贡献匹配度比较

项目		对全国 GDP 税收贡献与 GDP 贡献匹配度		产业结构税收贡献与产业贡献匹配度				工业增值税贡献与工业贡献匹配度	
		静态	增长动态	第二产业	第三产业	第二产业增长	第三产业增长	静态	增长动态
广西		0.73	0.78	0.96	1.04	1.10	0.95	0.64	-0.05
西部	贵州	0.45	0.70	2.06	0.72	2.66	0.72	1.49	0.17
	云南	1.06	1.78	1.15	0.87	0.94	1.08	1.35	11.67
内蒙古		0.81	0.86	1.36	0.72	2.06	0.37	1.24	6.72

产业税收贡献与第二产业贡献匹配度，广西低 0.04，云南高 0.15；第三产业税收贡献与第三产业贡献匹配度，广西高 0.04，贵州低 0.28，云南低 0.13；第二产业税收增长贡献与第二产业增长贡献匹配度，广西高 0.1，云南低 0.06；第三产业税收增长贡献与第三产业增长贡献匹配度，广西低 0.05，贵州低 0.28，云南高 0.08。

其二，产业税收贡献与产业贡献匹配度偏离或背离合理区间的指标。

偏离合理区间 6 项。对全国 GDP 税收贡献与 GDP 贡献匹配度，贵州低 0.55；对全国 GDP 税收增长贡献与 GDP 增长贡献匹配度，云南高 0.78；第二产业税收贡献与第二产业贡献匹配度，贵州高 1.06。第二产业税收增长贡献与第二产业增长贡献匹配度，贵州高 1.66；工业增值税贡献与工业贡献匹配度，广西低 0.36，贵州高 0.49，云南高 0.35；工业增值税增长贡献与工业增长贡献匹配度，贵州低 0.83，云南高 10.67。

背离常态方向 1 项。工业增值税增长贡献与工业增长贡献匹配度，广西背离 1.05。

第五，与内蒙古经济税收贡献匹配度水平比较的结论。

广西经济税收贡献匹配度水平整体优于内蒙古。广西经济税收贡献匹配度居合理区间的指标 6 项，比内蒙古多 2 项。广西经济税收贡献匹配度偏离合理区间 1 项并且是轻度偏离，而内蒙古偏离合理区间 4 项并且重度偏离 3 项。广西和内蒙古偏离合理区间或背离常态方向的指标都集中在工业增值税贡献匹配度指标上，内蒙古第三产业税收增长贡献匹配度也严重偏离合理区间。

其一，产业税收贡献与产业贡献匹配度处于合理区间的 7 项指标。对全国 GDP 税收贡献与 GDP 贡献匹配度，广西低 0.27，内蒙古低 0.19；对全国 GDP 税收增长贡献与 GDP 增长贡献匹配度，广西低 0.22，内蒙古低 0.14；第二产业税收贡献与第二产业贡献匹配度，广西低 0.04；第三产业税收贡献与第三产业贡献匹配度，广西高 0.04，内蒙古低 0.28；第二产业税收增长贡献与第二产业增长贡献匹配度，广西高 0.10；第三产业税收增长贡献与第三产业增长贡献匹配度，广西低 0.05；工业增值税贡献与工业贡献匹配度，内蒙古高 0.24。

其二，产业税收贡献与产业贡献匹配度偏离或背离合理区间的指标。偏离合理区间的 5 项指标。第二产业税收贡献与第二产业贡献匹配度，内蒙古高 0.36；第二产业税收增长贡献与第二产业增长贡献匹配度，内蒙古高 1.06；第三产业税收增长贡献与第三产业增长贡献匹配度，内蒙古低 0.63；工业增值税贡献与工业贡献匹配度，广西低 0.36；工业增值税增长贡献与工业增长贡献匹配度，内蒙古高 5.72。背离常态方向 1 项指标，即工业增值税增长贡献与工业增长贡献匹配度，广西背离 1.05。

（二）对策建议

1. 助力广西经济发展的经济对策建议

第一，强化经济决定税收的逻辑，寻求经济发展提升地方财力之道。

经济乃税收之源。经济的总量、增长和结构决定着税收的总量、增长和结构，税收来源于经济，受经济的最终制约。这是经济税收管理工作必须强化的逻辑和思维。区域之间税收总量、增长和结构差距的实质是区域之间经济总量、增长和结构的差距。要缩小区域之间税收总量、增长和结构的差距，发展经济是唯一的解。

做大经济税收总量仍然是地方经济发展的重要任务。这是由广西现行的经济发展基础决定的。广西既要跟上全国经济高质量发展的步伐，同时又要立足自身经济欠发达的现实，谋划做大经济税收总量，缩小与区域之间的经济税收发展的总量基础差距。

保持经济税收关联指标在合理区间是经济税收可持续性的关键。税收负担、税收弹性、经济税收依存度和经济税收贡献匹配度等指标是反映经济与税收关系的重要指标，强调经济与税收之间的适度、合理、协调。追求离开经济基本面的过高税收规模、税收负担、税收贡献，追求超越经济增长的过快税收增长，反过来会损害经济基础，致经济和税收陷入恶性循环。

第二，优化产业税源结构，有效提升产业的税收贡献率。

加速推进农业战略性调整，降低低税或无税的农业比重。广西是农业大省，拥有丰富的农业产业资源，GDP 中农业占比高于经济发达或相对发达的东部、中部省份，导致广西产业的税收贡献率与发达地区存在较大差距。因此，地方政府要加速推进农业战略性调整，降低农业产业比重，同时加大农业现代化和产业化的推动力，提升农业科技含量，发展高附加值农业产业，提高农产品的商品率，实现传统农业与制造业、服务业的融合发展和协同发展，提升农业的税收贡献率。

大力发展现代制造业，增强工业的竞争力，打造工业的税收贡献主体地位。广西与东、中、西部之间税收发展的差距主要是三大主体税种收入的差距，特别是第二产业提供的三大主体税收的差距。因此要大力发展现代制造业，持续供给侧结构性改革，加快传统制造业的创新改革，增强工业的竞争力，推动工业内部结构升级，提升工业的附加值和工业税收贡献的主体地位，缩小广西与东部和中部地区工业税收贡献地位的巨大差距。

第三，积极培育新型产业和商业形态，培育税源增长点。

推进跨境电子商务建设。借助广西与东盟的特殊区位优势和经贸联系，通过电子商务平台，推动实体经济和网络经济融合。加大对平台企业的支持力度，积极培育一批市场化、国际化的跨境电子商务平台。鼓励支持中小企业利用电子商务开拓国内外市场，拓展与东盟的合作渠道。

发展保税和自由贸易业态。依托广西保税区和自由贸易片区的特殊平台，推进保税区和自由贸易片区贸易方式创新，积极发展保税检测检修、保税和自由贸易展示、保税和自由贸易物流等贸易业态，大力吸引分拨配送中心、展示交易平台等功能性机构落户广西保税区和自由贸易片区，促进保税区和自由贸易片区的贸易多元化。

推进服务外包产业建设。加快各个产业园区基础设施建设，完善配套设施，积极培育服务外包创业企业。拓展服务外包领域发展空间，建设承接珠三角、粤港澳和东南亚的服务外包产业集聚区。

第四，借鉴发达地区经验，实施总部发展战略，保护并强大地方税收。

总部经济税源具有集中性、高成长性的特点，总部企业集聚可以给一个地区带来丰厚的税收回报。跨省经营企业集团利用现行税制，实施基于税收成本最小化的区域纳税筹划战略，导致广西等资源富集地税收向发达省份转移，导致广西跨省份流出的税收与地方 GDP 背离，从而加大广西宏观税负偏低的程度，使广西陷入资源开发越多、GDP 增加额越大，而地方财税利益相对越少的怪圈。为了保护地方税源，防范地方税收跨省流出，并吸引和集聚跨省份税源流入广西，建议地方政府借鉴发达地区鼓励总部经济发展的经验，实施总部经济发展战略，在维护地方财税利益的基础上，借鸡下蛋，强大地方经济和财税蛋糕。

2. 助力广西经济发展的财税对策建议

第一，强化减税降费政策执行的定力，为经济税收稳增长保驾护航。

经济稳定发展是税收收入稳步增长的前提。经济在发展过程中都存在着上下波动的周期性，经济的波动必然也会影响税收的波动，税收收入总量因此会跟随经济变动的幅度而相应改变。税收政策的经济效应机理在于，税收通过税率、税负、税收优惠等政策调整影响与经济增长相关的投资、消费、分配和结构调整等因素，进而对经济增长产生影响，此为税收对经济的反作用，对经济发展产生重要影响。减税降费政策是中国应对国际金融危机对国内经济的冲击，稳定经济增长的举措，并随着国内外经济形势下行的程度而不断加大政策力度，起到助力经济稳增长并对冲税源萎缩的双重功效。虽然减税降费政策实施必然减少当期税收收入，进一步增大组织收入的压力，但是，也必须实施减税降费政策才能帮助企业渡过经营困境，也才能稳住经济增长，也才能稳住税收。厘清其中利害关系，越是在经济下行、组织收入压力增大的情势下，越要强化减税降费政策的执行定力，为经济税收稳增长保驾护航。

第二，坚持依法组织收入原则，为广西经济社会发展提供基本财力保障。

经济下行压力大，税源也随之萎缩，组织税收收入形势异常严峻。为保障地方经济社会发展必需的资金，税务机构更要严格遵从“依法治税，应收尽收，坚决防止和制止越权减免税”的组织收入原则，严格税收法治，提高减税降费政策的执行力，同时注意防收“过头税”的违法行为，切实维护税法的统一性和严肃性，最大限度地做到应收尽收，缓解地方财政支出压力。

第三，优化税收营商环境，减轻纳税成本，提升纳税遵从度和投资吸引力。

税收营商环境作为税收竞争力的构件之一，越来越受到政府的重视。税收营商环境好，纳税成本低，纳税遵从度和应收税收收入随之提升，实现经济税收的良性循环，并且提高对投资的吸引力。从这个意义上，税收营商环境的改进也能够“创造”税收。

优化税收营商环境关键在于提高纳税便利度。要持续改进税收信息化建设水平，加大数字办税服务系统的投资规模，为纳税服务转向更富于效率的在线服务渠道提供重要技术支撑。加强“互联网 + 纳税服务”的应用，推进数字纳税服务的深度融合，统一纳税服务数据标准，健全数据服务功能，实现纳税服务数据的互联互通。持续拓展在线纳税服务的项目范围，丰富在线纳税服务产品，推动在线纳税申报成为在线纳税服务最基础、最常态的服务项目。强化在线纳税服务指引，提升在线纳税申报准时率和准确率，降低纳税成本。注重配合国家税收政策和税收征管制度的变动，协同提供相关税收制度服务指引，在关键的纳税申报时点和具体纳税申报项目，特别是税收优惠待遇申请截止时间上给予纳税人及时的在线提醒，促进自愿纳税遵从。

四 2019～2020年基于广西经济发展的税收收入前景

经济税收形势对税收收入的影响是决定性的。经济是税收收入的主要决定因素，财税政策是税收收入的重要影响因素，对现实税收收入起着修正作用，税收管理水平决定潜在的经济税源能够转化为现实税收的程度。在经济税收形势之框架下预测税收，旨在更科学地把握税收收入的走向，更好地为经济税收决策服务。

（一）广西经济税收发展的形势

2019年经济下行叠加大规模减税降费政策导致广西地方税收收入极其严峻，地方税收收入的稳定增长面临重大挑战，未来税收收入的空间不确定性和可持续性风险加大。

1. 经济发展形势对广西税收收入的影响

综合分析区内外、国内外形势，2019年广西经济发展仍处于重要战略机遇期。建设中国（广西）自由贸易试验区，中国－东盟信息港、西部陆海新通道和防城港国际医学开放试验区建设获得中央支持，广西开放优势和战略地位更加凸显。拥有经济欠发达奋起直追的较大潜力和持续的创新活力，经济长期向好趋势没有改变。但是，面对国内外风险挑战明显上升的复杂局面，广西发展面临的环境仍很复杂，经济延续2018年下行趋势，并且下行压力加大，企稳基础仍不牢固；发展动能转换阵痛加剧，个别重点行业出现下滑，新动能和资金、土地、人才、创新等要素支撑不足。

根据以上判断，2019年广西壮族自治区人民政府工作报告提出，2019年广西经济发展主要预期目标是：地区生产总值增长7%左右，财政收入增长5%，规模以上工业增加值增长6.5%，固定资产投资增长10%，社会消费品零售总额增长10%，外贸进出口总额增长6%，居民消费价格涨幅3%

左右。[1] 广西经济发展预期目标显然超过全国同期同指标的水平。

2. 税收政策对广西税收收入的影响

第一，更大规模减税政策对广西税收收入减收的影响。

其一，“实施更大规模的减税降费”是党中央和国务院作出“六稳”战略决策的首位政策部署。2018 年 7 月，中共中央政治局会议作出稳就业、稳金融、稳外贸、稳外资、稳投资、稳预期的“六稳”宏观管理战略决策；同年 12 月中央经济工作会议强调要“保持经济运行在合理区间，进一步稳就业、稳金融、稳外贸、稳外资、稳投资、稳预期”，并决定“实施更大规模的减税降费”。2019 年国务院政府工作的首要任务是“继续创新和完善宏观调控，确保经济运行在合理区间”，而将“实施更大规模的减税”和“明显降低企业社保缴费负担”列为首位政策举措，提出“全年减轻企业税收和社保缴费负担近 2 万亿元”。[2] 这比 2018 年实现减税降费 1.3 万亿元多 0.7 万亿元。

其二，更大规模减税政策内容及实施时间表。普惠性减税与结构性减税并举，重点降低制造业和小微企业税收负担。[3] 2019 年 1 月 1 日起实施小微企业普惠性减税、个人所得税专项附加扣除政策；4 月 1 日起实施深化增值税改革措施，将制造业等行业现行 16% 的税率降至 13%，将交通运输业、建筑业等行业现行 10% 的税率降至 9%，保持 6% 一档的税率不变，16% 和 10% 的税率分别降至 13% 和 9%；6 月 1 日起，对部分先进制造业行业放宽增值税留抵退税条件；2019 年 10 月 1 日至 2021 年 12 月 31 日，将生活性服务业增值税加计抵减比例由 10% 提高至 15%。

其三，更大规模减税政策对税收收入的影响。

从减税的规模和力度视角，2019 年的减税属于“大规模”级别的，其规模成为 2018 年以来中国应对国际金融危机的减税之最。因此，它对税收

① 广西壮族自治区政府主席陈武 2019 年 1 月 26 日在广西壮族自治区第十三届人民代表大会第二次会议上的报告。

② http：//www. gov. cn/guowuyuan/2019zfgzbg. htm.

③ http：//www. gov. cn/guowuyuan/2019zfgzbg. htm.

的减收影响也将是空前的。

从税种收入视角，减税政策涉及的税种涵盖了中国三大主要税种，即增值税、个人所得税和企业所得税，其中，减税力度最大的税种是增值税和个人所得税。因此，增值税、个人所得税和企业所得税的收入减少是必然的，并且增值税和个人所得税两个税种的减收压力高于企业所得税。

从减税政策的受众视角，制造业增值税纳税人、个人所得税的居民纳税人和企业所得税的小规模纳税人等既是减税政策的最大受惠者，也是税收收入减收的重点行业和领域。

更大规模的减税政策实施，将会给财力基础脆弱的广西地方税收收入和财政支出带来空前的压力。为了支持这项政策的实施，广西地方政府要坚定过紧日子的思维，主动挖潜，多渠道盘活各类资金和资产，想方设法筹集资金，同时大力优化支出结构，保证"吃饭财政"。

第二，中央和地方收入划分改革对广西税收收入增收的影响。

2019 年 10 月 9 日，国务院印发《实施更大规模减税降费后调整中央与地方收入划分改革推进方案》，保障地方财力。该方案的主要内容及对地方税收增收的影响：①保持增值税中央和地方"五五分享"比例稳定，可稳定地方增值税收入预期；②调整完善增值税留抵退税分担机制，避免部分地区由于产业结构原因，外购数额较大而导致的地方财政退税负担重，进一步为地方减负；③后移消费税征收环节并稳步下划地方，将税源充足且收入稳定的消费税稳步下划地方，将拓展地方税收来源。上述政策将对冲部分减税对地方税收收入的减收冲击，补充地方税收收入。由于该政策是第四季度出台，对地方税收收入的增收效应将在年末开始显现，并于 2020 年逐步加大增收效应。

（二）基于广西经济发展的税收收入前景

1. 基于经济发展预期的税收收入前景

依据 2019 年广西政府工作报告提出的广西经济发展的主要预期目标，运用多元预测方法，预测 2019 年广西税收收入的规模和增长速度。这是经济决定的税收收入前景，但并非实际的税收收入前景。

第一，基于经济增长预期的广西税收收入增长前景。

运用税收弹性系数预测法预测税收收入增长速度。专家认为，综合各种因素考虑，中国税收弹性系数的合理区间应在0.8～1.2；基于广西间接税为主体的税收结构更典型的考虑，广西税收弹性系数的合理区间应为0.8～1.1。

基于不变价经济增长预测2019年广西税收收入增长值。2019年广西GDP预计增长7%左右，依据税收弹性系数进行预测，预测结果即2019年广西税收收入增长速度（不变价）为5.6%～7.7%。

基于可变价格经济增长预测2019年广西税收收入增长值。2019年广西居民消费价格预期涨幅3%左右，加进价格变动因素预测，预测结果即2019年广西税收收入增长速度（现价）为6.9%～9.0%。

第二，基于经济总量预期的广西税收收入规模前景。

运用经济增长和居民消费价格缩减指数预测2019年广西GDP规模（现价）。根据2019年广西GDP预计增长值和居民消费价格预期涨幅，预测2019年广西GDP（剔除第一产业）的规模，预测结果即2019年广西GDP的规模分别为18546.45亿元（不变价）和20085.81亿元（现价）。

其一，运用宏观税负指标预测法预测2019年广西税收收入预测值（现价）。依据2018年广西宏观税负水平和2019年GDP（现价）预测值进行预测，2019年广西税收收入预测值为2992.79亿元。

2019年广西地方本级税收收入预测值（现价）。根据2018年央地税收贡献结构水平对2019年广西地方本级税收收入规模进行预测，预测结果约为1448.51亿元。

其二，运用“税收弹性法”预测2019年广西税收收入规模。预测结果为2476.57亿～2525.22亿元。其中，2019年广西地方本级税收收入规模预测值为1198.66亿～1222.21亿元。

2. 基于税收因素预期的税收收入修正前景

第一，基于税收收入计划预测的税收收入前景。

运用ARIMA模型（差分自回归移动平均模型）预测2019年广西地方本级税收收入规模。运用ARIMA模型，选取2006~2018年时间序列的广西地方税收收入数据对2019年广西地方本级税收收入规模进行预测，结果为约1202.02亿元（见表160）。这种预测法实际是从税收惯性增长历史角度预测的结果，即由税收计划决定的规模及速度。

表160　2019年广西税收和地方本级税收收入预测

<table>
<tr><th colspan="3" rowspan="2">项目</th><th colspan="2">广西税收收入</th><th colspan="2">广西地方本级税收收入</th></tr>
<tr><th>规模(亿元)</th><th>增长(%)</th><th>规模(亿元)</th><th>增长(%)</th></tr>
<tr><td rowspan="4">经济决定</td><td rowspan="2">宏观税负法</td><td>预测值</td><td>2992.79</td><td>17.5</td><td>1448.51</td><td>17.5</td></tr>
<tr><td>修正值</td><td>2879</td><td>14.3</td><td>1396</td><td>7.2</td></tr>
<tr><td rowspan="2">税收弹性法</td><td>预测值</td><td>2476.57~2525.22</td><td>6.9~9.0</td><td>1198.66~1222.21</td><td>6.9~9.0</td></tr>
<tr><td>修正值</td><td>2350.57~2429.22</td><td>2.58~4.63</td><td>1146.66~1170.21</td><td>2.16~4.13</td></tr>
<tr><td colspan="2" rowspan="2">税收收入计划经验</td><td>预测值</td><td>—</td><td>—</td><td>1202.02</td><td>7.13</td></tr>
<tr><td>修正值</td><td>—</td><td>—</td><td>1150.02</td><td>2.45</td></tr>
</table>

运用ARIMA模型预测2019年广西税收收入增长。运用ARIMA模型对2019年广西税收收入增长进行预测，结果显示同比增长7.13%。

第二，基于更大规模减税政策的税收收入修正前景。

结合更大规模减税政策与宏观税负预测2019年广西增值税减税规模和新增减税规模分别约为275亿元和96亿元，其中，广西地方本级减税规模和新增减税规模分别约为150亿元和52亿元，高于中央本级减税规模。因为减税集中在三大主体税种，而三大主体税种属于中央与地方共享税，按五五比例在中央与地方分享，理论上，中央与地方各分享减税50%。但考虑到增值税减税会连动与其作为税基的城市维护建设税等地方税费的减少，以及“六税两费”减按50%征收对城镇土地使用税、耕地占用税和资源税等地方税种收入减收的影响，地方本级的减税规模必然超过中央本级的减税规模。

其一，将预测的新增减税规模修正经济决定的税收收入规模及增长速度。

对基于宏观税负方法预测的结果进行修正。2019 年经济决定的广西税收收入规模修正为 2879 亿元，宏观税负增长速度修正为 14.3%；广西地方本级税收收入规模修正为 1396 亿元，增长速度修正为 7.2%。

对基于税收弹性法预测的结果进行修正。2019 年经济决定的广西税收收入规模修正为 2350.57 亿～2429.22 亿元，修正后的增长速度为 2.58%～4.63%；广西地方本级税收收入规模修正为 1146.66 亿～1170.21 亿元，修正后的增长速度为 2.16%～4.13%。

其二，将预测的新增减税规模修正为基于税收收入计划预测的税收收入规模及增长速度。修正的结果：2019 年基于税收收入计划预测的广西地方本级税收收入规模修正为 1150.02 亿元，增长速度修正为 2.45%。

专题报告

Special Reports

广西财税与产业发展报告

一　2018年广西税收与产业发展指标评估

（一）2018年广西税收指标评估

1. 2000～2018年广西税收总额指标

第一，广西税收总额。

根据相关年份的《中国税务年鉴》，整理得到2000～2018年广西税收总额情况，如图1所示。

从图1可以看出，2000～2018年，广西税收总额逐年稳步上升，从2000年的1784763万元，增加到2018年的25754400万元，增长了13.43倍。

利用上述税收总额数据，进一步计算广西税收总额逐年的增长速度，即环比增长速度，也就是各年相对于上一年税收总额的增长情况，如图2所示。

从图2来看，2000～2018年，广西税收总额的逐年增长速度起伏波动，有的年份增长速度比上一年增长速度更大，有的年份比上一年增长速度有所

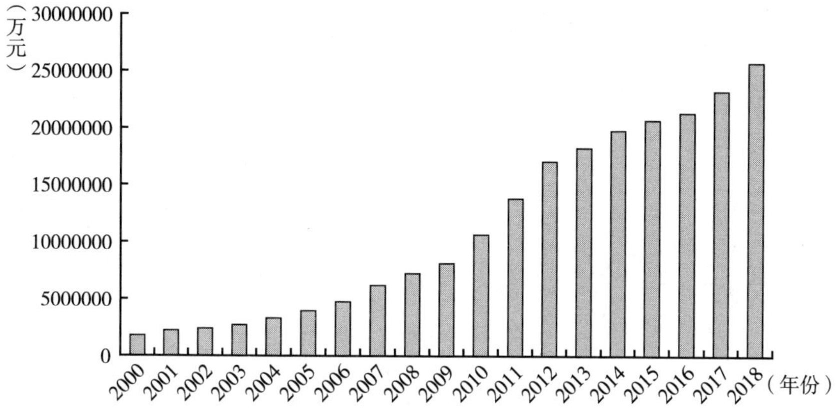

图1　2000～2018年广西税收总额情况

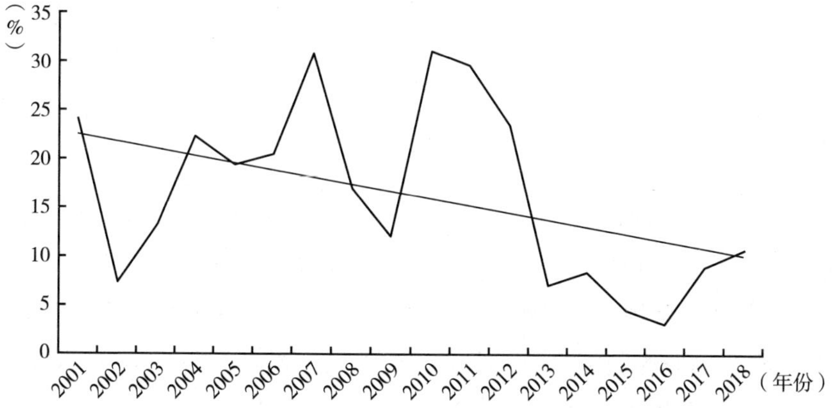

图2　2000～2018年广西税收总额逐年增长速度

降低。增长速度最大的一年是2010年，比2009年增长30.99%。其次是2007年，比2006年增长30.78%。增长速度最小的是2016年，这一年比2015年仅仅增长3.13%。但从2000～2018年这19年的整体情况来看，广西税收总额的增长速度呈下降的趋势，体现为下倾明显的趋势线。

第二，广西各市税收总额。

广西共14个地级市，按照它们2018年税收总额的大小进行排序，其结果见表1。

表1　2018年广西14个地级市税收总额排序

单位：万元

排序位次	地级市	税收总额
1	南宁市	6672100
2	柳州市	3862400
3	玉林市	2644100
4	百色市	2315900
5	北海市	2059800
6	贵港市	1856100
7	桂林市	1837900
8	梧州市	851200
9	防城港市	727100
10	河池市	629600
11	贺州市	467800
12	崇左市	466020
13	来宾市	406400
14	钦州市	130020

表1表明，按税收总额从大到小的顺序对广西14个地级市进行排序，依次为南宁市、柳州市、玉林市、百色市、北海市、贵港市、桂林市、梧州市、防城港市、河池市、贺州市、崇左市、来宾市和钦州市。南宁市的税收总额最多，达到6672100万元。排第二位的是柳州市，为3862400万元。税收总额最少的是钦州市，为130020万元。

2. 2000～2018年广西本级税收收入指标

第一，广西本级税收收入。

以广西为整体，根据各年份的《中国税务年鉴》，整理2000～2018年各年的本级税收收入，如图3所示。

图3表明，除个别年份（如2002年、2017年）外，2000～2018年，各年度广西本级税收收入比上年都有增加，呈明显的上升趋势。2000年广西本级税收收入为937038万元，到2018年增加到了11219500万元，为2000年的近12倍。

计算各年广西本级税收收入的增长速度，结果如图4所示。

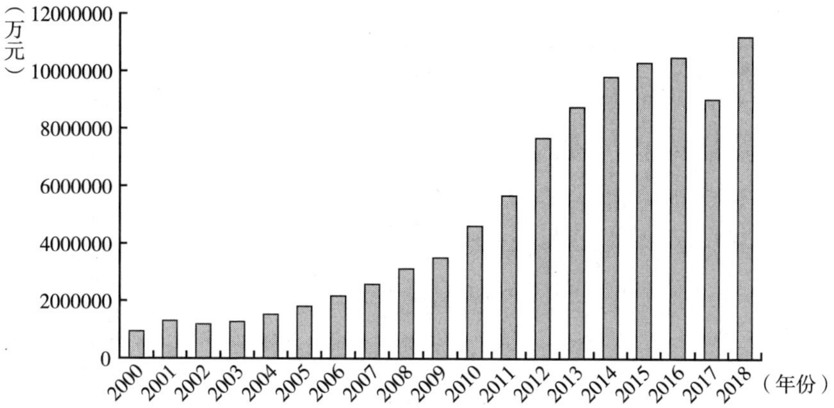

图 3　2000～2018 年广西本级税收收入

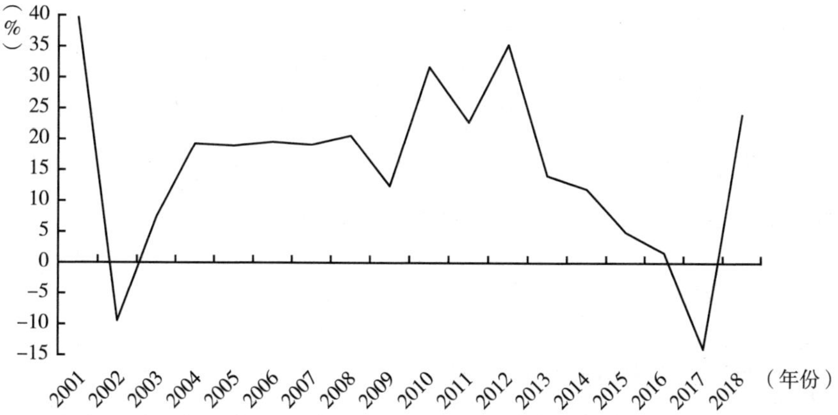

图 4　2000～2018 年广西本级税收收入逐年增长速度

可见，和上年相比，增长最快的是 2001 年，这一年广西本级税收收入比 2000 年增长了 39.6517%。下降最多的是 2017 年，这一年比 2016 年下降了 13.8072%。

第二，广西 14 个地级市本级税收收入。

按本级税收收入从大到小的顺序对广西 14 个地级市进行排序，结果列于表 2 中。

表 2　2018 年广西 14 个地级市本级税收收入排序

单位：万元

排序位次	地级市	本级税收收入
1	南宁市	3286500
2	柳州市	1713300
3	桂林市	929870
4	玉林市	735520
5	北海市	670150
6	百色市	616900
7	梧州市	494320
8	贵港市	452000
9	钦州市	435810
10	防城港市	412840
11	河池市	297540
12	崇左市	240570
13	贺州市	239460
14	来宾市	205240

表 2 表明，2018 年广西 14 个地级市本级税收收入按降序排列依次为南宁市、柳州市、桂林市、玉林市、北海市、百色市、梧州市、贵港市、钦州市、防城港市、河池市、崇左市、贺州市和来宾市。市本级税收收入最高的是南宁市，达到 3286500 万元；最低的是来宾市，为 205240 万元。

（二）2018年广西产业发展指标评估

1. 广西产业发展指标

按照三次产业的划分，2018 年广西各产业增加值及其同比增长情况如表 3 所示。

表 3　2018 年广西各产业增加值及其同比增长

单位：亿元，%

项目	产业增加值	产业增加值占广西生产总值比重	同比增长率
第一产业	3019. 37	14. 8	5. 6
第二产业	8072. 94	39. 7	4. 3
第三产业	9260. 2	45. 5	9. 4
广西生产总值	20352. 51	100	6. 8

2018 年，广西生产总值 20352.51 亿元，同比增长 6.8%。其中，第一产业增加值 3019.37 亿元，占广西生产总值的 14.8%，同比增长 5.6%；第二产业增加值 8072.94 亿元，占广西生产总值的 39.7%，同比增长 4.3%；第三产业增加值 9260.2 亿元，占广西生产总值的 45.5%，同比增长 9.4%。

2. 广西14个地级市产业发展指标

2018 年，广西 14 个地级市的地区生产总值、第一产业增加值、第二产业增加值、第三产业增加值，一并列于表 4 中。

表 4　2018 年广西 14 个地级市的地区生产总值及三次产业增加值

单位：亿元

地级市	地区生产总值	第一产业增加值	第二产业增加值	第三产业增加值
南宁市	4026.91	421.31	1225.78	2379.81
柳州市	3053.65	195.00	1608.66	1249.99
桂林市	2003.61	393.51	621.83	988.26
梧州市	1029.85	143.21	416.79	469.85
北海市	1213.30	201.22	583.19	428.89
防城港市	696.82	96.87	343.82	256.12
钦州市	1291.96	245.28	533.14	513.54
贵港市	1169.88	198.21	494.04	477.63
玉林市	1615.46	276.44	557.41	781.60
百色市	1176.77	195.18	563.49	418.11
贺州市	602.63	119.62	213.39	269.62
河池市	788.30	160.91	249.80	377.59
来宾市	692.41	164.85	239.22	288.34
崇左市	1016.49	189.31	449.72	377.46

按 2018 年地区生产总值从大到小的顺序对广西 14 个地级市进行排序，结果如图 5 所示。

按 2018 年地区生产总值从大到小的顺序对广西 14 个地级市进行排序，依次为南宁市、柳州市、桂林市、玉林市、钦州市、北海市、百色市、贵港市、梧州市、崇左市、河池市、防城港市、来宾市和贺州市。

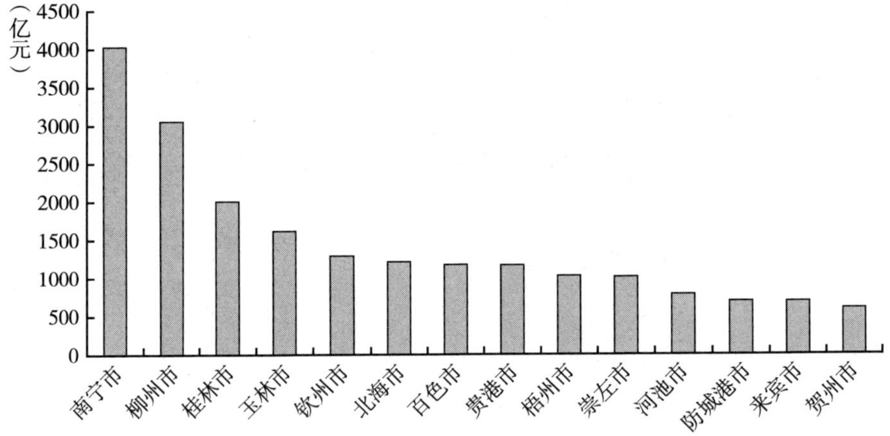

图 5　2018 年广西 14 个地级市地区生产总值排序

计算 2018 年广西 14 个地级市的地区生产总值的同比增长率，按照同比增长率对其进行排序，如图 6 所示。

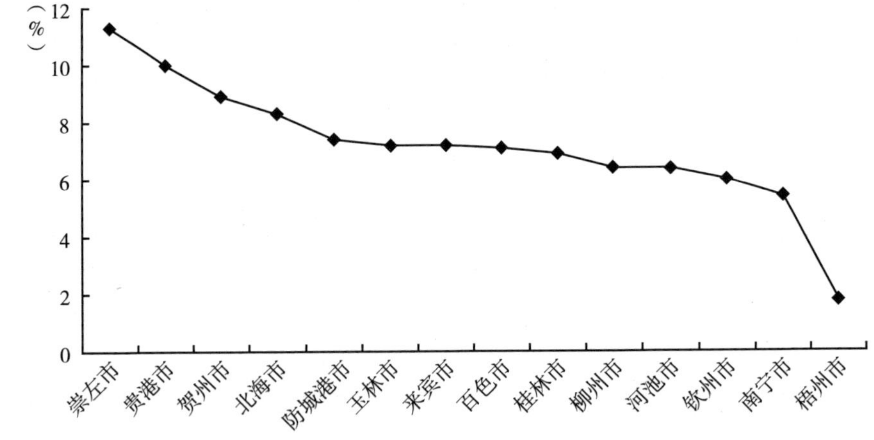

图 6　2018 年广西 14 个地级市地区生产总值同比增长率排序

由图 6 可知，按 2018 年地区生产总值同比增长率从大到小的顺序对广西 14 个地级市进行排序，依次为崇左市、贵港市、贺州市、北海市、防城港市、玉林市、来宾市、百色市、桂林市、柳州市、河池市、钦州市、南宁市和梧州市。崇左市同比增长最快，达 11.3%；梧州市增长速度最小，只有 1.8%。

（三）广西税收占第二、第三产业生产总值的比重指标评估

1. 广西14个地级市税收总额占第二、第三产业生产总值的比重指标

分市将 2018 年税收总额与第二、第三产业生产总值相比，对广西 14 个地级市按比值从大到小的顺序进行排序，结果如表 5 所示。

表 5　2018 年广西 14 个地级市单位第二、第三产业生产总值及税收比重

单位：亿元，%

排序	地级市	第二、第三产业生产总值	税收总额占第二、第三产业生产总值的比重
1	南宁市	2917.39	22.87
2	贵港市	938.64	19.77
3	玉林市	1396.60	18.93
4	北海市	1395.73	14.76
5	河池市	427.66	14.72
6	百色市	1587.80	14.59
7	柳州市	3030.95	12.74
8	贺州市	376.63	12.42
9	桂林市	1494.72	12.30
10	来宾市	465.28	8.73
11	防城港市	851.30	8.54
12	崇左市	826.41	5.64
13	梧州市	1522.69	5.59
14	钦州市	1318.78	0.99

从表 5 可知，按税收总额占第二、第三产业生产总值的比重从大到小的顺序对广西 14 个地级市进行排序，依次为南宁市、贵港市、玉林市、北海市、河池市、百色市、柳州市、贺州市、桂林市、来宾市、防城港市、崇左市、梧州市和钦州市。最大的是南宁市，达到 22.87%；最小的是钦州市，只有 0.99%。

2. 广西14个地级市本级税收收入占第二、第三产业生产总值的比重指标

将2018年广西各市本级税收收入与第二、第三产业生产总值相比，按比值从大到小排序，得表6。

表6　2018年广西14个地级市单位本级税收收入占第二、第三产业生产总值的比重

单位：%

排序	地级市	本级税收收入占第二、第三产业生产总值的比重
1	南宁市	11.27
2	河池市	6.96
3	贺州市	6.36
4	桂林市	6.22
5	柳州市	5.65
6	玉林市	5.27
7	防城港市	4.85
8	贵港市	4.82
9	北海市	4.80
10	来宾市	4.41
11	百色市	3.89
12	钦州市	3.30
13	梧州市	3.25
14	崇左市	2.91

按本级税收收入占第二、第三产业生产总值的比重从大到小的顺序对广西14个地级市进行排序，依次为南宁市、河池市、贺州市、桂林市、柳州市、玉林市、防城港市、贵港市、北海市、来宾市、百色市、钦州市、梧州市和崇左市。最大的是南宁市，占比为11.27%；最小的是崇左市，占比为2.91%。

二　广西财税对产业发展的效应评估

（一）研究方法与数据来源

1. 研究方法

Hansen的面板门槛回归方法中，门槛变量的选择由理论模型外生决定，

内生地划分样本区间，模型的表述如下：

$$y_{it} = \mu_i + \beta_1' x_{it} I(q_{it} \leqslant \gamma) + \beta_2' x_{it} I(q_{it} > \gamma) + e_{it} \tag{1}$$

其中，i 代表样本单位，t 代表时间，x_{it}为解释变量，y_{it}为被解释变量。q_{it}为门槛变量，它可以是也可以不是 x_{it}的一部分，其作用是将样本划分为不同的组（内生分组）。γ 为未知门槛值，I（·）为指示函数，当 $q_{it} \leqslant \gamma$ 时，I（·）=1；当 $q_{it} > \gamma$ 时，I（·）=0。μ_i 为个体效应，$e_{it} \sim idd$（0，σ^2）为随机扰动项。

模型（1）等价于：

$$y_{it} = \begin{cases} \mu_i + \beta_1' x_{it} + e_{it} & q_{it} \leqslant \gamma \\ \mu_i + \beta_2' x_{it} + e_{it} & q_{it} > \gamma \end{cases} \tag{2}$$

即当门槛变量 $q_{it} \leqslant \gamma$ 时，x_{it}的系数为 β_1'；$q_{it} > \gamma$ 时，x_{it}的系数为 β_2'。

这里，γ 是门槛值，而且是未知的门槛值，需要进行估计。对于某一可能的门槛值 γ，采用面板数据的最小二乘法估计模型，残差平方和为 S_1（γ）$=\hat{e}^*(\gamma)'\hat{e}^*$（$\gamma$）。根据 Hansen（1999）的研究，$\gamma$ 越接近于门槛值的真实水平，残差平方和 S_1（γ）越小。因此，门槛值 γ 的估计值 $\hat{\gamma} = \underset{\gamma}{\operatorname{argmin}}$ S_1（γ）。

得到了门槛值的估计值后，还需要进行统计显著性检验。

首先，检验门槛效应在统计上是否显著。原假设为 H_0：$\beta_1 = \beta_2$，即门槛值前后待估参数相等，也就是不存在显著的门槛效应。检验统计量为

$$F_1 = [S_0 - S_1(\hat{\gamma})]/\hat{\sigma}^2$$

其中，S_0 为原假设 H_0 成立的条件下模型的残差平方和。虽然残差平方和服从卡方分布，但在 H_0 原假设下门槛值 $\hat{\gamma}$ 无法识别，导致上述统计量 F_1 并非趋近于卡方分布。Hansen 对此进行了研究，将 F_1 的大样本分布函数进行转换，采用“自助抽样法”（Bootstrap）计算得到大样本的渐近 P 值，该 P 值统计量在原假设下趋近于均匀分布。

其次，检验门槛值是否等于真实值。检验的原假设 H_0：$\gamma = \gamma_0$。检验统

计量为

$$LR(\gamma) = [S_1(\gamma) - S_1(\hat{\gamma})]/\hat{\sigma}^2$$

其中，LR（γ）为似然比统计量，其分布未知。为此，Hansen（1999）研究出一个更简单的公式来计算其非拒绝域，即如果 LR（γ_0）$\leq c$（α）$= -2\ln(1-\sqrt{1-\alpha})$，不能拒绝原假设。其中，$\alpha$ 为显著性水平，$\alpha = 5\%$ 时，c（α）$= 7.35$。

2. 数据来源

该实证研究，以广西 14 个地级市为例，旨在探讨广西财税对广西产业结构升级的影响状况。时间跨度为 2010～2017 年，为年度数据。涉及的基础指标有财政收入、地方财政一般公共预算支出、固定资产投资总额、第一产业增加值、第二产业增加值、第三产业增加值、地区生产总值、用于教育的支出、用于科技的支出、年平均人数、市镇人口、进出口贸易总额。这些指标的数据均来源于相关年份的《广西统计年鉴》和相关年份的《广西财政年鉴》。

（二）财政收入规模对产业结构升级的效应评估

1. 变量选择

产业结构升级，是指资本、劳动、技术、政策、信息等要素在不同产业间流动，使得要素配置效率、产业生产效率不断提高的过程和结果。本节将据此选择被解释变量和解释变量。

产业结构水平（Y_{it}）。产业结构就是国民经济的部门结构，根据不同的研究目的，产业结构有不同的分类方法，这里采用三次产业分类法。产业结构高度化，是指一国或一地区产业结构重心由第一产业向第二、第三产业的逐渐演进。产业结构水平就是对产业结构由低级向高级的演变过程中所达到的水平的一种度量，表明该国家或该地区产业结构演变所达到的程度。第 i 地区第 t 年的产业结构水平的计算公式为 $Y_{it} = \sum_{j=1}^{3} j \cdot DGDP(j) / \sum_{j=1}^{3} j$，$DGDP(j)$ 为第 j 产业增加值占地区生产总值的比重。

分析被解释变量——产业结构水平的影响因素，并考虑数据的可得性，选择的变量、符号、计算方法及其作用一并列于表7中。其中，核心解释变量为财政收入规模，用财政收入占地区生产总值的比重来表示，变量名称为“财政收入占比”。

表7　变量、符号、计算方法及其作用（一）

变量类型	变量名称	符号	计算方法	作用	单位
被解释变量	产业结构水平	*Y*	各产业增加值占比的加权平均数	反映产业结构达到的水平	%
核心解释变量	财政收入占比	*FIR*	财政收入占地区生产总值的比重	反映财政收入的规模	%
门槛变量	进出口总额占比	*IER*	年进出口总额与当年地区生产总值之比	反映对外开放水平	%
控制变量	人均地区生产总值	*CGP*	每年的地区生产总值与当年平均人数之比	反映各地的经济发展水平	千元
	固定资产投资占比	*FAR*	固定资产投资占当年地区生产总值的比重	反映物质资本的投资占比	%
	教育支出占比	*EDR*	教育支出与地方财政一般公共预算支出之比	反映人力资本的水平	%
	科技支出占比	*STR*	科技支出与地方财政一般公共预算支出之比	反映科技创新的能力	%
	市镇人口占比	*URR*	市镇人口与当年地区人口之比	反映市镇化程度	%
	进出口总额占比	*IER*	年进出口总额与当年地区生产总值之比	反映对外开放水平	%

在表7中，产业结构水平（*Y*）、财政收入占比（*FIR*）、固定资产投资占比（*FAR*）、教育支出占比（*EDR*）、科技支出占比（*STR*）、市镇人口占比（*URR*）、进出口总额占比（*IER*）这些指标，都采用了相对数，这样既有利于各指标在广西14个地级市之间具有可比性，也有利于时间序列上的可比性。同样，各地经济发展水平采用了指标人均地区生产总值（*CGP*），也是为了数据的可比性，并采用单位“千元”，以便与各指标在数量级上不具有显著差异。

2. 平稳性检验与内生性检验

第一，缩尾处理与平稳性检验。

为避免极端值影响建模效果，先对每一个变量进行缩尾处理。缩尾处理的口径为1%，即先找到各个变量的1%、99%所对应的分位数，分别为 *a*、*b*，再将数据中小于 *a* 的数替换成 *a*，将数据中大于 *b* 的数替换成 *b*，原始数据直接变为新数据。

为避免模型出现“伪回归”，提高估计的有效性，在建模前，先对各变量进行平稳性检验。为使检验具有代表性，这里既选择同根检验法的 LLC 检验，又选择异根检验法的 PP - Fisher Chi-square 检验。检验的原假设 H_0：变量存在单位根，是非平稳的。对于同根检验法 LLC 检验，如果拒绝原假设时，就可以认为同一变量的所有 14 个序列都是平稳的；对于异根检验法 PP - Fisher Chi-square 检验，如果拒绝原假设时，认为同一变量的 14 个序列的一定比例是平稳的。

用软件 EViews 进行检验，检验结果列于表 8 中。

表 8　各变量的平稳性检验（一）

变量	LLC 检验			PP - Fisher Chi-square 检验		
	检验模型	统计量	*P* 值	检验模型	统计量	*P* 值
Y	(*C*,*T*,*L*)	-12.7752	0.0000	(*C*,*T*,*L*)	129.7440	0.0000
FIR	(*C*,*T*,*L*)	-10.2101	0.0000	(*C*,*T*,*L*)	85.8258	0.0000
CGP	(*C*,*T*,*L*)	-11.7922	0.0000	(*C*,*T*,*L*)	84.3295	0.0000
FAR	(*C*,*T*,*L*)	-12.8274	0.0000	(*C*,*T*,*L*)	117.1420	0.0000
EDR	(*C*,*T*,*L*)	-8.1602	0.0000	(*C*,*T*,*L*)	56.0099	0.0013
STR	(*C*,*T*,*L*)	-6.7473	0.0000	(*C*,*T*,*L*)	55.5791	0.0014
URR	(*C*,*T*,*L*)	-18.2855	0.0000	(*C*,*T*,*L*)	164.4640	0.0000
IER	(0,0,*L*)	-4.6313	0.0000	(*C*,*T*,*L*)	43.7492	0.0294

注：(*C*，*T*，*L*) 中，*C* 表示截距项，*T* 表示趋势项，*L* 表示滞后项，*C* = 0 表示无截距项，*T* = 0 表示无趋势项，滞后阶数 *L* 依 SIC 准则确定。

表 8 表明，无论是 LLC 检验，还是 PP - Fisher Chi-square 检验，任何一个变量的检验统计量的值所对应的 *P* 值均小于 5%，即在 5% 的显著性水平

上均拒绝原假设 H_0，认为所有变量都是平稳的。

第二，内生性检验。

作为被解释变量的产业结构水平，是第一、第二、第三产业的增加值占地区生产总值的比重的加权平均数。所以，财政收入占比（*FIR*）、人均地区生产总值（*CGP*）、固定资产投资占比（*FAR*）、进出口总额占比（*IER*）有可能是内生变量，需要进行内生变量的检验。

根据工具变量必须满足的条件，这里选择财政收入总额（*FIT*）作为财政收入占比（*FIR*）的工具变量，农村居民人均可支配收入（*RIN*）、城镇居民人均可支配收入（*UIN*）作为人均地区生产总值（*CGP*）的工具变量，固定资产投资额（*FAI*）作为固定资产投资占比（*FAR*）的工具变量，进出口总额（*IET*）作为进出口总额占比（*IER*）的工具变量。检验方法采用Hausman 检验，原假设和备择假设分别为

H_0：所有解释变量都为外生变量。

H_1：至少有一个解释变量为内生变量。

经计算，Hausman 检验样本数据的卡方统计量值为 9.04，对应的 P 值 = 0.2501 >5% 。所以，接受原假设 H_0，认为所有解释变量都为外生变量。

3. 描述性统计与面板数据回归模型

对各变量进行统计描述，计算它们的最小值、最大值、中位数、平均数、标准差、标准差系数，一并列于表 9 中。

表 9　各变量描述性统计（一）

变量	容量	最小值	最大值	中位数	平均数	标准差	标准差系数
Y	112	33.8036	40.0163	35.9795	36.1441	1.3410	0.0371
FIR	112	6.8681	19.0365	10.9888	11.5911	2.9973	0.2585
CGP	112	12.9907	74.3780	27.0406	32.6011	15.2339	0.4673
FAR	112	61.4777	141.4304	90.3377	93.5072	17.2271	0.1842
EDR	112	11.6547	28.5762	20.0476	20.2366	3.7965	0.1876
STR	112	0.1421	2.4480	0.8556	0.8739	0.4633	0.5302
URR	112	27.3469	63.0105	43.8681	44.2322	9.4371	0.2134
IER	112	0.8826	162.8006	7.3232	22.3907	35.3686	1.5796

由表 9 分析，从数据的集中趋势（平均数）来看，财政收入占比（*FIR*）为 11.5911%，科技支出占比（*STR*）较小，固定资产投资占比（*FAR*）较大。从数据的分散程度（标准差系数）来看，产业结构水平（*Y*）的差异程度不是很大，差异程度较大的是科技支出占比（*STR*）和人均地区生产总值（*CGP*），差异程度最大的是进出口总额占比（*IER*），反映广西 14 个地级市对外开放水平的悬殊。

应该建立个体随机效应回归模型还是个体固定效应回归模型？现利用 Hausman 统计量进行检验。原假设和备择假设分别为

H_0：个体效应与回归变量无关（应建立个体随机效应回归模型）。

H_1：个体效应与回归变量相关（应建立个体固定效应回归模型）。

利用 EViews 软件进行计算，Hausman 统计量的值为 1.4305，对应的 *P* 值为 0.9846。所以，接受原假设 H_0，即个体随机效应回归模型比个体固定效应回归模型更合理。

建立产业结构水平（*Y*）关于财政收入占比（*FIR*）、人均地区生产总值（*CGP*）、固定资产投资占比（*FAR*）、教育支出占比（*EDR*）、科技支出占比（*STR*）、市镇人口占比（*URR*）、进出口总额占比（*IER*）的个体随机效应回归模型，列于表 10 中。

表 10　*Y* 关于 *FIR*、*CGP*、*FAR*、*EDR*、*STR*、*URR*、*IER* 的个体随机效应回归模型（一）

变量	系数		*t* 值	*P* 值	*VIF*	1/*VIF*
	点估计值	95% 置信区间				
FIR	0.0889	(0.0174, 0.1603)	2.3293	0.0218	1.55	0.6441
CGP	-0.0350	(-0.0608, -0.0092)	-2.5374	0.0127	5.25	0.1905
FAR	-0.0085	(-0.0187, 0.0016)	-1.5611	0.1215	1.05	0.9501
EDR	-0.0595	(-0.1209, 0.0019)	-1.8122	0.0728	1.84	0.5425
STR	-0.5026	(-0.9570, -0.0481)	-2.0694	0.0410	1.50	0.6658
URR	0.1334	(0.0993, 0.1675)	7.3269	0.0000	3.50	0.2853
IER	-0.0008	(-0.0070, 0.0052)	-0.2670	0.7900	1.61	0.6209
常数项	32.8132	(30.6662, 34.9603)	28.5951	0.0000		

$F(7,104)=19.3599$，对应的 *P* 值 $=0.0000$，*DW* 值 $=1.6353$

$R^2=0.5657$，调整后的 $R^2=0.5365$

可见，方差膨胀因子 *VIF* 的最大值为 5.25 < 10，故不存在多重共线性。

4. 以进出口总额占比（*IER*）为门槛变量，产业结构水平关于财政收入规模的门槛回归模型

第一，门槛值及其检验。

首先检验门槛效应是否显著，即检验进出口总额占比（*IER*）是否存在门槛值，导致财政收入规模与产业结构水平之间的关系发生结构性变化。按照 Hansen（1999）的方法，这里抽样次数取 500 次，用“自助抽样法”（Bootstrap）计算 *F* 值和 *P* 值。门槛效应检验结果见表 11。

表 11　门槛效应检验结果［以进出口总额占比（*IER*）为门槛变量］（一）

模型	门槛值(%)		F 值	P 值	BS 次数	临界值		
	点估计值	95% 置信区间				1%	5%	10%
单一门槛	9.2583	(7.7197,9.6366)	18.74	0.0900	500	32.8485	22.1473	18.0758
双重门槛	9.2583	(7.7197,9.6366)	10.75	0.2220	500	22.1922	16.3735	13.4684
	16.9097	(13.1316,18.7697)						
三重门槛	2.8987	(2.6712,2.9205)	10.51	0.7640	500	34.9195	28.9720	25.5904

由表 11 可知，对于单一门槛模型，计算的 *F* 值为 18.74，相应的 *P* 值为 0.0900 < 10%。所以，以 10% 的显著性水平拒绝原假设 H_0：$\beta_1 = \beta_2$，即存在显著的单一门槛效应。而对于双重门槛模型、三重门槛模型，*F* 值分别为 10.75、10.51，对应的 *P* 值分别为 0.2220、0.7640，二者都大于 10%，接受原假设，即不存在双重门槛效应、三重门槛效应。

再检验上述估计的单一门槛值是否等于真实值。为此，计算每一可能的门槛值 γ 对应的统计量 $LR(\gamma)$，并作图（见图 7）。

从图 7 可以看出，当进出口总额占比（*IER*）的第一门槛值取 9.2583% 时，相应的似然比统计量 *LR*（9.2583）值远小于显著性水平为 5% 时的临界值 7.35，不能拒绝原假设 H_0：$\gamma = 9.2583\%$，即接受进出口总额占比（*IER*）的第一门槛值 9.2583%。

第二，门槛回归模型的参数估计。

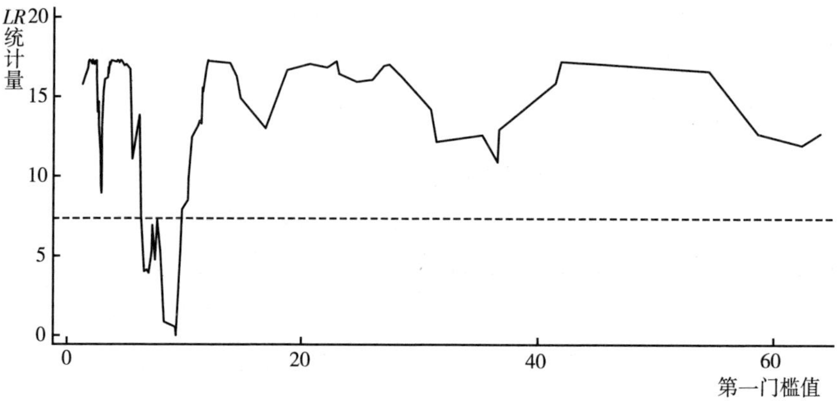

图 7　统计量 *LR*（γ）关于门槛值 γ 的折线图（一）

以产业结构水平（*Y*）作为被解释变量，财政收入占比（*FIR*）作为核心解释变量，进出口总额占比（*IER*）作为门槛回归变量，控制变量为人均地区生产总值（*CGP*）、固定资产投资占比（*FAR*）、教育支出占比（*EDR*）、科技支出占比（*STR*）、市镇人口占比（*URR*），建立单一门槛回归模型，采用面板数据最小二乘法估计参数，结果列于表 12 中。

表 12　产业结构水平关于财政收入规模的面板门槛回归模型的参数估计结果

Y		系数		*t* 值	*P* 值
		点估计值	95% 置信区间		
开放程度较低组	*FIR*	-0.0253	(-0.0698, 0.0191)	-1.23	0.241
开放程度较高组		-0.0595	(-0.0912, -0.0279)	-4.07	0.001
CGP		-0.0227	(-0.0472, 0.0017)	-2.01	0.066
FAR		0.0075	(-0.0028, 0.0179)	1.57	0.140
EDR		-0.0385	(-0.0908, 0.0138)	-1.59	0.136
STR		-0.1860	(-0.4469, 0.0749)	-1.54	0.148
URR		0.2036	(0.1487, 0.2585)	8.01	0.000
IER		0.0062	(-0.0020, 0.0145)	1.63	0.128
常数项		28.4728	(26.2592, 30.6863)	27.79	0.000
N		112			
R^2		0.7787			
F 值		*F*(8, 13) = 28.79			
P 值		0.0000			

5. 实证结论与分析

第一，门槛回归模型的选择是合理的。

利用 Hausman 统计量对个体随机效应回归模型和个体固定效应回归模型进行了选择，结果表明，应当选择个体随机效应回归模型，所建立的个体随机效应回归模型决定系数 $R^2=0.5657$，调整后的 $R^2=0.5365$。但当以进出口总额占比（*IER*）作为门槛变量建立门槛回归模型时，$R^2=0.7787$。决定系数得到了显著提高，说明门槛回归模型更好地拟合了面板数据。

第二，财政收入规模（财政收入占地区生产总值的比重 *FIR*）对产业结构升级的影响表现为阻碍的作用。

随着对外开放水平的不断提高，这种阻碍作用更加突出。当对外开放程度较低时，财政收入占比每提高 1%，产业结构水平下降 0.0253%，此时的阻碍作用并不明朗；当对外开放水平，即进出口总额占比超过 9.2583% 的门槛值后，财政收入占比每提高 1%，产业结构水平降低 0.0595%，这时的阻碍作用不仅明显增大，而且在 1% 的显著性水平上十分显著。这主要是因为，一方面，财政收入，特别是税收收入，主要来自第二、第三产业，随着财政收入的增加，第二、第三产业的发展压力就会增大，因而不利于产业结构的升级；另一方面，一些地级市为了增加财政税收，盲目招商引资，引入外资质量不高，从而阻碍产业结构优化升级。

第三，关于控制变量。

固定资产投资占比、市镇人口占比、进出口总额占比对产业结构升级有促进作用。相对于第一产业，投资于第二、第三产业的获得更高，固定资产投资占比越大，越有利于第二、第三产业的发展，改善当前的产业结构。市镇化让一部分农村剩余劳动力转向市镇，不仅增加了从事第二、第三产业的劳动力，从供给端拉动产业结构升级，而且增加了对产品和服务的需求，从需求端拉动产业结构升级。对外开放有助于企业提高自身的创新能力、竞争能力，推动高新技术产业的发展。

人均地区生产总值、教育支出占比、科技支出占比不利于产业结构的升级。人均地区生产总值对产业结构提升呈反向影响，说明现有的生产总值中，第二、第三产业的比重相对偏低，高技术含量偏低；教育支出、科技支出对产业结构的影响存在滞后期，被教育者需要完成小学、初中，甚至高中、大学等阶段的学习之后，才能从事生产劳动。科技支出从投入到产出也需要一个过程。所以，短期来看，在一般公共预算支出一定的情况下，教育支出、科技支出反而不利于当前产业结构的升级。

6. 结论

选取广西 14 个地级市 2010～2017 年的面板数据，运用门槛回归计量方法，研究了财政收入规模对于产业结构升级的门槛效应。实证研究表明，在以对外开放程度作为门槛变量的条件下，财政收入规模与区域产业结构升级之间存在显著的非线性关系，即财政收入规模对产业结构升级的影响呈现显著的阈值转换特征，在该门槛变量的不同区间呈现差异明显的效应。

在以对外开放程度为门槛变量的条件下，财政收入规模对产业结构升级具有非线性效应。具体表现为财政收入规模对产业结构升级有阻碍的作用，并随着对外开放程度的不断提高，这种阻碍作用更趋显著。对外开放程度具有一个门槛拐点，即当进出口总额占比在 9.2583% 以下时，财政收入规模对产业结构升级具有一定的阻碍作用，这时，阻碍作用并不显著；当进出口总额占比在 9.2583% 以上时，财政收入规模对产业结构升级具有显著的阻碍作用。

（三）财政收入结构对产业结构升级的效应评估

1. 变量选择

产业结构升级，是指资本、劳动、技术、政策、信息等要素在不同产业间流动，使得要素配置效率、产业生产效率不断提高的过程和结果。本节将据此选择被解释变量和解释变量。

产业结构水平（Y_{it}）。产业结构就是国民经济的部门结构，根据不同的研究目的，产业结构有不同的分类方法，这里采用三次产业分类法。产业结构高度化，是指一国或一地区产业结构重心由第一产业向第二、第三产业的逐渐演进。产业结构水平就是对产业结构由低级向高级的演变过程中所达到的水平的一种度量，表明该国家或该地区产业结构演变所达到的程度。第 i 地区第 t 年的产业结构水平的计算公式为 $Y_{it}=\sum_{j=1}^{3} j \cdot DGDP\ (j)\ /\sum_{j=1}^{3} j$，$DGDP$ (j) 为第 j 产业增加值占地区生产总值的比重。

分析被解释变量——产业结构水平的影响因素，并考虑数据的可得性，选择的变量、符号、计算方法及其作用列于表 13 中。其中，核心解释变量为财政收入结构，用税收收入占地方财政一般公共预算收入的比重来反映，变量名称为“税收占比”。

表 13　变量、符号、计算方法及其作用（二）

变量类型	变量名称	符号	计算方法	作用	单位
被解释变量	产业结构水平	*Y*	各产业增加值占比的加权平均数	反映产业结构达到的水平	%
核心解释变量	税收收入占比	*TAXR*	税收收入占地方财政一般公共预算收入的比重	反映财政收入的结构	%
门槛变量	进出口总额占比	*IER*	年进出口总额与当年地区生产总值之比	反映对外开放水平	%
控制变量	人均地区生产总值	*CGP*	每年的地区生产总值与当年平均人数之比	反映各地的经济发展水平	千元
	固定资产投资占比	*FAR*	固定资产投资占当年地区生产总值的比重	反映物质资本的投资占比	%
	教育支出占比	*EDR*	教育支出与地方财政一般公共预算支出之比	反映人力资本的水平	%
	科技支出占比	*STR*	科技支出与地方财政一般公共预算支出之比	反映科技创新的能力	%
	市镇人口占比	*URR*	年均市镇人口与当年地区年均人口之比	反映市镇化程度	%
	进出口总额占比	*IER*	年进出口总额与当年地区生产总值之比	反映对外开放水平	%

在表 13 中，产业结构水平（*Y*）、税收占比（*TAXR*）、固定资产投资占比（*FAR*）、教育支出占比（*EDR*）、科技支出占比（*STR*）、市镇人口占比（*URR*）、进出口总额占比（*IER*）这些指标，都采用了相对数，这样既有利于各指标在广西 14 个地级市之间具有可比性，也有利于时间序列上的可比

性。同样，各地经济发展水平采用了指标人均地区生产总值（*CGP*），也是为了数据的可比性，并采用单位“千元”，以便与各指标在数量级上不具有显著差异。

2. 平稳性检验与内生性检验

第一，缩尾处理与平稳性检验。

为避免极端值影响建模效果，先对每一个变量进行缩尾处理。缩尾处理的口径为1%，即先找到各个变量的1%、99%所对应的分位数，分别为 a、b，再将数据中小于 a 的数替换成 a，将数据中大于 b 的数替换成 b，原始数据直接变为新数据。

为避免模型出现“伪回归”，提高估计的有效性，在建模前，先对各变量进行平稳性检验。为使检验具有代表性，这里既选择同根检验法的 LLC 检验，又选择异根检验法的 PP – Fisher Chi-square 检验。检验的原假设 H_0：变量存在单位根，是非平稳的。对于同根检验法 LLC 检验，如果拒绝原假设时，就可以认为同一变量的所有 14 个序列都是平稳的；对于异根检验法 PP – Fisher Chi-square 检验，如果拒绝原假设时，认为同一变量的 14 个序列的一定比例是平稳的。

采用软件 EViews 进行检验，检验结果列于表 14 中。

表 14　各变量的平稳性检验（二）

变量	LLC 检验			PP – Fisher Chi-square 检验		
	检验模型	统计量	*P* 值	检验模型	统计量	*P* 值
Y	(*C*,*T*,*L*)	-12.7752	0.0000	(*C*,*T*,*L*)	129.7440	0.0000
TAXR	(*C*,*T*,*L*)	-14.3173	0.0000	(*C*,*T*,*L*)	122.1260	0.0000
CGP	(*C*,*T*,*L*)	-11.7922	0.0000	(*C*,*T*,*L*)	84.3295	0.0000
FAR	(*C*,*T*,*L*)	-12.8274	0.0000	(*C*,*T*,*L*)	117.1420	0.0000
EDR	(*C*,*T*,*L*)	-8.1602	0.0000	(*C*,*T*,*L*)	56.0099	0.0013
STR	(*C*,*T*,*L*)	-6.7473	0.0000	(*C*,*T*,*L*)	55.5791	0.0014
URR	(*C*,*T*,*L*)	-18.2855	0.0000	(*C*,*T*,*L*)	164.4640	0.0000
IER	(0,0,*L*)	-4.6313	0.0000	(*C*,*T*,*L*)	43.7492	0.0294

注：（*C*，*T*，*L*）中，*C* 表示截距项，*T* 表示趋势项，*L* 表示滞后项，*C* = 0 表示无截距项，*T* = 0 表示无趋势项，滞后阶数 *L* 依 SIC 准则确定。

表 14 表明，无论是 LLC 检验，还是 PP – Fisher Chi-square 检验，任何一个变量的检验统计量的值所对应的 *P* 值均小于 5%，即在 5% 的显著性水平上均拒绝原假设 H_0，认为所有变量都是平稳的。

第二，内生性检验。

作为被解释变量的产业结构水平，是第一、第二、第三产业的增加值占地区生产总值的比重的加权平均数。所以，人均地区生产总值（*CGP*）、固定资产投资占比（*FAR*）、进出口总额占比（*IER*）有可能是内生变量，需要进行内生变量的检验。

根据工具变量必须满足的条件，这里选择农村居民人均可支配收入（*RIN*）、城镇居民人均可支配收入（*UIN*）作为人均地区生产总值（*CGP*）的工具变量，固定资产投资额（*FAI*）作为固定资产投资占比（*FAR*）的工具变量，进出口总额（*IET*）作为进出口总额占比（*IER*）的工具变量。检验方法采用 Hausman 检验，原假设和备择假设分别为

H_0：所有解释变量都为外生变量。

H_1：至少有一个解释变量为内生变量。

经计算，Hausman 检验样本数据的卡方统计量值为 2.08，对应的 *P* 值 = 0.9554 > 5%。所以，接受原假设 H_0，认为所有解释变量都为外生变量。

3. 描述性统计与面板数据回归模型

对各变量进行统计描述，计算它们的最小值、最大值、中位数、平均数、标准差、标准差系数，一并列于表 15 中。

表 15　各变量描述性统计（二）

变量	容量	最小值	最大值	中位数	平均数	标准差	标准差系数
Y	112	33.8036	40.0163	35.9795	36.1441	1.3410	0.0371
TAXR	112	48.5871	76.0706	61.7430	62.9771	7.0706	0.1123
CGP	112	12.9907	74.3780	27.0406	32.6011	15.2339	0.4673
FAR	112	61.4777	141.4304	90.3377	93.5072	17.2271	0.1842
EDR	112	11.6547	28.5762	20.0476	20.2366	3.7965	0.1876
STR	112	0.1421	2.4480	0.8556	0.8739	0.4633	0.5302
URR	112	27.3469	63.0105	43.8681	44.2322	9.4371	0.2134
IER	112	0.8826	162.8006	7.3232	22.3907	35.3686	1.5796

由表 15 分析，从数据的集中趋势（平均数）来看，税收收入占比（*TAXR*）为62.9771%，科技支出占比（*STR*）较小，固定资产投资占比（*FAR*）较大。从数据的分散程度（标准差系数）来看，产业结构水平（*Y*）的差异程度不是很大，差异程度较大的是科技支出占比（*STR*）和人均地区生产总值（*CGP*），差异程度最大的是进出口总额占比（*IER*），反映广西各地级市对外开放水平的悬殊。

应该建立个体随机效应回归模型还是个体固定效应回归模型？现利用 Hausman 统计量进行检验。原假设和备择假设分别为

H_0：个体效应与回归变量无关（即建立个体随机效应回归模型）。

H_1：个体效应与回归变量相关（即建立个体固定效应回归模型）。

利用 EViews 软件进行计算，Hausman 统计量的值为 1. 1029，对应的 *P* 值为0. 9930。所以，接受原假设 H_0，即个体随机效应回归模型比个体固定效应回归模型更合理。

建立产业结构水平（*Y*）关于税收占比（*TAXR*）、人均地区生产总值（*CGP*）、固定资产投资占比（*FAR*）、教育支出占比（*EDR*）、科技支出占比（*STR*）、市镇人口占比（*URR*）、进出口总额占比（*IER*）的个体随机效应回归模型，列于表 16 中。

表 16　*Y* 关于 *TAXR*、*CGP*、*FAR*、*EDR*、*STR*、*URR*、*IER* 的个体随机效应回归模型（二）

变量	系数		*t* 值	*P* 值	*VIF*	1/*VIF*
	点估计值	95%置信区间				
TAXR	0. 0251	(−0. 0034,0. 0536)	1. 6435	0. 1033	1. 34	0. 7456
CGP	−0. 0300	(−0. 0559, −0. 0041)	−2. 1692	0. 0323	5. 11	0. 1955
FAR	−0. 0071	(−0. 0176,0. 0032)	−1. 2872	0. 2009	1. 07	0. 9384
EDR	−0. 0683	(−0. 1312, −0. 0053)	−2. 0256	0. 0454	1. 88	0. 5311
STR	−0. 3202	(−0. 7417,0. 1012)	−1. 4189	0. 1589	1. 26	0. 7961
URR	0. 1256	(0. 0899,0. 1612)	6. 5866	0. 0000	3. 72	0. 2687
IER	−0. 0004	(−0. 0067,0. 0057)	−0. 1479	0. 8827	1. 63	0. 6143
常数项	32. 3322	(29. 8576,34. 8069)	24. 4014	0. 0000		

F 值 =18. 4122,对应的 *P* 值 =0. 0000,*DW* 值 =1. 6771

R^2 =0. 5534,调整后的 R^2 =0. 5234

可见，方差膨胀因子 *VIF* 的最大值为 5.11 < 10，故不存在多重共线性。

4. 以进出口总额占比（*IER*）为门槛变量，产业结构水平关于财政收入结构的门槛回归模型

第一，门槛值及其检验。

首先检验门槛效应是否显著，即检验进出口总额占比（*IER*）是否存在门槛值，导致财政收入结构与产业结构水平之间的关系发生结构性变化。按照 Hansen（1999）的方法，这里抽样次数取 500 次，用“自助抽样法”（Bootstrap）计算 *F* 值和 *P* 值。门槛效应检验结果见表 17。

表 17　门槛效应检验结果［以进出口总额占比（*IER*）为门槛变量］（二）

模型	门槛值(%)		*F* 值	*P* 值	BS次数	临界值		
	点估计值	95%置信区间				1%	5%	10%
单一门槛	9.2583	(8.1951,9.6366)	22.80	0.0440	500	28.2188	22.0994	17.7420
双重门槛	9.2583	(8.1951,9.6366)	15.21	0.0720	500	22.9683	16.4430	13.8319
	41.9022	(2.9205,56.5438)						
三重门槛	2.8987	(2.6712,2.9205)	12.39	0.1620	500	43.7452	22.6551	14.3804

由表 17 可知，对于单一门槛模型、双重门槛模型，计算的 *F* 值分别为 22.80、15.21，相应的 *P* 值分别为 0.0440、0.0720，二者都小于 10%。所以，以 10% 的显著性水平拒绝原假设 H_0：$\beta_1 = \beta_2$，即存在显著的双重门槛效应。而对于三重门槛模型，*F* 值 = 12.39，对应的 *P* 值 = 0.1620 > 10%，接受原假设，即不存在三重门槛效应。

再检验上述估计的双重门槛值是否等于真实值。为此，计算每一可能的门槛值 γ 对应的统计量 *LR*（γ），并作图（见图 8）。

从图 8 可以看出，当进出口总额占比（*IER*）的第一门槛值取 9.2583% 时，相应的似然比统计量 *LR*（9.2583）值远小于显著性水平为 5% 时的临界值 7.35，不能拒绝原假设 H_0：$\gamma = 9.2583$，即接受进出口总额占比（*IER*）的第一门槛值 9.2583%。同样，当第二门槛值取 41.9022% 时，相应的 *LR*（41.9022）值远小于显著性水平为 5% 时的临界值 7.35，不能拒绝原假设

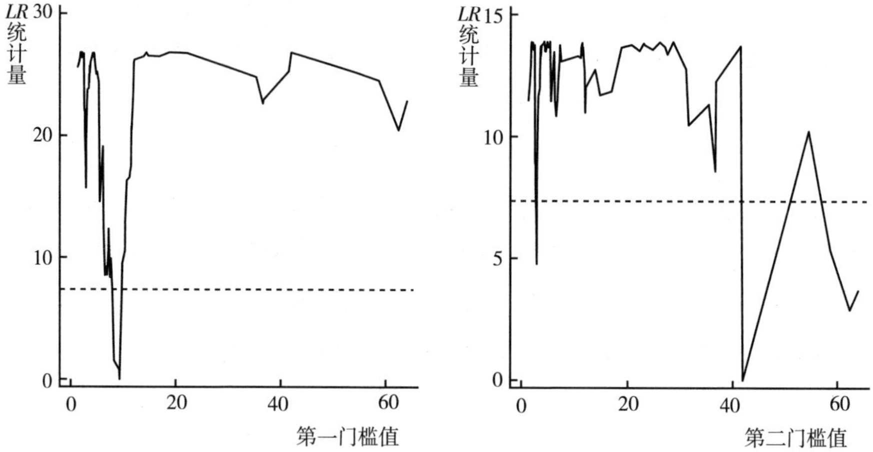

图 8　统计量 LR（γ）关于门槛值 γ 的折线图（二）

H_0：$\gamma=41.9022$，即接受进出口总额占比（*IER*）的第二门槛值 41.9022%。

第二，门槛回归模型的参数估计。

以产业结构水平（*Y*）作为被解释变量，税收占比（*TAXR*）作为核心解释变量，进出口总额占比（*IER*）作为门槛回归变量，控制变量为人均地区生产总值（*CGP*）、固定资产投资占比（*FAR*）、教育支出占比（*EDR*）、科技支出占比（*STR*）、市镇人口占比（*URR*），建立双重门槛回归模型，采用面板数据最小二乘法估计参数，结果列于表 18 中。

表 18　产业结构水平关于税收占比的面板门槛回归模型的参数估计结果

Y		系数		*t* 值	*P* 值
		点估计值	95% 置信区间		
开放程度较低组	*TAXR*	0.0079	(−0.0124, 0.0284)	0.84	0.413
开放程度一般组		−0.0002	(−0.0199, 0.0195)	−0.02	0.982
开放程度较高组		−0.0895	(−0.1279, −0.0512)	−5.04	0.000
CGP		−0.0120	(−0.0289, 0.0047)	−1.55	0.145
FAR		0.0049	(−0.0019, 0.0117)	1.55	0.146
EDR		−0.0463	(−0.1005, 0.0078)	−1.85	0.088
STR		−0.2740	(−0.4597, −0.0883)	−3.19	0.007

续表

Y	系数		t 值	P 值
	点估计值	95% 置信区间		
URR	0.1896	(0.1417,0.2375)	8.55	0.000
IER	0.0134	(0.0076,0.0192)	4.99	0.000
常数项	29.0265	(27.3108,30.7422)	36.55	0.000
N	112			
R^2	0.8056			
F 值	F(9,13)=63.38			
P 值	0.0000			

5. 实证结论与分析

第一，门槛回归模型的选择是合理的。

利用 Hausman 统计量对个体随机效应回归模型和个体固定效应回归模型进行了选择，结果表明，应当选择个体随机效应回归模型，所建立的个体随机效应回归模型决定系数 $R^2=0.5534$，调整后的 $R^2=0.5234$。但当以进出口总额占比（*IER*）作为门槛变量建立门槛回归模型时，$R^2=0.8056$。决定系数得到了显著提高，说明门槛回归模型更好地拟合了面板数据。

第二，随着对外开放程度的不断提高，财政收入结构（税收占比）对产业结构升级的影响表现为阻碍作用不断增大的效应，即对外开放程度越高，这种反向影响越显著。

当对外开放程度较低时，税收占比有利于产业结构的升级，即税收占比每提高 1%，产业结构水平提升 0.0079%，但这时的促进作用并不显著；当对外开放程度，即进出口总额占比超过第一门槛值（9.2583%）后，财政收入结构（税收占比）开始阻碍产业结构的升级，税收占比每提高 1%，产业结构水平降低 0.0002%，这时的阻碍作用也不显著；而当进出口总额占比超过第二门槛值（41.9022%）后，财政收入结构（税收占比）对产业结构升级的阻碍效应更加显著，税收占比每提高 1%，产业结构水平降低 0.0895%，这种阻碍作用在 1% 的水平上也是显著的。

可见，财政收入结构（税收占比）对产业结构升级具有阻碍的作用，并随着对外开放程度的增大而增大。这主要是因为：①间接税不利于刺激消费。如果间接税只统计增值税、营业税、资源税、城市维护建设税、城镇土地使用税、土地增值税和耕地占用税，2010～2017年，广西的间接税占税收收入的比重就已经达到了66.66%，间接税占比较高的市有百色（75%）、崇左（72%）、防城港（71%）、来宾（70%）、梧州（69%）、贺州（69%）、钦州（69%）、玉林（68%）、贵港（67%）等。间接税主要由消费者承担，间接税占比过大，商品或服务价格就高，同等收入情况下降低了消费者的购买意愿，阻碍了产业结构优化升级。②间接税难以完全转嫁给消费者。间接税的转嫁性主要体现在间接税是价外税上。除垄断行业企业、具有充分竞争优势的企业外，很多企业并没有定价自主权，不得不与消费者共同分担间接税。间接税占比过大，企业负担加重。而这些企业主要来自第二、第三产业，因而阻碍产业结构的优化升级。③部分直接税增加时，直接导致企业成本费用增加，利润减少，从而影响产业结构升级。④一些地级市为了增加税收收入，盲目招商引资，引入外资质量不高，从而阻碍产业结构优化升级。

第三，关于控制变量。

固定资产投资占比、市镇人口占比、进出口总额占比对产业结构升级有促进作用。相对于第一产业，投资于第二、第三产业的获得更高，固定资产投资占比越大，越有利于第二、第三产业的发展，改善当前的产业结构。市镇化让一部分农村剩余劳动力转向市镇，不仅增加了从事第二、第三产业的劳动力，从供给端拉动产业结构升级，而且也增加了对产品和服务的需求，从需求端拉动产业结构升级。对外开放有助于企业提高自身的创新能力、竞争能力，推动高新技术产业的发展。

人均地区生产总值、教育支出占比、科技支出占比不利于产业结构的升级。人均地区生产总值对产业结构提升呈反向影响，但并不显著。说明现有的生产总值中，第二、第三产业的比重相对偏低，高技术含量偏低；教育支出、科技支出对产业结构的影响存在滞后期，被教育者需要完成小学、初中，甚至高中、大学等阶段的学习之后，才能从事生产劳动，科技支出从投入到产出也需要一个过程。所以，短期来看，在一般公共预算支出一定的情况下，教育支出、科技支出反而不利于当前产业结构的升级。

6. 结论

选取广西 14 个地级市 2010 ~2017 年的面板数据，运用门槛回归模型估计方法，研究了财政收入结构（税收占比）影响产业结构升级的门槛效应。实证研究表明，在对外开放程度作为门槛变量的条件下，税收占比与区域产业结构升级之间存在显著的非线性关系，即税收占比对产业结构升级的影响呈现显著的阈值转换特征，在该门槛变量的不同区间呈现差异明显的效应。

在以对外开放程度为门槛变量的条件下，财政收入结构（税收占比）对产业结构升级具有非线性效应。具体表现为随着对外开放程度的不断提高，财政收入结构（税收占比）对产业结构升级的影响表现为不断增大的阻碍作用，对外开放程度具有两个门槛拐点，即当进出口总额占比在 9.2583% 以下时，财政收入结构（税收占比）对产业结构升级具有不明朗的促进作用；当进出口总额占比在 9.2583% ~41.9022% 时，财政收入结构（税收占比）对产业结构升级表现出不明朗的阻碍作用；当进出口总额占比在 41.9022% 以上时，财政收入结构（税收占比）对产业结构升级具有显著的阻碍作用。

（四）所得税对产业结构升级的效应评估

1. 变量选择

产业结构升级，是指资本、劳动、技术、政策、信息等要素在不同产业间流动，使得要素配置效率、产业生产效率不断提高的过程和结果。本节将据此选择被解释变量和解释变量。

产业结构水平（Y_{it}）。产业结构就是国民经济的部门结构，根据不同的研究目的，产业结构有不同的分类方法，这里采用三次产业分类法。产业结构高度化，是指一国或一地区产业结构重心由第一产业向第二、第三产业的逐渐演进。产业结构水平就是对产业结构由低级向高级的演变过程中所达到的水平的一种度量，表明该国家或该地区产业结构演变所达到的程度。第 i

地区第 t 年的产业结构水平的计算公式为 $Y_{it}=\sum_{j=1}^{3}j\cdot DGDP(j)/\sum_{j=1}^{3}j$，$DGDP(j)$ 为第 j 产业增加值占地区生产总值的比重。

分析被解释变量——产业结构水平的影响因素，并考虑数据的可得性，选择的变量、符号、计算方法及其作用列于表 19 中。

表 19　变量、符号、计算方法及其作用（三）

变量类型	变量名称	符号	计算方法	作用	单位
被解释变量	产业结构水平	*Y*	各产业增加值占比的加权平均数	反映产业结构达到的水平	%
核心解释变量	所得税占比	*ITR*	所得税与税收收入之比	反映所得税在税收收入中的比重	%
门槛变量	市镇人口占比	*URR*	市镇人口与当年地区人口之比	反映市镇化程度	%
控制变量	人均地区生产总值	*CGP*	每年的地区生产总值与当年平均人数之比	反映各地的经济发展水平	千元
	固定资产投资占比	*FAR*	固定资产投资占当年地区生产总值的比重	反映物质资本的投资占比	%
	教育支出占比	*EDR*	教育支出与地方财政一般公共预算支出之比	反映人力资本的水平	%
	科技支出占比	*STR*	科技支出与地方财政一般公共预算支出之比	反映科技创新的能力	%
	市镇人口占比	*URR*	市镇人口与当年地区人口之比	反映市镇化程度	%
	进出口总额占比	*IER*	年进出口总额与当年地区生产总值之比	反映对外开放水平	%

所得税是主要税种之一，属于直接税，包括个人所得税和企业所得税。2010～2017 年，广西所得税占税收收入的比重（*ITR*）分别为 15.2%、17.1%、13.3%、12.9%、13.5%、13.0%、13.6%、14.8%。本节的核心解释变量取所得税占税收收入的比重，变量名称为所得税占比（*ITR*）。

在表 19 中，产业结构水平（*Y*）、所得税占比（*ITR*）、固定资产投资占比（*FAR*）、教育支出占比（*EDR*）、科技支出占比（*STR*）、市镇人口占比（*URR*）、进出口总额占比（*IER*）这些指标，都采用了相对数，这样既有利于各指标在广西 14 个地级市之间具有可比性，也有利于时间序列上的可比性。同样，反映各地经济发展水平采用了指标人均地区生产总值（*CGP*），也是为了数据的可比性，并采用单位“千元”，以便与各指标在数量级上不具有显著差异。

2. 平稳性检验与内生性检验

第一，缩尾处理与平稳性检验。

为避免极端值影响建模效果，先对每一个变量进行缩尾处理。缩尾处理的口径为 1%，即先找到各个变量的 1%、99% 所对应的分位数，分别为 a、b，再将数据中小于 a 的数替换成 a，将数据中大于 b 的数替换成 b，原始数据直接变为新数据。

为避免模型出现“伪回归”，提高估计的有效性，在建模前，先对各变量进行平稳性检验。为使检验具有代表性，这里既选择同根检验法的 LLC 检验，又选择异根检验法的 PP – Fisher Chi-square 检验。检验的原假设 H_0：变量存在单位根，是非平稳的。对于同根检验法 LLC 检验，如果拒绝原假设时，就可以认为同一变量的所有 14 个序列都是平稳的；对于异根检验法 PP – Fisher Chi-square 检验，如果拒绝原假设时，认为同一变量的 14 个序列的一定比例是平稳的。

采用软件 EViews 进行检验，检验结果列于表 20 中。

表 20　各变量的平稳性检验（三）

变量	LLC 检验			PP – Fisher Chi-square 检验		
	检验模型	统计量	*P* 值	检验模型	统计量	*P* 值
Y	(*C*,*T*,*L*)	-12.7752	0.0000	(*C*,*T*,*L*)	129.7440	0.0000
ITR	(*C*,*T*,*L*)	-7.5391	0.0000	(*C*,*T*,*L*)	51.3426	0.0046
CGP	(*C*,*T*,*L*)	-11.7922	0.0000	(*C*,*T*,*L*)	84.3295	0.0000
FAR	(*C*,*T*,*L*)	-12.8274	0.0000	(*C*,*T*,*L*)	117.1420	0.0000
EDR	(*C*,*T*,*L*)	-8.1602	0.0000	(*C*,*T*,*L*)	56.0099	0.0013
STR	(*C*,*T*,*L*)	-6.7473	0.0000	(*C*,*T*,*L*)	55.5791	0.0014
URR	(*C*,*T*,*L*)	-18.2855	0.0000	(*C*,*T*,*L*)	164.4640	0.0000
IER	(0,0,*L*)	-4.6313	0.0000	(*C*,*T*,*L*)	43.7492	0.0294

注：（*C*，*T*，*L*）中，*C* 表示截距项，*T* 表示趋势项，*L* 表示滞后项，$C=0$ 表示无截距项，$T=0$ 表示无趋势项，滞后阶数 *L* 依 SIC 准则确定。

分析表 20 所有的变量序列，无论是 LLC 检验，还是 PP – Fisher Chi-square 检验，检验统计量的值所对应的 *P* 值均小于 5%，即在 5% 的显著性水平上均拒绝原假设 H_0，认为上述所有变量都是平稳的。

第二，内生性检验。

作为被解释变量的产业结构水平，是第一、第二、第三产业的增加值占地区生产总值的比重的加权平均数。所以，人均地区生产总值（*CGP*）、固定资产投资占比（*FAR*）、进出口总额占比（*IER*）有可能是内生变量，需要进行内生变量的检验。

根据工具变量必须满足的条件，这里选择农村居民人均可支配收入（*RIN*）、城镇居民人均可支配收入（*UIN*）作为人均地区生产总值（*CGP*）的工具变量，固定资产投资额（*FAI*）作为固定资产投资占比（*FAR*）的工具变量，进出口总额（*IET*）作为进出口总额占比（*IER*）的工具变量。检验方法采用 Hausman 检验，原假设和备择假设分别为

H_0：所有解释变量都为外生变量。

H_1：至少有一个解释变量为内生变量。

经计算，Hausman 检验样本数据的卡方统计量值为 2.08，对应的 *P* 值 =0.9554 >5%。所以，接受原假设 H_0，认为所有解释变量都为外生变量。

3. 描述性统计与面板数据回归模型

第一，变量的统计描述。

对各变量进行统计描述，计算它们的最小值、最大值、中位数、平均数、标准差、标准差系数，一并列于表 21 中。

表 21　各变量描述性统计（三）

变量	容量	最小值	最大值	中位数	平均数	标准差	标准差系数
Y	112	33.8036	40.0163	35.9795	36.1441	1.3410	0.0371
ITR	112	7.6263	19.8021	12.7371	12.7882	3.3025	0.2582
CGP	112	12.9907	74.3780	27.0406	32.6011	15.2339	0.4673

续表

变量	容量	最小值	最大值	中位数	平均数	标准差	标准差系数
FAR	112	61. 4777	141. 4304	90. 3377	93. 5072	17. 2271	0. 1842
EDR	112	11. 6547	28. 5762	20. 0476	20. 2366	3. 7965	0. 1876
STR	112	0. 1421	2. 4480	0. 8556	0. 8739	0. 4633	0. 5302
URR	112	27. 3469	63. 0105	43. 8681	44. 2322	9. 4371	0. 2134
IER	112	0. 8826	162. 8006	7. 3232	22. 3907	35. 3686	1. 5796

由表 21 分析，从数据的集中趋势（平均数）来看，所得税占比（*ITR*）为 12. 7882%，科技支出占比（*STR*）较小，固定资产投资占比（*FAR*）较大。从数据的分散程度（标准差系数）来看，产业结构水平（*Y*）的差异程度最小，进出口总额占比（*IER*）的差异程度最大，反映广西各地级市对外开放水平的悬殊。差异程度较大的还有科技支出占比（*STR*）和人均地区生产总值（*CGP*）。

第二，面板数据回归模型。

产业结构水平关于所得税的面板数据回归模型，应该建立个体随机效应回归模型还是个体固定效应回归模型？现利用 Hausman 统计量进行检验。原假设和备择假设分别为

H_0：个体效应与回归变量无关（即建立个体随机效应回归模型）。

H_1：个体效应与回归变量相关（即建立个体固定效应回归模型）。

利用 EViews 软件进行计算，Hausman 统计量的值为 18. 8617，对应的 *P* 值为 0. 0086 < 5%。所以，拒绝原假设 H_0，即个体固定效应回归模型比个体随机效应回归模型更合理。

建立产业结构水平（*Y*）关于所得税占比（*ITR*）、人均地区生产总值（*CGP*）、固定资产投资占比（*FAR*）、教育支出占比（*EDR*）、科技支出占比（*STR*）、市镇人口占比（*URR*）、进出口总额占比（*IER*）的个体固定效应回归模型，列于表 22 中。

方差膨胀因子 *VIF* 的最大值为 5. 73 < 10，故不存在多重共线性。

表 22　*Y* 关于 *ITR*、*CGP*、*FAR*、*EDR*、*STR*、*URR*、*IER* 的个体固定效应回归模型（三）

变量	系数		*t* 值	*P* 值	*VIF*	1/*VIF*
	点估计值	95% 置信区间				
ITR	-0.0298	(-0.0672, 0.0074)	-1.59	0.116	1.33	0.7495
CGP	-0.0179	(-0.0352, -0.0006)	-2.06	0.042	5.73	0.1745
FAR	0.0075	(0.0007, 0.0144)	2.20	0.030	1.13	0.8857
EDR	-0.0513	(-0.1056, 0.0029)	-1.88	0.063	2.16	0.4633
STR	-0.3181	(-0.5117, -0.1244)	-3.26	0.002	1.22	0.8193
URR	0.1827	(0.1317, 0.2336)	7.12	0.000	3.82	0.2620
IER	0.0036	(-0.0025, 0.0097)	1.18	0.242	1.64	0.6114
常数项	29.5534	(26.8342, 32.2727)	21.59	0.000		
F 值 = 36.04，对应的 *P* 值 = 0.0000，R^2 = 0.7349						

4. 产业结构水平关于所得税的门槛回归模型

第一，门槛值及其检验。

先检验市镇人口占比（*URR*）是否存在门槛值，使得所得税与产业结构水平之间的关系发生结构性变化，门槛效应检验结果如表 23 所示。

表 23　门槛效应检验结果［以市镇人口占比（*URR*）为门槛变量］

模型	门槛值(%)		*F* 值	*P* 值	BS 次数	临界值		
	点估计值	95% 置信区间				1%	5%	10%
单一门槛	34.9117	(33.0668, 35.0811)	19.43	0.0940	500	34.4167	24.4342	18.4901
双重门槛	34.9117	(33.0668, 35.0811)	12.20	0.2820	500	29.8934	22.2800	18.1380
	54.4553	(52.3285, 54.5545)						
三重门槛	32.9405	(32.7421, 33.1714)	4.64	0.7740	500	33.4510	22.4192	18.5021

由表 23 可知，对于单一门槛模型，计算的 *F* 值为 19.43，相应的 *P* 值为 0.0940 < 10%。所以，以 10% 的显著性水平拒绝原假设 H_0：$\beta_1 = \beta_2$，即存在显著的单一门槛效应。而对于二重门槛模型、三重门槛模型，*F* 值分别为 12.20、4.64，对应的 *P* 值分别为 0.2820、0.7740，二者都大于 10%，接受原假设，即不存在二重门槛效应、三重门槛效应。

再检验上述估计的单一门槛值是否等于真实值。为此，计算每一可能的门槛值 γ 对应的统计量 *LR*（γ），并作图（见图 9）。

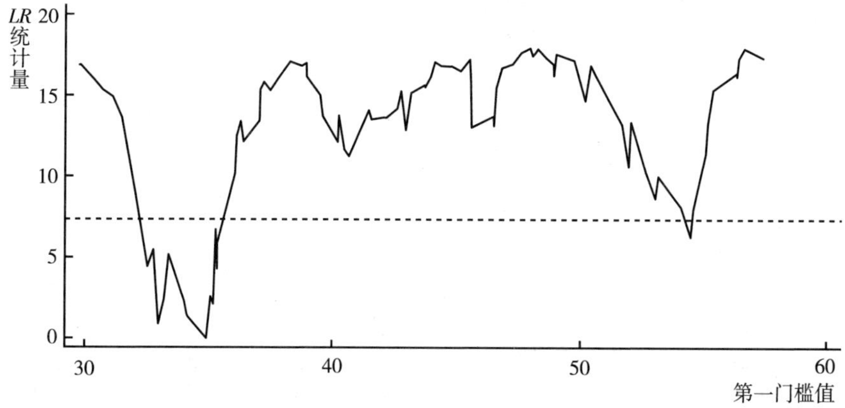

图 9　统计量 *LR*（γ）关于门槛值 γ 的折线图（三）

从图 9 看出，当市镇人口占比（*URR*）的第一门槛值取 34.9117% 时，相应的似然比统计量 *LR*（34.9117）值远小于显著性水平为 5% 时的临界值 7.35，不能拒绝原假设 H_0：$\gamma = 34.9117$，即接受市镇人口占比（*URR*）的第一门槛值 34.9117%。

第二，门槛回归模型的参数估计。

以产业结构水平（*Y*）作为被解释变量，所得税占比（*ITR*）作为核心解释变量，市镇人口占比（*URR*）作为门槛回归变量，控制变量为人均地区生产总值（*CGP*）、固定资产投资占比（*FAR*）、教育支出占比（*EDR*）、科技支出占比（*STR*）、市镇人口占比（*URR*），建立单一门槛回归模型，采用面板数据最小二乘法估计参数，结果列于表 24 中。

5. 实证结论与分析

第一，门槛回归模型的选择是合理的。

利用 Hausman 统计量对个体随机效应回归模型和个体固定效应回归模型进行了选择，结果表明，产业结构水平关于所得税的回归模型，应当选择个体固定效应回归模型，决定系数 $R^2 = 0.7349$。当采用门槛回归模型时，以市镇人口占比（*URR*）为门槛变量，产业结构水平关于所得税的门槛回归模型 R^2 升至0.7735。可见，采用门槛回归模型，R^2 有了提高，对数据的拟合效果有了改善。

表 24　产业结构水平关于所得税的面板门槛回归模型的参数估计结果（门槛变量：市镇人口占比）

Y		系数		*t* 值	*P* 值
		点估计值	95% 置信区间		
市镇化程度较低组	*ITR*	-0.0714	(-0.1107, -0.0321)	-3.92	0.002
市镇化程度较高组		-0.0303	(-0.0743, 0.0137)	-1.49	0.161
CGP		-0.0060	(-0.0288, 0.0168)	-0.57	0.579
FAR		0.0095	(-0.0002, 0.0193)	2.10	0.055
EDR		-0.0635	(-0.1238, -0.0032)	-2.28	0.040
STR		-0.3515	(-0.6335, -0.0695)	-2.69	0.018
URR		0.1329	(0.0866, 0.1793)	6.20	0.000
IER		0.0018	(-0.0097, 0.0060)	0.51	0.616
常数项		31.6797	(29.4955, 33.8639)	31.33	0.000
N		112			
F 检验		*F*(8,13) = 90.75，对应的 *P* 值 = 0.0000			
R^2		0.7735			

第二，以市镇人口占比（*URR*）为门槛变量，从产业结构水平关于所得税的门槛回归模型可以看出，市镇化程度不同，所得税的增加对产业结构升级的阻碍作用程度也不同。

对于市镇化程度较低的地区，即门槛变量市镇人口占比在第一门槛值（34.9117%）以下时，所得税的增加对产业结构升级具有阻碍作用；对于市镇化程度较高的地区，即市镇人口占比在第一门槛值（34.9117%）以上时，所得税的增加对产业结构升级仍然具有阻碍作用，但这种阻碍作用有所减弱。根据2018年的《广西统计年鉴》，2017年广西14个地级市中，各市市镇化程度由低到高依次为百色（36.29%）、河池（37.06%）、崇左（38.27%）、钦州（38.95%）、来宾（43.75%）、贺州（45.19%）、玉林（48.19%）、桂林（48.91%）、贵港（49.01%）、梧州（51.65%）、防城港（57.37%）、北海（57.72%）、南宁（61.34%）、柳州（64.00%）。百色市的市镇化程度最低，但其市镇化程度也达到了36.29%，超过了第一门槛值（34.9117%），说明这时所得税虽然对产业结构升级有阻碍作用，但已经明显减弱。

当所得税占比增加时，成本费用增加，利润减少，从而影响产业结构升级。而在市镇化程度较高的地区，市镇人口相对较多，不仅对产品和服务的需求较多，而且从事第二、第三产业的人数也较多，有利于产业结构升级，从而抵消一部分所得税对产业结构升级带来的阻碍作用。

第三，关于控制变量。

固定资产投资占比、市镇人口占比、进出口总额占比对产业结构升级有促进作用。相对于第一产业，投资于第二、第三产业的获得更高，固定资产投资占比越大，越有利于第二、第三产业的发展，改善当前的产业结构。市镇化让一部分农村剩余劳动力转向市镇，不仅增加了从事第二、第三产业的劳动力，从供给端拉动产业结构升级，而且也增加了对产品和服务的需求，从需求端拉动产业结构升级。对外开放有助于企业提高自身的创新能力、竞争能力，推动高新技术产业的发展。

人均地区生产总值、教育支出占比、科技支出占比不利于产业结构的升级。人均地区生产总值对产业结构提升呈反向影响，说明现有的生产总值中，第二、第三产业的比重相对偏低，高技术含量偏低；教育支出、科技支出对产业结构的影响存在滞后期，被教育者需要完成小学、初中，甚至高中、大学等阶段的学习之后，才能从事生产劳动，科技支出从投入到产出也需要一个过程。所以，短期来看，在一般公共预算支出一定的情况下，教育支出、科技支出反而不利于当前产业结构的升级。

6. 结论

选取广西14个地级市2010～2017年的面板数据，运用门槛回归模型估计方法，研究了所得税影响产业结构升级的门槛效应。实证研究表明，在选定门槛变量市镇人口占比的条件下，所得税与区域产业结构升级之间存在显著的非线性关系，即所得税对产业结构升级的影响呈现显著的阈值转换特征，在所选定的门槛变量的不同区间呈现差异明显的效应。

在选定的门槛变量市镇人口占比的条件下，所得税对产业结构升级具有非线性效应。具体表现为随着门槛变量市镇人口占比的提高，所得税占比增加对产业结构优化升级表现为逐步减弱的阻碍效应。门槛变量市镇人口占比具有一个门槛拐点，门槛值为 34.9117%。当市镇人口占比在 34.9117% 以下时，所得税占比增加对产业结构优化升级具有阻碍作用；当市镇人口占比在 34.9117% 以上时，仍然是阻碍作用，但明显减弱。

（五）促进广西产业发展的财税对策建议

1. 个性化的建议

第一，切实落实降税措施，激发各产业的发展活力。

实证分析表明，财政收入的规模对产业结构升级具有阻碍作用，而且随着对外开放程度的不断加强，阻碍作用更加显著。因此，落实减税降费措施，是当前激活市场活力的一项重要举措。2019 年 3 月 5 日，李克强总理在《政府工作报告》中明确提出实施更大规模的减税，确保所有行业税负只减不增，"放水养鱼"，减轻企业负担，激发市场活力。2019 年广西壮族自治区政府工作报告也要求抓好结构性减税、降低社会保险费率等政策的落实。只有市场繁荣，才能确保财政收入的可持续增长；只有财政收入的规模扩大，才能实现对产业结构升级的宏观调控，促进产业结构往合理化、高级化的方向发展，如此形成良性循环。

广西 14 个地级市的对外开放程度，从进出口总额占比这一指标来看，合并 2010 ~ 2017 年的数据进行计算，进出口总额占比超过第一门槛值 9.2583% 的地级市有 7 个，包括崇左（133.57%）、防城港（78.02%）、钦州（31.73%）、北海（23.31%）、南宁（14.74%）、柳州（13.13%）、梧州（11.05%），这些地级市应该在减税降费方面得到重点关注。

第二，降低间接税比重，改善直接税内部结构，尤其是开放程度较高的地区。

实证研究表明，随着对外开放程度的提高，财政收入结构（税收占比）

对产业结构升级的阻碍作用不断增大。分析广西14个地级市的对外开放程度，从进出口总额占比这一指标来看，合并2010~2017年的数据进行计算，进出口总额占比超过第一门槛值9.2583%的地级市有7个，包括崇左（81.57%）、防城港（78.02%）、钦州（31.73%）、北海（23.31%）、南宁（14.74%）、柳州（13.13%）、梧州（11.05%），这些地级市，在改善财政收入结构（税收占比）方面应该得到重点关注，逐步降低间接税的比重，增加直接税的比重，调整直接税内部的税种结构，充分发挥财政收入结构（税收占比）对产业结构的优化调整效应，以达到促使产业结构优化升级的目的。

第三，逐步提高所得税在税收中的比重。

提高所得税占比，不仅是可行的，而且是必要的。一方面，随着市镇人口占比的增加，所得税占比增加对产业结构优化升级呈现逐渐减弱的阻碍作用。从表24可以看出，对于市镇化程度较高组（到2017年，广西14个地级市均已处于市镇化程度较高组），虽然所得税占比增加对产业结构升级仍有阻碍作用，但P值$=0.161>5\%$，说明这时的阻碍作用在统计上已经不显著了。所以，提高所得税占比，不会显著影响产业结构优化升级，是可行的。另一方面，所得税属于直接税，是一种很重要的税种，它的一个明显优势是，所得税对经济周期有“自动稳定器”的作用，经济过热时，收入、盈利好转，个人和企业所得税适用税率会自动跳升到更高档次，给经济降温；经济下行时期，收入、盈利相对减少，所得税适用税率自动下降到较低档次，从而自行减税，鼓励投资和消费。所以，提高所得税占比是非常必要的。

为了实现所得税占税收的比重稳步增长，要广泛开展纳税宣传教育，提高全民的纳税意识；构建合理的税率体系和费用扣除标准，改善社会成员间收入分配的不平等状况；要与时俱进地调整税基范围，确保所得税占比的逐步增加；充分运用信息技术，加强与相关部门的信息共享与合作，提高征税队伍素质，增强政府的征税能力；完善所得税纳税管理方式，执行轻税重罚的征管政策，将权益与义务、奖励与惩罚结合起来。

2. 共性的建议

第一，发挥固定资产投资、城镇化、对外开放对改善产业结构的作用。

固定资产投资占比对产业结构提升具有推动作用，应当继续推动固定资产投资，改善固定资产投资的结构，引导资金投向高新技术产业。以省会南宁为中心，带动周边城市发展，构建特色城镇和新型乡镇，推进符合中国特色的新型城镇化，促进城镇化、产业结构、生态环境三者稳定协调发展。对外贸易结构的不同会对产业结构升级产生不同的影响，要提高招商引资的质量，注重对国外核心技术、先进管理经验的学习模仿和创新，加强引导 FDI 资金注入战略性新兴产业和现代服务业。尤其要推动高新技术产业和优势产业走出国门，加快向全球价值链中高端迈进，实现对外贸易结构和产业结构的匹配和同步升级。

第二，树立长远意识，加强自主创新，并发挥教育、科技支出对提升产业结构的作用。

财税政策应当支持现有产业的转型升级，加快农业现代化进程，加快农业科技创新，深化农村综合改革，培育一批现代化农业大型企业，对农业产业的价值链进行重构。要强化工业龙头企业和龙头项目的带动作用，持续推进传统产业“二次创业”，振兴发展轻工业，加快发展先进制造业和战略性新兴产业，推动工业高质量发展。要加快生产性服务业发展，优化第三产业结构。广西有丰富的自然资源、地理资源、乡村文化和民族文化，积极发展、改造、提升旅游等产业，为广西第三产业的发展注入活力。同时要大力发展现代化的金融、证券业等附加值更高的现代服务业，推动第三产业的产业结构更加高级、合理。教育、科技的支出能提高劳动者的素质，增强企业的创新能力，因此，应当树立长远意识，继续加强教育和科技的支出，促进产业结构的提升。

广西县域财税与产业发展报告

县域经济作为相对独立的经济单元，在国民经济发展中具有重要的地位和作用，是推动区域经济发展的重要战略支撑。近年来，伴随着产业结构的不断优化调整，广西的县域经济得到了较快发展，并进一步扩大了县域财税的增收来源，县域财税发展得到稳步推进。但是，随着国家在推进供给侧结构性改革进程中为减轻企业压力、缓解经济下行而采取以减税降费为核心的积极财政政策，广西的县域财税收入受到了一定程度的影响，并出现一定程度的滑落。但总体而言，广西的县域税收收入与产业发展伴生而行，平稳发展。

一　广西县域税收与产业发展总体评估

（一）广西县域税收收入指标评估

1. 县域税收收入稳中有降

近年来，随着广西经济和产业结构的优化调整，广西县域经济取得了较快发展，县域财税收入也得到了相应发展。

第一，从县域税收收入的总体趋势来看。

如图 1 所示，广西的县域税收总额呈现明显的先升后降趋势。2015 年之前，县域税收总额稳步增长，由 2006 年的 626558 万元上升至 2015 年的 3872228 万元，十年间增长了 5.18 倍，但在 2015 年后则出现明显的回落，2016 年县域税收总额为 3836608 万元，相较于 2015 年下降了 0.92%。

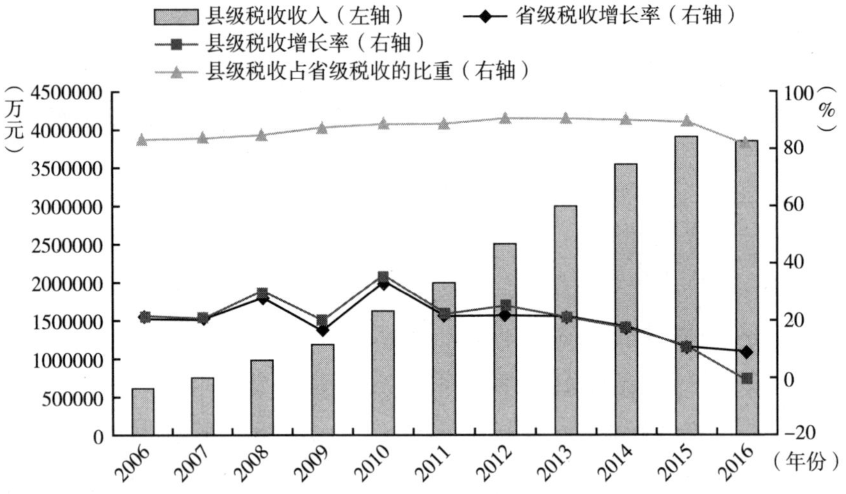

图1　2006～2016年广西县域税收收入：总量、增幅及占广西税收总额的比重

资料来源：根据2007～2017年《广西财政年鉴》数据整理。

第二，从县级税收占广西税收总额的比重来看。

2006～2016年，县域税收收入占广西税收收入的比重始终在80%以上，是广西税收收入的主体部分，而占比的趋势线呈现先升后降的发展态势，2006～2012年持续提升，占比由83.45%提高至91.24%，但2012～2016年则出现持续回落，由91.24%降至81.32%，其中，受“营改增”及后续减税降费政策的影响，2015～2016年县域税收占比回落的幅度较大，下降了8.16个百分点。

第三，从县域税收增长率来看。

广西的县级税收增长率与省级税收增长率具有较高的契合度，均呈现先波动增长后持续下降的态势，但总体上县级税收增幅要略微大于省级税收增幅，而在2015年后两者出现明显分化，县级税收增长率远低于省级税收增长率，并出现了负增长。

2. 广西县域主体税种收入稳步增长，收入结构优化

第一，财产税增长较快。

从县域税收收入的结构来看，2006～2017年，广西县域各主体税种都得到了较快增长。其中，增值税作为税收收入的重要税种，在2011年之前一直是广西县域税收收入的第一大税源，但2011年后被财产税反超，下降至第二位。企业所得税和个人所得税则一直是广西县域税收收入的第三大和第四大税源。另外，近几年来，这四大税种之间的收入差距有逐渐拉大的趋势，尤其是财产税与增值税在总量上增长较快，拉开了与企业所得税和个人所得税的差距，而后两者虽有一定的增长，但一直在低位徘徊。具体见图2。

具体而言，增值税税收收入由2006年的322831万元上升至2017年的1263622万元，12年间增长了2.91倍；财产税税收收入2006年时仅为210249万元，但2017年则增长至1992576万元，成为广西县域税收收入的第一大税源，增长了8.48倍；企业所得税和个人所得税税收收入则增长相对较慢，分别由2006年的64292万元、29172万元提升至2017年的459945万元和152433万元，分别增长了6.15倍和4.23倍。

事实上，近年来财产税税额的快速增长主要得益于耕地占用税、土地增值税、城市维护建设税、契税及房产税的快速增长。以2017年为例，2017年广西县域耕地占用税税额为574529万元，占税收总额的15%，超过了企业所得税税额，是广西县域税收仅次于增值税的第二大税源，而土地增值税、城市维护建设税、契税及房产税的占比也分别达到7%、7%、6%、5%，均高于个人所得税税额。

第二，县域增值税占税收收入的比重呈现持续下降的趋势。

从县域各主要税种占税收收入的比重来看，增值税占税收收入的比重呈现持续下降的趋势，其中2006～2012年下降最为明显，2012～2017年则表现出小幅度波动下降态势；企业所得税占税收收入比重与个人所得税占税收收入比重的变化趋势大体一致，均表现出先降后升的变化态势，但个人所得税占比下降的时间周期相对较长；财产税占税收收入的比重虽然在2009～2010年、2016～2017年有小幅度的滑落，但总体上呈现较为坚挺的上升态势，并且于2012年超过增值税占比，成为广西县域税收收入的第一大税种。

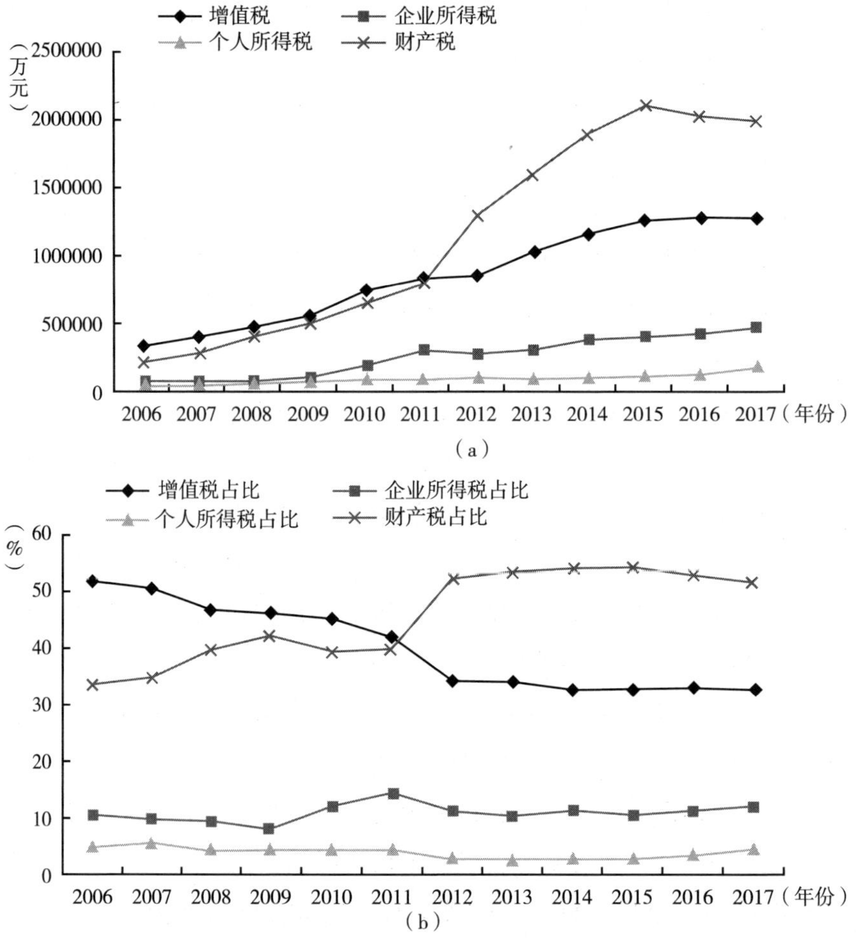

图 2　2006～2017 年广西县域税收收入结构变化情况

注：增值税包含原增值税和营业税；财产税包括房产税、城镇土地使用税、耕地占用税、资源税、城市维护建设税、土地增值税、契税和车船税。

资料来源：根据 2007～2018 年《广西财政年鉴》数据整理。

3. 广西县域税收的地区差异明显且与经济发展高度相关

近年来，广西的县域税收虽然取得了较快增长，但各县的税收收入呈现明显的地区分异和不均衡现象，这与广西整体的经济发展格局大体相似，即税收收入的高值区和经济发展的高值区均位于自东南向西北呈 45°角分割线的右侧，主要分布于桂东南和桂东北部，这一地区的县域税收收入普遍高于广西其他地区，且增长速度较快，而桂西部地区的县域税收收入体量小，增长慢，两者之间的差距有不断扩大的趋势（见图 3）。

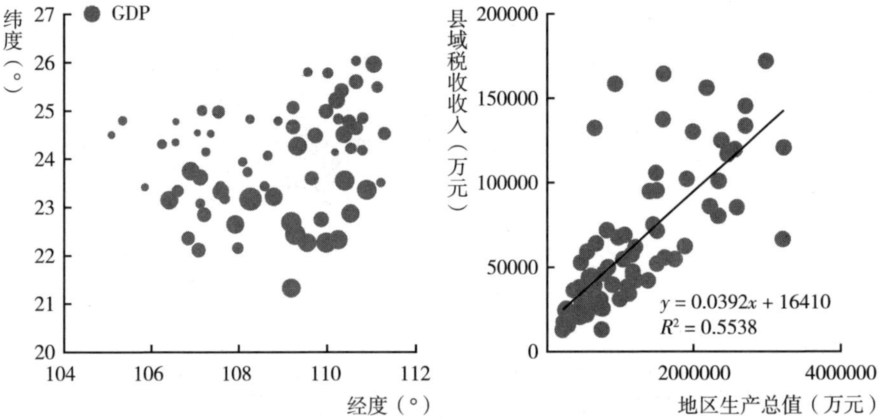

图 3　2017 年广西各县税收收入及地区生产总值空间分布格局

资料来源：根据 2018 年《广西财政年鉴》数据整理。

另外，从图 4 所呈现的 2016 年广西各县税收收入与产业经济的散点图与线性拟合结果可以看出，广西的县域税收收入与县域经济和产业发展具有较强的正向线性相关关系。具体而言，县域税收收入与县域地区生产总值呈现较强正相关关系，相关系数为 0. 0392，拟合度为 0. 5538（见图 3），表明广西县域地区生产总值每增加 1 个百分点，其对县域税收的促进作用将增加 0. 0392 个百分点。从分税种与县域地区生产总值的拟合结果来看，增值税、企业所得税、个人所得税的税收收入均与第二、第三产业生产总值之和呈现较强正向线性相关关系，拟合值分别为 0. 6100、0. 4324 和 0. 6655，拟合度均较高，线性相关系数分别为 0. 008、0. 002 和 0. 0005（见图 4），反映了县域经济中第二、第三产业生产总值之和每增加 1 个百分点，就可以相应地分别带动增值税税收收入、企业所得税税收收入以及个人所得税税收收入增长 0. 008 个、0. 002 个和 0. 0005 个百分点。这也从侧面说明了广西县域税收收入的增长是相伴于县域经济与产业发展的，两者之间具有高度的相关性和同步性。

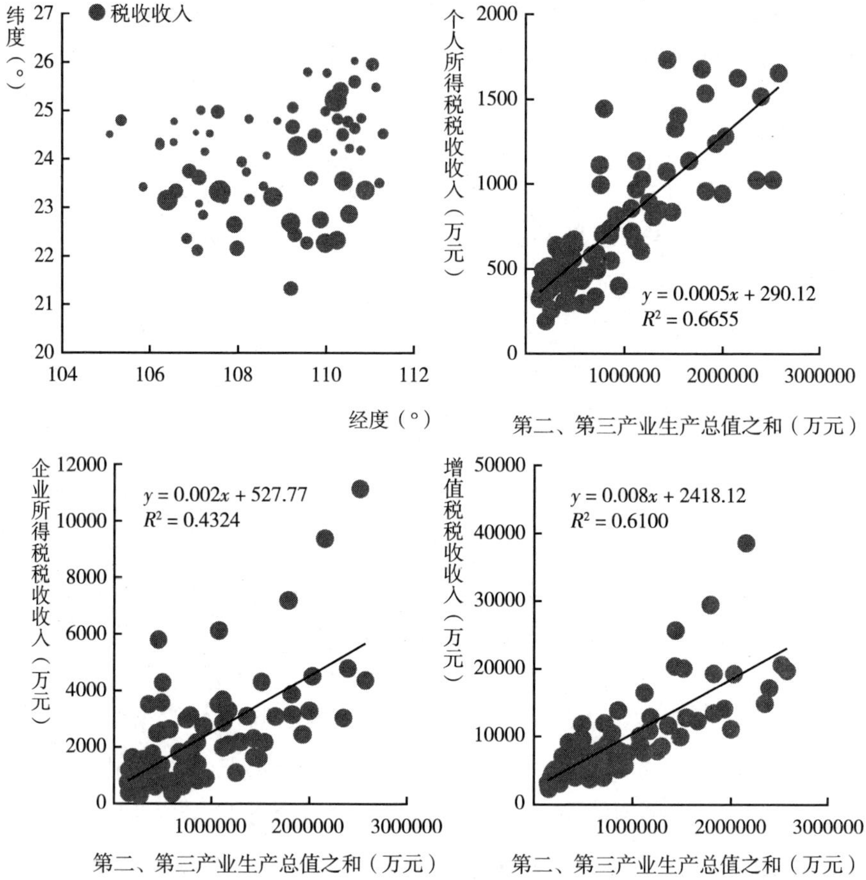

图 4　2016 年广西各县税收收入与产业经济的线性拟合关系

资料来源：根据 2017 年《广西财政年鉴》数据整理。

（二）广西各县财税与产业发展指标评估

为更好地反映广西财税与县域产业发展的情况，本节基于广西各个县的税收收入与产业发展相关经济数据，从县域产业宏观税负与分产业税负指数、县域产业税收与产业增长匹配关系指数、县域产业税收的贡献指数以及县域产业税收贡献与产业贡献匹配指数四个层面对广西县域产业财税指数进行综合评估。

1. 县域产业宏观税负与分产业税负指数

对县域产业税收负担进行测度，可以在一定程度上反映县域经济的税收负担情况。表1呈现了2016年广西县域产业宏观税负及分产业税负指数的计算结果，从表中可知，无论是广西县域产业宏观税负还是分产业税负指数，都低于广西税负水平。2016年，广西省级宏观税负指数为13.76%，比县域平均宏观税负指数（7.72%）高出6.04个百分点，第二产业税负指数（11.91%）比县域第二产业税负指数均值（8.57%）高出3.34个百分点，工业税负指数（11.75%）和第三产业税负指数（15.85%）则分别比县域工业税负指数均值（8.67%）和第三产业税负指数均值（8.58%）高出3.08个百分点和7.27个百分点。

表1　2016年广西县域产业宏观税负及分产业税负指数

单位：%

前10名	宏观税负指数	前10名	第二产业税负指数	前10名	工业税负指数	前10名	第三产业税负指数
苍梧县	17.05	东兰县	34.00	乐业县	63.59	德保县	23.97
隆林县	14.86	都安县	25.76	东兰县	60.95	平果县	19.66
富川县	14.50	乐业县	23.31	都安县	34.67	临桂区	18.34
那坡县	13.74	隆林县	22.59	隆林县	23.67	靖西区	17.11
东兰县	13.28	那坡县	21.32	富川县	22.20	灵川县	15.27
大化县	12.89	大化县	19.38	大化县	20.35	上思县	15.22
都安县	12.30	富川县	18.21	罗城县	19.73	藤县	14.38
平果县	11.44	三江县	17.30	那坡县	19.02	容县	12.45
乐业县	11.19	西林县	15.63	苍梧县	16.89	田阳县	11.81
三江县	10.99	罗城县	14.61	马山县	14.06	龙州县	11.76
后10名	宏观税负指数	后10名	第二产业税负指数	后10名	工业税负指数	后10名	第三产业税负指数
灵山县	4.41	容县	3.20	大新县	2.00	灵山县	5.53
藤县	4.39	灌阳县	3.19	全州县	1.99	大化县	5.31
象州县	4.36	象州县	3.19	龙州县	1.98	东兰县	5.07
全州县	4.36	浦北县	3.00	宁明县	1.79	环江县	4.97
荔浦县	4.28	博白县	2.90	蒙山县	1.78	钟山县	4.94
蒙山县	4.26	全州县	2.77	平乐县	1.77	资源县	4.83
浦北县	4.19	龙州县	2.56	博白县	1.45	忻城县	4.30

续表

后10名	宏观税负指数	后10名	第二产业税负指数	后10名	工业税负指数	后10名	第三产业税负指数
鹿寨县	3.92	平乐县	2.29	阳朔县	1.16	南丹县	3.94
武鸣区	2.77	临桂区	1.56	武鸣区	0.57	天峨县	3.18
灌阳县	2.24	武鸣区	1.04	临桂区	0.42	大新县	2.80
广西	13.76	广西	11.91	广西	11.75	广西	15.85
总体均值	7.72	总体均值	8.57	总体均值	8.67	总体均值	8.58

注：表中各指标的计算方法分别为：宏观税负指数 = 税收总额/（第二产业增加值 + 第三产业增加值）×100%；第二产业税负指数 = 第二产业税收/第二产业增加值 ×100%；工业税负指数 = 工业税收/工业增加值 ×100%；第三产业税负指数 = 第三产业税收/第三产业增加值 ×100%。

资料来源：根据2017年《广西财政年鉴》数据整理。

另外，广西各县的税负指数得分值具有较大的差异，反映了广西县域税收负担具有显著的分异特征。从县域产业宏观税负指数来看，广西县域产业宏观税负指数前10名的县的得分值远高于总体均值，而宏观税负指数后10名的县的得分值则远低于总体均值，如县域产业宏观税负指数最高的苍梧县的税负指数为17.05%，高于总体均值9.33个百分点，而宏观税负指数最低的灌阳县仅为2.24%，低于均值5.48个百分点，低于苍梧县14.81个百分点。分产业税负指数也出现类似的情况。由此反映了当前广西县域经济和产业在发展过程中具有明显的税负地区分异特征，这与各县的经济和产业发展差异存在直接的关系。

另外，从表1中还可以看出，广西县域产业宏观税负及分产业税负指数较高的县主要分布在桂西部地区和少数民族自治县，而税负指数较低的县则大多分布在桂东南和桂东北地区。如宏观税负指数排在前10名的县，有9个位于桂西部地区或者属于少数民族自治县，分别是隆林县（14.86%）、富川县（14.50%）、那坡县（13.74%）、东兰县（13.28%）、大化县（12.89%）、都安县（12.30%）、平果县（11.44%）、乐业县（11.19%）、三江县（10.99%），这些县的税收负担远高于平均值。分产业税负指数前10个县中，位于桂西部地区或者属于少数民族自治县的，第二产业有10

个，工业产业有9个，第三产业有5个。相反，县域宏观税负指数后10个县中，没有一个位于桂西部地区或属于少数民族自治县。第二产业税负指数后10名只有龙州县一个县位于桂西部。工业税负指数后10名中，大新县、龙州县和宁明县位于西南的崇左市，全州县、平乐县、阳朔县、临桂区位于桂北部的桂林市，蒙山县位于桂东部的梧州市，博白县位于桂东部的玉林市，武鸣区则属于南宁市。

从表2呈现的县域产业主要税种税负指数来看，广西县域增值税税负指数的均值为1.28%，广西有33个县的增值税税负指数超过这一平均值，其中大部分县位于桂西部地区或属于少数民族自治县，而广西县域增值税税负指数前10个县的税负远高于平均值，税负最高的隆林县的税负指数为2.59%，高于均值1.31个百分点。另外，有35个县的增值税税负指数低于1.28%这一平均值，这些县大多分布在南宁、柳州、桂林、玉林等桂东部地区，在这些县中，后10个县的增值税税负指数远低于平均值，税负指数最低的陆川县的税负指数仅为0.56%，低于平均值0.72个百分点。县域企业所得税税负指数和个人所得税税负指数均较低，两者的平均值分别为0.31%和0.11%。具体从各县的情况来看，就企业所得税税负而言，广西共有23个县的税负指数高于平均值，有45个县低于平均值，其中高于平均值的县中有13个县分布在桂西部地区或属于少数民族自治县，特别地，企业所得税税负指数前10个县全部位于桂西部地区或属于少数民族自治县，其中河池市和百色市各占3个县，分别为大化县、东兰县、天峨县和隆林县、乐业县、那坡县，由此足以说明河池市和百色市的企业所得税税负在广西是相对较高的。从个人所得税税负指数来看，广西同样有23个县高于平均值，有45个县低于平均值，其中个人所得税税负指数最高的是那坡县，税负指数为0.28%，高于均值0.17个百分点，最低的是永福县，税负指数仅为0.04%，低于均值0.07个百分点。个人所得税税负指数前10个县全部位于桂西部地区或者属于少数民族自治县，而后10个县均位于桂东部和桂东北部地区。由此说明桂西部地区的个人所得税税负普遍高于桂东部地区。

表 2　2016 年广西县域产业主要税种税负指数

单位：%

前 10 名	增值税税负指数	前 10 名	企业所得税税负指数	前 10 名	个人所得税税负指数	前 10 名	财产税税负指数
隆林县	2.59	大化县	1.27	那坡县	0.28	上思县	6.23
东兰县	2.43	隆林县	0.99	凤山县	0.27	苍梧县	5.84
三江县	2.42	东兰县	0.86	西林县	0.22	平果县	4.94
苍梧县	2.42	天峨县	0.85	凌云县	0.22	扶绥县	4.19
都安县	2.31	乐业县	0.77	乐业县	0.22	靖西区	4.11
那坡县	2.29	扶绥县	0.57	东兰县	0.21	那坡县	3.92
西林县	2.22	富川县	0.56	都安县	0.21	灵川县	3.59
大化县	2.06	三江县	0.53	上林县	0.20	兴业县	3.58
隆安县	1.99	那坡县	0.53	龙州县	0.18	博白县	3.54
龙胜县	1.94	龙胜县	0.52	三江县	0.17	藤县	3.42
后 10 名	增值税税负指数	后 10 名	企业所得税税负指数	后 10 名	个人所得税税负指数	后 10 名	财产税税负指数
龙州县	0.70	德保县	0.14	荔浦县	0.06	浦北县	1.17
兴业县	0.69	灵山县	0.13	兴业县	0.06	灵山县	1.14
浦北县	0.67	灌阳县	0.12	浦北县	0.06	大化县	1.14
荔浦县	0.66	平果县	0.11	藤县	0.05	忻城县	1.11
灌阳县	0.66	浦北县	0.11	兴安县	0.05	大新县	1.04
全州县	0.63	大新县	0.10	上思县	0.05	凤山县	1.02
阳朔县	0.62	永福县	0.10	蒙山县	0.05	荔浦县	1.00
宁明县	0.61	全州县	0.09	陆川县	0.05	龙胜县	0.84
平乐县	0.57	象州县	0.09	象州县	0.05	资源县	0.82
陆川县	0.56	蒙山县	0.06	永福县	0.04	天峨县	0.66
总体均值	1.28	总体均值	0.31	总体均值	0.11	总体均值	2.26

注：表中各指标的计算方法分别为：增值税税负指数 = 增值税总额/（第二产业增加值 + 第三产业增加值）×100%；企业所得税税负指数 = 企业所得税总额/（第二产业增加值 + 第三产业增加值）×100%；个人所得税税负指数 = 个人所得税总额/（第二产业增加值 + 第三产业增加值）×100%；财产税税负指数 =（房产税 + 城镇土地使用税 + 耕地占用税 + 资源税 + 城市维护建设税 + 土地增值税 + 契税 + 车船税）/（第二产业增加值 + 第三产业增加值）×100%。

资料来源：根据 2017 年《广西财政年鉴》数据整理。

此外，从财产税税负指数来看，广西县域财产税税负指数均值为 2.26%，其中，广西有 27 个县的财产税税负指数高于县域平均水平，有 41

个县低于平均水平，财产税税负指数最高的是上思县，为6.23%，高于广西县域平均水平3.97个百分点，税负指数最低的是天峨县，仅为0.66%，低于平均水平1.6个百分点。事实上，广西县域财产税的税收负担主要来源于耕地占用税、土地增值税、城镇土地使用税和契税，这些税种在财产税中占很大的比重。

2. 县域产业税收与产业增长匹配关系指数

对产业税收与产业增长之间匹配关系的测度，可为了解县域产业税收与产业发展及二者之间的互动关系提供参照。本部分主要用弹性系数指数来探析县域产业税收与产业增长之间的匹配关系。

第一，县域产业税收弹性系数。

表3给出了2016年广西县域产业税收弹性的计算结果。从宏观税收弹性系数来看，广西县域宏观税收弹性系数的均值为0.25，反映了广西县域税收与经济增长之间存在错配和失配现象，县域税收增长滞后于GDP增长。具体到各县则呈现显著的两极分化现象，表现为广西有33个县的税收弹性系数高于0.25的均值，其中有10个县处于0.8~1.2的合理区间，有7个县低于合理区间，有16个县高于合理区间；但也有35个县的税收弹性系数低于均值，且有34个县的弹性系数为负，反映了这些县的税收增长不仅远远滞后于经济增长，还出现了负增长现象。事实上，就2016年广西县域的宏观税收弹性系数来看，只有23个县的税收弹性系数大于1，也即税收增速大于经济增长速度，而有45个县税收增速低于经济增长速度，这表明了广西县域税收增长动力不足，县域财税面临严峻挑战。另外，从地域分布上看，宏观税收弹性系数前10个县都在2.00以上，税收富有弹性，税收增长速度远大于经济增长速度，其中天峨县的宏观税收弹性系数更是高达32.85。在这10个县中，大多数县位于桂西部地区。在宏观税收弹性系数后10个县中，税收弹性系数最小的是象州县，税收弹性系数为-16.29，税收负增长较为严重。

从广西县域第二产业税收弹性系数来看，其平均值为0.30，远低于合理区间，表明第二产业税收增长率低于经济增长率。具体到各县，广西有

33 个县大于平均值，其中有 24 个县的第二产业税收弹性系数大于 1，只有 3 个县位于 0.8～1.2 的合理区间，弹性系数最大的是天峨县，弹性系数为 39.95。另外，有 35 个县的第二产业税收弹性系数小于平均值，其中，有 33

表 3　2016 年广西县域产业税收弹性系数

前 10 名	宏观税收弹性系数	前 10 名	第二产业税收弹性系数	前 10 名	工业税收弹性系数	前 10 名	制造业税收弹性系数	前 10 名	第三产业税收弹性系数
天峨县	32.85	天峨县	39.95	东兰县	54.01	大化县	124.29	合浦县	34.04
合浦县	24.60	东兰县	26.29	天峨县	46.51	南丹县	34.42	恭城县	17.82
恭城县	10.80	合浦县	15.53	大化县	11.13	苍梧县	8.40	那坡县	13.94
大化县	5.72	大化县	8.09	资源县	7.41	田东县	8.32	马山县	7.74
东兰县	3.93	昭平县	7.26	乐业县	6.06	田林县	7.60	靖西区	7.31
南丹县	3.58	陆川县	5.76	昭平县	5.30	容县	4.33	德保县	7.20
凤山县	2.75	田东县	4.66	南丹县	5.28	平果县	3.84	上思县	6.46
乐业县	2.23	凤山县	4.58	田东县	5.25	灵川县	3.27	西林县	4.44
田东县	2.05	南丹县	4.03	武宣县	5.15	凌云县	2.87	富川县	3.98
昭平县	2.05	灵川县	4.00	柳江区	4.13	恭城县	2.29	忻城县	3.47
后 10 名	宏观税收弹性系数	后 10 名	第二产业税收弹性系数	后 10 名	工业税收弹性系数	后 10 名	制造业税收弹性系数	后 10 名	第三产业税收弹性系数
扶绥县	-4.17	上林县	-6.76	扶绥县	-8.68	扶绥县	-8.34	天峨县	-2.92
兴安县	-4.18	大新县	-6.88	武鸣区	-8.97	博白县	-8.82	罗城县	-3.58
环江县	-4.43	扶绥县	-7.14	阳朔县	-9.00	龙州县	-8.91	隆安县	-4.18
武鸣区	-4.78	那坡县	-7.53	龙州县	-9.07	忻城县	-9.41	荔浦县	-4.52
天等县	-5.28	武鸣区	-7.75	大新县	-9.94	武鸣区	-9.61	临桂区	-4.69
大新县	-5.67	龙州县	-7.94	那坡县	-10.63	柳江区	-10.14	上林县	-7.09
临桂区	-6.00	临桂区	-8.61	临桂区	-11.09	德保县	-10.34	兴安县	-7.54
上林县	-6.91	天等县	-9.47	天等县	-12.62	大新县	-10.89	大新县	-8.30
灌阳县	-7.57	象州县	-11.19	苍梧县	-13.90	临桂区	-13.33	苍梧县	-11.98
象州县	-16.29	苍梧县	-13.12	象州县	-15.41	象州县	-24.93	象州县	-20.23
总体均值	0.25	总体均值	0.30	总体均值	-0.07	总体均值	-0.29	总体均值	0.52

注：税收弹性系数的计算公式为：税收弹性系数 = 年税收增长率/年 GDP 增长率 ×100%。
资料来源：根据 2017 年《广西财政年鉴》数据整理。

个县的弹性系数为负值，弹性系数最小的是苍梧县，弹性系数为 -13.12。统计发现，广西共有 44 个县的第二产业税收弹性系数小于 1，由此足以说明广西第二产业的财税发展形势极为不乐观。从第二产业的核心——工业的税收弹性系数来看，广西只有 22 个县的工业税收弹性系数大于 1，而有 46 个县的工业税收弹性系数小于 1，且其中有 33 个县的弹性系数是负值。广西工业税收弹性系数最大的是东兰县，弹性系数为 54.01，最小的是象州县，弹性系数为 -15.41。县域制造业税收弹性系数中，只有 13 个县的弹性系数大于 1，有多达 55 个县的制造业税收弹性系数小于 1，其中弹性系数为负值的多达 44 个。特别值得注意的是，制造业税收弹性系数最大的大化县高达 124.29，也即制造业税收增长率是经济增长率的 124.29 倍，而象州县的制造业税收弹性系数为 -24.93，为广西县域最低。

从县域第三产业税收弹性系数来看，广西县域的平均值为 0.52，低于理论上的合理区间，其中有 29 个县的弹性系数高于平均值，有 26 个县的弹性系数大于 1，弹性系数处于合理区间的县只有 3 个，分别是武宣县（0.96）、浦北县（1.11）和容县（1.15）。从弹性系数大于 1 的县的地理分布来看，有 16 个县位于桂西部地区，其中百色市有 9 个县，河池市有 6 个县，第三产业税收弹性系数最大的是北海市的合浦县，弹性系数为 34.04。另外，广西有 39 个县的弹性系数低于平均值，其中弹性系数为负值的有 34 个县，弹性系数最小的是象州县，为 -20.23。

第二，县域产业主要税种收入弹性系数。

表 4 给出了 2016 年广西县域产业主要税种收入弹性系数的计算结果。从增值税收入弹性系数来看，县域的增值税收入弹性系数的平均值为 1.28，接近于 0.8～1.2 的合理区间，表明广西县域增值税收入富有弹性，增值税的增长率高于经济增长率，两者之间的匹配关系较为合理。广西有 23 个县的增值税收入弹性系数大于 1，也即有 23 个县的增值税增长率大于经济增长率，有 45 个县的弹性系数小于 1，其中弹性系数为负值的有 31 个县，比例较大。天峨县是广西县域增值税收入弹性系数最大的县，弹性系数为 106.95，而象州县的增值税收入弹性系数最小，为 -15.73。

表 4　2016 年广西县域产业主要税种收入弹性系数

前10名	增值税收入弹性系数	前10名	企业所得税收入弹性系数	前10名	个人所得税收入弹性系数	前10名	资源税收入弹性系数	前10名	城市维护建设税收入弹性系数
天峨县	106.95	大化县	21.30	天峨县	95.02	金秀县	187.50	田东县	10.12
南丹县	9.12	阳朔县	17.39	那坡县	60.81	全州县	39.29	凤山县	5.44
东兰县	7.40	上思县	8.00	龙州县	60.10	天等县	32.64	罗城县	4.20
大化县	7.26	博白县	7.17	凤山县	24.58	临桂区	28.19	都安县	4.03
隆林县	5.61	柳城县	6.17	西林县	21.93	昭平县	19.54	昭平县	3.84
兴安县	4.53	南丹县	5.86	田东县	15.49	钟山县	19.11	蒙山县	3.77
蒙山县	4.02	龙胜县	5.64	忻城县	14.86	苍梧县	14.95	南丹县	3.57
金秀县	4.00	恭城县	5.47	隆林县	14.08	融水县	14.40	兴安县	2.57
田东县	3.96	柳江区	5.31	宁明县	10.17	陆川县	12.52	资源县	2.28
平果县	3.50	忻城县	5.05	天等县	9.77	东兰县	11.43	金秀县	1.81
总体均值	1.28	总体均值	-1.22	总体均值	7.87	总体均值	3.97	总体均值	-0.51
前10名	房产税收入弹性系数	前10名	城镇土地使用税收入弹性系数	前10名	土地增值税收入弹性系数	前10名	耕地占用税收入弹性系数	前10名	契税收入弹性系数
那坡县	40.26	平乐县	51.60	平果县	58.92	乐业县	1849.50	西林县	106.11
临桂区	36.40	那坡县	43.32	金秀县	49.41	忻城县	312.87	昭平县	20.08
永福县	15.51	龙州县	37.57	天等县	41.62	东兰县	275.56	环江县	19.14
金秀县	10.69	博白县	30.27	罗城县	37.86	资源县	93.47	灌阳县	18.67
苍梧县	7.74	灌阳县	29.85	藤县	36.66	灌阳县	36.99	那坡县	16.54
浦北县	6.74	平南县	15.89	蒙山县	25.13	富川县	33.54	巴马县	15.76
兴安县	6.08	天峨县	14.26	横县	17.19	恭城县	33.53	资源县	14.14
天等县	4.78	恭城县	11.48	昭平县	16.46	马山县	28.40	靖西区	9.17
德保县	4.05	陆川县	10.73	武宣县	15.76	柳城县	24.55	富川县	8.18
昭平县	4.05	靖西区	5.74	都安县	14.85	金秀县	19.53	上思县	7.94
总体均值	1.28	总体均值	2.12	总体均值	2.43	总体均值	35.59	总体均值	2.33
后10名	增值税收入弹性系数	后10名	企业所得税收入弹性系数	后10名	个人所得税收入弹性系数	后10名	资源税收入弹性系数	后10名	城市维护建设税收入弹性系数
大新县	-3.83	天等县	-6.22	横县	0.71	罗城县	-8.09	大化县	-4.12
龙州县	-4.14	全州县	-6.40	合浦县	0.36	恭城县	-9.34	环江县	-4.36
合浦县	-4.66	德保县	-6.41	荔浦县	0.20	阳朔县	-10.01	乐业县	-4.40
灌阳县	-4.91	靖西区	-6.46	富川县	0.03	大新县	-10.45	天等县	-4.85
环江县	-5.44	蒙山县	-6.70	平乐县	-0.29	马山县	-11.98	大新县	-4.97
马山县	-6.19	环江县	-7.55	宾阳县	-1.95	那坡县	-12.82	宁明县	-4.98
扶绥县	-6.88	田东县	-9.58	临桂区	-2.23	大化县	-13.04	扶绥县	-5.59

续表

后10名	增值税收入弹性系数	后10名	企业所得税收入弹性系数	后10名	个人所得税收入弹性系数	后10名	资源税收入弹性系数	后10名	城市维护建设税收入弹性系数
上林县	-7.10	金秀县	-15.25	恭城县	-2.24	凤山县	-13.88	东兰县	-5.92
天等县	-9.25	上林县	-15.71	龙胜县	-3.43	忻城县	-23.51	天峨县	-11.84
象州县	-15.73	象州县	-19.99	象州县	-5.39	天峨县	-55.56	象州县	-15.48
总体均值	1.28	总体均值	-1.22	总体均值	7.87	总体均值	3.97	总体均值	-0.51

后10名	房产税收入弹性系数	后10名	城镇土地使用税收入弹性系数	后10名	土地增值税收入弹性系数	后10名	耕地占用税收入弹性系数	后10名	契税收入弹性系数
罗城县	-3.30	西林县	-6.16	全州县	-10.08	兴安县	-10.74	合浦县	-5.34
上思县	-3.34	金秀县	-6.98	西林县	-10.47	隆林县	-11.63	东兰县	-7.64
藤县	-4.00	忻城县	-7.43	灌阳县	-11.15	凤山县	-11.94	马山县	-8.26
象州县	-4.43	象州县	-7.68	大化县	-12.06	环江县	-15.04	平乐县	-8.57
融水县	-6.69	昭平县	-8.19	忻城县	-12.15	隆安县	-16.49	阳朔县	-10.62
上林县	-7.46	上林县	-8.56	环江县	-13.60	罗城县	-19.48	大化县	-10.93
马山县	-7.78	容县	-9.02	扶绥县	-13.88	上林县	-21.92	苍梧县	-13.63
柳城县	-9.95	凤山县	-11.95	象州县	-13.97	象州县	-29.68	金秀县	-14.39
凤山县	-10.56	合浦县	-13.41	乐业县	-14.20	大化县	-32.96	柳城县	-17.13
恭城县	-11.87	大化县	-17.38	天峨县	-69.09	天峨县	-79.47	天峨县	-45.45
总体均值	1.28	总体均值	2.12	总体均值	2.43	总体均值	35.59	总体均值	2.33

资料来源：根据2017年《广西财政年鉴》数据整理。

从企业所得税收入弹性系数来看，广西只有18个县的弹性系数大于1，处于合理区间的只有3个县，分别为昭平县、浦北县和巴马县，有50个县的弹性系数小于1，其中更是有46个县的弹性系数为负值，由此说明广西大部分县的企业所得税增长率不但低于经济增长率，还出现了负增长。从地理分布来看，县域企业所得税收入弹性系数排在前10位的县大多分布在桂东、桂北以及桂东南地区，位于桂西部地区的只有大化县和南丹县，而企业所得税收入弹性系数排在后10位的县有6个位于桂西部地区或者属于少数民族自治县，大化县的企业所得税收入弹性系数位列广西县域之首，弹性系数为21.30，而象州县企业所得税收入弹性系数则位列广西县域之末，弹性系数为-19.99。

从个人所得税收入弹性系数来看，该指标的弹性系数县域均值为7.87，这意味着广西县域个人所得税的增长率是经济增长率的7.87倍。具体而言，广西85%左右的县的个人所得税收入弹性系数大于1，其中处于合理区间的县有6个，分别是横县、上思县、德保县、罗城县、柳城县和武鸣区。弹性系数小于1的只有11个县，其中有6个县的弹性系数为负值。在广西所有的县中，个人所得税收入弹性系数最高的是天峨县，弹性系数为95.02，弹性系数最小的是象州县，为-5.39。

从财产税收入弹性系数来看，2016年广西县域财产税收入弹性系数的平均值为0.09。广西有24个县的财产税收入弹性系数大于1，其中处于合理区间的有6个，分别为平南县、兴业县、靖西区、田林县、灌阳县、平乐县，有44个县的弹性系数小于1，其中有32个县的弹性系数为负值。广西财产税收入弹性系数的最大值是天峨县的26.57，远高于县域平均值，最小值是象州县的-19.97。另外，从财产税的各税种的细分来看，广西县域财产税收入弹性系数均值最大的税种是耕地占用税，均值为35.59，而弹性系数均值最小的税种是城市维护建设税，均值为-0.51，其他的细分税种，如资源税收入弹性系数的县域平均值为3.97，房产税收入弹性系数均值为1.28，城镇土地使用税收入弹性系数均值为2.12，土地增值税收入弹性系数均值为2.43，契税收入弹性系数均值为2.33。总体而言，财产税的细分税种中除了城市维护建设税的增长率低于经济增长率之外，其他税种的税收增长率均大于经济增长率。当然，若详细到各个县，则会有半数以上的县的分税种税收增长率低于经济增长率。

3. 县域产业税收的贡献指数

本部分将从县域产业税收对广西税收贡献指数、县域产业税收贡献结构指数、县域产业主要税种收入贡献指数等指标来分析县域产业发展对税收的作用。

第一，县域产业税收对广西税收贡献指数。

表5展示了2016年县域产业税收对广西税收贡献指数的计算结果。从宏观税收贡献指数来看，2016年广西县域宏观税收贡献指数的平均值为

-0.59%，反映了2016年县域宏观税收对广西税收的贡献率是负的，主要原因在于近年来的税制结构改革，特别是减税降费政策实施力度的不断加码，使得广西很多县的税收收入出现负增长，进一步导致整个县域整体税收的负增长，因此出现县域税收对广西税收的贡献为负的现象。当然，由于各个县的经济发展情况不同，也会出现县域间税收收入增长异质性现象，从而使得各县税收对广西税收的贡献率出现较大差异。如县域宏观税收贡献指数前10名的县对广西税收的贡献均为正，其中合浦县的税收贡献指数为8.09%，是县域税收对广西税收贡献最大的县，其次是平果县，税收贡献指数为3.12%。相反，县域宏观税收贡献指数后10名的县对广西税收的贡献率均为负，其中临桂区的税收收入对广西税收收入的贡献指数为-15.07%，表明临桂区对广西税收增长没有起到拉动作用。

表5 2016年广西县域产业税收对广西税收贡献指数

单位：%

前10名	宏观税收贡献指数	前10名	第二产业税收贡献指数	前10名	工业税收贡献指数	前10名	制造业税收贡献指数	前10名	第三产业税收贡献指数
合浦县	8.09	合浦县	2.50	柳江区	2.87	平果县	1.94	合浦县	5.63
平果县	3.12	柳江区	2.39	天峨县	1.91	田东县	1.89	靖西区	3.37
南丹县	2.01	平果县	1.91	南丹县	1.80	南丹县	1.15	德保县	2.77
天峨县	1.80	东兰县	1.87	大化县	1.55	大化县	0.99	上思县	1.74
容县	1.60	天峨县	1.83	田东县	1.47	容县	0.89	平南县	1.26
博白县	1.56	陆川县	1.78	东兰县	1.28	灵川县	0.51	平果县	1.24
柳江区	1.43	田东县	1.73	容县	0.97	苍梧县	0.37	扶绥县	1.11
田东县	1.36	南丹县	1.68	武宣县	0.88	上思县	0.29	容县	1.04
大化县	1.25	灵川县	1.46	平果县	0.84	陆川县	0.19	马山县	0.76
陆川县	0.97	大化县	1.36	灵川县	0.76	富川县	0.11	都安县	0.61
后10名	宏观税收贡献指数	后10名	第二产业税收贡献指数	后10名	工业税收贡献指数	后10名	制造业税收贡献指数	后10名	第三产业税收贡献指数
龙州县	-2.45	平南县	-1.58	平南县	-2.10	龙州县	-1.68	博白县	-1.22
荔浦县	-2.63	宁明县	-1.87	龙州县	-2.18	平南县	-1.95	武鸣区	-1.42
上思县	-2.82	龙州县	-2.44	宁明县	-2.37	宁明县	-2.12	象州县	-1.51
兴安县	-2.98	大新县	-2.94	大新县	-3.32	大新县	-2.86	恭城县	-1.67
鹿寨县	-3.97	靖西区	-4.75	临桂区	-4.52	靖西区	-3.91	灵川县	-1.88

续表

后10名	宏观税收贡献指数	后10名	第二产业税收贡献指数	后10名	工业税收贡献指数	后10名	制造业税收贡献指数	后10名	第三产业税收贡献指数
大新县	-4.07	德保县	-4.97	武鸣区	-4.71	武鸣区	-4.20	大新县	-2.40
藤县	-4.91	武鸣区	-5.47	德保县	-4.85	临桂区	-4.48	苍梧县	-2.51
扶绥县	-6.29	苍梧县	-7.13	靖西区	-4.91	德保县	-4.99	荔浦县	-2.54
武鸣区	-6.92	临桂区	-7.24	苍梧县	-7.00	扶绥县	-6.02	兴安县	-3.70
临桂区	-15.07	扶绥区	-7.38	扶绥县	-7.82	柳江区	-6.20	临桂区	-7.83
总体均值	-0.59	总体均值	-0.42	总体均值	-0.51	总体均值	-0.53	总体均值	-0.14

资料来源：根据2017年《广西财政年鉴》数据整理。

从第二产业税收贡献指数来看，2016年广西县域第二产业税收对广西税收贡献指数的平均值为-0.42%，总体上县域第二产业税收对广西税收增长没有起到明显的带动效应，但相比于宏观税收对广西税收的贡献指数，第二产业税收对广西税收的负向贡献率相对要小。具体从各县的数据来看，广西第二产业税收对广西税收贡献指数的前10个县的贡献指数均大于1%，其中合浦县在第二产业税收上对广西税收的贡献率最大，为2.50%，其次是柳江区，贡献指数为2.39%，平果县排在第三位，贡献指数为1.91%。而县域第二产业税收对广西税收贡献指数排在后10位的县，其贡献指数均为负值，且负值远低于县域平均值，其中位列后三位的扶绥县、临桂区和苍梧县的贡献指数分别为-7.38%、-7.24%、-7.13%。

从县域工业税收对广西税收的贡献指数来看，2016年这一指标的平均值为-0.51%，说明县域工业税收对广西税收的贡献为负。具体从各县的数据来看，广西有34个县的工业税收对广西税收的贡献指数为正，其中排在前三名的分别是柳江区、天峨县、南丹县，它们的贡献指数分别为2.87%、1.91%和1.80%。与此同时，广西有将近一半的县的工业税收对广西税收的贡献指数为负，其中后10名为平南县（-2.10%）、龙州县（-2.18%）、宁明县（-2.37%）、大新县（-3.32%）、临桂区（-4.52%）、武鸣区（-4.71%）、德保县（-4.85%）、靖西区（-4.91%）、苍梧县（-7.00%）和扶绥县（-7.82%），它们

的贡献指数远小于 -0.51% 的平均值。

从制造业税收对广西税收的贡献指数来看，2016 年广西县域制造业税收对广西税收的平均贡献率为 -0.53%，这与宏观税收和工业税收对广西税收的贡献率相近，但相对于宏观税收与工业税收对广西税收的贡献指数而言，各县制造业税收对广西税收的贡献指数的两极分化程度较低，仅为 8.14%，而前两者对广西税收贡献指数的分化程度分别为 23.16% 和 10.69%。另外，从各县制造业税收对广西税收的贡献指数来看，贡献率排在广西县域前 3 位的县分别是平果县、田东县和南丹县，贡献指数分别为 1.94%、1.89%、1.15%，而贡献指数排在广西县域后 3 名的是柳江区、扶绥县和德保县，它们的贡献指数分别为 -6.20%、-6.02% 和 -4.99%。

从第三产业税收对广西税收的贡献指数来看，2016 年县域第三产业税收对广西税收的贡献指数的平均值为 -0.14%，反映了县域第三产业税收对广西税收增长的拉动作用为负，但相对于县域宏观税收、县域第二产业税收、县域工业税收以及县域制造业税收对广西税收的平均贡献率而言，第三产业税收对广西税收贡献的负向拉动力较小。具体从各县的情况来看，广西有 32 个县的第三产业税收对广西税收的贡献指数为正，其中排在前 10 位的县依次为合浦县、靖西区、德保县、上思县、平南县、平果县、扶绥县、容县、马山县和都安县，它们对广西税收的贡献指数分别为 5.63%、3.37%、2.77%、1.74%、1.26%、1.24%、1.11%、1.04%、0.76% 和 0.61%。但与此同时，广西有一半以上的县（36 个）的第三产业税收对广西税收的贡献指数为负，其中贡献指数位列后 3 位的分别是临桂区、兴安县、荔浦县，这三个县均属于桂林市，它们对广西税收的贡献指数分别为 -7.83%、-3.70%、-2.54%。另外，县域第三产业税收对广西税收贡献指数的两极分化程度较高，为 13.46%。

综上分析可知，无论是宏观税收还是分产业税收，县域（产业）税收对广西税收的贡献率均为负，说明了在当前的税制改革和县域经济及产业发展情势下，广西县域税收的增长情势较为严峻。而伴随着新一轮减税降费政策的实施，广西县域税收的增长率有可能会在未来几年内继续保持着低位增长甚至还会出现负增长的可能，而县域产业税收收入对广西税收收入的负向贡献率有可能还会继续出现。

第二，县域产业税收贡献结构指数。

表6给出了2016年广西县域产业税收贡献结构指数的相关数据。从县域各产业税收贡献指数的情况来看，第二产业税收贡献指数、工业税收贡献指数、制造业税收贡献指数和第三产业税收贡献指数的平均值分别为50.54%、30.91%、15.03%和53.03%，说明广西县域第二产业和第三产业税收对县域税收的贡献率相对于其他产业的税收贡献率而言较高，其中县域第三产业税收对县域税收的贡献率要稍高于第二产业。就各县具体情况而言，在第二产业税收贡献指数层面，2016年县域第二产业税收贡献指数大于平均值的县有30个，其中位列前10名的县依次为大新县、隆林县、鹿寨县、兴安县、大化县、富川县、巴马县、天峨县、武宣县和隆安县，这些县的第二产业税收占总税收的比重均在65%以上，其中大新县更是高达95.63%，由此说明这些县的税收过度依赖第二产业，其他产业对税收的贡献明显不足，税收结构不甚合理。相反，第二产业税收贡献指数后10个县的税收贡献指数均在35%以下，尤其是天等县的第二产业税收贡献指数仅为19.69%，这从侧面反映了天等县第二产业发展较为落后，对于税收增长的带动效应不足。

表6　2016年广西县域产业税收贡献结构指数

单位：%

前10名	第二产业税收贡献指数	前10名	工业税收贡献指数	前10名	制造业税收贡献指数	前10名	第三产业税收贡献指数
大新县	95.63	鹿寨县	83.15	兴安县	51.36	大新县	97.17
隆林县	89.07	大化县	71.64	柳城县	45.33	隆林县	94.82
鹿寨县	88.37	巴马县	66.30	那坡县	43.94	平乐县	93.49
兴安县	84.75	武宣县	64.39	田阳县	36.18	柳城县	93.00
大化县	80.96	大新县	59.89	武宣县	31.12	天等县	80.29
富川县	76.36	隆安县	56.27	恭城县	29.55	兴业县	78.32
巴马县	75.82	兴安县	54.41	阳朔县	28.91	扶绥县	76.78

续表

前 10 名	第二产业税收贡献指数	前 10 名	工业税收贡献指数	前 10 名	制造业税收贡献指数	前 10 名	第三产业税收贡献指数
天峨县	72.49	金秀县	54.40	隆林县	27.84	横县	72.25
武宣县	69.32	罗城县	50.64	龙胜县	27.28	合浦县	69.06
隆安县	67.45	柳城县	49.88	宁明县	26.82	东兰县	68.95
后 10 名	第二产业税收贡献指数	后 10 名	工业税收贡献指数	后 10 名	制造业税收贡献指数	后 10 名	第三产业税收贡献指数
武鸣区	34.87	容县	15.79	融安县	2.98	阳朔县	34.89
容县	34.52	资源县	15.14	凌云县	2.95	隆安县	32.50
昭平县	34.47	天等县	12.16	蒙山县	2.45	武宣县	29.92
合浦县	30.94	武鸣区	11.17	合浦县	2.39	博白县	27.45
东兰县	30.88	扶绥县	10.95	天峨县	1.97	天峨县	27.38
横县	27.57	田东县	9.52	陆川县	1.93	巴马县	23.94
扶绥县	23.17	忻城县	8.30	田东县	1.44	富川县	23.60
兴业县	21.50	灵川县	7.10	富川县	1.36	荔浦县	19.81
忻城县	20.97	合浦县	5.55	鹿寨县	1.08	大化县	19.01
天等县	19.69	兴业县	4.96	融水县	1.05	鹿寨县	11.55
总体均值	50.54	总体均值	30.91	总体均值	15.03	总体均值	53.03

注：税收收入贡献结构指数即各项税收收入占总税收的比重。
资料来源：根据 2017 年《广西财政年鉴》数据整理。

在工业税收贡献指数层面，排在前 10 名的县的工业税收贡献指数除柳城县（49.88%）外都在 50% 以上，远高于县域总体均值，其中鹿寨县高达 83.15%，说明这些县的工业产业税收对于税收的贡献较高。但我们也看到，工业税收贡献指数排在后 10 位的县的工业税收贡献指数均在 16% 以下，远低于县域工业税收平均贡献率。其中，排在后 5 位的兴业县、合浦县、灵川县、忻城县和田东县的工业税收贡献指数均不足 10%，兴业县的工业税收贡献指数更是只有 4.96%。这也反映了广西各个县之间工业税收贡献的分化情况十分严重。

在制造业税收贡献指数层面，制造业税收贡献指数排在前 10 位的县中，兴安县的税收贡献指数为 51.36%，位列广西之首，柳城县和那坡县分别列第二、第三名，税收贡献指数分别为 45.33%、43.94%，随后依次是田阳县（36.18%）、武宣县（31.12%）、恭城县（29.55%）、阳朔县

（28.91%）、隆林县（27.84%）、龙胜县（27.28%）、宁明县（26.82%），这些县的制造业税收贡献指数均远高于15.03%的均值。但与此同时，制造业税收贡献指数排在广西县域后10名的县的贡献指数都不到3%，远低于县域平均值，其中排在倒数前3位的县的贡献指数更是分别只有1.05%（融水县）、1.08%（鹿寨县）、1.36%（富川县），反映了后10个县的制造业税收对本县税收的贡献率极低。

在第三产业税收贡献指数层面，各县第三产业对税收的贡献出现了较为严重的两极分化，位列县域第三产业税收贡献指数前10名的县的贡献指数均远高于53.03%的平均值，其中排在前4名的大新县（97.17%）、隆林县（94.82%）、平乐县（93.49%）和柳城县（93.00%）的贡献指数均超过90%。而排在后10名的县的第三产业税收贡献指数均不足35%，排在最后一位的鹿寨县的贡献指数更是仅为11.55%，低于县域平均值41.48个百分点，低于最高值的大新县85.62个百分点。

第三，县域产业主要税种收入贡献指数。

县域产业主要税种收入贡献指数主要反映不同税种税收收入对县域税收收入总额的贡献率，根据这一指数可以较为清晰地了解各个县的大体税收收入结构和发展情况。表7显示了2016年广西县域产业主要税种（主要包括增值税、企业所得税、个人所得税和财产税）收入贡献指数的计算结果①。

表7　2016年广西县域产业主要税种收入贡献指数

单位：%

前10名	增值税收入贡献指数	前10名	企业所得税收入贡献指数	前10名	个人所得税收入贡献指数	前10名	财产税收入贡献指数
大化县	37.68	大化县	51.40	大化县	2.78	富川县	25.89
天峨县	32.24	隆林县	20.96	凤山县	2.06	武宣县	15.79
东兰县	9.00	柳城县	2.82	天峨县	2.01	马山县	15.74
兴安县	6.93	阳朔县	2.15	那坡县	1.83	恭城县	13.72

① 本报告中的增值税为《广西财政年鉴》中的增值税和营业税之和；财产税包含房产税、城镇土地使用税、耕地占用税、资源税、城市维护建设税、土地增值税、契税、车船税。

续表

前10名	增值税收入贡献指数	前10名	企业所得税收入贡献指数	前10名	个人所得税收入贡献指数	前10名	财产税收入贡献指数
龙胜县	4.63	龙胜县	2.03	龙州县	1.26	藤县	6.49
金秀县	4.44	上思县	1.75	西林县	1.08	忻城县	6.22
南丹县	4.17	忻城县	1.74	忻城县	0.86	灌阳县	5.87
田东县	4.16	柳江区	1.30	东兰县	0.80	上思县	5.33
平果县	3.56	天峨县	1.23	乐业县	0.79	陆川县	5.19
柳城县	3.24	南丹县	0.49	凌云县	0.69	武鸣区	5.17
后10名	增值税收入贡献指数	后10名	企业所得税收入贡献指数	后10名	个人所得税收入贡献指数	后10名	财产税收入贡献指数
大新县	-3.75	平南县	-1.48	荔浦县	0.009	柳城县	-9.02
资源县	-4.36	马山县	-1.76	富川县	0.003	荔浦县	-9.13
隆安县	-4.63	环江县	-1.90	平乐县	-0.01	大新县	-13.36
扶绥县	-6.07	富川县	-2.40	恭城县	-0.03	罗城县	-17.63
环江县	-8.21	田东县	-2.78	宾阳县	-0.18	博白县	-30.58
天等县	-8.65	兴安县	-3.27	临桂区	-0.18	隆安县	-32.71
马山县	-9.66	象州县	-4.48	象州县	-0.45	上林县	-33.78
上林县	-11.94	金秀县	-4.77	龙胜县	-0.55	大化县	-40.17
象州县	-27.98	博白县	-5.85	博白县	-1.56	兴安县	-69.47
隆林县	-167.32	上林县	-7.25	隆林县	-18.09	象州县	-78.53
总体均值	-2.22	总体均值	0.46	总体均值	0.07	总体均值	-4.03

资料来源：根据2017年《广西财政年鉴》数据整理。

从县域产业主要税种收入贡献指数的总体均值来看，增值税收入贡献指数和财产税收入贡献指数的县域均值都为负值，分别为 -2.22% 和 -4.03%，反映了县域增值税收入和财产税收入对县域税收增长起到负向作用，而企业所得税收入和个人所得税收入对县域税收的贡献指数虽然为正，但贡献率很小，分别为0.46%和0.07%。

县域产业四大税种的税收收入对县域税收收入的贡献率之所以低，甚至是负贡献率，主要源于两方面。①广西县域产业发展落后，特别是税收收入主要来源的第二、第三产业的发展动力不足，表现为产业发展过程中传统产业仍然占据主要地位，新兴产业发展滞后，县域经济发展的推动主体仍然是中小企业，规模以上工业企业数量不多，另外，广西县域营商环境较差，对于区外企业的吸引力弱，招商引资十分困难。产业结构不合理、规模以上工业企业缺乏、招商引资困境难解成为制约广西税收增收的主要障碍，导致广西主要税种税收收入难以跨步向前，甚至出现下降的趋势，由此导致对税收收入的贡献率低下。②受到税制改革的影响。自2013年8月1日“营改增”范围推广至全国试行后，广西县域产业增值税的增长受到了极大的影响，增值税占税收收入总额的比重持续下降，另外，受到后续减税降费政策推行的影响，各主要税种的收入都受到了较为明显的冲击，主要税种税收增长率都出现不同程度的下滑，从而进一步降低了县域各主要税种税收收入对县域税收收入的贡献。

虽然总体上县域产业主要税种收入对县域税收的贡献率很小，甚至为负，但是具体到各个县，则会呈现不同的情况。就增值税收入贡献指数而言，广西有37个县的增值税收入贡献指数为正，其中位列前10名的县分别为大化县、天峨县、东兰县、兴安县、龙胜县、金秀县、南丹县、田东县、平果县和柳城县，它们的增值税收入贡献指数分别为37.68%、32.24%、9.00%、6.93%、4.63%、4.44%、4.17%、4.16%、3.56%、3.24%，远高于-2.22%的县域平均值。但排在后10位的县的增值税收入贡献指数则均为负值，其中位列倒数第1名的隆林县的增值税收入贡献指数为-167.32%，远低于县域平均值。

从企业所得税收入贡献指数来看，广西只有20个县的贡献指数为正值，不到广西县域数量的1/3，其中，县域中企业所得税收入贡献指数最大的是大化县，贡献指数为51.40%，其次是隆林县和柳城县，贡献指数分别为20.96%、2.82%，排在第10位的南丹县的企业所得税收入贡献指数仅为0.49%，不到1%。企业所得税收入贡献指数为负的县共有48个，其中贡献指数最低的是上林县，贡献指数为-7.25%。值得注意的是，广西县域企业所得税收入贡献指数的两极分化较为严重，贡献指数最高的大化县和贡献指数最低的上林县差值为58.65个百分点。

从个人所得税收入贡献指数层面看，广西县域个人所得税收入贡献指数均较低，排在县域前10位的县中，只有6个县的个人所得税收入贡献指数大于1%，其中最高的大化县的贡献指数仅为2.78%。另外，广西共有8个县的个人所得税收入贡献指数为负值，分别是隆林县的-18.09%、博白县的-1.56%、龙胜县的-0.55%、象州县的-0.45%、临桂区的-0.18%、宾阳县的-0.18%、恭城县的-0.03%以及平乐县的-0.01%。

从各县财产税收入贡献指数来看，广西共有33个县的财产税收入贡献指数为正值，其中位列前10名的县的贡献指数均在5%以上，财产税收入贡献指数最大的是富川县，贡献指数为25.89%。另有35个县的财产税收入贡献指数为负值，其中位列后10名的县的贡献指数都在-9%以下，贡献指数最小的象州县的贡献指数甚至为-78.53%。

4. 县域产业税收贡献与产业贡献匹配指数

本部分主要通过产业税收贡献结构与产业贡献结构匹配指数、产业主要税种收入贡献与产业贡献匹配指数两个指标来分析广西县域产业税收与产业发展之间的关系。

第一，广西县域产业税收贡献结构与产业贡献结构匹配指数。

表8呈现了2016年广西县域产业税收贡献结构与产业贡献结构匹配指数的计算结果。就第二产业税收贡献与第二产业贡献匹配指数而言，广西县域的总体均值为-0.22，说明广西县域第二产业税收贡献与第二产业贡献出现失配，第二产业的税收明显落后于第二产业的发展。具体从各县来看，广西县域第二产业税收贡献与第二产业贡献的匹配指数为正值的有37个县，但匹配指数大于或等于1的县，也即第二产业税收发展同步于或快于第二产业发展的县只有4个，分别为金秀县、东兰县、隆安县和乐业县，它们的匹配指数分别为2.81、2.78、1.90和1.73。另外，有31个县的匹配指数为负值，其中县域匹配指数最小的县是苍梧县，匹配值为-8.90。

从工业税收贡献与工业贡献的匹配指数来看，县域平均匹配值为0.15，反映了县域工业税收贡献率远低于工业产值对生产总值的贡献率，说明县域工业税收落后于工业产业的发展。从各县的指数分值来看，广西有39个县的匹配指数为正值，排在前10位的县中，只有环江县、武鸣区和东兰县的匹配指数大于1，其中环江县的匹配指数为18.63，为广西之首，武鸣区的

表 8　2016 年广西县域产业税收贡献结构与产业贡献结构匹配指数

前 10 名	第二产业税收贡献匹配指数	前 10 名	工业税收贡献匹配指数	前 10 名	第三产业税收贡献匹配指数
金秀县	2.81	环江县	18.63	德保县	1.03
东兰县	2.78	武鸣区	7.05	靖西区	0.79
隆安县	1.90	东兰县	4.72	上思县	0.63
乐业县	1.73	阳朔县	0.64	合浦县	0.60
忻城县	0.61	武宣县	0.39	那坡县	0.38
罗城县	0.58	田东县	0.29	马山县	0.24
象州县	0.53	龙胜县	0.24	平果县	0.22
凤山县	0.43	罗城县	0.23	西林县	0.21
龙胜县	0.41	柳江区	0.23	凌云县	0.17
昭平县	0.36	昭平县	0.22	富川县	0.16
后 10 名	第二产业税收贡献匹配指数	后 10 名	工业税收贡献匹配指数	后 10 名	第三产业税收贡献匹配指数
大新县	-0.54	德保县	-0.51	上林县	-0.22
兴安县	-0.60	扶绥县	-0.57	隆安县	-0.28
天等县	-0.71	横县	-0.63	灵川县	-0.29
大化县	-0.73	大化县	-0.69	大新县	-0.35
富川县	-1.43	大新县	-0.71	荔浦县	-0.35
武鸣区	-1.46	宁明县	-1.05	恭城县	-0.51
环江县	-3.37	乐业县	-1.24	象州县	-0.60
马山县	-3.87	富川县	-2.39	兴安县	-0.64
天峨县	-4.60	天峨县	-4.33	临桂区	-0.90
苍梧县	-8.90	苍梧县	-8.58	苍梧县	-1.53
总体均值	-0.22	总体均值	0.15	总体均值	-0.02

注：产业税收贡献结构与产业贡献结构匹配指数的计算方法为：产业税收贡献结构与产业贡献结构匹配指数 = 产业税收贡献指数/产业经济贡献指数。

资料来源：根据 2017 年《广西财政年鉴》数据整理。

匹配指数为 7.05，东兰县的匹配指数为 4.72，反映了这 3 个县的工业税收贡献大于工业产业贡献，也说明工业税收的增长速度大于工业产业的发展速度。此外，广西还有 31 个县的匹配指数为负值，其中苍梧县的匹配指数为广西县域最低，为 -8.58，天峨县和富川县分列倒数第二、第三位，匹配值分别为 -4.33 和 -2.39。

从第三产业税收贡献与第三产业经济贡献的匹配指数来看，广西县域的平均匹配值为 -0.02，说明第三产业税收贡献与第三产业经济贡献出现结构性失配，第三产业税收贡献滞后于第三产业对经济发展的贡献，而负值的出现是由第三产业税收对县域税收收入的贡献为负引起的，其深层次的原因在于第三产业税收缺乏增长动能。就各县的具体情况而言，广西有 32 个县的匹配指数为正值，而有超过半数的县的匹配指数为负值，其中第三产业税收贡献与第三产业经济贡献的匹配指数大于 1 的县只有 1 个，即德保县，其匹配指数为 1.03，说明德保县第三产业税收贡献率与第三产业经济贡献率基本上保持同步增长，而大多数县的第三产业税收贡献则落后于第三产业对经济增长的贡献。

第二，广西县域产业主要税种收入贡献与产业贡献匹配指数。

从表 9 显示的 2016 年广西县域产业主要税种收入贡献与产业贡献匹配指数的计算结果来看，增值税、企业所得税、个人所得税及财产税的税收贡献与产业贡献的匹配指数均值都小于 1，说明这四大税种对县域税收的贡献率小于县域产业对县域经济发展的贡献率，其中县域财产税收入贡献与产业贡献的匹配指数为负值。具体从各县的情况来看，在增值税收入贡献与产业贡献的匹配指数上，广西有 36 个县的匹配指数为正值，但只有隆林县和大化县的匹配指数大于或等于 1，其中隆林县的匹配指数为 5.51，位列广西县域第 1，表明隆林县的增值税收入贡献率大于第二、第三产业对经济增长的贡献率。大化县的匹配指数为 1.00，说明大化县的增值税收入贡献与第二、第三产业对经济增长的贡献同步发展。广西县域增值税收入贡献与产业贡献匹配指数最小的是象州县，匹配指数为 -1.20，说明象州县的增值税收入贡献与第二、第三产业对经济增长的贡献出现较为严重的失配，增值税的税收收入贡献远远滞后于第二、第三产业对经济增长的贡献。

在企业所得税收入贡献与产业贡献的匹配指数上，广西有 21 个县的匹配指数为正值，但只有大化县的匹配指数大于 1，为 1.36，而有 2/3 的县的匹配指数为负值，匹配指数最小的县是隆林县，为 -0.69。由此说明广西县域的企业所得税收入贡献与产业贡献极为不匹配，企业所得税收入贡献远远滞后于第二、第三产业对经济增长的贡献。

表 9　2016 年广西县域产业主要税种收入贡献与产业贡献匹配指数

前 10 名	增值税收入贡献匹配指数	前 10 名	企业所得税收入贡献匹配指数	前 10 名	个人所得税收入贡献匹配指数	前 10 名	财产税收入贡献匹配指数
隆林县	5.51	大化县	1.36	隆林县	0.60	博白县	0.76
大化县	1.00	博白县	0.14	大化县	0.07	富川县	0.50
天峨县	0.34	柳城县	0.07	博白县	0.04	马山县	0.27
东兰县	0.11	忻城县	0.04	凤山县	0.03	武宣县	0.22
兴安县	0.10	阳朔县	0.03	天峨县	0.02	忻城县	0.13
柳城县	0.08	龙胜县	0.02	那坡县	0.02	恭城县	0.11
金秀县	0.07	上思县	0.02	忻城县	0.02	藤县	0.08
田东县	0.06	柳江区	0.02	上林县	0.02	武鸣区	0.07
龙胜县	0.05	天峨县	0.01	龙州县	0.02	灌阳县	0.06
南丹县	0.04	鹿寨县	0.01	西林县	0.01	上思县	0.05
后 10 名	增值税收入贡献匹配指数	后 10 名	企业所得税收入贡献匹配指数	后 10 名	个人所得税收入贡献匹配指数	后 10 名	财产税收入贡献匹配指数
武宣县	-0.05	凤山县	-0.02	横县	0.0004	荔浦县	-0.10
资源县	-0.05	环江县	-0.02	合浦县	0.0003	龙州县	-0.11
合浦县	-0.06	马山县	-0.03	荔浦县	0.0002	大新县	-0.17
扶绥县	-0.08	田东县	-0.04	富川县	0.0001	柳城县	-0.21
环江县	-0.08	富川县	-0.05	平乐县	0.0001	罗城县	-0.30
隆安县	-0.10	兴安县	-0.05	恭城县	-0.0002	隆安县	-0.72
天等县	-0.11	金秀县	-0.07	临桂区	-0.002	上林县	-0.95
马山县	-0.17	象州县	-0.19	宾阳县	-0.002	兴安县	-1.03
上林县	-0.34	上林县	-0.20	龙胜县	-0.006	大化县	-1.06
象州县	-1.20	隆林县	-0.69	象州县	-0.019	象州县	-3.37
总体均值	0.07	总体均值	0.002	总体均值	0.015	总体均值	-0.09

注：这里的产业贡献指数指第二产业与第三产业产值之和对 GDP 的贡献指数。
资料来源：根据 2017 年《广西财政年鉴》数据整理。

在个人所得税收入贡献与产业贡献的匹配指数上，广西有 62 个县的匹配指数为正值，占县域数量的 91%，但没有一个县的匹配指数大于或等于 1，而有 5 个县的匹配指数为负值，隆林县、大化县、博白县位列广西县域个人所得税收入贡献与产业贡献匹配指数的前 3 位，匹配指数分别为 0.60、

0.07 和0.04，而象州县、龙胜县、宾阳县位列倒数前3位，匹配值分别为 -0.019、-0.006 和 -0.002。由此说明县域个人所得税收入贡献与第二、第三产业对经济发展的贡献出现了较为严重的失配与错配，个人所得税收入贡献远低于第二、第三产业对经济发展的贡献。这也在一定程度上表明广西县域个人所得税收入增长速度较慢的事实。

在财产税收入贡献与产业贡献匹配指数上，有34个县的匹配指数为正值，但也有一半的县的匹配指数为负值，没有一个县的匹配指数大于或等于1，其中匹配指数最大的是玉林市的博白县，匹配指数为0.76，匹配指数最小的是来宾市的象州县，匹配指数为 -3.37，说明广西县域财产税收入贡献与产业收入贡献的匹配指数和增值税收入、企业所得税收入以及个人所得税收入分别与产业收入贡献的匹配指数类似，表现为财产税收入贡献低于第二、第三产业对经济增长的贡献，两者出现较为严重的失配。

二　广西县域财税收入的稳健性评估

（一）广西财税收入的稳健性指标

税收是国家（政府）公共财政最主要的收入形势和来源，保持财税收入的稳健发展，对于社会经济的健康稳定发展意义重大。为了刻画广西及广西县域财税收入的稳健性，本部分用人均财力、税收贡献度、税收收入占比、大税占比、土地出让金依赖度、转移支付依赖度等指标对2017年广西县域财税收入的稳健性进行分析，具体的指标构成和含义见表10。

表10　税收收入稳健指数分项指标构成一览

指标名称	指数方向	指标类别	定义
1. 税收收入稳健指数		方面指标	
1a 人均财力	正向	分项指标	一般公共预算财政收入/人口

续表

指标名称	指数方向	指标类别	定义
1b 税收贡献度	正向	分项指标	税收收入增量/GDP 增量
1c 税收收入占比	正向	分项指标	税收收入/一般公共预算收入
1d 大税占比	正向	分项指标	（增值税 + 企业所得税 + 个人所得税 + 营业税）/税收收入
1e 土地出让金依赖度	负向	分项指标	土地出让预算收入/一般公共预算收入
1f 转移支付依赖度	负向	分项指标	转移支付/一般公共预算财政收入

资料来源：根据 2017 年《广西财政年鉴》数据整理。

表 10 中财税收入稳健指数的各个分项指标的原始数据来源于各类年鉴中的公开数据。本报告对每个分项指标进行指数化，计算得出每个指数的得分。具体计算方法借鉴《中国各地区财政发展指数 2018 年报告》中的相关方法。具体计算公式如下：

$$第\ i\ 个指标得分 = (V_i - V_{min})/(V_{max} - V_{min}) \times 10$$

其中，V_i 为某个地区（县）第 i 个指标的原始数据，V_{max} 为与所有 68 个县基年（2000 年）第 i 个指标相对应的原始数据中数值最大的一个，V_{min} 则为最小的一个。

为了使各年份的指标跨年度可比，第 i 个指标 t 年得分的计算方法如下：

$$第\ i\ 个指标\ t\ 年得分 = [V_{i(t)} - V_{min(0)}]/[V_{max(0)} - V_{min(0)}] \times 10$$

其中，（t）代表所计算的年份，（0）代表基期年份。对于基期以后年份负向指标的计算，采用如下公式：

$$第\ i\ 个指标\ t\ 年得分 = [V_{max(0)} - V_{i(t)}]/[V_{max(0)} - V_{min(0)}] \times 10$$

由于以上这两个公式的性质，单项指数在非基期年份的最高分和最低分允许大于 10 或小于 0。

（二）广西财税收入稳健性评估

1. 广西财税收入的稳健性受经济波动影响明显

图5呈现了2010～2017年广西财税收入稳健指数的整体变化趋势，从图中可以看出广西财税收入的稳健性受到经济波动的影响比较明显，整体呈现波浪式波动上升趋势。2010年广西的财税收入稳健指数为2.32，2011年上升至3.07，上升幅度较大，但2012年又滑落至2.89，此后出现二连涨，由2012年的2.89上升至2014年的3.09，为8年间的最高值。2015年又下滑至2.85，但随后又出现了连年上涨。2017年财税收入稳健指数为3.08。广西财税收入稳健指数波动，主要是由政府减税降费政策导致税收收入占比、大税占比出现下降，同时房地产市场波动导致土地出让金依赖度产生波动等因素引致。

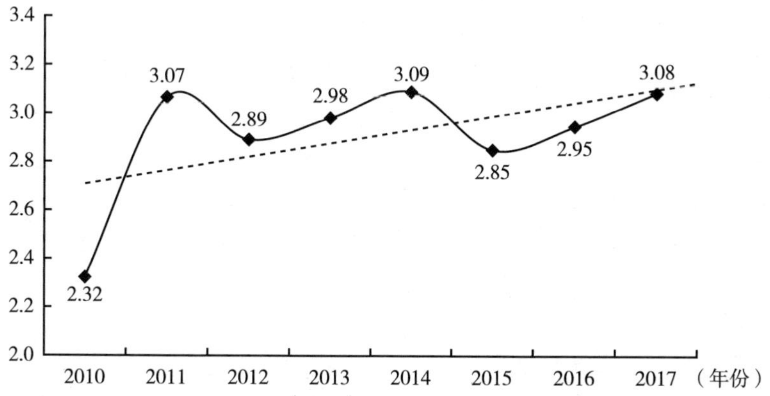

图5　2010～2017年广西财税收入稳健指数变化

2. 广西税收贡献度和大税占比下降走势明显

具体从税收贡献度、大税占比、人均财力、税收收入占比、土地出让金依赖度、转移支付依赖度等六个分指标在2010～2017年的变动情况（见图6）来看。就税收贡献度而言，税收贡献度总体上呈现较为明显的下降趋势（2010～2011年、2013～2014年和2016～2017年三个时间段有一定上涨），2011年税收贡献度为12.07%，但2017年仅为1.03%，下降幅度较大。大

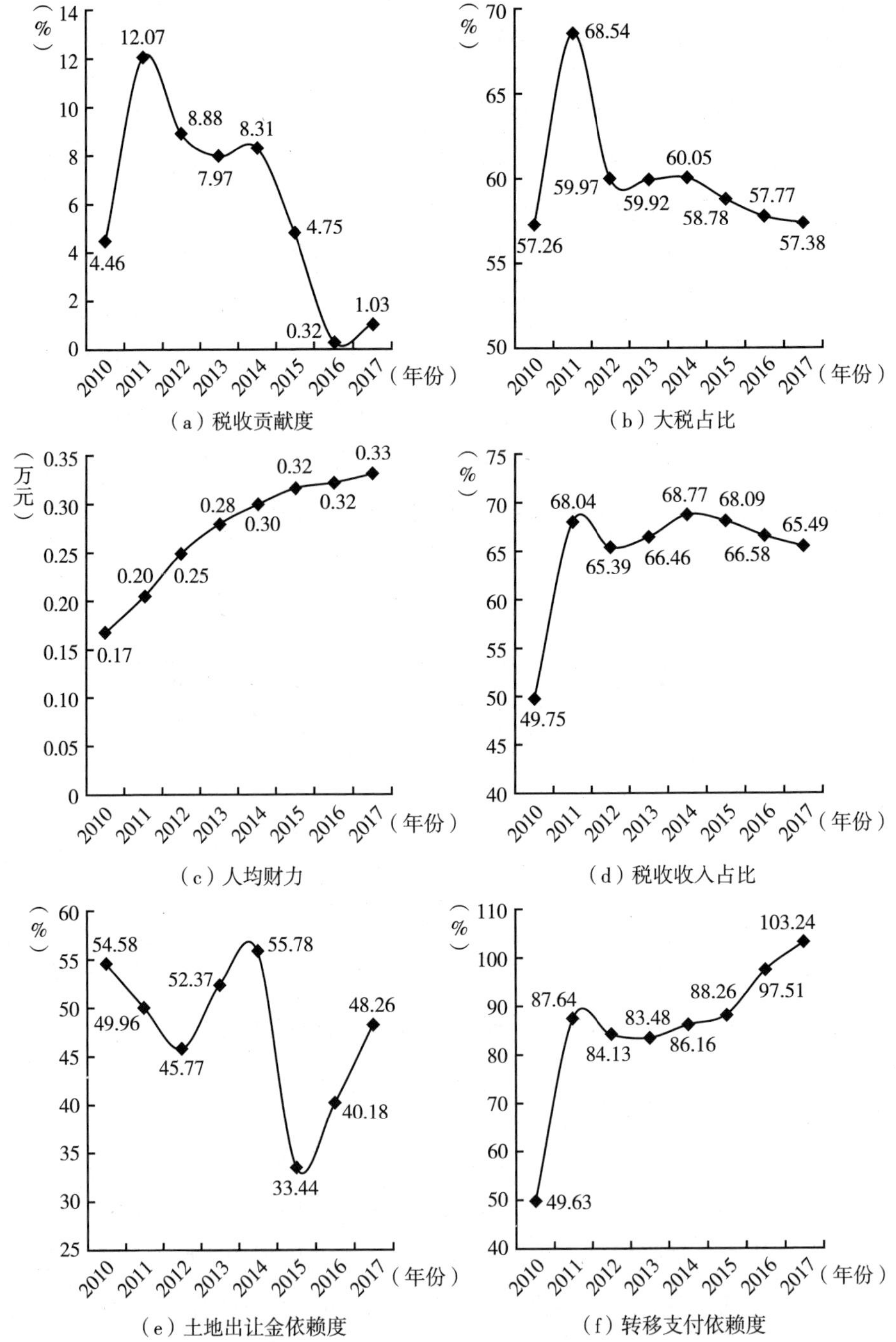

图6　2010～2017年广西税收收入稳健性各分指标变化情况

税占比和税收收入占比也出现与税收贡献度相似的变化趋势，其中大税占比从2011年的68.54%下降至2017年的57.38%，税收收入占比则从2011年的68.04%下滑至2017年的65.49%。这反映了在推行增值税转型、“营改增”等减税政策时，政府收费并没有下降，其他小税种也没有明显减税。

3. 广西人均财力和土地出让金依赖度变化趋势

人均财力从2010年的0.17万元增长到2017年的0.33万元，这与广西经济基本面的经济增长相一致。土地出让金依赖度整体下降，但波动明显。事实上，土地出让金依赖度的波动增长与房地产市场波动具有高度关联性，而房地产市场波动会进一步影响到土地增值税、契税、房产税等税种的收入，从而影响大税占比，因此房地产市场波动对地方税收收入稳健性有较大影响。此外，从图6（f）的转移支付依赖度指数变化趋势看，广西的转移支付依赖程度有所上升，转移支付与一般公共预算收入的比例从2010年的49.63%上升至2017年的103.24%，反映了近年来由中央转移支付委托广西执行的支出比重有所增加。

（三）广西县域财税收入稳健性分析

1. 县域财税稳健性呈现明显的地区差异性

表11给出了2017年广西县域财税收入稳健性指数的计算结果。从表11中可知，2017年广西财税稳健性呈现明显的地区差异性，财税收入稳健性指数最高的是柳州市的三江县，稳健性指数为5.50，财税收入稳健性指数最低的是桂林市的平乐县，稳健性指数为2.09。广西县域财税收入稳健性指数排在前10名的县分别为三江县（5.50）、天峨县（5.31）、昭平县（5.07）、南丹县（4.96）、钟山县（4.81）、西林县（4.70）、巴马县（4.64）、隆安县（4.63）、龙胜县（4.48）、东兰县（4.48），其中，属于柳州市的有1个，河池市4个、贺州市2个、百色市1个、南宁市1个、桂林市1个。总体而言，桂西部地区的县的财税收入稳健性指数相对高于桂东、桂东南、桂东北部地区县域。

表 11　2017 年广西县域财税收入稳健性指数

县域	稳健性指数	县域	稳健性指数	县域	稳健性指数	县域	稳健性指数
三江县	5.50	武宣县	4.18	环江县	3.61	永福县	3.03
天峨县	5.31	上林县	4.18	马山县	3.59	罗城县	3.01
昭平县	5.07	大化县	4.17	融安县	3.57	那坡县	3.01
南丹县	4.96	乐业县	4.14	田林县	3.56	阳朔县	3.01
钟山县	4.81	天等县	4.09	平南县	3.50	兴业县	2.98
西林县	4.70	鹿寨县	4.08	象州县	3.49	荔浦县	2.97
巴马县	4.64	上思县	4.03	容县	3.48	龙州县	2.97
隆安县	4.63	苍梧县	3.96	浦北县	3.46	横县	2.94
龙胜县	4.48	凌云县	3.89	田阳县	3.34	融水县	2.85
东兰县	4.48	扶绥县	3.88	灵山县	3.27	陆川县	2.84
平果县	4.46	忻城县	3.84	柳城县	3.18	藤县	2.79
田东县	4.42	灵川县	3.81	资源县	3.17	博白县	2.74
金秀县	4.38	大新县	3.79	宾阳县	3.12	灌阳县	2.51
德保县	4.35	都安县	3.74	全州县	3.10	兴安县	2.37
隆林县	4.33	凤山县	3.74	合浦县	3.09	恭城县	2.14
富川县	4.24	宁明县	3.68	蒙山县	3.07	平乐县	2.09

2. 县域财税收入稳健性分指标集中度分析

表 12 显示了广西各县域财税收入稳健性分指标指数。就人均财力而言，平果县、上思县和灵川县分列前三名，人均财力分别为 0.41 万元、0.37 万元和 0.29 万元，而排在第 10 位的荔浦县的人均财力仅为 0.18 万元，与前三名相比差距较大。从税收贡献度前 10 的县来看，各县的税收贡献度基本上在 70% 水平线上下摆动，最大值和最小值之间相差不大，总体而言，西部县域的税收贡献度相对高于其他地区。从大税占比来看，前 10 县中有 6 个位于桂西部地区，其中最大值是天峨县的 74.18%，说明桂西部地区县域的税收收入主要依靠三大税收入，税源多样化程度较低。从土地出让金依赖度来看，柳州的三江县、贺州的昭平县和钟山县、梧州的苍梧县、百色的西林县、崇左的天等县等对于土地出让金的依赖度较高，土地出让金依赖度分别为 156.32%、155.58%、123.71%、130.33%、103.14%、123.34%。事实上，就广西整体县域而言，广西县域对土地出让金的依赖度都比较高。2017 年广西各县域财税收入稳健性分指标指数分布格局见图 7。

表 12　2017 年广西各县域财税收入稳健性分指标指数（前 10 名）

县域	人均财力（万元）	县域	税收贡献度（%）	县域	大税占比（%）	县域	土地出让金依赖度（%）
平果县	0.41	武宣县	77.27	天峨县	74.18	三江县	156.32
上思县	0.37	宁明县	72.11	东兰县	71.71	昭平县	155.58
灵川县	0.29	三江县	71.86	龙胜县	70.24	苍梧县	130.33
兴安县	0.28	隆林县	71.81	大化县	68.83	钟山县	123.71
田阳县	0.25	金秀县	70.56	象州县	64.29	天等县	123.34
扶绥县	0.24	鹿寨县	70.44	南丹县	63.90	西林县	103.14
德保县	0.20	天峨县	70.28	忻城县	62.52	上林县	96.62
田东县	0.19	上思县	69.62	巴马县	62.09	容县	67.00
永福县	0.18	凌云县	69.50	金秀县	60.58	博白县	66.68
荔浦县	0.18	田林县	69.40	环江县	59.24	隆安县	66.09

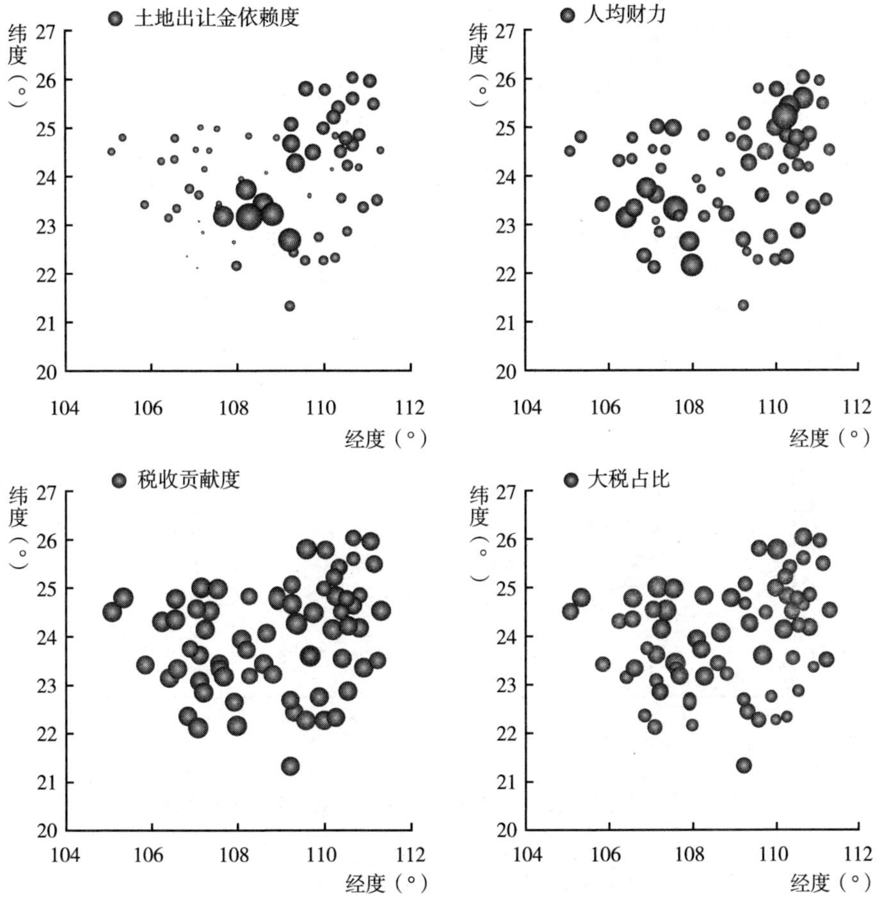

图 7　2017 年广西各县域财税收入稳健性分指标指数分布格局

另外，从图 8 显示的 2017 年广西各县域人均财力和税收收入占比与人均 GDP 的关系来看，总体上人均财力、税收收入占比与经济发展水平呈现高度正相关关系，转移支付依赖度与经济发展水平呈高度负向关联（见图 9）。

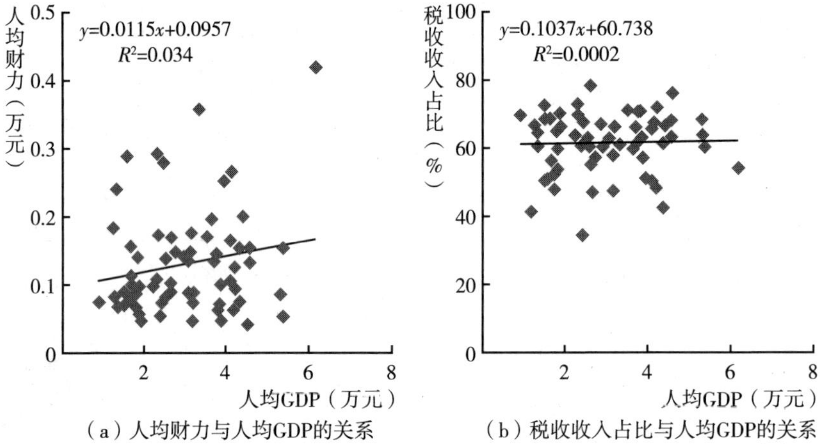

图 8　2017 年广西各县域人均财力和税收收入占比与人均 GDP 的关系

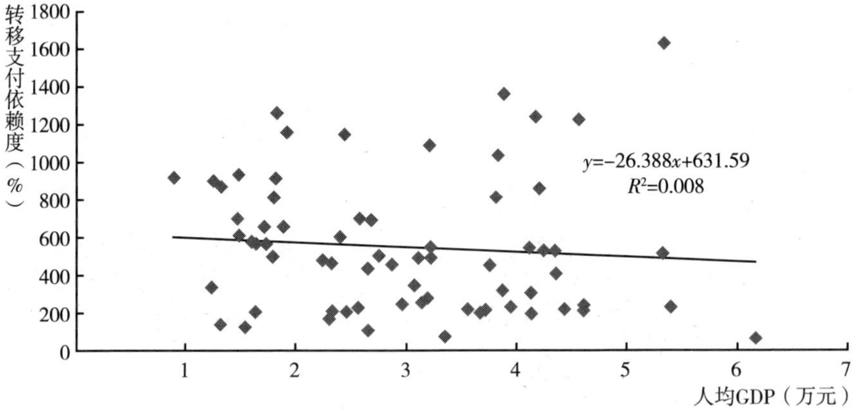

图 9　2017 年广西各县域转移支付依赖度与人均 GDP 的关系

三　广西县域财税与产业发展的评估结论与建议

（一）广西县域财税发展的评估结论

自广西壮族自治区成立以来，广西县域财税始终与产业发展相伴而生、同步前行，并取得了跨越式的发展。但在发展中也存在着一些问题，面临着严峻的发展形势。

1. 县域财税发展不平衡和不充分问题比较明显

第一，从省际来看，广西县域财税与中部及东部沿海省份相比，差距明显。

2018 年，位列 2019 年全国百强县十强行列的江苏省的昆山市、常熟市、张家港市、太仓市、江阴市和宜兴市的税收收入分别达到 318.88 亿元、165.02 亿元、179.63 亿元、122.04 亿元、195.86 亿元和 89.31 亿元，除了宜兴市外全部超 100 亿元，昆山市更是超 300 亿元。而处于中部县且是全国中西部最强县，同时位列百强县第 7 位的湖南省长沙县的地方财政收入为 88.50 亿元。相比之下，2017 年广西经济最发达的县域青秀区的公共财政预算收入仅为 31.05 亿元，仅是长沙县的约 1/3，税收收入为 28.28 亿元，仅为昆山市的 8.87%。差距之大令人惊讶。

第二，从广西内部情况来看，基于县域间经济发展的税收差距也极大。

受地理区位、发展基础、资源禀赋以及改革开放力度等诸多因素的影响，广西各县域经济发展差距巨大，与之相伴的财税收入的差距也很大。2017 年广西县域公共财政预算收入位于均值（5.8 亿元）以下的有 68 个，占县域个数的比例为 61.8%，其中有 2 个县的公共财政预算收入不足 1 亿元，36 个县的公共财政预算收入在 3 亿元以下（见图 10），最低的凤山县仅为 0.9 亿元，仅是公共财政预算收入最高的青秀区的 2.9%。广西县域税收收入的差距也同样巨大。2017 年广西县域税收收入均值仅为 3.8 亿元，其中有 69 个县域的税收收入低于均值，税收收入达到 10 亿元以上的县域仅有2个（见图11）。县域税收收入最高的青秀区（28.28亿元）是税收收入最低的凤山县（0.58亿元）的48.76倍，两者差距巨大。这也反映了广西县域财税发展呈现总量不大、增速不高、强县不强、弱县太弱的发展趋势，县域财税发展不平衡不充分问题十分突出。

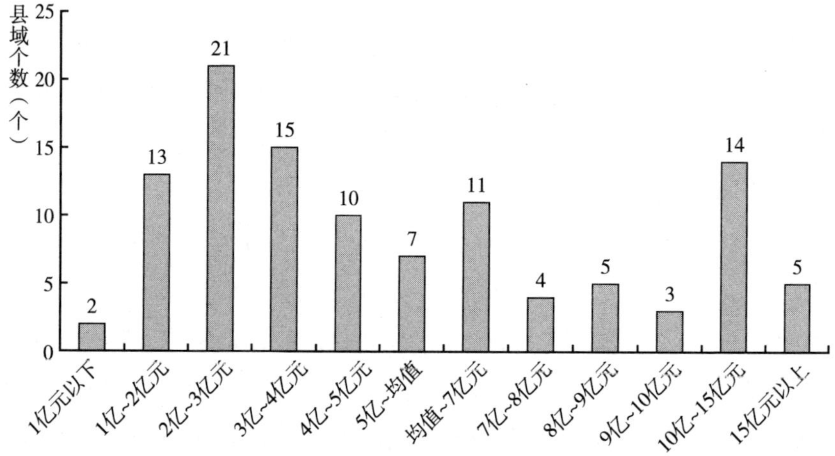

图10　2017年广西县域公共财政预算收入分布

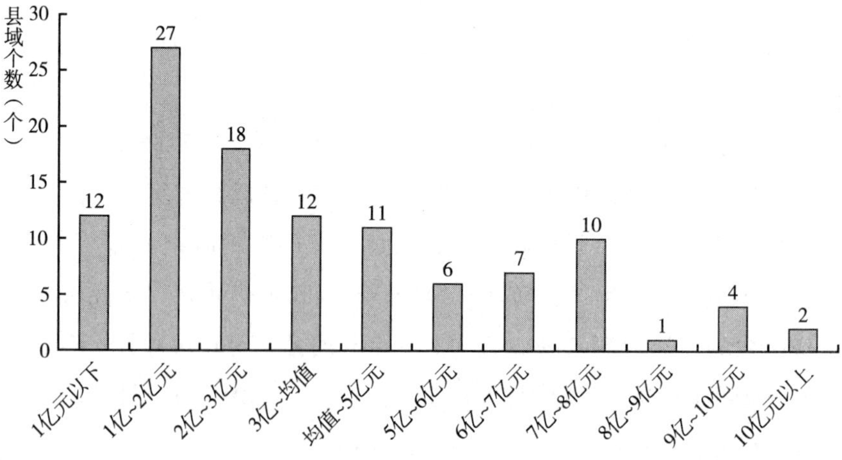

图11　2017年广西县域税收收入分布

2. 新旧动能转换和减税降费给县域财税收入带来的阵痛较为严重

产业发展是财税收入增长的基础，但当前广西县域的中低端产业较为集中，对落后产能的依赖性大，“三去一补一降”政策实施后，落后传统产业受到较大影响，大量高耗能、高污染、生产落后的企业、生产线或被关闭淘汰或被整改，导致以传统产业为主导的大多数县域的财政收入下降明显。另外，在推进供给侧结构性改革的进程中，为了减轻企业压力，缓解经济下行压力，中国改变了以往以扩大财政支出为主的积极财政政策，转而以减税降费为核心的积极财政政策，实现了经济平稳运行。减税降费的实施和推行力度的加大对于税源较窄，以增值税、企业所得税和个人所得税为主的广西县域财税收入的冲击十分大，很多县域出现了较为严重的税收收入下降的情况。另外，减税降费政策给广西财税收入的影响不仅体现在财政收入、财政赤字规模上，还对财政的收入结构产生了较大影响。因此，新旧动能转换和减税降费政策给广西县域财税收入所带来的阵痛较为严重。

3. 自身造血功能不足，财税发展后继无力

2017 年，广西县域地方财政收入仅占广西财政收入的 39.92%，县域财政总量偏小，税源增长点不足，对上级补助收入的依赖水平不断提升。2015～2017 年，县域经济财政收入的比值由 4.70% 提高至 6.67%，比值在 7.00% 以上的县明显增加，由 2015 年的 19 个增加至 2017 年的 45 个。县域财政支出 80% 左右用于民生事业，上级补助收入中可直接支持第一、第二、第三产业发展的资金有限，县均仅 8 亿元左右。而产业发展与财税收入是相伴相生、互相促进的关系，县域财政对产业发展投入的资金不足，必然影响到县域经济与财税收入的造血功能，进一步制约产业的发展，并陷入恶性循环的旋涡中无法自拔。另外，大中城市对县域发展要素的强大虹吸效应也制约着广西县域财税收入的增长和产业的发展。

4. 产业结构不合理，对财税的贡献动能不足

广西县域第一产业比重偏高，产业创税能力不足。经济、产业决定税收，广西县域产业结构中，第一产业所占的比例较大，2017 年，广西有 56 个县域的第一产业比重大于 20%，其中又有 21 个县域的第一产业占比在

30%以上。由于第一产业基本上是低税甚至无税产业，因此广西很多县域虽然GDP体量较大，但其宏观税负水平和税收经济贡献度却不高。另外，广西县域产业结构较为单一，能源、特色农业、旅游等成为县域经济发展和税源的重要依托，但单一的产业结构发展模式容易受到资源枯竭、国内外市场波动等因素的影响，导致财税收入极不稳定。除此之外，作为广西县域主要创税来源的第二、第三产业的占比较低，发展较为落后，对财税的贡献动能不足，严重制约县域财税收入的增长。

（二）促进广西县域财税发展的对策建议

1. 转变发展方式，增强产业发展的财税创造能力

第一，完善体制机制，围绕农业现代化巩固税源基础。

以发展优质高效、生态安全的现代农业为核心，推进县域农业板块化、基地规模化、生产集约化，进一步壮大农产品加工业，大力培育龙头企业、家庭农场、农民专业化合作社等新型农业经营主体，以此带动涉农物资、机械、服务的需求增长，壮大服务农业发展相关产业的税源基础。

第二，集聚县域资源，提高全域旅游的税收带动作用。

充分利用好农业产业比重高的县域资源优势，加快全域旅游发展步伐，用“旅游+”的理念加速农业与特色旅游产品制造业、旅游业、餐饮住宿业等产业的深度融合，以农村田园风光、乡土文化为平台，扩大县域第二、第三产业的创税能力，使吃、住、行、游、娱、购等旅游全产业链条成为重要的县域税源基础。

第三，创新发展模式，提高县域互联网产业的创税能力。

创新县域电子商务发展模式，一方面，以重大电子商务园区项目为载体，积极吸引国内外电商巨头将电商运营、网络交易、物流配送、呼叫服务等电子商务服务环节向县域集中；另一方面，依托特色农产品、特色旅游资源打造本土电子商务平台，带动本地制造、商贸、物流等创税产业发展。

2. 完善扶持政策，加大民营经济税收扶持力度

第一，发展壮大县域民营经济。

民营经济对促进县域经济发展、调整县域经济结构、解决就业问题和保持社会稳定等都具有重要作用。运用税收手段加大对民营企业的支持力度，从而引导民营企业行为，提高民营企业实力，减轻民营企业负担，使之发展成为促进广西经济社会发展的新生力量。建议对县域民营企业的企业所得税地方分享部分，广西县域内的现代农业、高新技术产业、现代服务业，以及自主创新、技术进步和资源节约、节能减排的企业免征自用土地的城镇土地使用税和自用房产的房产税给予一定时期的税收减免。

第二，促进中小企业成长。

中小企业对于县域财税的发展极为重要，是当前县域税收的主体贡献者，因此促进县域中小企业的健康成长对于促进县域财税的创收十分重要。对此，建议县域列入一批发展前景好、发展潜力大的小企业并进行重点培育，加大贷款担保、市场开拓、技术创新、人才培训、管理咨询、专项资金等方面的政策引导和帮扶力度，促进“个转企、小升规、规改股、股上市”，培育一批“雏鹰”“瞪羚”“小巨人”企业。每年从国家级经开区、高新区、产业园区中评选一批规模较大、贡献突出、有市场、成长性较好、科技含量较高的企业，实行县市区挂点帮扶，大力培育隐形冠军企业。

3. 统筹发展规划，引导县域与城区税源均衡发展

优化工业布局，将县域打造成城区工业的配套基地。充分发挥中心城市的产业辐射和外溢效应，形成中心城市作为管理中心、研发基地和销售总部，县域城镇作为制造基地、装配基地、物流中心的产业发展格局，以此促进县域产业结构的转型升级与税源基础的稳固和扩张。

加大对县域产业发展的产业政策支持。上级政府部门在财政资金转移支付、政策制定、招商引资和人才引进等方面要尽量向偏远县域倾斜，积极借助西部大开发税收优惠政策，以及当前开展的全面“营改增”政策，在财税收入分配体制制定方面对县域财政部门予以照顾，为县域发展提供政策财政资金保障，促进县域经济与城区经济同步均衡发展。

4. 优化财税体制，加大县域税收分享比重

争取政策支持，使税收最大限度在税源地实现，促进县域税收与经济协

调增长。

第一，争取将广西卷烟批发消费税下垂分解至县级缴纳。

争取自治区政府层面支持，协调行业管理部门，基于实质重于形式原则，将烟草批发消费税下垂分解至县级缴纳，增强税收与属地的匹配度，进一步夯实县级财政收入增长基础。

第二，完善总分支机构企业所得税预算调配机制。

建议在当前缴税地政策规定下，由省级财政部门建立调配制度，基于属地原则对相关税款进行国库间的划拨，增强公平性。

第三，完善电信业、建筑业增值税预征方式。

适度提高分支机构或项目经营地的预征率，或建立按月预征年度汇算的调整机制，对预征方式形成的差额税款进行区域间再调配，提高预征方式下税款属地分配的公平性。

广西财税与区域经济协调发展报告

一　2018年广西区域财税与经济指标总体评估

（一）广西区域经济的税负指标评估

1. 各市总税负指标

广西各市的税负情况差异较大。表1和图1显示，2001～2012年广西各市的税负波动较小（防城港除外），2012年后各市的税负波动较大。从各市来看，防城港的税负波动较大，2001～2004年税负呈快速上升态势，由2001年的0.18上升至2004年的0.38，上升了0.2；2004～2012年税负窄幅波动，这期间的税负较重，2007年税负高达0.43；2012～2018年税负呈快速下降态势，由2012年的0.40下降至2018年的0.09，下降了0.31。此外，2012～2015年钦州市税负呈快速上升态势，随后又快速回落。2013年后，南宁税负呈快速上升态势，由2013年的0.08上升至2018年的0.23。

表1　2001～2018年广西各市总税负指标

年份	广西各地级市													
	南宁	柳州	桂林	梧州	北海	防城港	钦州	贵港	玉林	百色	贺州	河池	来宾	崇左
2001	0.15	0.23	0.13	0.10	0.06	0.18	0.11	0.10	0.10	0.16	0.08	0.16		
2002	0.14	0.20	0.12	0.09	0.07	0.22	0.10	0.10	0.10	0.15	0.07	0.14		
2003	0.15	0.20	0.11	0.09	0.08	0.29	0.11	0.11	0.11	0.15	0.07	0.13	0.13	0.12
2004	0.18	0.19	0.11	0.09	0.09	0.38	0.14	0.11	0.11	0.14	0.06	0.19	0.15	0.13
2005	0.14	0.16	0.11	0.08	0.09	0.34	0.12	0.09	0.09	0.15	0.06	0.12	0.14	0.14
2006	0.13	0.16	0.11	0.08	0.10	0.39	0.12	0.07	0.09	0.13	0.06	0.12	0.14	0.15
2007	0.13	0.16	0.10	0.09	0.10	0.43	0.13	0.07	0.09	0.13	0.06	0.12	0.14	0.15
2008	0.14	0.16	0.10	0.08	0.11	0.35	0.13	0.08	0.08	0.13	0.06	0.12	0.12	0.14

续表

年份	广西各地级市													
	南宁	柳州	桂林	梧州	北海	防城港	钦州	贵港	玉林	百色	贺州	河池	来宾	崇左
2009	0.13	0.15	0.10	0.08	0.15	0.38	0.17	0.08	0.08	0.13	0.07	0.10	0.09	0.12
2010	0.15	0.15	0.06	0.09	0.15	0.35	0.13	0.08	0.08	0.14	0.08	0.11	0.09	0.13
2011	0.15	0.14	0.10	0.09	0.15	0.38	0.11	0.08	0.08	0.14	0.08	0.11	0.10	0.13
2012	0.15	0.14	0.10	0.11	0.20	0.40	0.18	0.09	0.09	0.13	0.08	0.11	0.10	0.14
2013	0.08	0.09	0.04	0.05	0.19	0.24	0.24	0.04	0.04	0.07	0.04	0.06	0.05	0.07
2014	0.15	0.14	0.10	0.10	0.18	0.27	0.21	0.10	0.09	0.12	0.10	0.11	0.11	0.12
2015	0.20	0.13	0.10	0.07	0.17	0.21	0.25	0.10	0.04	0.10	0.12	0.14	0.11	0.13
2016	0.20	0.13	0.10	0.07	0.17	0.19	0.17	0.10	0.10	0.05	0.11	0.15	0.11	0.09
2017	0.22	0.13	0.13	0.06	0.14	0.08	0.11	0.09	0.10	0.07	0.12	0.15	0.09	0.06
2018	0.23	0.13	0.17	0.05	0.13	0.09	0.10	0.10	0.10	0.06	0.15	0.14	0.09	0.05

资料来源：历年《广西财政年鉴》和历年《广西统计年鉴》；2018 年广西壮族自治区国民经济和社会发展统计公报；广西壮族自治区统计局，广西壮族自治区税务局。本报告下同。

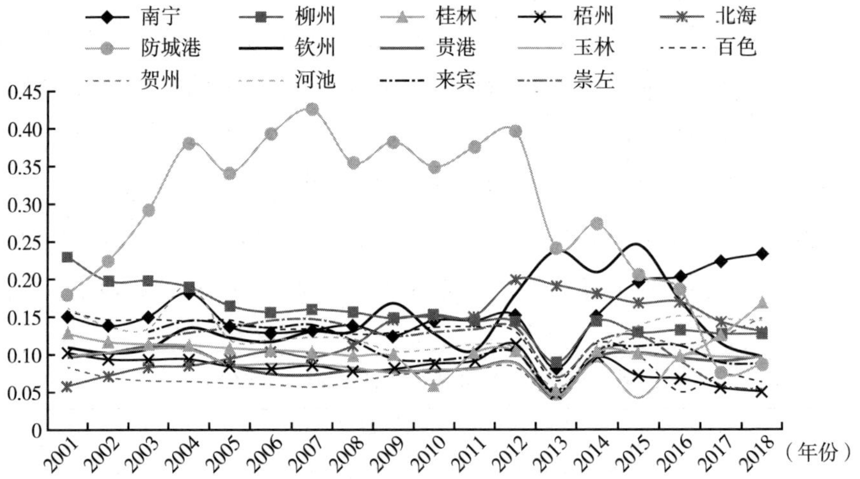

图 1　2001～2018 年广西各市总税负指标

2. 各市产业（第二、第三产业）税负指标

第一，第二产业税负指标。

2001～2018 年，除了防城港和钦州出现较大波动外，广西各市第二产业的税负基本维持在 0～0.3，相对较为稳定。2001～2005 年，防城港第二

产业税负呈上升态势，由2001年的0.30上升至2005年的0.57，最高时达到0.67（2004年），税收负担极重。2007～2018年，钦州第二产业税负出现了一次大的波动，于2012年达到峰值，税负高达0.75，随后又快速回落，至2018年时达0.20（见图2）。

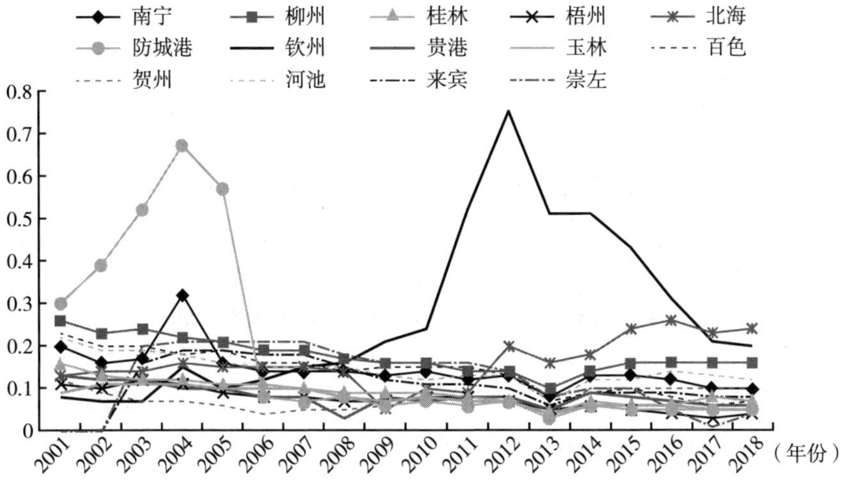

图2　2001～2018年广西各市第二产业税负指标

第二，第三产业税负指标。

2001～2018年，除了防城港出现较大波动外，广西各市第三产业的税负基本维持在0～0.2，相对较为稳定。2005～2018年，防城港第三产业的税负出现较大波动，由2005年的0.12突然升至2006年的0.77，增幅高达0.65，最高时达到0.93，税收负担极重，2012年后呈现回落态势，并于2018年回落至0.30。此外，2013～2018年，南宁第三产业税负呈现快速上升趋势，由2013年的0.08上升至2018年的0.32，上升了0.24，税负显著提高（见图3）。

3. 各市工业税负指标

2001～2018年，广西各市的工业税负整体呈现下降趋势，除柳州、北海和钦州外，其他城市的工业税负均下降至0.1以下，工业税收负担较轻，

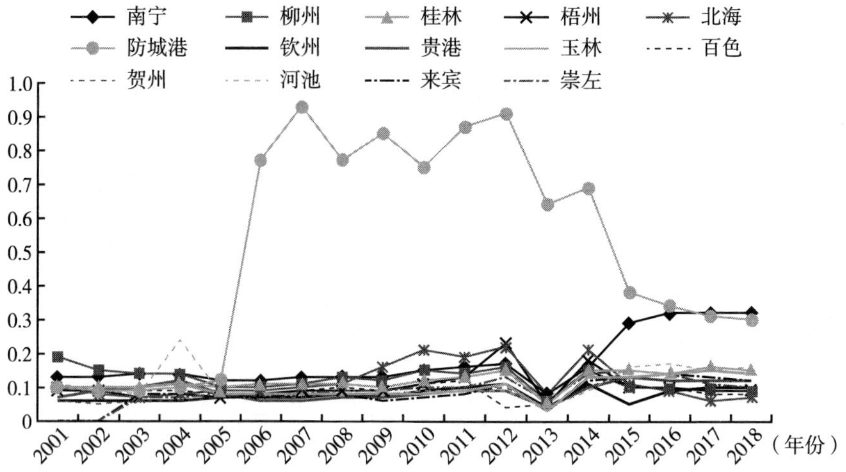

图 3　2001～2018 年广西各市第三产业税负指标

有利于各城市的工业快速发展。其中，2001～2005 年，防城港的工业税收负担较重，2004 年高达 0.86，极大影响了工业的健康持续发展；2008～2018 年，钦州的工业税负出现了一次过山车式的波动，由 2008 年的 0.15 上升至 2012 年的 0.88，随后回落至 2018 年的 0.21；2012～2018 年，北海的工业税负呈波动上升趋势，由 2013 年的 0.18 上升至 2018 年的 0.42，上升了 0.24，工业税收负担不断加重（见表 2 和图 4）。

表 2　2001～2018 年广西各市工业税负指标

年份	广西各地级市													
	南宁	柳州	桂林	梧州	北海	防城港	钦州	贵港	玉林	百色	贺州	河池	来宾	崇左
2001	0.24	0.28	0.17	0.12	0.14	0.36	0.09	0.14	0.09	0.26	0.12	0.27	0.00	0.00
2002	0.18	0.26	0.15	0.10	0.15	0.47	0.08	0.12	0.11	0.23	0.09	0.23	0.00	0.00
2003	0.20	0.27	0.14	0.14	0.14	0.63	0.08	0.13	0.12	0.22	0.07	0.24	0.18	0.28
2004	0.15	0.24	0.13	0.12	0.18	0.86	0.13	0.11	0.12	0.21	0.07	0.23	0.21	0.28
2005	0.19	0.22	0.12	0.09	0.15	0.65	0.10	0.10	0.10	0.21	0.06	0.18	0.20	0.24
2006	0.16	0.20	0.11	0.08	0.15	0.07	0.12	0.09	0.10	0.17	0.03	0.19	0.18	0.22

续表

年份	广西各地级市													
	南宁	柳州	桂林	梧州	北海	防城港	钦州	贵港	玉林	百色	贺州	河池	来宾	崇左
2007	0.16	0.19	0.10	0.08	0.16	0.06	0.15	0.08	0.10	0.16	0.05	0.16	0.19	0.23
2008	0.16	0.18	0.09	0.06	0.14	0.07	0.15	0.02	0.09	0.14	0.05	0.15	0.16	0.19
2009	0.15	0.16	0.09	0.07	0.03	0.05	0.21	0.08	0.08	0.15	0.06	0.12	0.12	0.18
2010	0.15	0.15	0.08	0.08	0.08	0.05	0.24	0.07	0.08	0.14	0.06	0.11	0.10	0.17
2011	0.13	0.14	0.07	0.08	0.06	0.04	0.57	0.07	0.07	0.14	0.07	0.12	0.11	0.17
2012	0.14	0.13	0.06	0.06	0.20	0.04	0.88	0.08	0.06	0.12	0.07	0.13	0.09	0.15
2013	0.11	0.11	0.05	0.05	0.18	0.03	0.65	0.06	0.05	0.08	0.06	0.10	0.08	0.08
2014	0.13	0.14	0.06	0.05	0.18	0.03	0.65	0.08	0.06	0.09	0.10	0.12	0.09	0.10
2015	0.08	0.23	0.05	0.07	0.35	0.05	0.43	0.06	0.05	0.13	0.08	0.06	0.07	0.11
2016	0.07	0.22	0.05	0.06	0.40	0.05	0.35	0.05	0.04	0.10	0.08	0.07	0.06	0.03
2017	0.05	0.21	0.04	0.05	0.41	0.04	0.27	0.04	0.04	0.07	0.07	0.07	0.05	0.04
2018	0.04	0.19	0.04	0.04	0.42	0.04	0.21	0.03	0.03	0.05	0.06	0.07	0.04	0.06

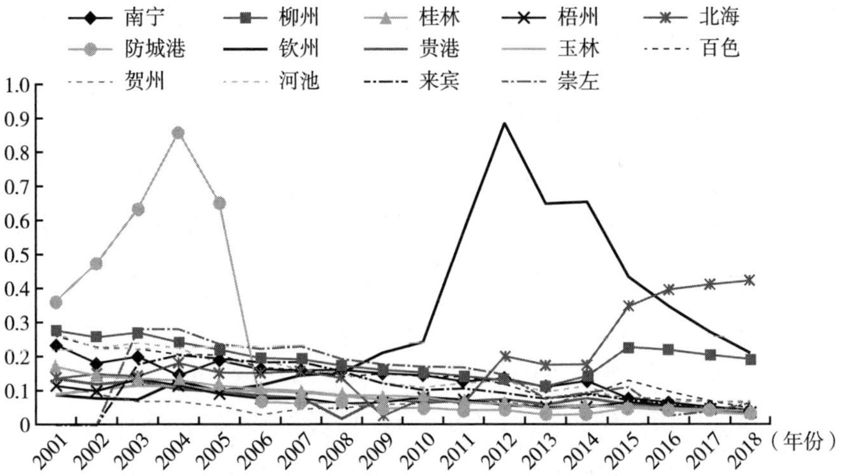

图4　2001～2018年广西各市工业税负指标

（二）广西区域财税政策的综合效果评估

财税政策具有显著的区域效应，考察财税政策对区域经济的综合效果，就需要考察财税政策在不同区域经济的实施效果。2000～2018年中国实施积极的财政政策。综合来看，近年来，广西财税政策与国家财税政策基本上保持一致，但对广西各区域的发展产生了不同的效果。

由于2007年以前广西区域经济划分为桂东经济区、桂南沿海经济区、桂北经济区、桂中经济区和沿边经济区；2007～2009年广西区域经济划分为北部湾经济区、桂东经济区、桂南沿海经济区、桂西经济区、桂北经济区和桂中经济区；2010～2013年广西区域经济划分为北部湾经济区、桂西资源富集区和西江经济带；2014年广西区域经济划分为北部湾经济区、桂西资源富集区和珠江—西江经济带广西七市；2015年又将北部湾经济区细分为北部湾经济区4市和6市的统计范围。因此，这里我们采用最新的划分标准，将广西区域经济划分为北部湾经济区（4市、6市）、桂西资源富集区和珠江—西江经济带广西七市，深入分析2006～2018年财税政策在北部湾经济区、桂西资源富集区和珠江—西江经济带广西七市的实施效果差异。

1. 区域财政收支效果

第一，区域财政收支平衡缺口。

财政收支平衡缺口是判断紧缩财政政策或积极财政政策的重要依据，通常来说，财政收支平衡缺口越大说明财政政策越是积极财政政策，财政收支平衡缺口越小则说明越是紧缩财政政策，财政收支平衡缺口等于财政支出减去财政收入。

图5显示，1978年广西财政收支平衡缺口为5.8809亿元，至2018年财政收支平衡缺口增长至3629.41亿元，41年间增长了616.1521倍。从各经济区域来看，2006～2018年，北部湾经济区、桂西资源富集区、珠江—西江经济带广西七市的财政收支平衡缺口在13年间均增长了8～9倍。北部湾经济区（4市）的财政收支平衡缺口由2006年的70.62亿元增长至2018年的664.23亿元，年均增长率达20.5358%；各市平均财政收支平衡缺口为166.0575亿元。北部湾经济区（6市）的财政收支平衡缺口由2006年的112.4834亿元增长至2018年的1134.67亿元，年均增长率达21.2407%；各市平均财政收支平衡缺口为189.1117亿元。桂西资源富集区的财政收支

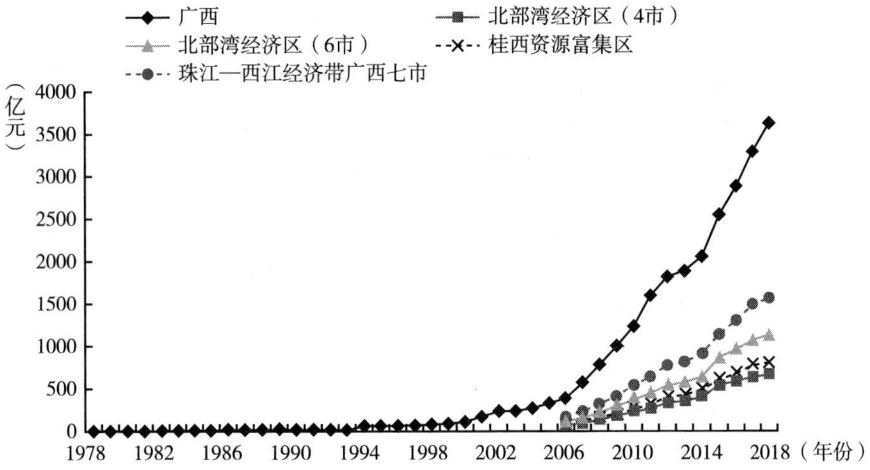

图5　1978～2018年广西及各区域财政收支平衡缺口

注：北部湾经济区（4市）指南宁、北海、防城港、钦州4市合计；北部湾经济区（6市）指南宁、北海、防城港、钦州、玉林、崇左6市合计；桂西资源富集区指百色、河池、崇左3市合计；珠江—西江经济带广西七市指南宁、柳州、梧州、贵港、百色、来宾、崇左7市合计。

平衡缺口由2006年的81.861亿元增长至2018年的805.52亿元，年均增长率达20.9901%；桂西资源富集区的3个地级市的平均财政收支平衡缺口为268.5067亿元，是广西各区域经济平均财政收支平衡缺口最大的地区，这主要是由于桂西资源富集区是广西老少边山穷区，需要通过大量财政转移支付来推动地区经济发展和基础设施建设。珠江—西江经济带广西七市的财政收支平衡缺口由2006年的169.3694亿元增长至2018年的1566.22亿元，年均增长率达20.3654%；各市平均财政收支平衡缺口为223.7457亿元。整体来看，1978～1999年广西财政收支平衡缺口增长较为缓慢，2000～2018年广西财政收支平衡缺口呈现快速增长态势，这与国家财税政策紧密相关。

第二，区域财政收支平衡缺口率。

财政收支平衡缺口率等于财政收支平衡缺口除以地区生产总值，财政收支平衡缺口率越大说明财政收支危险越大，需要调整财政收支结构。

图6显示，1978～2018年广西财政收支平衡缺口率呈阶段性波动，1978～1981年呈下降趋势，1982～1986年呈上升趋势，1987～1993年呈下降趋势，1994～1997年相对保持平稳，1998～2002年呈缓慢上升趋势，2003～2018年呈上升趋势。财政收支平衡缺口率的波动基本上与国家财政政策一致，当国家财政政策为积极财政政策时，缺口率呈上升趋势，当国家财政政策为从紧或稳健的财政政策时，缺口率呈下降趋势。

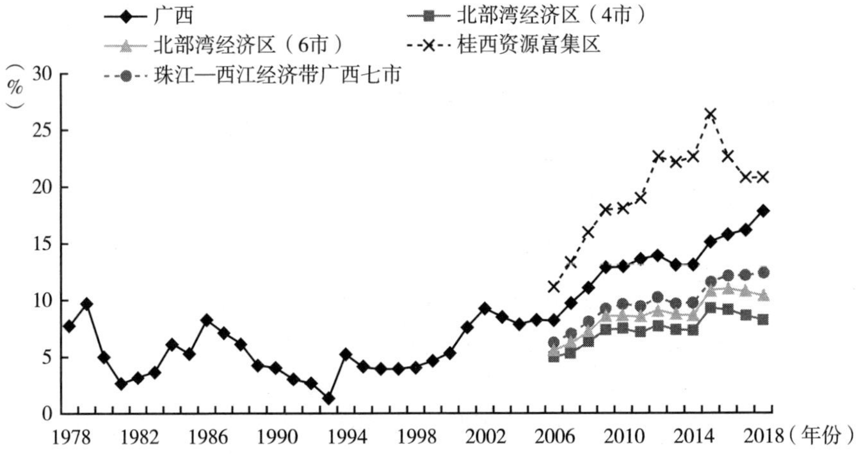

图6　1978～2018年广西及各区域财政收支平衡缺口率

从广西各经济区域来看，2006年广西及各区域经济的财政收支平衡缺口率差异较为明显，桂西资源富集区的财政收支平衡缺口率最高，为11.1407%，最低为北部湾经济区（4市），为4.9799%；到2018年，桂西资源富集区的财政收支平衡缺口率仍然最高，为20.7653%，最低依旧为北部湾经济区（4市）。2006～2018年，广西财政收支平衡缺口率增长了9.6801个百分点，其中，北部湾经济区（4市）增长了3.2569个百分点，北部湾经济区（6市）增长了4.7949个百分点，桂西资源富集区增长了9.6246个百分点，珠江—西江经济带广西七市增长了6.1287个百分点，各区域经济的财政收支平衡缺口率均低于广西平均水平。

第三，区域财政支出乘数效应。

财税政策具有乘数效应，是考察财税政策效果的主要指标①。通常使用IS－LM模型，对财政支出乘数公式进行回归，计算得出财政乘数。这里采用Nakamura和Steinsson②的做法，使用地区财政支出的变差来考察财政支出对产出的乘数效应，具体模型如下：

$$\frac{GDP_{i,t}-GDP_{i,t-2}}{GDP_{i,t-2}}=\alpha_i+\beta_i+\gamma\times\frac{fiscalex_{i,t}-fiscalex_{i,t-2}}{fiscalex_{i,t-2}}+\varepsilon_{i,t} \quad (1)$$

其中，$GDP_{i,t}$表示i区域第t年的人均产出，$fiscalex_{i,t}$表示i区域第t年的人均财政支出，α_i表示地区固定效应，β_i表示时间固定效应，γ表示财政支出对产出的乘数效应。

采用GDP产出和财政支出的两年差分变化来考察财政支出对产出的影响，主要考察系数γ，代表了财政支出的乘数效应。使用2006～2018年广西、北部湾经济区（4市）、北部湾经济区（6市）、桂西资源富集区和珠江—西江经济带广西七市等数据组成的面板数据，为了剔除价格的影响，这里使用人均地区生产总值指标和公共财政预算支出指标以2006年为基期对数据进行平减，人均财政支出为公共财政预算支出除以常住人口计算得出。

表3是根据式（1）计算得出的广西及各区域经济的财政支出乘数。从表3中可以看出，广西、北部湾经济区（4市）、桂西资源富集区和珠江—西江经济带广西七市的财政支出乘数在1%的显著水平上显著，北部湾经济区（6市）的财政支出乘数并不显著。

从估算结果来看，2006～2018年，广西的真实财政支出相当于两年前每提高1%，将促进人均地区生产总值提高0.3725%；北部湾经济区（4市）的真实财政支出相当于两年前每提高1%，将促进人均地区生产总值提高0.3278%；北部湾经济区（6市）的真实财政支出相当于两年前每提高1%，将促进人均地区生产总值提高0.1555%；桂西资源富集区的真实财

① 郭庆旺，吕冰洋，何乘材．积极财政政策的乘数效应［J］．财政研究，2004，（8）：13－15.

② Nakamura E.，Steinsson J. Fiscal Stimulus in a Monetary Union：Evidence from US Regions［J］. The American Economic Review，2014，104（3）：753－792.

表3　广西及各区域经济的财政支出乘数

地区	γ 乘数	Std. Err.	t 值	$P>\|t\|$
广西	0.3725	0.0653	5.7000	0.0000
北部湾经济区(4市)	0.3278	0.0613	5.3400	0.0000
北部湾经济区(6市)	0.1555	0.0925	1.6800	0.1270
桂西资源富集区	0.3908	0.0789	4.9500	0.0010
珠江—西江经济带广西七市	0.3630	0.0633	5.7400	0.0000

注：根据历年《广西统计年鉴》，用 Stata SE 11.0 软件计算得出。

政支出相当于两年前每提高1%，将促进人均地区生产总值提高0.3908%；珠江—西江经济带广西七市的真实财政支出相当于两年前每提高1%，将促进人均地区生产总值提高0.3630%。

从分区域来看，桂西资源富集区的财政支出乘数最高，为0.3908，并高于广西平均水平，而北部湾经济区（4市、6市）、珠江—西江经济带广西七市的财政支出乘数均低于广西平均水平，其中北部湾经济区（6市）的财政支出乘数仅为0.1555，且财政支出的乘数效应并不显著。

2. 区域经济效果

第一，区域经济增长效果。

地区生产总值、人均地区生产总值、地区生产总值增长率常用来衡量地区经济增长水平，这里采用地区生产总值来衡量地区经济增长水平。表4为2006～2018年广西及各区域经济的名义地区生产总值和实际地区生产总值的年度变化情况，实际地区生产总值利用地区生产总值指标以2006年为基期进行平减计算得出。

从表4中可以看出，2006～2018年，在广西财税政策的影响下，广西及各区域经济的名义地区生产总值和实际地区生产总值均呈现增长态势，说明2006～2018年的财税政策对地区生产总值起着一定的促进效应。但是，各区域经济的财税效应并不完全一致。

从增长幅度来看，2006～2018年，广西名义地区生产总值增长了3.2882倍，年均增长率达12.8989%；实际地区生产总值增长了13.4488倍，

表 4　2006～2018 年广西及各区域经济的名义地区生产总值和实际地区生产总值的年度变化情况

单位：亿元

年份	广西		北部湾经济区（4 市）		北部湾经济区（6 市）		桂西资源富集区		珠江—西江经济带广西七市	
	名义地区生产总值	实际地区生产总值（以 2006 年为基期）	名义地区生产总值	实际地区生产总值（以 2006 年为基期）	名义地区生产总值	实际地区生产总值（以 2006 年为基期）	名义地区生产总值	实际地区生产总值（以 2006 年为基期）	名义地区生产总值	实际地区生产总值（以 2006 年为基期）
2006	4746.16	4746.16	1418.09	1418.09	2025.71	2025.71	734.79	734.79	2720.33	2720.33
2007	5835.33	6728.14	1764.6	2076.34	2500.52	2928.11	902.79	1043.63	3315.59	3856.03
2008	7038.88	9162.77	2156.01	2932.69	3031.82	4072.15	1054.1	1374.51	3960.79	5209.84
2009	7784.98	11552.76	2492.99	3933.15	3480.84	5395.23	1139.99	1664.89	4522.5	6858.83
2010	9604.01	16290.22	3042.75	5549.5	4275.37	7647.26	1435.1	2383.02	5611.1	9803.3
2011	11764.97	22410.16	3770.17	7935.52	5281.97	10779.87	1667.9	2963.46	6806.61	13235.8
2012	13090.04	27751.74	4268.59	10193.46	5901.17	13585.16	1778.46	3374.77	7635.59	16584.98
2013	14511.7	33903.86	4817.43	12712.04	6600.52	16775.44	1917.12	3939.84	8451.39	20119.22
2014	15742.62	39905.94	5448.72	15743.75	7439.95	20648.49	2168.84	4827.08	9343.02	23954.44
2015	16870.04	46227.71	5867.15	18495.49	7995.88	24188.62	2281.27	5432.73	9873.72	27264.35
2016	18317.64	53858.66	6488.07	22048.19	8808.1	28724.06	3003.98	7776.21	10784.3	31952.59
2017	20396.25	64348.15	7400.11	27234.78	10007.27	35343.34	3726.69	10119.69	12227.83	39091.74
2018	20352.51	68576.44	8312.15	32421.37	11206.44	41962.62	4449.4	12463.17	13671.36	46230.89

年均增长率高达 24.926%。其中，北部湾经济区（4 市）的名义地区生产总值增长了 4.8615 倍，年均增长率达 15.8779%；实际地区生产总值增长了 21.8627 倍，年均增长率高达 29.7958%。北部湾经济区（6 市）的名义地区生产总值增长了 4.5321 倍，年均增长率达 15.3208%；实际地区生产总值增长了 19.715 倍，年均增长率高达 28.7332%。桂西资源富集区的名义地区生产总值增长了 5.0553 倍，年均增长率达 16.1925%；实际地区生产总值增长了 15.9615 倍，年均增长率高达 26.6063%。珠江—西江经济带广西七市的名义地区生产总值增长了 4.0256 倍，年均增长率达 14.4017%；实际地区生产总值增长了 15.9946 倍，年均增长率高达 26.6269%。这说明财税政策在各区域经济所产生的效果存在差异，桂西资源富集区的经济增长

效果较为明显，其次为北部湾经济区，最后为珠江—西江经济带广西七市，各区域的经济增长差距正逐渐缩小。

第二，区域固定资产投资效果。

财税政策对社会投资具有明显的影响，积极的财税政策将促进社会投资增长，而紧缩的财税政策会抑制社会投资增长。这里采用全社会固定资产投资来衡量投资水平，实际固定投资是利用固定资产价格指标以2006年为基期进行平减计算得出（见表5）。

表5 2006～2018年广西及各区域经济的名义固定投资和实际固定投资的年度变化情况

单位：亿元

年份	广西		北部湾经济区（4市）		北部湾经济区（6市）		桂西资源富集区		珠江—西江经济带广西七市	
	名义固定投资	实际固定投资（以2006年为基期）	名义固定投资	实际固定投资（以2006年为基期）	名义固定投资	实际固定投资（以2006年为基期）	名义固定投资	实际固定投资（以2006年为基期）	名义固定投资	实际固定投资（以2006年为基期）
2006	2246.57	2246.57	722.25	722.25	948.46	948.46	509.25	509.25	1315.03	1315.03
2007	2970.08	3038.40	965.03	987.23	1262.91	1291.96	627.55	641.98	1672.24	1710.71
2008	3783.14	4175.89	1292.30	1426.46	1708.15	1885.48	665.11	734.16	2121.82	2342.11
2009	5706.70	6166.87	1994.51	2155.34	2651.40	2865.20	1020.23	1102.50	3293.76	3559.36
2010	7859.07	8756.07	2796.72	3115.93	3721.12	4145.83	1310.50	1460.08	4597.06	5121.75
2011	10160.45	12021.98	3671.74	4344.46	4879.07	5772.97	1616.39	1912.53	5983.92	7080.25
2012	12635.22	15039.86	4513.52	5372.50	6049.93	7201.31	1810.06	2154.54	7772.67	9251.90
2013	11907.67	14188.02	4246.04	5059.17	5692.24	6782.31	1676.96	1998.11	7169.31	8542.26
2014	13843.21	16758.13	4810.12	5822.97	6482.47	7847.46	1787.09	2163.39	7950.42	9624.52
2015	16227.78	19409.07	5623.51	6725.94	7647.19	9146.35	2109.31	2522.82	9315.31	11141.49
2016	18236.78	21702.86	6386.86	7600.74	8685.37	10336.11	2296.83	2733.36	10437.26	12420.96
2017	20499.11	25370.97	7169.25	8873.11	9829.08	12165.08	2650.11	3279.94	11948.18	14787.81
2018	22713.02	32159.03	7886.18	11165.92	10811.99	15308.54	2915.12	4127.48	13143.00	18608.98

从表5可以看出，2006～2018年中国实施的积极财政政策和减税降费政策，使广西及各区域经济的固定资产投资均呈现上升的趋势。2006～2018年，广西名义固定投资增长了9.1101倍，2018年时达到22713.02亿元，年

均增长率高达21.2634%；实际固定投资增长了13.3147倍，年均增长率高达24.8289%。北部湾经济区（4市）的名义固定投资增长了9.9189倍，2018年时达到7886.18亿元，年均增长率高达22.0436%；实际固定投资增长了14.4599倍，年均增长率高达25.6321%。北部湾经济区（6市）的名义固定投资增长了10.3995倍，2018年时达到10811.99亿元，年均增长率高达22.4825%；实际固定投资增长了15.1404倍，年均增长率高达26.0839%。桂西资源富集区的名义固定投资增长了4.7243倍，2018年时达到2915.12亿元，年均增长率高达15.6495%；实际固定投资增长了7.105倍，年均增长率高达19.05%。珠江—西江经济带广西七市的名义固定投资增长了8.9944倍，2018年时达到13143.00亿元，年均增长率高达21.1472%；实际固定投资增长了13.151倍，年均增长率高达24.7093%。从区域差异来看，北部湾经济区的固定投资增长速度较快，其次为珠江—西江经济带广西七市，最低为桂西资源富集区。综合来看，广西及各区域经济的名义固定投资和实际固定投资均实现了高速增长，这说明积极的财税政策对固定投资具有拉动作用，但是拉动作用具有显著的区域性。

二　2018年广西区域财税与经济发展评估结论与建议

（一）广西财税促进区域协调发展的评估结论

1. 支撑区域协调发展的财政资金能力不足

广西财税收入难以支撑区域协调发展的资金需求。不仅北部湾经济区开发建设需要大量的资金投入，而且桂西资源富集区的扶贫攻坚任务艰巨，珠江—西江经济带广西七市的建设也需要大量资金投入，而广西财政资金规模难以满足各区域经济的投资需求。从财政自给率[①]来看，1978年以来，广西

① 财政自给率指地方公共财政预算收入与公共财政预算支出的比值，是判断区域财政发展是否健康的重要指标。财政自给率大说明区域财政发展能力较强，反之则说明财政发展能力较弱。

财政自给率一直低于全国平均水平（见图7），1978～1993年呈现较大波动，1993～1994年出现了较大下降，由89.25%下降至49.84%，降幅达39.41个百分点，1994年之后，广西财政自给率呈现持续下降趋势，至2018年时财政自给率仅为31.66%，远低于全国的84.96%。分区域来看，2006～2018年，北部湾经济区（4市、6市）、桂西资源富集区和珠江—西江经济带广西七市的财政自给率均呈现下降趋势。至2018年时，北部湾经济区（4市）的财政自给率为43.63%，北部湾经济区（6市）为36.01%，桂西资源富集区为14.9%，珠江—西江经济带广西七市为32.94%。综合来看，广西及各区域经济的财政自给率都较低，并呈现下降趋势，说明广西及各区域经济的财政刚性支出压力较大，财政"托底"风险较大。从区域差异来看，桂西资源富集区的财政自给率最低，仅为14.9%，远远低于全国、广西水平，说明桂西资源富集区的财政支出压力较大，各项财政支出基本依靠上级政府的转移支付；北部湾经济区（4市、6市）和珠江—西江经济带广西七市的财政自给率高于广西平均水平，但是远远低于全国平均水平。

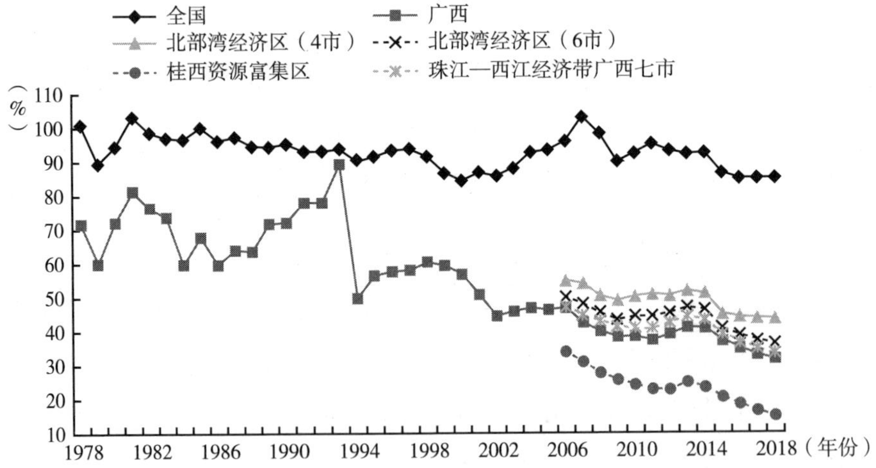

图7　1978～2018年全国、广西及其区域经济的财政自给率对比

资料来源：历年《中国财政年鉴》和历年《中国统计年鉴》。

财政自给率过低，则难以保证政权机构的政策运转，难以安排大量的资金完善公共基础设施建设，难以提高经济发展水平，难以提高教育、医疗卫生、社会保障、扶贫攻坚等民生福利水平。第一，经济总量小，可用财力较少。2018 年广西地区生产总值为 20352.5 亿元，经济总量在中国排第 18 名，而财政支出高达 5310.89 亿元，财政收支平衡缺口达 3629.41 亿元，财政收支平衡缺口率达 17.8327%。第二，税收结构有待优化。2018 年，税收中广西国资委系统企业缴税 324.15 亿元，占财政收入的 11.62%，比 2017 年提高 0.27 个百分点，而私营经济发展缓慢，纳税能力较弱。第三，广西是中国老少边山穷区，扶贫攻坚、边境基础设施建设等任务艰巨，同时还需要开放北部湾经济区，财政资金捉襟见肘。第四，广西在市场规模、金融水平、营商环境等方面都远远低于沿海地区的平均水平，难以吸引大量资金流入。

2. 税收优惠方式单一，不利于优化区域产业结构

现行税收优惠方式较为单一，优惠范围较为狭窄①。广西的税收优惠政策主要以减税、免税、降低税率、退税等方式为主，而投资抵免、技术开发基金、再投资退税、折旧等间接优惠方式较少，优惠税收主要为企业所得税，其他企业税种所优惠程度较低，这样对广西加大北部湾经济区、桂西资源富集区和珠江—西江经济带广西七市的投资、扶贫、项目建设、产业发展的引导作用和效应较弱。

此外，现行财税政策对企业的要求较多，需要满足一定条件才能够享受到财政资金扶持和税收优惠政策，并且大部分优惠政策的力度较弱，难以减轻企业负担，以及不利于企业创新能力的提升，影响广西产业结构调整与升级。

例如，西部大开发税收优惠政策主要以税收直接减免为主，而间接减免方式较少，对广西企业发展的现状而言，税收直接减免的财税作用并不显

---

① 李顺明，冯敏，王单娜等．促进广西北部湾经济区开发建设的财税政策研究［J］．广西财经学院学报，2010，23（1）：24－29.

著，一方面是广西能够享受直接减免的企业数较少，另一方面是导致投资流动性大、短期投资增多，不仅弱化了税收优惠政策的区域经济协调能力，而且不利于产业结构调整和升级①。北部湾经济区税收优惠政策主要是企业所得税减免，其资金主要用于北部湾经济区内市政公用基础设施建设、重点项目建设等，对企业的扶持力度有限，不利于桂西资源富集区、珠江—西江经济带广西七市的开发建设和产业结构调整，导致区域经济协调发展难度加大。

3. 优惠政策门槛过高，不利于企业多元化经营

当下国家及广西的财税优惠政策的条条框框较多，使得优惠政策覆盖面不广，从而影响了财税政策效应，也不利于企业多元化经营，以及产业结构调整与升级。例如，广西较为重要的西部大开发税收优惠政策和北部湾经济区税收优惠政策的享受门槛较高，能够享受到税收优惠政策的企业不多。西部大开发税收优惠政策要求企业的主营业务收入必须占企业总收入的70%以上才能够享受税收优惠，使得许多企业难以享受到西部大开发税收优惠政策，也使得许多企业为了能够享受西部大开发税收优惠政策，从而放弃多元化发展战略或控制、收缩辅业，导致企业单一化发展，不利于西部地区的企业盈利能力的提高和产业结构的调整。同时，西部大开发税收优惠政策尚未将生态补偿机制等考虑在内，并且优惠方式较少，主要以减免企业所得税为主。北部湾经济区税收优惠政策的税收优惠仅限于南宁、北海、钦州和防城港四市以及功能组团中涉及的凭祥和龙潭范围，不利于桂西资源富集区、珠江—西江经济带广西七市的企业发展。

4. 优惠政策力度过小，贫困地区脱贫攻坚压力大

目前，广西的财税优惠政策没有显著的比较优势，在财政收支平衡缺口较大、财政自给率太低的情况下，税收优惠力度小，不利于北部湾经济区的开放开发建设，也不利于桂西资源富集区的脱贫攻坚和珠江—西江经济带广

---

① 陈光．促进区域经济协调发展的地方税收政策探讨［J］．经济研究参考，2015，（23）：63－67.

西七市的建设。第一，广西财税优惠政策的优惠力度没有东部沿海地区的大，甚至低于中部地区。比如东部沿海地区的上海和天津，对改革试验区实行更加优化的财税政策，导致广西企业在吸收专业人才时，不具备政策优势，大量的资金和人才流向东部沿海地区，从而进一步拉大西部地区与东部地区的经济差距。第二，在统一税负条件下，广西在营商环境、基础设施、科技水平、创新孵化能力和人才市场等方面都与东部地区、中部地区存在一定差距，并且东部地区的企业成本相对较低、投资回报率相对较高，因而难以吸引大量资金、人才和先进技术的流入。第三，多数财税优惠政策不减免中央税收分成部分，只减免地方税收分成部分，致使财税优惠政策的力度较小，也导致地方财税收入少，不仅弱化了财税优惠政策的效果，也不利于地区财税收支平衡。

5. 针对性和适应性不强，难以适应城乡融合需要

当前，一些财税政策的针对性和适应性不强，难以满足广西区域经济协调发展、经济扶贫攻坚、城乡融合发展的需要。如西部大开发税收优惠政策主要面向西部地区的企业，政策设计过程中，主要以《产业结构调整目录》为指导制定政策，但是该目录是全国性的，并非针对西部地区及广西制定的，广西的生物制药、生物能源、电子信息等产业并未列入《产业结构调整目录》中，但这些产业不仅是广西的优势产业、特色产业及薄弱产业，而且在广西经济发展中发挥着重要的作用。同时，西部大开发税收优惠政策和北部湾经济区税收优惠政策没有针对西部地区吸引科技人才、创新人才的税收优惠政策，导致广西大量优秀人才流向东部沿海地区，外来人才处于既引不进来又留不住的尴尬境地。甚至连普通劳动者都大量流向东部沿海地区，特别是广东、湖南等省，这种情况导致城乡经济发展缺乏劳动力的支撑，经济发展与劳动力不足的矛盾突出，不仅难以适应城乡融合需要，而且制约城乡经济社会发展。

6. 未形成一体化的财政管理模式，财政监督乏力

广西各区域经济的财政管理未能够形成一体化的管理模式，财政运作缺乏效率和监督。各区域经济内的地级市都立足于本市的经济社会发展，难以

形成一体化的财政运作模式。缺乏跨市、跨区域的财政协同管理机制，不仅导致各市只追求自身利益最大化，而且造成财政资金使用分散、重复投资严重、产业结构趋同、产业布局不合理等问题突出，忽视了整个区域经济的健康快速发展，也导致区域经济内部的失调，加剧各市间的竞争，严重影响整个区域经济的资源开发利用和规模效益的发挥，不利于区域经济发展。目前，广西主要分为北部湾经济区、桂西资源富集区和珠江—西江经济带广西七市三个区域，各区域优势和劣势突出，但是在区域的开发建设中，普遍存在财政支出监督不到位的情况。缺乏系统的财政支出管理和绩效评价体系，缺少对财政资金的使用、经济社会效益的评价机制，以及财税政策、财政收支的责任追究机制，事前、事中和事后监督尚停留在政策层面，无法对财政资金进行有效的监督，从而大大弱化了财税政策的效果。

（二）广西财税促进区域协调发展的对策建议

财税政策对经济社会发展具有十分重要的推动作用，也是政府协调区域经济发展的重要宏观调控工具。财税政策制定过程中，既要坚持适用普遍性原则，又要使政策具有针对性，根据各区域产业结构、经济水平和贸易依存度，推行差异化的财税政策。

1. 财税支持的重点内容

第一，支持钦北防一体化发展。

重点支持钦北防一体化发展。①在基础设施建设一体化、产业发展一体化、公用事业建设一体化、社会管理服务一体化等方面制定税费减免的优惠政策。②重点支持钦北防的交通运输体系建设，着重推进钦州港、北海港、防城港三个港区间以及与东盟国家和泛珠江三角洲的公路、铁路的互联互通，构建适度超前、功能完善、高效便捷的现代化城市交通支撑体系。③加大对北海铁山港工业区、防城港经济技术开发区、钦州港经济技术开发区、钦州保税港区的税收减免力度，对进驻这几个工业区、开发区的企业给予全面的税收优惠政策和财政资金扶持。④重点支持沿海石化、钢铁、能源、铝加工、船舶修造等重大工业项目建设，促进临海重化工业联动发展。重点发展海洋渔业、海洋运输、海洋生物、海洋化工、滨海旅游等海洋产业，加大向海经济的税收减免力度，加快推动向海经济发展。

第二，支持南宁首府增长极。

重点支持南宁首府增长极发展。①支持六景工业园区、南宁高新技术产业开发区、南宁经济技术开发区的高质量发展，提高园区、开发区支撑能力，加大进驻企业的税费减免力度。②重点支持南宁首府龙头企业，强化龙头企业带动作用。③加大电子信息制造业、新能源汽车、智能装备制造业、数字产业等产业的税费减免力度，加快补齐产业链条。④重点支持南宁特色服务业和现代化服务业，加大对公建民营、民办公助等养老产业，“旅游+体育”，“旅游+展会”，现代金融服务业的税收减免力度，以及财政资金的扶持力度。⑤重点支持乡村振兴战略，推进农业高质量发展，扶持茉莉花、香蕉、火龙果、晚熟柑橘等优势产业做大做强，进一步加大现代特色农业示范区的建设力度和扶持力度。

第三，支持桂西资源富集区（左右江革命老区）。

重点支持桂西资源富集区以下发展。①进一步加大河池市、百色市、崇左市的财政转移支付数额，并由增量分配办法逐步扩大到适当调整存量分配，逐步缩小地方标准财政收支缺口。同时，建立相对发达地区对落后地区的横向转移支付机制，从北部湾经济区挤出适量财力投入桂西资源富集区，实现对口支援。②推动桂西资源富集区资源税费改革，创新有利于资源综合利用和循环经济发展的税收政策。探索组建有利于资源开发的政府引导基金或产业投资基金。③加大财政性投资力度，重点向民生工程、基础设施、资源开发、生态环境等领域倾斜。④重点支持桂西资源富集区产业发展，对有条件在河池市、百色市和崇左市开展能源资源开发利用的项目加大税费减免、财政补贴力度。同时，加大养生长寿健康、特色农业、山水旅游、红色旅游、生物制药等产业的税费减免、财政补贴的力度。

第四，支持珠江—西江经济带发展。

重点支持珠江—西江经济带发展。①特色优势产业发展。重点扶持汽车产业、工程机械产业、数控机床产业、内河修造船业、食品加工业、电子信息产业、石化工业、有色金属产业等，加大这些产业的税费减免、财政补贴力度。重点扶持打造柳州汽车生产基地、汽车产业园区，培育壮大柳州和玉林工程机械产业集群、桂林数控机床产业。重点发展南宁（六景）修造船集中区、桂平长安工业园造船工业集中区、藤县造船工业集中区，打造西江黄金水道造船集聚区。重点支持电子信息产品制造业、软件和创意产业、信息服务业、生产性服务业，重点建设南宁、北海、贺州、梧州、钦州等电子信息产业基地。②重点支持战略性新兴产业发展，支持生物医药、新一代信息技术、新材料、新能源的相关产业发展，加大战略性新兴产业企业的税费减免和财政补贴力度。③加大对西江经济带的重点工业园区、重点产业转移园区的扶持力度，加大粤港澳大湾区产业转移至广西的税收优惠政策，加快产业承接转移。建立区、市、县三级的产业转移扶持资金，重点建设承接产业转移园区、承接产业转移示范区。

2. 财税支持的具体措施

第一，科学合理划分中央与地方税权。

充分结合广西经济社会发展、财税收支的实际情况，配合中央的财政政策，科学、合理地制定地方财税政策，推动广西区域经济协调发展。首先，积极争取更大的税收管理权限。广西是中国五个少数民族自治区之一，中央应该在部分税目调整权、税率调整权和减免税权等方面给予广西更多的税收管理权限，以满足广西经济社会发展、扶贫攻坚以及北部湾经济区、珠江—西江经济带广西七市、桂西资源富集区发展的现实需要。其次，积极争取中央财税政策的支持力度。向中央要政策、要资金，一方面，向中央要税收优惠政策，进一步加大企业减税降费力度，促进企业做大做强，推动产业结构调整与优化；另一方面，争取加大中央财政向广西转移支付补助的力度，加大中央扶贫资金的划拨规模，以及扩大地方债发行规模。最后，适当调整中央与地方共享税分成比例。为加快广西经济社会发展、区域经济协调发展，以及改善广西财政自给率低的状况，建议增值税的中央与地方分成调整为中央65%、地方35%，企业所得税分成调整为中央50%、地方50%，消费税分成调整为中央60%、地方40%。同时，进一步降低上划中央收入的比重，将上划中央收入占财政总收入的比重控制在30%以内，以提高广西财政自给率和财政实力，从而促进广西经济建设和区域经济协调发展。

第二，注重地方财税的区域异质性。

由于区域异质性的存在，财税政策的制定需要根据不同区域制定不同的政策，以适应区域经济的持续健康发展。首先，根据区域经济发展水平、财税收支情况制定地方性财税政策。北部湾经济区进一步贯彻落实北部湾经济区税收优惠政策，并加快制定促进北部湾经济区向海经济、外向型企业的税收优惠政策，进一步加快北部湾经济区的开放开发建设。珠江—西江经济带广西七市需要加快制定承接转移产业的税收优惠政策，优化营商环境，提高产业承接能力。桂西资源富集区要进一步加大扶贫资金的投入，以及制定企业参与扶贫的税收优惠政策，鼓励企业参与到脱贫攻坚工程中，加快推动产业扶贫、教育扶贫等多种形式的扶贫工作。其次，合理分配公共财政预算支出。加大桂西资源富集区的民生支出，加强老少边山穷地区的公共基础设施建设、教育、医疗卫生和社会保障等项目的补助，以及扶持非公有制企业，实现广西区域的公共服务均等化。加大北部湾经济区和珠江—西江经济带广西七市的产业扶持力度，加大企业减税降费力度，减轻企业负担，增强企业实力。

第三，建立公平的利益分配长效机制。

公平的利益分配长效机制是推动区域经济协调发展的重要保障，如何合理分配财政支出，是统筹区域经济发展的重要工具。设置公平合理的转移支付制度，其中专项转移支付对于化解区域经济差异至关重要。首先，需要优化财政支出结构，将财力优先向基本民生、脱贫攻坚和短板领域倾斜，重点支持深度贫困地区的脱贫事业，尤其是加大对桂西资源富集区极度贫困县、深度贫困县的扶贫支持力度。其次，继续实施积极的财政政策，出台更多减税降费的政策措施，落实更大规模的减税降费。再次，优化税收优惠方式，实行直接税收优惠和间接税收优惠相互结合的多元化优惠方式，对投资规模大、经营周期长、见效慢的基础设施建设、农业开发、新产业、新业态采用间接税收优惠，给予延期纳税、税前扣除、加速折旧、减计收入、投资抵免、再投资退税等间接税收优惠，通过减小税基来实现优惠。最后，税收优惠政策实行全广西普惠式，只要在广西区内的企业均可享受，进一步激发企业干事创业的积极性，为地方经济做出应有的贡献。

第四，促进产业与区域性优惠相结合。

根据区域经济特征，加快建立产业性税收优惠政策与区域性税收优惠政策相结合的税收政策体系，扶持区域优势产业、特色产业，促进区域产业结构调整和优化。首先，制定税收优惠政策以产业发展为主导。为统筹区域经济协调发展，在制定地方财税政策时，应该充分考虑区域产业优势和特点，将产业性税收优惠政策与区域性税收优惠政策相结合，旨在推动区域产业的快速发展，优化区域产业结构。以税收优惠政策引导产业进入某区域，从而带动区域产业结构调整，推动区域经济的跨越式发展。其次，各区域尽快完善区域性的税收优惠政策，区域内的各城市建立财税收支联席会议制度，商讨区域性税收优惠政策的制定和实施，同时协调与其他区域的税收优惠政策。再次，将广西优势产业、特色产业、薄弱产业列入《西部地区鼓励类产业目录》，如生物制药、生物能源、电子信息等产业，进一步扩大税收优惠政策，提高产业与税收优惠的匹配度，降低产业税负率。最后，创新财税优惠方式，实施以奖代补机制，加大对重点企业、龙头企业、大型企业和小微企业的资金周转力度。设立产业高质量发展基金，引导带动民间资本、金融机构支持大项目建设。

第五，以税制改革为契机优化营商环境。

以税制改革为契机，创建西部（广西）地区的税收优惠政策的比较优势，逐步引导投资由东部向西部（广西）转移。

全面深化供给侧结构性改革，坚持普惠性减税和结构性减税相结合，确保减税降费政策执行的精准性和实效性。一方面，持续深化增值税改革，认真落实小微企业普惠性减税政策，持续推进增值税实质性降税政策落地。另一方面，降低企业税负率，进一步减轻企业负担，积极落实减轻重点制造业和小微企业负担，有效释放市场主体经济活力。同时，全面实施更具实质性、普惠性的个人所得税改革政策，确保广大纳税人和缴费人实打实地享受到减税降费的实惠。

不断优化广西营商环境，助力区域经济协调发展。结合深化税务领域“放管服”改革，着力推动办税次数更少、办税时间更短、办税程序更简。进一步精简涉税资料报送和申报流程，层层落实专人负责小微企业纳税服务。严格落实首问责任、限时办结、延时服务及“最多跑一次”等各项服务制度，采取时间错峰、场所错峰、渠道错峰等方式，为纳税人提供更便捷、高效、舒适的服务。

三 2019～2020年广西区域财税收支与区域经济展望

（一）区域经济形势前景

1. 以开放为引领创优建强北部湾经济区

近年来，中央和广西不断加大对北部湾经济区的开放开发建设，北部湾经济区已成为面向东盟的重要国际区域经济合作区。2018 年 1～12 月北部湾经济区的主要城市 GDP 增速普遍高于广西平均水平（见表 6），崇左市 GDP 增速更是位于广西第一。随着北部湾经济区不断推进规划建设、实施升级发展行动计划、完善基础设施建设、发展向海经济、推动产业转型升级和同城化，逐渐建立了北海中石化、北海诚德、钦州中石油、防城港金川、龙潭中金等一批龙头企业带动的临海工业集群，以及建立了北海港、防城港和钦州港为一体化的北部湾港，对外开放开发水平进一步提高，目前广西沿海港口与世界 100 多个国家和地区、200 多个港口通航，基本实现了东南亚、东北亚地区主要港口的全覆盖，港口国际化水平不断提高①，北部湾经济区成为广西经济增长的重要增长极。

2019 年后，北部湾经济区将进一步创优建强。①实施强首府战略，提升南宁首位度，加快打造南宁首府增长极。一方面，南宁将依托南宁·中关

---

① 广西壮族自治区人民政府门户网站．广西：建设好北部湾港　打造好向海经济［EB/OL］.［2017. 09. 30］. http：//www. gxzf. gov. cn/sytt/20170930 - 658644. shtml.

村创新示范基地等创新平台，推动创新资源向产业聚焦，提升产业实力，打造引领全区发展核心增长极；另一方面，大力实施全方位、宽领域、多层次的开放发展战略，进一步畅通“南宁渠道”。②推动北防钦一体化，大力发展向海经济，高起点抓好北部湾城市群规划建设。全力推进北防钦一体化发展，强化政策协调能力，形成优势互补、分工协作的一体化发展格局。同时，加快推动国际陆海贸易新通道建设，发展外向型经济和海洋经济，提升北部湾经济区与国际经济的联系强度。因此，2019 年北部湾经济区的开放开发程度将进一步提高，GDP 总量和增速将持续稳定增长。

表 6　2018 年 1～12 月广西北部湾经济区 GDP 总量及增速

地区	1～12 月累计 GDP 总量(亿元)	1～12 月累计 GDP 同比增长率(%)
广西	20352.51	6.80
4 市合计	7228.99	6.10
6 市合计	9860.94	6.80
南宁		5.40
北海	1213.30	8.30
防城港		7.40
钦州	1292.00	6.00
玉林		7.20
崇左	1016.49	11.30

注：4 市合计指南宁、北海、防城港、钦州；6 市合计指南宁、北海、防城港、钦州、玉林、崇左。

资料来源：2018 年《广西北部湾经济区统计月报》。

2. 以脱贫发展为重点振兴桂西资源富集区

桂西资源富集区是广西老少边山穷区，拥有丰富的自然资源、民族文化和红色文化，同时也是广西扶贫攻坚的主阵地和经济欠发达地区。《左右江革命老区振兴规划》制定，标志着桂西资源富集区上升为国家资源富集区转型升级试验区，系列国家优惠政策和具体项目将落地。2018 年桂西资源富集区实现 37.5941 万名贫困人口脱贫，396 个贫困村摘帽（见表 7），分别占广西的 32.4087%、27.2727%，脱贫工作取得了显著的成效。今后，脱贫攻坚依旧是桂西资源富集区的核心任务，在开发资源、发展产业的同时，探索资源开发式扶贫路子，不断提高桂西资源富集区的经济水平。随着中央及广西对桂西资源富集区的高度重视，此区域将迎来新的发展机遇，2019 年桂西地区贫困人口持续下降，基础设施不断完善，特色资源型产业蓬勃发展，资源利用价值不断提升，养生长寿健康、红色旅游、山水旅游、特色农业、生物制药等产业发展壮大，河池打造的生态旅游基地、百色打造的红色旅游基地、崇左打造的边关旅游基地将成为广西旅游新的增长极。

表 7　2018 年桂西资源富集区脱贫人口及脱贫摘帽村数

地区	脱贫人口(万人)	脱贫摘帽村数(个)
河池	17.1500	146
百色	9.9900	147
崇左	10.4541	103
桂西资源富集区	37.5941	396

3. 以东融为导向提升做实珠江—西江经济带

珠江—西江经济带是广西“双核”驱动之一，随着广西提出加快构建“南向、北联、东融、西合”的全方位开放发展格局，珠江—西江经济带成为广西“东融”开放发展的重要纽带。2019 年，广西将更加主动对接粤港澳大湾区发展，主动服务粤港澳大湾区建设，对接大湾区市场，承接大湾区产业，助推广西经济跨越式发展。一方面，珠江—西江经济带作为联系广西与广东的纽带，其沿江地市可以承接广东的转移产业，并依托黄金水道，大力打造沿江产业带；另一方面，发挥珠江—西江黄金水道的作用，构建现代化综合交通运输体系，推动沿江产业结构优化升级，加强广西与广东的经济联系，使珠江—西江经济带成为广西融入粤港澳大湾区、参与粤港澳大湾区建设、提高广西经济实力、推动区域协调发展的内河经济带。

（二）广西区域财税收支预测

1. ARIMA 模型

ARIMA 模型（差分自回归移动平均模型）是时间序列预测分析方法之一，其核心思想是将预测对象随时间推移而形成的数据序列视为一个随机序列，并通过时间序列过去信息，建立模型拟合过去信息，进而预测未来信息①。

设 y_t 是 d 阶单整序列，即 $y_t \sim I(d)$，则：

$$w_t = \Delta^d y_t = (1 - L)^d y_t \tag{2}$$

其中，w_t 为平稳序列，即 $w_t \sim I(0)$，于是可以对 w_t 建立 ARIMA（p，q）模型：

$$w_t = c + \varphi_1 w_{t-1} + L + \varphi_p w_{t-p} + \varepsilon_t + \theta_1 \varepsilon_{t-1} + L + \varphi_q \varepsilon_{t-q} \tag{3}$$

用滞后算子表示，则：

$$\Phi(L) w_t = c + \Theta(L) \varepsilon_t \tag{4}$$

其中，$\Phi(L) = 1 - \varphi_1 L - \varphi_2 L^2 - L - \varphi_P L^p$，$\Theta(L) = 1 + \theta_1 L + \theta_2 L^2 + L + \theta_q L^q$。

因此，ARIMA（p，d，q）模型为

$$\Phi(L)(1 - L)^d y_t = c + \Theta(L) \varepsilon_t \tag{5}$$

2. 运用 ARIMA 法对广西财政收入进行建模

第一步，数据处理。选取 2006～2018 年广西公共财政预算收入 LFR 作时序图（见图 8）。从图 8 中可以看出，该时序图前后波动不同，从变化特征看，这是一个非平稳序列，因此需要对广西公共财政预算收入做差分（见图 9）。从图 9 可以看出，广西公共财政预算收入分为 2006～2011 年、

① 高铁梅．计量经济分析方法与建模：EViews 应用及实例（第二版）［M］．北京：清华大学出版社，2009：164－165.

2012～2018 年两个较为明显的时期，前一个时期公共财政预算收入增速较快，后一个时期增速呈下降趋势。

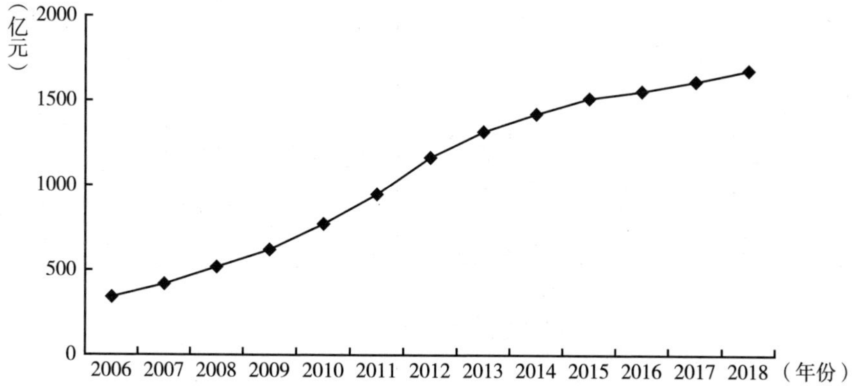

图 8　2006～2018 年广西公共财政预算收入时序

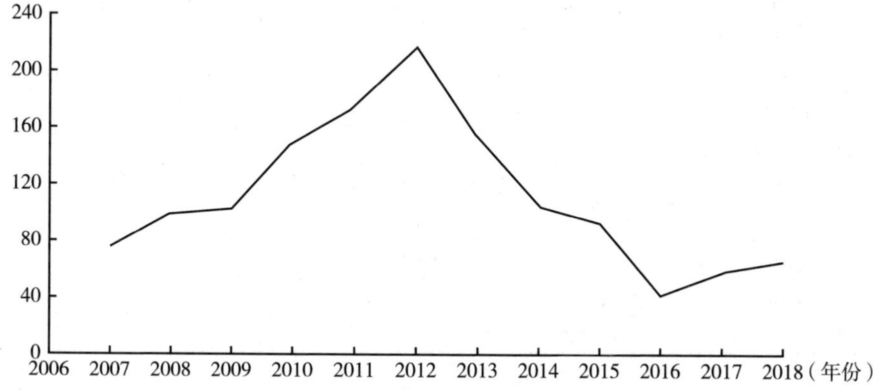

图 9　2006～2018 年广西公共财政预算收入差分

第二步，识别模型形式。考察 Δln（*LFR*）序列的相关图（见图 10），可以看出序列的自相关系数在二阶截尾，偏相关系数在一阶截尾，适合建立 ARIMA（2，1，1）模型。

第三步，时间序列模型估计。运用 EViews 6.0 软件对 Δln（*LFR*）序列进行 LS－Least Squares（NLS and ARMA）回归，结果见表 8。

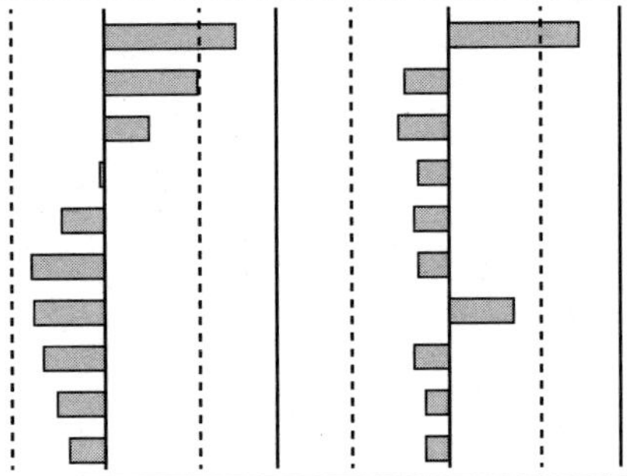

Autocorrelation	Partial Correlation		AC	PAC	Q-Stat	Prob
		1	0.803	0.803	9.8460	0.002
		2	0.556	-0.250	15.034	0.001
		3	0.263	-0.282	16.326	0.001
		4	-0.014	-0.169	16.331	0.003
		5	-0.264	-0.190	18.003	0.003
		6	-0.458	-0.169	23.870	0.001
		7	-0.376	0.396	30.030	0.000
		8	-0.376	-0.194	35.958	0.000
		9	-0.284	-0.136	40.463	0.000
		10	-0.205	-0.126	43.994	0.000

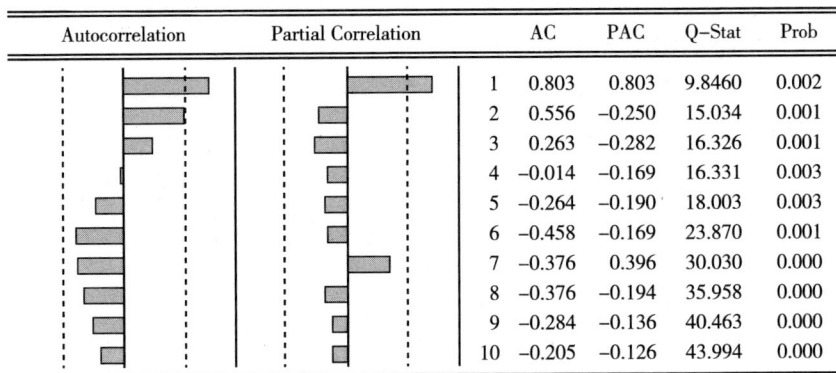

图 10　Δln（*LFR*）序列

表 8　Δln（*LFR*）序列的 ARIMA（2，1，1）模型回归结果

Variable	Coefficient	Std. Error	t-Statistic	Prob.
C	107.3122	20.0364	5.3559	0.0030
AR(1)	1.2950	0.3315	3.9068	0.0113
AR(2)	-0.6297	0.2799	-2.2497	0.0743
MA(1)	-3.5549	1.7865	-1.9899	0.1033
R^2	0.9708	Mean dependent var	121.8559	
调整后的 R^2	0.9533	S. D. dependent var	56.9405	
S. E. of regression	12.3020	Akaike info criterion	8.1585	
Sum squared resid	756.6940	Schwarz criterion	8.2462	
Log likelihood	-32.7133	Hannan-Quinn criter.	7.9693	
F-statistic	55.4629	Durbin-Watson stat	2.2095	
Prob(F-statistic)	0.0003			

Estimation Equation：

Δ（*LFR*）=C（1）+［AR（1）=C（2），AR（2）=C（3），MA（1）=C（4），INITMA=2009，ESTSMPL=“2009 2017”］

Substituted Coefficients：

Δ（*LFR*）=107.3122+［AR（1）=1.295，AR（2）=-0.6297，MA（1）=-3.5549，INITMA=2009，ESTSMPL=“2009 2017”］

表达式中的 107.3122 是 ΔLFR_t 的均值，表示年均公共财政预算收入增量是 107. 3122 亿元。

第四步，检验模型的误差项。做回归模型的残差序列的随机性检验，结果见图 11。从对应的概率值可以看出，所有的 Q 值都小于检验水平为 0. 05 的 χ^2 分布，所以模型的随机误差项是一个白噪声序列。

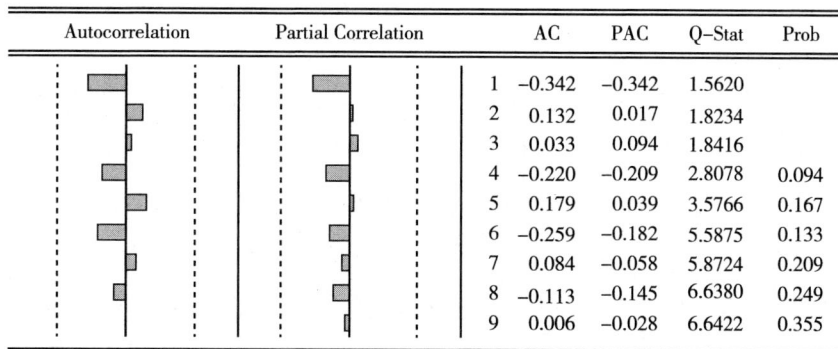

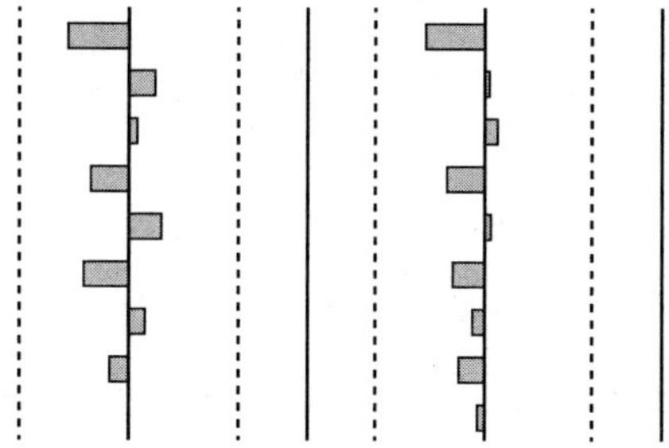

	AC	PAC	Q-Stat	Prob
1	-0.342	-0.342	1.5620	
2	0.132	0.017	1.8234	
3	0.033	0.094	1.8416	
4	-0.220	-0.209	2.8078	0.094
5	0.179	0.039	3.5766	0.167
6	-0.259	-0.182	5.5875	0.133
7	0.084	-0.058	5.8724	0.209
8	-0.113	-0.145	6.6380	0.249
9	0.006	-0.028	6.6422	0.355

图 11　Δln（*LFR*）序列的 ARIMA（2，1，1）模型残差

第五步，预测检验。从表 9 可以看出，预测值与真实值的差异较小，说明模型的预算效果较好。

表 9　2009～2018 年广西公共财政预算收入预测值与真实值的对比

年份	真实值	预测值	相对误差
2009	620. 9888	635. 1205	14. 1317
2010	771. 9918	777. 2474	5. 2556
2011	947. 7209	957. 5561	9. 8352
2012	1166. 0614	1151. 0830	-14. 9784
2013	1317. 6035	1320. 8234	3. 2199
2014	1422. 2803	1423. 7236	1. 4433
2015	1515. 1562	1503. 4583	-11. 6979
2016	1556. 2677	1563. 8480	7. 5803
2017	1615. 1273	1613. 8891	-1. 2382
2018	1681. 4800	1696. 9797	15. 4997

3. 预测结果和分析

第一，广西各区域财政收支预测。

ARIMA 模型对 2019 年广西北部湾经济区、桂西资源富集区和珠江—西江经济带广西七市的公共财政预算收入和支出进行预测，结果见表 10、表 11。从表中可以看出，预测值与真实值的差异较小，说明模型的预算效果较好。

各区域公共财政预算收入预测。从表 10 可以看出，2019～2020 年北部湾经济区（4 市）的公共财政预算收入预计可分别达到 550.07 亿元、588.29 亿元；北部湾经济区（6 市）的公共财政预算收入预计可分别达到 655.43 亿元、700.54 亿元；桂西资源富集区的公共财政预算收入预计可分别达到 149.26 亿元、156.74 亿元；珠江—西江经济带广西七市的公共财政预算收入预计可分别达到 770.77 亿元、821.26 亿元。综合来看，北部湾经济区的公共财政预算收入增速较快，其次为珠江—西江经济带广西七市，桂西资源富集区的增速最慢。

表 10　2008～2020 年广西各区域公共财政预算收入情况

单位：亿元

年份	北部湾经济区(4 市)		北部湾经济区(6 市)		桂西资源富集区		珠江—西江经济带广西七市	
	真实值	预测值	真实值	预测值	真实值	预测值	真实值	预测值
2008	137.20	139.98	179.55	178.46	64.14	63.51	239.94	228.51
2009	177.16	173.62	228.40	217.00	70.38	72.44	294.72	273.45
2010	228.65	209.28	291.79	257.71	83.01	80.78	369.56	320.72
2011	277.22	246.07	356.33	299.89	93.25	88.76	437.36	369.34
2012	339.98	283.50	445.04	343.04	118.24	96.53	571.95	418.74
2013	384.02	321.28	506.98	386.86	140.16	104.17	647.89	468.61
2014	415.19	359.25	552.45	431.13	149.24	111.75	692.17	518.74
2015	447.06	397.34	594.33	475.70	154.55	119.28	732.05	569.03
2016	468.02	435.48	613.58	520.47	153.60	126.79	765.75	619.40
2017	496.90	473.66	636.52	565.37	152.79	134.29	791.11	669.83
2018	525.78	511.86	659.46	610.37	152.79	141.78	791.11	720.29
2019		550.07		655.43		149.26		770.77
2020		588.29		700.54		156.74		821.26

各区域公共财政预算支出预测。从表 11 可以看出，2019～2020 年北部湾经济区（4 市）的公共财政预算支出分别达到 1324.85 亿元、1421.04 亿元；北部湾经济区（6 市）的公共财政预算支出分别达到 1986.79 亿元、2133.31 亿元；桂西资源富集区的公共财政预算支出分别达到 1098.83 亿元、1176.10 亿元；珠江—西江经济带广西七市的公共财政预算支出分别达到 2663.97 亿元、2850.50 亿元。综合来看，广西各区域的公共财政预算支出增速均呈快速增长趋势。

表 11　2008～2020 年广西各区域公共财政预算支出情况

单位：亿元

年份	北部湾经济区(4 市)		北部湾经济区(6 市)		桂西资源富集区		珠江—西江经济带广西七市	
	真实值	预测值	真实值	预测值	真实值	预测值	真实值	预测值
2008	272.35	263.13	396.80	377.07	232.01	248.99	558.21	612.42
2009	361.15	363.32	527.42	521.61	274.92	326.12	709.68	798.65
2010	454.88	459.08	658.80	668.07	342.11	403.38	911.03	985.20
2011	544.25	555.32	804.52	814.60	409.29	480.65	1076.92	1171.73
2012	672.64	651.50	981.52	961.12	520.32	557.92	1348.79	1358.26
2013	738.99	747.70	1081.28	1107.64	564.31	635.20	1463.46	1544.79
2014	813.54	843.89	1192.49	1254.17	638.88	712.47	1600.72	1731.32
2015	990.42	940.08	1461.28	1400.69	755.21	789.74	1873.95	1917.85
2016	1058.70	1036.27	1579.12	1547.22	833.79	867.01	2070.61	2104.38
2017	1131.96	1132.46	1705.21	1693.74	927.06	944.28	2274.50	2290.91
2018	1205.22	1228.66	1831.30	1840.27	1020.33	1021.55	2478.39	2477.44
2019		1324.85		1986.79		1098.83		2663.97
2020		1421.04		2133.31		1176.10		2850.50

第二，广西各市税收收入和地方税收总额预测。

运用 ARIMA 模型对 2019～2020 年广西各市税收收入、地方税收总额进行预测，结果见表 12。从表 12 中可以看出，未来广西各市的税收收入、地方税收总额基本保持持续增长态势，其中南宁、柳州、北海的税收收入排前三位，南宁、柳州、玉林的地方税收总额排前三位。

表 12　2019～2020 年广西各市税收收入、地方税收总额预测

单位：亿元

地级市	税收收入预测值		地方税收总额预测值	
	2019 年	2020 年	2019 年	2020 年
南宁	590.31	613.91	219.17	228.58
柳州	342.16	347.68	117.13	121.37
桂林	184.62	192.05	84.13	85.66
梧州	108.65	114.88	62.58	65.29
北海	282.24	329.10	42.51	44.46
防城港	144.02	144.93	41.39	43.74
钦州	167.62	166.94	34.10	34.84
贵港	90.78	99.12	37.54	40.29
玉林	95.45	79.36	84.20	91.06
百色	72.47	72.54	67.93	72.26
贺州	36.35	36.94	21.52	22.67
河池	44.60	47.23	20.40	21.50
来宾	43.95	44.62	24.31	25.25
崇左	45.84	50.87	27.48	28.17

广西税收与跨境贸易发展报告

出口贸易一直以来是中国经济增长的重要拉动力量。为了鼓励国内企业扩大出口贸易规模，中国对出口贸易活动实施了很多优惠政策，出口退税政策是其中的有效政策。广西出口退税政策的实施对广西跨境贸易以及地方经济增长发挥了重要的作用。

一 2018年广西跨境贸易税收指标总体评估

（一）广西跨境贸易税收负担指标评估

1. 广西进口贸易“两税”负担指标

进口“两税”是指在进口环节海关对进口商品征收的增值税和消费税。进口增值税是货物劳务税的一种，它与一般的增值税有所不同。一般的增值税主要针对商品在生产、批发、零售等环节的增值额，而进口增值税是专门对进口环节的增值额进行征税的一种增值税。进口增值税和消费税征收的主要目的是保护国内相关行业的发展，但是从长期来看，进口“两税”的税率不合理将会影响国内消费市场的进一步扩展，使行业垄断日益严重。

第一，进口“两税”收入。

2000～2018年，广西进口“两税”的税收收入情况可以分成两个阶段。第一阶段为2000～2010年。这个阶段进口“两税”的税收收入增长比较平稳，波动幅度小，平均增长速度为30%，其中2010年的税收收入为2000年的13.8倍。第二阶段为2011～2018年。这个阶段进口“两税”的税收的特点是波动性很大。2012年“两税”的税收收入达260.4736亿元，创历史新高，比2000年（7.9357亿元）的税收收入增长32倍。2012～2016年税收收入逐年下降，但是在2017年和2018年税收收入反弹增长，税收收入分别为215.3亿元、258.7亿元（见表1）。

表1　2000～2018年广西进口"两税"总额

单位：亿元

年份	进口"两税"	进口金额
2000	7.9357	45.0908
2001	7.304	46.4832
2002	10.0438	76.3717
2003	15.3252	101.1308
2004	26.9474	156.6987
2005	28.5241	186.0569
2006	42.4201	242.2761
2007	61.4625	310.374
2008	69.6837	402.2274
2009	93.3425	398.3955
2010	109.5213	539.9443
2011	182.4979	690.5395
2012	260.4736	880.3012
2013	221.982	862.2181
2014	211.8061	996.433
2015	169.8412	1450.4476
2016	152.8345	1646.5875
2017	215.3	2011.1
2018	258.7	1930.6

资料来源：历年《中国税务年鉴》、南宁海关。

第二，进口"两税"税收负担。

表2显示，2000～2018年上半年广西进口"两税"的税负处于9.3%～29.6%，平均税负为11.8%。其中，2012年的税负最高，为29.6%，2016年的税负最小，为9.3%。2011～2014年，连续4年广西进口企业的"两税"负担水平比较高。2017年和2018年上半年，广西进口"两税"税负升

高，2018 年上半年的税负比 2017 年全年增长了 2.7 个百分点。2015 ~ 2018 年上半年，广西进口“两税”税负从 11.7% 增长到 13.4%，增长了 1.7 个百分点。一般来说，一国或者地域的经济发展水平越高，其承受税负的能力就越强，反之则越弱。因此，广西的进口“两税”税负增长趋势表明广西进口活动正在不断发展。

表 2　2000 ~ 2018 年上半年广西进口“两税”税收负担率

单位：%

年份	进口“两税”税收负担率	年份	进口“两税”税收负担率
2000	17.6	2010	20.3
2001	15.7	2011	26.4
2002	13.2	2012	29.6
2003	15.2	2013	25.7
2004	17.2	2014	21.3
2005	15.3	2015	11.7
2006	17.5	2016	9.3
2007	19.8	2017	10.7
2008	17.3	2018 年上半年	13.4
2009	23.4		

资料来源：根据历年《中国税务年鉴》《广西统计年鉴》《广西税务年鉴》整理。

第三，进口“两税”收入与进口贸易收入增长的协调性。

进口产品除了要缴纳关税之外，部分产品还要缴纳增值税与消费税两种税收。因此，在一定的程度上，进口“两税”的调整将会影响进口贸易活动。图 1 显示，2000 ~ 2010 年广西进口贸易收入的增长趋势与进口“两税”收入的增长趋势大体一致，然而，2011 ~ 2016 年增长趋势有所不同。2011 年进口“两税”收入的增长率（66.3%）高于进口贸易收入的增长率（27.9%）。2012 年进口“两税”收入达到顶峰后，2013 年进口贸易收入下降，但下降的速度慢，2014 年进口贸易收入重返增长的轨道。因此，可以看出进口“两税”收入对广西进口贸易收入的影响不大。2013 ~ 2015 年进口“两税”收入大幅度减少，反而进口贸易收入大幅度增加。2016 年与 2017 两年进口贸易收入与进口“两税”收入比较吻合，但是在 2018 年，进口贸易收入与进口“两税”收入的增长呈现反方向的现象。

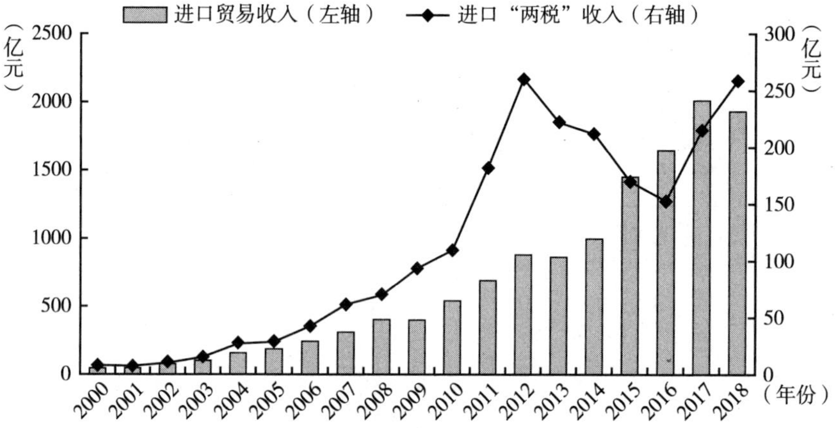

图 1　2000 ~ 2018 年广西进口贸易收入与进口“两税”收入的变化比较

资料来源：历年《中国税务年鉴》、广西海关。

2. 出口退税负担指标

广西作为沿边的省份，有中国最为活跃的两个跨境陆地口岸——东兴与凭祥，出口退税政策的调整将直接影响到广西的出口贸易活动、间接影响到广西产业结构调整。

第一，出口退税总额。

在跨境贸易活动中，出口退税总额与出口贸易总额之间的变化有着紧密的正向关系。出口额增长导致了出口退税总额的增加，出口退税总额的提高会导致出口规模的扩大。

根据表 3 的数据，2018 年广西出口退税总额为 73. 3 亿元，比 2017 年提高了 28. 089 亿元，相比 2000 年提高了 65. 3 亿元（定基增长速度为 816. 25%），创广西出口退税总额历史新高。2018 年广西出口退税总额的增长速度如此快，是因为 2018 年国家出台了一系列减税降费的政策，出口退税率也不断调整，激励了企业进行扩大出口贸易的活动。回顾历史数据，

2000～2018 年，广西出口退税总额虽然一直保持着发展趋势，但是增长的速度不尽相同。2000～2009 年，广西的出口退税增长率波动性强，甚至 2008～2009 年连续两年负增长，从 2010 年之后才恢复较为稳定的状态。

表 3　2000～2018 年广西出口退税总额

单位：亿元

年份	出口退税总额	年份	出口退税总额
2000	8.0	2010	30.0494
2001	12.6	2011	36.3405
2002	11.7	2012	39.9413
2003	12.5	2013	40.1167
2004	19.8	2014	42.8933
2005	19.1	2015	42.7609
2006	21.7	2016	43.7422
2007	29.5	2017	45.211
2008	28.6	2018	73.3
2009	23.8		

资料来源：历年《中国税务年鉴》。

第二，出口退税负担。

从表 4 和图 2 可以看出，2000～2018 年广西出口退税的税收负担率呈现下降的趋势。其中，2001 年出口退税税收负担率最高，为 12.32%。2007 年为 7.74%，2009 年为 4.16%。2008 年金融危机的发生，导致国家将出口退税的税率往上调整，使出口退税的金额减少，但是由于出口贸易额仍然增加，所以出口退税负担率比较小，2007 年为 7.74%，高于 2006 年 0.09 个百分点，2009 年的税收负担率为 4.16%，低于 2006 年的税收负担率 3.49 个百分点。2013～2018 年，广西出口退税税收负担率处于 2.44%～3.52%，平均税收负担率为 2.97%，处于较低的水平。这个阶段广西出口贸易退税的税收负担率基本呈下降趋势。2018 年出口退税税收负担率有所增加（3.37%），同比增长 0.93 个百分点。主要的原因是 2018 年出口贸易额增长的速度很快，所以导致出口贸易税收负担增加。

表 4　2000～2018 年广西出口退税税收负担率

年份	出口退税总额(亿元)	出口贸易收入(亿元)	出口退税税收负担率(%)
2000	8	123. 61	6. 47
2001	12. 6	102. 26	12. 32
2002	11. 7	124. 81	9. 37
2003	12. 5	163. 09	7. 66
2004	19. 8	198. 31	9. 98
2005	19. 1	232. 21	8. 23
2006	21. 7	283. 50	7. 65
2007	29. 5	381. 15	7. 74
2008	28. 6	501. 96	5. 70
2009	23. 8	571. 56	4. 16
2010	30. 0494	640. 89	4. 69
2011	36. 3405	791. 29	4. 59
2012	39. 9413	972. 27	4. 11
2013	40. 1167	1139. 81	3. 52
2014	42. 8933	1494. 71	2. 87
2015	42. 7609	1739. 86	2. 46
2016	43. 7422	1523. 83	2. 87
2017	45. 211	1855. 20	2. 44
2018	73. 3	2176. 10	3. 37

资料来源：历年《中国税务年鉴》、南宁海关。

第三，出口退税总额与出口贸易总额增长的协调性。

从出口贸易总额与出口退税总额关系的角度来看，出口退税总额对广西出口贸易总额具有正向的推动作用。图 3 显示，广西出口贸易总额的增长趋势与出口退税总额的增长趋势大体一致。然而，在一定的时期，出口贸易总额与出口退税总额仍存在不同之处。2007～2009 年，由于受 2008 年亚洲金融危机的影响，政府对出口退税税率进行适当调整，出口退税税率往下调。这是政府为了应对中国经济过热而采取的措施，这也对广西的出口增长造成了一定的影响。但由于国内外经济增长强劲，再加上这段时

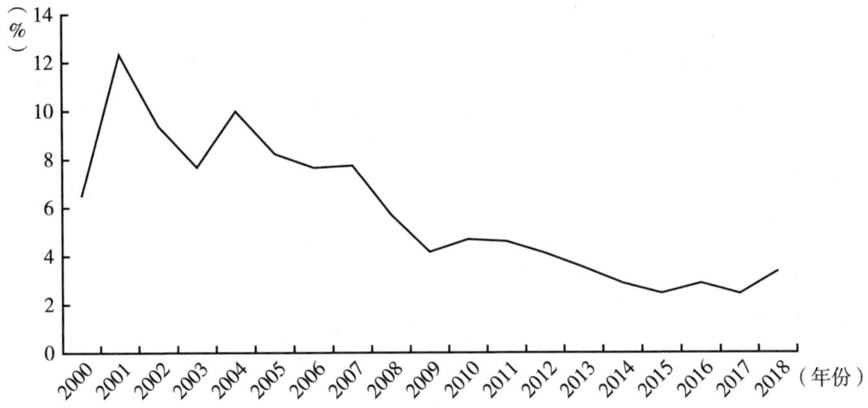

图 2　2000 ~2018 年广西出口退税税收负担率变化

间的人民币实际有效汇率并不高，所以影响并不大，广西的外贸出口增长依然有所增加。

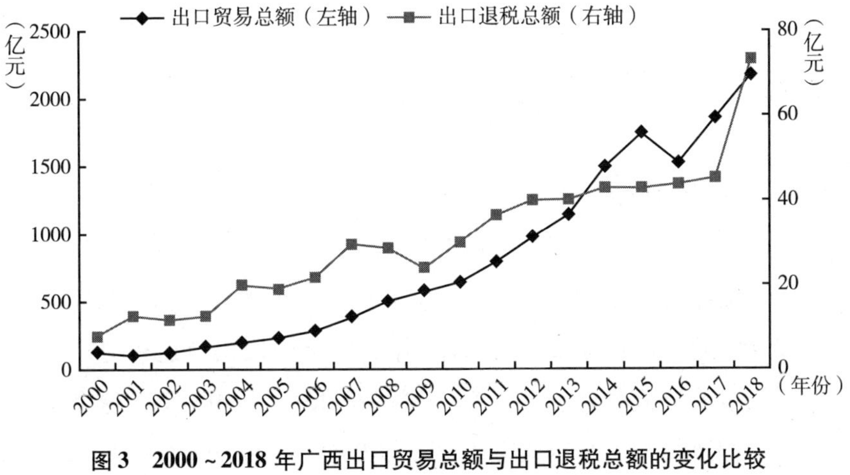

图 3　2000 ~2018 年广西出口贸易总额与出口退税总额的变化比较

资料来源：历年《中国税务年鉴》、广西海关。

（二）广西跨境贸易税收贡献指标评估

1. 进口贸易对进口“两税”的税收贡献指标

由表 5 可知，2015 ~2018 年进口“两税”贡献率的最高水平为 2018 年的18.05%。2016年虽然贡献率为正，但实际上是贸易额和进口税收同时出现负增长引起的。2017年与2018年数据相比，2017年虽然进出口贸易增量大（达3713.9亿元），比2018年增量多了3473.5亿元，但是2017年的进口“两税”收入只比2018年多了19.1亿元。从这个数据可以看出，2018年广西进出口贸易额比2017年进出口贸易额少但是2018年广西对进口产品增收的税额比较多。从而可以判断，2018年进口“两税”的收入对广西的税收贡献率大于2017年进口“两税”的税收贡献率。然而，进口降税增收的税额增加容易引起广西与贸易伙伴国的贸易摩擦。

表5　2015～2018年进口贸易对进口“两税”的贡献率

年份	进出口贸易增量(亿元)	进口“两税”增量(亿元)	进口“两税”贡献率(%)
2015	24.5	-42	-171.4
2016	-21.6	-17.0	78.7
2017	3713.9	62.5	1.68
2018	240.4	43.4	18.05

资料来源：根据历年《中国税务年鉴》与《广西统计年鉴》计算。

2. 出口退税贡献指标

出口退税贡献率分析对于认识税收来源结构具有重要的现实意义。

从表6的数据可以看出，广西出口退税对进出口贸易的贡献率可以分为两个阶段。第一阶段是2015～2016年，这个阶段出口退税对广西进出口贸易活动没有起到拉动作用。第二阶段是2017～2018年，这个阶段出口退税对广西进出口贸易的贡献率处于0.04%～11.69%，其中，2018年广西出口退税的贡献率占比最高，达11.69%；2017年虽然出口退税贡献率处于比较低的水平，但是相比2015年与2016年两年已经有较好的改善。通过这组数据可以看出，随着国家税收政策的调整，出口退税的税率提高使进出口贸易活动更为活跃，其发挥了激励企业进行跨境贸易相关活动的作用。

表 6　2015～2018 年广西出口退税对进出口贸易的贡献率

年份	出口退税增量(亿元)	进出口贸易增量(亿元)	出口退税贡献率(%)
2015	-0.13	24.51	-0.53
2016	0.98	-21.6	-4.54
2017	1.47	3713.9	0.04
2018	28.1	240.4	11.69

资料来源：根据历年《中国税务年鉴》与《广西统计年鉴》计算。

二　2018年广西与全国和典型省份跨境贸易税收水平比较

（一）与全国平均水平比较

1. 与全国进口“两税”负担水平比较

决定进口商品价格的不只是关税，还有增值税和消费税。在这里我们把进口增值税与消费税称为进口“两税”。进口“两税”与关税相比，在商品价格中所占的比例更大。因此，要想达到刺激国内消费的目的，对增值税和消费税政策进行调整是非常必要的。另外，在世界贸易保护主义正在崛起的背景下，中国进口“两税”的调整可以起到平衡中国对外贸易结构，从而减少贸易摩擦的作用。

对广西而言，2018 年与 2019 年上半年的进出口贸易处于顺差，出口贸易高于进口贸易，因此进口“两税”总额也呈现增长的趋势。2018 年广西的进口“两税”总额占全国进口“两税”总额的 1.52%，而 2018 年广西的进口贸易总额占全国进口贸易总额的 1.37%。这个数据能够体现广西进口“两税”总额与广西进口贸易总额比较匹配。2018 年广西的进口“两税”税负率为 13.40%，高于全国水平 1.35 个百分点（见表 7），可见，广西的进口贸易在 2018 年比较活跃。2019 年上半年广西进口“两税”税负率从 2018 年的 13.40% 增长到 14.01%，高于 2019 年上半年全国平均水平。

表 7　2018 年广西与全国进口“两税”税负率比较

项目	进口“两税”总额(亿元)	进口贸易总额(亿元)	进口“两税”税负率(%)
广西	258.7	1930.6	13.40
全国	16976	140873.7	12.05

资料来源：根据历年《中国税务年鉴》与《广西统计年鉴》计算。

2. 与全国出口退税负担水平比较

进出口货物也是经济增长和增加税收的重要途径。出口退税税负率提高能够带动出口贸易的发展。由表 8 可见，广西与全国平均水平的出口退税税负处于比较低的水平。2018 年，广西的出口退税总额为 73.2 亿元，只占全国出口退税总额的 0.49%。2019 年上半年广西的出口退税总额占全国出口退税总额的 0.5%。

表 8　2018 年广西与全国出口退税负担水平比较

项目	出口退税总额(亿元)	出口贸易总额(亿元)	出口退税税负率(%)	出口退税对出口贸易的贡献率(%)
广西	73.2	2176.1	3.36	8.75
全国	15013.8	164176.7	9.15	3.63

资料来源：根据历年《中国税务年鉴》数据计算。

从出口贸易的数据来分析，2018 年广西的出口贸易总额为 2176.1 亿元，占全国出口贸易总额的 1.33%。可见，广西出口退税总额占全国的比重低于出口贸易总额占全国的比重。这个数据在一定程度上能说明，广西出口退税额度与它的出口贸易额度还没达到匹配。从税负的角度来看，2018 年广西的出口退税税负率为 3.36%，比全国平均水平低 5.79 个百分点。从贡献率的角度来看，出口退税对广西出口贸易的贡献率高于全国平均水平。2018 年广西出口退税对出口贸易的贡献率为 8.75%，全国的出口退税贡献率只有 3.63%。

（二）与典型东部省份比较

1. 与典型东部省份跨境贸易税收负担水平比较

第一，与典型东部省份进口“两税”负担水平比较。

2018 年广西进口“两税”的税收负担率指标高于东部平均水平且普遍高于东部典型省份。从该指标来看，广西进口“两税”税收负担相比东部典型省份处于较明显的进口高税负的劣势。

2018 年东部地区进口“两税”税收负担率平均值为 7.75%，其中广东为 8.18%，浙江为 6.51%，江苏为 8.56%。广西进口“两税”税负率为 13.40%，高于东部平均水平 5.65 个百分点、高于广东 5.22 个百分点、高于浙江 6.89 个百分点、高于江苏 4.84 个百分点。2018 年东部地区进口“两税”税收总额平均值为 1436.4 亿元，其中广东、浙江、江苏的进口“两税”税收总额分别为 2363.1 亿元、478 亿元、1468 亿元。2018 年广西进口“两税”税收总额为 258.7 亿元，低于广东 2104.4 亿元、低于浙江 219.3 亿元、低于江苏 1209.3 亿元（见表 9）。广西的进口贸易总额远远低于典型东部省份，然而进口“两税”的税负率却高于广东、浙江、江苏三省。这证明，广西的进口贸易税收政策还需要调整，以便改善广西的营商环境。

表 9　2018 年广西与典型东部省份进口“两税”税负比较

省份	进口“两税”税收总额(亿元)	进口贸易总额(亿元)	进口“两税”税负率(%)
广西	258.7	1930.6	13.40
广东	2363.1	28900	8.18
浙江	478	7337.2	6.51
江苏	1468	17144.7	8.56

资料来源：根据国家税务总局、统计局、中国海关官网发布的数据整理与计算。

第二，与典型东部省份出口退税负担水平比较。

从表 10 的数据可见，东部省份的出口贸易总额与出口退税总额远远超过广西。2018 年广西的出口贸易总额只占广东的 5.09%、浙江的 10.27%、江苏的 4.97%。2018 年的出口退税总额对比，广东的出口退税总额最高，达 2832.3 亿元；浙江与江苏的出口退税总额分别是 1671 亿元和 2364 亿元。广西的出口退税总额占广东、浙江、江苏的比例分别为 2.6%、4.4%、3.1%。从出口退税税负率的角度来看，浙江的税负水平最高（7.89%），比广西高 4.53 个百分点。广东与江苏两省的出口退税税负率分别为 6.63% 和 5.40%。

表 10　2018 年广西与典型东部省份出口退税税负率比较

省份	出口退税总额(亿元)	出口贸易总额(亿元)	出口退税税负率(%)
广西	73.2	2176.1	3.36
广东	2832.3	42718.3	6.63
浙江	1671	21182.1	7.89
江苏	2364	43802.4	5.40

资料来源：根据国家税务总局、统计局、中国海关官网发布的数据整理与计算。

2. 与典型东部省份出口退税贡献率比较

根据表 11 的数据，广西的出口退税对出口贸易活动有拉动作用。出口退税对广西的出口贸易的贡献率为 8.75%，高于东部典型省份平均水平。其中，广西出口退税贡献率高于浙江 3.85 个百分点、高于江苏 8.42 个百分点。与东部三省相比，广西出口退税的贡献率最大。而且 2018 年出口退税对广东的出口贸易活动没有起到促进作用。

表 11　2018 年广西与典型东部省份出口退税贡献率比较

省份	出口贸易增量(亿元)	出口退税增量(亿元)	出口退税对出口贸易的贡献率(%)
广西	320.9	28.089	8.75
广东	-25437.6	380.8	-1.50
浙江	1736.2	85	4.90
江苏	19195.2	63.6	0.33

资料来源：根据国家税务总局、统计局、中国海关官网发布的数据整理与计算。

（三）与典型中部省份比较

1. 与典型中部省份跨境贸易税收负担水平比较

第一，与典型中部省份进口“两税”负担水平比较。

根据表 12 的数据，2018 年中部地区进口“两税”税收负担率平均值为 10.15%，其中河南为 11.3%，湖北为 9.3%，湖南为 9.85%。广西进口“两税”税负率为 13.4%，高于中部平均水平 3.25 个百分点、高于河南 2.1

个百分点、高于湖北 4.1 个百分点、高于湖南 3.55 个百分点。2018 年中部地区进口“两税”税收总额平均值为 145.9 亿元，其中河南、湖北、湖南的进口“两税”税收总额分别为 219 亿元、115 亿元、103.7 亿元。2018 年广西进口“两税”税收总额为 258.7 亿元，高于河南 39.7 亿元、高于湖北 143.7 亿元、高于湖南 155 亿元。广西虽然进口“两税”的税收总额高于其他三省，但是其进口贸易总额低于河南。这说明，进出口企业在进口环节上要承担更大的压力。

表 12　2018 年广西与典型中部省份进口“两税”税负比较

省份	进口“两税”税收总额(亿元)	进口贸易总额(亿元)	进口“两税”税负率(%)
广西	258.7	1930.6	13.4
河南	219	1933.7	11.3
湖北	115	1234	9.3
湖南	103.7	1052.8	9.85

资料来源：根据国家税务总局、统计局、中国海关官网发布的数据整理与计算。

第二，与典型中部省份出口退税负担水平比较。

与典型中部省份相比，2018 年广西的出口贸易总额只高于湖南（149.4 亿元），低于湖北（低 77.1 亿元，广西相当于湖北出口贸易的 96.6%）和河南（低 1402.9 亿元，广西相当于河南出口贸易的 60.8%）。然而，广西的出口退税总额分别仅相当于河南、湖北、湖南的 42%、40%、44%。这说明与典型中部省份相比，广西的出口退税总额的水平比较低，未能与其出口贸易水平匹配。广西的出口退税税收负担小于中部地区平均水平，比河南、湖北、湖南的出口退税税负率分别低 1.5 个百分点、4.85 个百分点、4.78 个百分点。中部地区出口退税税负率最高的是湖北（8.21%）。从表 13 的数据可见广西的出口退税税负率处于较低的水平。从地方政府的角度来看，低水平的出口退税税负率能够减轻地方财政支出的压力，但是从企业的角度来看，高水平的出口退税税负率对其出口贸易才能够起到好的作用。

表 13　2018 年广西与典型中部省份出口退税税负比较

省份	出口退税总额(亿元)	出口贸易总额(亿元)	出口退税税负率(%)
广西	73.2	2176.1	3.36
河南	174.1	3579	4.86
湖北	185	2253.2	8.21
湖南	165	2026.7	8.14

资料来源：根据国家税务总局、统计局、中国海关官网发布的数据整理与计算。

2. 与典型中部省份出口退税贡献率比较

表 14 的数据显示，广西的出口退税贡献率高于典型中部省份平均水平 0.95 个百分点。2018 年典型中部省份的出口退税贡献率平均水平为 7.8%，其中河南为 4.97%，湖北为 11.21%，湖南为 7.39%。广西出口退税贡献率高于河南 3.96 个百分点、高于湖南 1.36 个百分点、低于湖北 2.46 个百分点。总体上，对典型中部省份来说，出口退税对出口贸易有明显的拉动作用。

表 14　2018 年广西与典型中部省份出口退税贡献率比较

省份	出口增量(亿元)	出口退税增量(亿元)	出口退税对出口贸易的贡献率(%)
广西	320.9	28.089	8.75
河南	407.2	19.5	4.79
湖北	189.1	21.2	11.21
湖南	461.2	34.1	7.39

资料来源：根据国家税务总局、统计局、中国海关官网发布的数据整理与计算。

（四）与典型西部省份比较

1. 与典型西部省份跨境贸易税收负担水平比较

第一，与典型西部省份进口“两税”负担水平比较。

表 15 显示，2018 年西部地区进口“两税”税收负担率平均值为 6.8%，其中贵州、云南、重庆等省份的进口“两税”税收负担率分别为 4.4%、8.4%、7.5%。广西进口“两税”税收负担率达 13.4%，高于西部三省份的

平均水平6.6个百分点；高于贵州9个百分点、高于云南5个百分点、高于重庆5.9个百分点。通过表15的数据，我们可以看到2018年西部三省份的进口"两税"税收额平均值为79.7亿元，低于广西进口"两税"税收额179亿元。另外，2018年广西进口贸易总额（1930.6亿元）也高于贵州（163.33亿元）、云南（1125.3亿元）、重庆（1827.3亿元）。这证明，作为西部地区的省份，广西总体进口情况比其他西部典型三省份好，但是税收负担率偏高。

表15 2018年广西与西部典型省份的进口"两税"税负比较

省份	进口"两税"税收额(亿元)	进口贸易总额(亿元)	进口"两税"税收负担率(%)
广西	258.7	1930.6	13.4
贵州	7.2	163.33	4.4
云南	94.95	1125.3	8.4
重庆	136.9	1827.3	7.5

资料来源：根据国家税务总局、统计局、中国海关官网发布的数据整理而成。

第二，与典型西部省份出口退税负担水平比较。

表16的数据表明，2018年西部三省份的出口退税税负率平均值为6.64%，其中贵州、云南、重庆的税负率分别为9.28%、6.37%、4.27%。广西出口退税税负率为3.74%，低于西部三省份平均税负率2.9个百分点，低于贵州5.54个百分点、低于云南2.63个百分点、低于重庆0.53个百分点。总体来看，广西的出口退税税负率低于贵州、云南、重庆西部三省份，这证明广西的出口退税力度低于西部典型省份的水平，企业从出口活动中得到的支持不明显。

表16 2018年广西与西部典型省份出口退税税负比较

省份	出口退税总额(亿元)	出口贸易总额(亿元)	出口退税税负率(%)
广西	48.84	1306.74	3.74
贵州	31.3	337.4	9.28
云南	54	847.7	6.37
重庆	145.1	3395.3	4.27

资料来源：根据国家税务总局、统计局、中国海关官网发布的数据整理而成。

2. 与西部典型省份出口退税贡献率比较

西部地区三省份的出口退税对它们的出口活动没有起到拉动的作用，出口退税贡献率均为负（见表17）。贵州在2018年出口贸易总额比2017年减少了52.73亿元，因此虽然2018年该省调整了出口退税政策，但是其对贵州的出口贸易活动没有起到很好的促进作用。云南与重庆在2018年的出口退税都低于2017年的出口退税总额，因此，出口退税也没有起到激励的作用。总体上，2018年广西的出口贸易活动在西部地区中呈现较好的发展趋势。

表17 2018年广西与典型西部省份出口退税贡献率比较

省份	出口贸易增量(亿元)	出口退税增量(亿元)	出口退税对出口贸易的贡献率(%)
广西	320.9	28.089	8.75
贵州	-52.73	18.3	-34.71
云南	75.6	-0.7	-0.93
重庆	511.6	-11.8	-2.31

资料来源：根据国家税务总局、统计局、中国海关官网发布的数据整理而成。

三 2018年广西跨境贸易税收指标评估结论及建议

（一）广西跨境贸易税收评估结论

1. 广西进出口税收指标的评估结论

第一，关于广西进口“两税”税负率的结论。

在东部、中部和西部典型省份中，广西进口“两税”收入高于典型西部和中部省份，只低于典型东部省份。2018年进口“两税”收入最高的是广东（2363.1亿元），第二是江苏（1468亿元），第三是浙江（478亿元）。广西进口“两税”的税负率排名最高，因此在全国营商环境中竞争力较差，为进口“两税”税负压力大的省份。

广西进口“两税”税负率指标均高于全国平均、东部平均、中部平均和西部平均水平。具体情况如下：广西进口“两税”税负率高于典型东部省份平均水平5.65个百分点，高于典型中部省份平均水平3.26个百分点，高于典型西部省份6.6个百分点。

第二，关于广西出口退税的结论。

2018年，在东部、中部和西部典型省份中，浙江的出口退税税负率排名最高（7.89%），广东的出口退税总额排名最高（2832.3亿元），广西的出口退税税负率处于最低水平（3.36%）。其中，典型东部省份的出口退税平均税负率为10%，高于广西6.25个百分点；中部地区出口退税平均税负率为7.07%，高于广西3.33个百分点；西部地区出口退税平均税负率为6.64%，高于广西2.9个百分点。在西部地区，与广西地理位置、经济发展水平相近的云南，2018年其出口贸易总额和出口退税总额均低于广西，但是其出口退税税负率却高于广西2.63个百分点。

2018年广西的出口退税对广西出口贸易的贡献率为8.75%，高于全国平均水平。在东部、中部和西部典型省份中，湖北的出口退税贡献率排名最高（11.21%），广西排名第二。从这个数据看出，广西出口退税对广西出口贸易活动的拉动力与全国和其他省份相比处于较高的水平。

2. 影响广西跨境贸易发展的财税政策评估结论

第一，关于影响广西跨境贸易发展的财税政策的结论。

国家颁布了减税降费的相关法律文件，有利于减少广西跨境贸易企业的税收负担，促进广西跨境贸易发展。这些政策主要有：党中央、国务院及各部委减税降费政策涉及的税收改进部分；财政部、国家税务总局直接颁布的系列激励进出口活动的税收政策要求和指导意见；广西地方制定实施的促进广西进出口发展、口岸经济发展的财税政策。面临世界贸易环境的改变，贸易保护主义的不断扩张，中美贸易摩擦日益复杂，中国减税降费政策的出台在短期内能够发挥激励的作用，减少企业的税收压力，提高广西企业在国际市场上的竞争力。增值税税率下调、进项税加计抵减和进项税抵扣范围扩大等一系列税收新政的全面落地，极大提振了广西企业发展的信心。特别是减税降费政策，对劳动密集型企业倾斜降费力度大，这对广西进出口企业来说积极影响比较大，因为广西的产品生产主要集中在劳动密集型产业。2018年广西的出口退税总额达到顶峰，这个数据证明2018年广西积极落实中央关于实施更大规模的减税降费政策。

2018年，国家要求各级部门对乱收费行为进行排查与整治，表明中国正在不断努力提升税收环境的透明度，为企业创造一个更公平的营商环境，最大力度减少企业与货物生产、流通无关的额外成本。

第二，关于影响广西跨境贸易发展的财税政策不足。

从国家政策层面来看。①政策变动性大。近几年来，中国多次对出口退税、进口“两税”政策进行调整，政策的不确定性和短期变动性在很大程度上影响到广西跨境进出口贸易发展。政策缺乏长远性不利于广西企业，尤其是生产型企业的长期发展规划。在跨境贸易活动中，广西政府正努力促进生产型的企业发展，减少贸易型的企业，从而更好地实现广西经济可持续发展。如果出口退税政策在短期内频繁修改和变动，将影响企业生产经营的长期规划，增加企业的时间成本与机会成本。因此，广西跨境贸易想要从质量上发展必须要有一个稳定的税收环境。②国家减税政策，如固定资产加速折旧、研发费用加计扣除、高科技企业和小微企业所得税优惠税率等，主要集中在企业所得税方面，若企业效益不好，政策效果就不明显。③国家进出口税收政策针对不同行业实行税收差别性调整，有利于提高发达地区产业转型的速度。然而，对于经济欠发达的广西，进出口附加值高的产品占比较小，主要出口贸易产品为低价值的劳动密集型产品，这在一定程度上对广西出口贸易发展有一定的负影响。④减税降费政策是出于中国当前经济社会发展战略目标而做出的重要调整，绝非纯粹的为降负而减税，过分强调减税、依赖减税，以实现优化营商财税环境绝非明智之举，不仅会给广西地方财政收入带来压力，而且企业将更加依赖减税降费政策，减弱企业自身的创新能力。因此，如何充分考虑中国当前的经济社会现实以及今后较长一段时期经济社会发展的影响，科学推进减税降费意义重大。⑤横向比较显示，典型东部省份出口退税的效应不如典型中部与西部省份。然而，现行出口退税政策中，各省份的出口退税额度分配几乎没有采用差异化分配方法。因此，东部地区虽然进出口贸易总额比中部和西部地区的进出口贸易总额高，但是随着东部地区经济的发展，土地、人力等要素价格逐渐上升，出口退税的乘数效应逐渐减弱。而中部、西部地区的经济发展相对落后，土地、人力等要素价格较低，承接东部产业转移的优势逐渐显现出来，出口退税的乘数效应逐渐增强。[①]

从地方政策层面来看。①广西地方优惠政策出台的力度和执行的灵活性远不及其他省份，财政支持政策和税收服务政策与先进省份相比差距较大。②国家政策的落地实施效果不佳。国家税务总局发布的“2018 年全国营商税收环境调查结果”显示，广西排名靠后，企业对包括营商财税政策在内的广西各营商环境政策落地情况反馈不理想。③广西营商环境多部门合作政策、共管政策和共治政策缺乏。营商环境改善是涉及各政府部门的整体性工作，营商财税环境的改进本身就涉及财政、税务、银行、海关、国土、房管、金融监督管理等多个相关部门的共同规范、治理和推进。目前广西营商环境优化政策多条块分明，少协同作业，统一共管联合性工作方案和政策规定较为缺乏。

（二）促进广西跨境贸易发展的税收对策建议

跨境贸易税收环境的不断改进与完善是促进跨境贸易发展的重要因素。作为外向型经济的少数民族自治区，以面向东盟为主导的发展方向，广西应该更好地利用国家的进出口税收政策，促进广西跨境贸易的发展。

1. 加大广西出口产业调整政策的引导

根据国家出台的税收政策趋势，未来中国出口退税税率的调整将主要集中在“两高一资”产业和易引起贸易摩擦的传统劳动密集型产业，而对高技术含量、高附加值的产业未做或少做调整。广西应结合自身发展的情况，

① 何辉，樊艺璇．出口退税与出口贸易：中国经验数据实证检验［J］．税务研究，2018，405（10）：104－110.

制定符合广西企业的税收鼓励政策，引导出口企业对生产产品进行升级，促进企业内部的技术创新。

2. 完善出口退税机制以提高出口退税效率

进一步简化出口退税的申请流程以及退税的时间，使政策最快落实，减轻政策变动给企业带来的成本增高。在实施出口退税的过程中，税务机构应该考虑重点“减环节、缩时限、降成本、提精准”。“减环节”是指从企业进行出口退税申报至退税额到账要经历的各项环节中，取消其中没必要的环节，如清理涉税涉费证明、采用先办后补、无纸化管理等服务模式。“缩时限”是指从企业进行出口退税申报至退税额到账的时长，相关服务部门应通过“企业满意度调查”，了解企业目前进行出口退税申报、进口“两税”纳税所需要花费的时长，通过数据化管理审查与对比各退税、纳税环节所花费的时间，从而有针对性地缩短手续办理的时间。

3. 加强与出口企业沟通，提高出口退税的效率

中美发生的贸易摩擦使中国的进出口贸易政策频繁调整，导致许多出口企业无法及时有效地了解和掌握相关税收政策信息，影响出口企业办理出口退税手续的效率。因此，广西税务机构应该加强与出口企业沟通交流，定期向出口企业解读新出台的出口退税政策，减少企业的税收损失。

四　2019 ~2020年广西跨境贸易发展的税收展望

（一）跨境贸易税收政策展望

广西作为沿边的省份，具有中国最为活跃的两个陆地口岸——东兴与凭祥，国家进出口税收政策的调整对广西经济发展，尤其是对跨境贸易发展将产生较大的影响。

1. 国家税收政策层面

为促进国内产业结构升级与应对中美贸易摩擦的形势，2019 年国家持

续调整进出口税收政策。

第一，国家进口“两税”政策调整。

2019 年，国家持续调整进口“两税”政策。具体的调整政策见表 18。

表 18　2019 年中国关于进口“两税”政策一览

时间	政策文件	发布机构	主要内容
2 月	《关于罕见病药品增值税政策的通知》	财政部、海关总署、国家税务总局、药监局	自 2019 年 3 月 1 日起，对进口罕见病药品，减按 3% 征收进口环节增值税
3 月	《关于调整部分项目可享受返税政策进口天然气数量的通知》	财政部、海关总署、国家税务总局	自 2019 年 1 月 1 日起，将浙江液化天然气项目可享受政策的进口规模调整为 700 万吨/年，将唐山液化天然气项目、天津液化天然气项目、广西液化天然气项目、天津浮式液化天然气项目、上海液化天然气项目可享受政策的进口规模调整为 600 万吨/年
4 月	《国务院关税税则委员会关于调整进境物品进口税有关问题的通知》	国务院	经国务院批准，国务院关税税则委员会决定对进境物品进口税进行调整。现将有关事项通知如下：①将进境物品进口税税目 1、2 的税率分别调降为 13%、20%；②将税目 1“药品”注释修改为“对国家规定减按 3% 征收进口环节增值税的进口药品，按照货物税率征税”；③上述调整自 2019 年 4 月 9 日起实施
10 月	《关于印发实施更大规模减税降费后调整中央与地方收入划分改革推进方案的通知》	国务院	将部分在生产（进口）环节征收的现行消费税品目逐步后移至批发或零售环节征收，拓展地方收入来源，引导地方改善消费环境

资料来源：根据中央人民政府、国家税务总局、财政部、中国海关等网站信息进行汇总。

第二，国家出口退税政策调整。

从国家政策制定的角度分析，2019 年中国出口退税政策已经历了多次调整（见表 19）。

表 19　2018～2019 年中国出口退税政策调整一览

时间	政策文件	发布机构	主要内容
2018 年 9 月 5 日	《关于提高机电　文化等产品出口退税率的通知》	财政部、国家税务总局	提高机电、文化等产品的出口退税率。其中，将多元件集成电路、非电磁干扰滤波器、书籍、报纸等产品出口退税率提高至 16%。将竹刻、木扇等产品出口退税率提高至 13%。将玄武岩纤维及其制品、安全别针等产品出口退税率提高至 9%
2018 年 10 月 22 日	《关于调整部分产品出口退税率的通知》	财政部、国家税务总局	取消豆粕出口退税；其余出口产品，原出口退税率为 15% 的，出口退税率提高至 16%；原出口退税率为 9% 的，出口退税率提高至 10%；原出口退税率为 5% 的，出口退税率提高至 6%
2019 年 3 月 20 日	《关于深化增值税改革有关政策的公告》	财政部、国家税务总局、海关总署	将原增值税税率 16% 调整为 13%、10% 调整为 9%；同时对出口货物劳务及跨境应税服务的退税率进行调整，原 16% 的退税率调整为 13%，原增值税税率为 10% 且退税率为 10% 的退税率调整为 9%；其他征税率与退税率不一致的货物劳务及跨境应税服务的退税率（原增值税税率为 16% 但退税率为 13%、10%、6%；或增值税税率为 10%，但退税率为 6%），继续按原退税率执行
2019 年 10 月 9 日	《关于印发实施更大规模减税降费后调整中央与地方收入划分改革推进方案的通知》	国务院	增值税留抵退税地方分担的部分（50%），由企业所在地全部负担（50%）调整为先负担 15%，其余 35% 暂由企业所在地一并垫付，再由各地按上年增值税分享额占比均衡分担，垫付多于应分担的部分由中央财政按月向企业所在地省级财政调库

资料来源：根据中国财政部网站资料进行整理。

第三，国家赋予广西的自由贸易区税收政策。

2019 年 8 月，国务院印发《中国（广西）自由贸易试验区总体方案》，广西正式被批准成为自由贸易试验区。这意味着广西将享受更多的政策支持，可以实施更灵活的经贸发展模式。设立中国（广西）自由贸易试验区，对于深化与东盟的经贸合作，促进沿边地区高水平开放，带动广西乃至西部地区开放发展具有十分重要的意义。《中国（广西）自由贸易试验区总体方案》提出中国（广西）自由贸易试验区的主要任务包括七项，其中推动贸易转型升级、构建面向东盟的国际陆海贸易新通道为广西跨境贸易指明了未来的发展方向。广西应该注重优化进出口贸易结构来推动贸易转型的升级，通过改善基础设施促进物流产业的发展，带动贸易服务、加工贸易等其他相关产业的发展，将广西建设成为国际陆海贸易新通道。

2. 广西税收政策层面

为全面贯彻落实国家促进对外贸易发展的税收政策，支持将减税降费政策落到实处，广西制定了落实国家减税降费政策的具体措施（见表20）。

表20　2019年广西地方落实国家减税降费政策一览

时间	项目	发布机构	主要内容
2019年2月12日	《广西壮族自治区财政厅　国家税务总局广西壮族自治区税务局关于对我区小微企业实施税费优惠的通知》	广西壮族自治区财政厅、国家税务总局广西壮族自治区税务局	对广西增值税小规模纳税人的资源税、城市维护建设税、房产税、城镇土地使用税、印花税（不含证券交易印花税）、耕地占用税和教育费附加、地方教育附加减按50%征收
2019年5月30日	《全面支持落实减税降费政策确保全区财政收支平稳运行工作方案》	广西壮族自治区财政厅	提出了抢抓减税降费机遇，加大财源培植力度
2019年7月9日	下达减税降费专项补助资金11亿元	广西壮族自治区财政厅	自治区财政在2019年对市县均衡性转移支付测算中专门考虑减税降费因素，安排减税降费专项补助资金。2019年7月9日，经自治区人民政府批准，自治区财政厅下达了减税降费专项补助资金11亿元

资料来源：根据广西财政厅、广西税务局网站资料进行整理。

（二）跨境贸易税收政策对广西跨境贸易的影响前景

国家颁布的减税降费的相关法律文件，有利于减少广西跨境贸易企业的税收负担，促进跨境贸易发展。2019年财政部、国家税务总局颁布的《关于实施小微企业普惠性税收减免政策的通知》，提出对小微企业免征增值税，减按25%、50%计入应纳税所得额，按20%、50%的税率缴纳企业所得税；《国务院关于印发降低社会保险费率综合方案的通知》提出降低养老保险单位缴费比例，继续阶段性降低失业保险和工伤保险费率。这几项政策直接影响了广西跨境贸易企业的发展，因为广西进出口贸易的企业大部分都属于小微企业，这些政策的出台能够帮助广西企业减少税收负担，稳定企业经营现状，激励其扩大营业规模。

中央对简化行政手续、查处乱收费行为等不良现象提出相关指导，有利于优化营商环境，为广西跨境贸易企业创造更好的经营环境。2019年国家税务总局分别颁布了《关于取消一批税务证明事项的决定》和《关于坚决查处第三方涉税服务借减税降费服务巧立名目乱收费行为的通知》。另外，国家税务总局简化增值税发票认证、持续推进“互联网+税务”行动、连续开展“便民办税春风行动”、大数据优化税收管理、深化“放管服”改革等，带动广西等各省（区）电子办税、智慧办税、便民办税、大数据管税、优化纳税服务，营造了公平透明的税收营商环境。

广西政府响应国家的政策积极颁布相关的指导文件，要求相关部门开展减税降费的各项工作，有利于推动广西跨境贸易发展。2019年，《全面支持落实减税降费政策确保全区财政收支平稳运行工作方案》提出抢抓减税降费机遇，加大财源培植力度；经广西壮族自治区人民政府批准，广西壮族自治区财政厅下达了减税降费专项补助资金11亿元；《广西壮族自治区财政厅　国家税务总局　广西壮族自治区税务局关于对我区小微企业实施税费优惠的通知》指出，对广西增值税小规模纳税人的资源税、城市维护建设税、房产税、城镇土地使用税、印花税（不含证券交易印花税）、耕地占用税和教育费附加、地方教育附加减按50%征收。

（三）广西跨境贸易税收前景

1. 广西进口贸易与进口“两税”收入指标前景

2019～2020年，中国进口“两税”的税率有可能继续下调，因此广西进口“两税”的税收总额预计下降，“两税”的税收贡献指标预期出现下降可能。中国不断推进减税降费的政策，尤其是增值税减税的政策，进口“两税”的政策调整将减轻广西企业特别是中小企业的税收负担。根据2019

年的贸易发展趋势，2019 年底中美两国在贸易谈判上取得了一定的进展，因此预计未来中国对美国的进口产品税收将放松，进口税收也会减少。

进口税收负担指数下降有利于扩大中国的消费市场，保持跨境零售与境内零售的公平竞争，减少跨境贸易的摩擦，更好地保证中国出口的产品在世界各国得到公平的对待。中国进口贸易也将呈现继续增长的趋势。

2. 广西出口贸易与出口退税指标前景

2019～2020 年，中国持续大规模推进减税降费政策，继续推动稳外贸政策举措的深入落实。持续改善营商环境，进一步完善出口退税政策，提高部分产品出口退税率，削减进、出口环节制度性成本，降低外贸企业负担，激发市场活力。加大非商业性境外办展资金支持，加快提升贸易通关便利化水平，等等。根据 2019 年《全面支持落实减税降费政策确保全区财政收支平稳运行工作方案》，广西税务部门将积极主动开展相关工作，保证国家减税降费的政策尽快实施。因此，广西出口贸易将继续 2018～2019 年的增长趋势。

由于近几年来中国与美国的贸易关系不稳定，贸易摩擦不断升级，因此，2019～2020 年，中国对外直接投资主要分布在亚洲、欧洲区域，“一带一路”沿线国家吸引的投资份额将增加，中国企业对北美洲国家的投资份额将有所减少。随着中国企业在东南亚国家投资的增加，广西作为链接中国—东盟的重要省份，广西与东南亚国家的出口贸易预计将增长较快。

广西财政支持基本公共服务发展报告

习近平总书记在中国共产党第十九次全国代表大会报告中指出："坚持人人尽责、人人享有，坚守底线、突出重点、完善制度、引导预期，完善公共服务体系，保障群众基本生活，不断满足人民日益增长的美好生活需要，不断促进社会公平正义，形成有效的社会治理、良好的社会秩序，使人民获得感、幸福感、安全感更加充实、更有保障、更可持续。"李克强总理在2019年政府工作报告中提出："坚持在发展中保障和改善民生，改革发展成果更多更公平惠及人民群众。"

广西在以习近平同志为核心的党中央坚强领导下，全面落实"三大定位"新使命和"五个扎实"新要求，围绕"建设壮美广西　共圆复兴梦想"总目标，落实高质量发展要求，持续打好三大攻坚战，经济发展总体平稳，各项事业全面进步，人民生活持续改善，广西各族人民获得感、幸福感持续提升。①

一　2018年广西财政支持基本公共服务均等化总体评估

丁元竹提出中国现阶段的基本公共服务基本可以归为两大类②。一是以财政均等化为核心的均等化。政府间财政关系和转移支付主要应该用于解决公共服务的均等化问题。二是以全体人民对基本公共服务的可及性为目标的均等化。它包含三层意思：①国家层面要制定全国范围内的基本公共服务均等化的规划，地方政府应当依据国家规划对所辖区域的基本公共服务及其标准做出明确具体的规划；②保证全体人民都应当具有享有基本公共服务的财

① 陈武 . 2019年广西壮族自治区政府工作报告［N］. 广西日报，2019-2-3.

② 丁元竹 . 促进中国基本公共服务均等化的基本对策［J］. 中国经贸导刊，2008（5）.

政能力，中央政府（或省级政府）必须确保他们具有这种能力；③全体人民应当不分城乡和地区公平可及地享有基本服务设施的权利和机会。第一类主要针对财政能力均等化，第二类主要针对享有基本公共服务机会的平等权利。钟振强和宋丹兵提出了基本公共服务均等化的评价指标体系，即人均GDP、人均财政收入、人均可支配财力、人均财政支出、各项基本公共服务人均支出 5 项指标[①]。陈海威和田侃认为，基本公共服务包括四方面[②]：①底线生存服务，包括就业服务、社会保障、社会福利和社会救助，主要目标是保障公民的生存权；②公众发展服务，包括义务教育、公共卫生和基本医疗、公共文化体育，主要目标是保障公民的发展权；③基本环境服务，包括居住服务、公共交通、公共通信、公用设施和环境保护，主要目标是保障公民起码的日常生活和自由；④公共安全服务，包括食品药品安全、消费安全、社会治安和国防安全等领域，主要目标是保障公民的生命财产安全。

综合上述观点，本报告选取以下 6 项指标评估基本公共服务均等化水平，即人均 GDP、人均财政收入、人均财政支出、人均基本公共服务财政支出、基本公共服务财政支出负担和人均各项基本公共服务支出。

1. 广西人均 GDP 指标

基本公共服务均等化受财政能力的制约，不同经济发展水平会导致不同的财政收入。一个地区财政收入数额和弹性越大，说明这个地区相对可以利用的财政支出数额就越大，那么提供基本公共服务的相对水平就会越高，提供的基本公共服务的内容可以越广，标准也可以较高。

财政能力主要受经济实力的制约。衡量一国或者地区经济实力高低，可以选用人均国内生产总值即人均 GDP 指标。人均 GDP 越高，则基本公共服务的内容较广，服务标准越高；人均 GDP 较低，则基本公共服务的内容较少，服务标准也较低。

表 1 数据显示，2014 ~ 2018 年广西人均 GDP 呈现持续增加的趋势。

---

① 钟振强. 论基本公共服务均等化及其评价指标体系 [J]. 山西财经税务专科学校学报，2007 (5).

② 陈海威. 中国基本公共服务均等化问题探讨 [J]. 中共福建省委党校学报，2007 (5).

2018 年广西三大产业增长对经济增长的贡献率分别为 8.3%、41.9% 和 49.8%，其中第二、第三产业迅速发展，带动了广西地区生产总值的提高，使得人均 GDP 的总量不断攀升。

表 1　2014～2018 年广西人均 GDP

单位：元

指标	2014 年	2015 年	2016 年	2017 年	2018 年
人均 GDP	33237	35330	38027	41955	43903

资料来源：历年《广西统计年鉴》。

2. 人均财政收入与人均财政支出指标

第一，人均财政收入。

GDP 总量是财政收入的来源，但并不构成全部的财政收入。人均财政收入较高，则基本公共服务的内容可以较广，标准也可以较高。反之，人均财政收入较低，则基本公共服务的内容较少，标准较低。表 2 显示，2014～2017 年，广西人均财政收入总量呈现逐年增加的趋势，2017 年比 2014 年增加了约 700 元。

表 2　2014～2017 年广西人均财政收支情况

单位：元

指标	2014 年	2015 年	2016 年	2017 年
人均财政收入	3949.85	4228.04	4398.87	4650.38
人均财政支出	6355.78	7367.72	7961.46	8773.02

资料来源：历年《广西统计年鉴》。

第二，人均财政支出。

表 2 显示，2014～2017 年，广西人均财政支出也呈现逐年增加的趋势，增长了近 0.38 倍。

人均财政收入和人均财政支出的增加，从侧面说明广西经济水平的发展状况良好，财政收入来源稳定，社会公共服务的支出有所保障，人均财政支出的不断增加说明广西对社会公共服务的投入在不断增多，覆盖面在增大。

3. 基本公共服务财政支出负担与人均基本公共服务财政支出指标

第一，基本公共服务财政支出负担。

表3显示，2010~2018年，随着广西经济总量的提高，广西用于基本公共服务的财政支出也在逐年增加，且呈现持续上升的趋势。进一步说明了经济越发达，基本公共服务的水平越高。

表3　2010~2018年广西基本公共服务财政支出负担水平

单位：%

指标	2010年	2011年	2012年	2013年	2014年	2015年	2016年	2017年	2018年
广西基本公共服务财政支出负担水平	9.16	9.28	9.91	9.97	10.68	11.78	12.49	12.85	13.02

第二，人均基本公共服务财政支出。

表4显示了2010~2018年广西人均基本公共服务财政支出的情况。9年间广西人均基本公共服务财政支出总量呈现逐年稳步增长的态势，共增加3192元，年均增加399元。这说明广西经济水平的发展较快，财政收入来源稳定，基本公共服务的支出有所保障，广西对基本公共服务的投入不断增多，覆盖面不断扩大。

表4　2010~2018年广西人均基本公共服务财政支出

单位：元

指标	2010年	2011年	2012年	2013年	2014年	2015年	2016年	2017年	2018年
人均基本公共服务财政支出	1705	2100	2476	2740	3070	3602	4099	4680	4897

资料来源：历年《广西统计年鉴》《广西财政年鉴》。

4. 人均各项基本公共服务支出指标

反映各项具体基本公共服务的均等化程度和不同基本公共服务间的水平

均等情况时，需要通过另一个相对指标即各项基本公共服务人均支出来实现。具体来说，它是通过人均情况下某一具体基本公共服务所获得的财政支出来反映的。某项人均财政支出较高，则该项基本公共服务的标准较高，反之，某项人均财政支出较低，则基本公共服务的标准较低。

第一，公共发展服务支出结构。

广西教育支出的比重远远超过后两者（见表5），符合夯实跨越发展战略的要求，但医疗卫生服务的支出有待提高，文化体育及传媒等“高级”的公共服务的占比过低，说明广西人民的精神生活建设投入还有很大的发掘潜力。

表5　2017年广西公共发展服务支出的构成情况

公共发展服务	文化体育与传媒	医疗卫生	教育
总量(万元)	643565	5123130	9202033
人均值(元)	114.92	918.29	1649.41

第二，基本环境服务支出结构。

交通运输的支出排在第二（见表6），广西应该加大公路、桥梁、铁路、港口等基础设施建设，为配套产业的发展提供物质基础。环境保护支出的比重最少，虽然近年来广西环境保护意识在不断增强，但是由于以旅游业及其相关服务的第三产业对广西 GDP 的贡献率2018年已经接近50%，所以保护好环境，使广西旅游业稳步健康发展，并带动第三产业持续发展，环境保护的支出需要逐步提高。

表6　2017年基本环境服务支出构成情况

基本环境服务	交通运输	一般公共服务	环境保护
总量(万元)	2440922	4553479	851119
人均值(元)	437.52	816.18	152.56

资料来源：《广西统计年鉴》。

二　广西与全国及典型省份基本公共服务均等化水平比较

本节从基本公共服务财政支出负担水平、增长水平、倾斜水平三个方面来考察广西与全国及典型省份基本公共服务均等化的区域比较现状。

（一）与全国平均水平比较

1. 与全国基本公共服务财政支出水平比较

第一，基本公共服务财政支出负担水平比较。

表7显示，2010～2018年，广西基本公共服务财政支出负担水平比全国平均水平均低约1个百分点，这说明广西基本公共服务水平虽在不断提高，但与全国平均水平相比仍有较大差距。

表7　2010～2018年广西与全国基本公共服务财政支出负担水平比较

单位：%

地区	2010年	2011年	2012年	2013年	2014年	2015年	2016年	2017年	2018年
广西	20.90	21.63	22.81	22.11	22.10	24.10	24.25	24.07	23.96
全国	21.85	22.54	23.36	23.75	23.54	25.62	25.35	24.62	24.89

资料来源：历年《中国统计年鉴》《广西统计年鉴》。

其一，底线生存服务：社会保障服务财政支出负担水平比较。表8显示，2011～2015年，全国社会保障服务财政支出负担水平均高于广西，直到2016～2018年，广西社会保障服务财政支出负担水平高于全国平均水平。

表8　2010～2018年广西与全国社会保障服务财政支出负担水平比较

单位：%

地区	2010年	2011年	2012年	2013年	2014年	2015年	2016年	2017年	2018年
广西	2.26	2.13	2.16	2.40	2.46	2.73	2.94	3.33	3.12
全国	2.22	2.29	2.33	2.45	2.48	2.77	2.92	2.98	3.11

资料来源：历年《中国统计年鉴》《广西统计年鉴》。

其二，公众发展服务财政支出负担水平比较。广西公众发展服务财政支出负担水平与全国平均水平差距较大。

首先，基础教育服务财政支出负担水平比较。表9显示，广西基础教育服务财政支出占GDP的比重比全国高1个百分点左右，这说明广西基础教育落后，欠账多，而且其投入的资金来源绝大部分为中央转移支付，中央对广西教育的支持力度不断加大。

表9　2010～2018年广西与全国基础教育服务财政支出负担水平比较

单位：%

地区	2010年	2011年	2012年	2013年	2014年	2015年	2016年	2017年	2018年
广西	3.82	3.88	4.50	4.20	4.20	4.68	4.67	4.51	4.46
全国	3.05	3.40	3.94	3.73	3.57	3.83	3.79	3.66	3.67

资料来源：历年《中国统计年鉴》《广西统计年鉴》。

其次，公共卫生服务财政支出负担水平比较。表10显示，2010～2018年，全国公共卫生服务财政支出负担水平均低于广西。

表10　2010～2018年广西与全国公共卫生服务财政支出负担水平比较

单位：%

地区	2010年	2011年	2012年	2013年	2014年	2015年	2016年	2017年	2018年
广西	1.72	1.98	1.93	1.97	2.26	2.45	2.56	2.51	2.48
全国	1.17	1.33	1.34	1.40	1.58	1.74	1.78	1.75	1.77

资料来源：历年《中国统计年鉴》《广西统计年鉴》。

最后，公共文化服务财政支出负担水平比较。表11显示，2010～2018年，大部分年份全国公共文化服务财政支出负担水平均高于广西，2016～2018年，广西反超全国平均水平。

表 11　2010～2018 年广西与全国公共文化服务财政支出负担水平比较

单位：%

地区	2010 年	2011 年	2012 年	2013 年	2014 年	2015 年	2016 年	2017 年	2018 年
广西	2.26	2.13	2.16	2.40	2.46	2.73	2.94	3.33	3.12
全国	2.22	2.29	2.33	2.45	2.48	2.77	2.92	2.98	3.11

资料来源：历年《中国统计年鉴》《广西统计年鉴》。

其三，基本环境服务：环境保护服务财政支出负担水平比较。表 12 显示，2011～2015 年，全国环境保护服务财政支出负担水平高于广西，2016～2018 年，广西反超全国平均水平。

表 12　2010～2018 年广西与全国环境保护服务财政支出负担水平比较

单位：%

地区	2010 年	2011 年	2012 年	2013 年	2014 年	2015 年	2016 年	2017 年	2018 年
广西	2.26	2.13	2.16	2.40	2.46	2.73	2.94	3.33	3.12
全国	2.22	2.29	2.33	2.45	2.48	2.77	2.92	2.98	3.11

资料来源：历年《中国统计年鉴》《广西统计年鉴》。

第二，人均基本公共服务财政支出水平比较。

从表 13 中可以进一步看出广西人均基本公共服务财政支出水平与全国人均水平的差距，2010～2018 年，广西人均基本公共服务财政支出占全国水平的 52%～60%。

表 13　2010～2018 年广西与全国人均基本公共服务财政支出水平比较

单位：元

地区	2010 年	2011 年	2012 年	2013 年	2014 年	2015 年	2016 年	2017 年	2018 年
广西	1705	2100	2476	2740	3070	3602	4100	4680	4897
全国	2936	3478	4042	4648	5360	6255	6991	7801	8390

资料来源：历年《中国统计年鉴》《广西统计年鉴》。

2. 与全国基本公共服务财政支出增长水平比较

第一，基本公共服务财政支出增长水平比较。

表 14 显示，2007～2018 年，广西基本公共服务财政支出增长水平比全

国平均水平高，2018 年比2007 年增长了3.95 倍，高于全国3.24 倍的水平。特别是2012 年以来广西基本公共服务财政支出不断增长，其支出效果也十分明显。

表 14　2007～2018 年广西与全国基本公共服务财政支出增长水平比较

单位：%

地区	2007 年	2008 年	2009 年	2010 年	2011 年	2012 年	2013 年	2014 年	2015 年	2016 年	2017 年	2018 年
广西	100	132	165	204	258	303	325	353	412	451	498	495
全国	100	126	153	181	220	253	282	305	353	377	408	424

资料来源：历年《中国统计年鉴》《广西统计年鉴》。

其一，底线生存服务：社会保障服务财政支出增长水平比较。从表 15 中可以看出，广西社会保障服务财政支出增长水平高于全国水平，2018 年比 2007 年增长了 4.94 倍，高于全国 3.90 倍的水平。

表 15　2007～2018 年广西与全国社会保障服务财政支出增长水平比较

单位：%

地区	2007 年	2008 年	2009 年	2010 年	2011 年	2012 年	2013 年	2014 年	2015 年	2016 年	2017 年	2018 年
广西	100	117	184	196	227	255	315	350	416	487	613	594
全国	100	125	140	168	204	231	266	293	349	396	452	490

资料来源：历年《中国统计年鉴》《广西统计年鉴》。

其二，公众发展服务财政支出增长水平比较。广西基本公共服务增长快于全国水平的情况也可从基本公共服务具体项目中分析得出。

首先，基础教育服务财政支出增长水平比较。表 16 显示，广西基础教育服务财政支出增长水平高于全国水平，2018 年比 2007 年增长了 3.81 倍，高于全国 3.46 倍的水平，特别是 2012 年以来广西基础教育服务财政支出在加速增长。

表 16　2007～2018 年广西与全国基础教育服务财政支出增长水平比较

单位：%

地区	2007 年	2008 年	2009 年	2010 年	2011 年	2012 年	2013 年	2014 年	2015 年	2016 年	2017 年	2018 年
广西	100	133	157	194	241	311	322	349	417	451	486	481
全国	100	127	147	176	232	298	309	324	369	394	423	446

资料来源：历年《中国统计年鉴》《广西统计年鉴》。

其次，公共卫生服务财政支出增长水平比较。同样的情况也可从表 17 中得出，广西公共卫生服务财政支出增长水平高于全国水平，2018 年比 2007 年增长了 9.01 倍，高于全国 7.01 倍的水平，是所有基本公共服务项目增长最快的。

表 17　2007～2018 年广西与全国公共卫生服务财政支出增长水平比较

单位：%

地区	2007 年	2008 年	2009 年	2010 年	2011 年	2012 年	2013 年	2014 年	2015 年	2016 年	2017 年	2018 年
广西	100	155	229	326	459	499	563	700	815	923	1009	1001
全国	100	139	201	241	323	364	416	511	601	661	726	801

资料来源：历年《中国统计年鉴》《广西统计年鉴》。

最后，公共文化服务财政支出增长水平比较。表 18 显示，广西公共文化服务财政支出增长水平低于全国平均水平，2018 年比 2007 年增长了 1.99 倍，低于全国 2.88 倍的水平，是所有基本公共服务项目中唯一增长速度低于全国平均水平的项目。

表 18　2007～2018 年广西与全国公共文化服务财政支出增长水平比较

单位：%

地区	2007 年	2008 年	2009 年	2010 年	2011 年	2012 年	2013 年	2014 年	2015 年	2016 年	2017 年	2018 年
广西	100	137	137	153	175	213	233	320	369	332	301	299
全国	100	122	155	172	211	252	283	300	342	352	378	388

资料来源：历年《中国统计年鉴》《广西统计年鉴》。

其三，基本环境服务：环境保护服务财政支出增长水平比较。表 19 显示，广西环境保护服务财政支出增长水平高于全国平均水平，2018 年比 2007 年增长了 5.1 倍，略高于全国 4.98 倍的水平，是所有基本公共服务项目中广西与全国水平最为接近的项目。

表 19　2007～2018 年广西与全国环境保护服务财政支出增长水平比较

单位：%

地区	2007 年	2008 年	2009 年	2010 年	2011 年	2012 年	2013 年	2014 年	2015 年	2016 年	2017 年	2018 年
广西	100	207	369	472	398	443	474	620	728	670	628	610
全国	100	146	194	245	265	298	345	383	482	476	564	598

资料来源：历年《中国统计年鉴》《广西统计年鉴》。

第二，人均基本公共服务财政支出增长水平比较。

表 20 显示，2007～2018 年，广西人均基本公共服务财政支出增长水平高于全国平均水平，2018 年比 2007 年增长了 3.32 倍，高于全国 2.96 倍的水平，特别是 2012 年以来广西人均基本公共服务财政支出在加速增长。

表 20　2007～2018 年广西与全国人均基本公共服务财政支出增长水平比较

单位：%

地区	2007 年	2008 年	2009 年	2010 年	2011 年	2012 年	2013 年	2014 年	2015 年	2016 年	2017 年	2018 年
广西	100	130	162	197	248	289	308	322	374	404	445	432
全国	100	125	152	178	215	247	274	295	340	360	388	396

资料来源：历年《中国统计年鉴》《广西统计年鉴》。

3. 与全国基本公共服务财政支出倾斜水平比较

第一，底线生存服务：社会保障服务财政支出倾斜水平比较。

表 21 显示，广西社会保障服务财政支出倾斜水平高于全国平均水平，2007～2018 年，大部分年份广西比全国平均水平高，只有极少数年份低于全国平均水平，但在 2015 年以后广西与全国倾斜水平的差距在拉大。

表 21　2007 ~ 2018 年广西与全国社会保障服务财政支出倾斜水平比较

单位：%

地区	2007 年	2008 年	2009 年	2010 年	2011 年	2012 年	2013 年	2014 年	2015 年	2016 年	2017 年	2018 年
广西	11. 22	9. 94	12. 56	10. 81	9. 85	9. 46	10. 85	11. 13	11. 33	12. 13	13. 83	13. 85
全国	10. 94	10. 87	9. 97	10. 16	10. 17	9. 99	10. 33	10. 52	10. 81	11. 50	12. 12	12. 16

资料来源：历年《中国统计年鉴》《广西统计年鉴》。

第二，公众发展服务财政支出倾斜水平比较。

其一，基础教育服务财政支出倾斜水平比较。表 22 显示，广西基础教育服务财政支出倾斜水平高于全国水平，2007 ~ 2018 年，广西比全国平均水平高 2 个 ~6 个百分点，2015 年以来由于广西基础教育服务财政支出在加速增长，其倾斜水平有所收窄。

表 22　2007 ~ 2018 年广西与全国基础教育服务财政支出倾斜水平比较

单位：%

地区	2007 年	2008 年	2009 年	2010 年	2011 年	2012 年	2013 年	2014 年	2015 年	2016 年	2017 年	2018 年
广西	19. 21	19. 37	18. 29	18. 27	17. 95	19. 74	19. 01	18. 98	19. 42	19. 24	18. 75	18. 69
全国	14. 31	14. 39	13. 68	13. 96	15. 10	16. 87	15. 69	15. 18	14. 94	14. 95	14. 85	14. 75

资料来源：历年《中国统计年鉴》《广西统计年鉴》。

其二，公共卫生服务财政支出倾斜水平比较。同样的情况也可从表 23 中得出，广西公共卫生服务财政支出倾斜水平高于全国平均水平，2007 ~ 2018 年广西比全国平均水平高 1 个 ~4 个百分点。

表 23　2007 ~ 2018 年广西与全国公共卫生服务财政支出倾斜水平比较

单位：%

地区	2007 年	2008 年	2009 年	2010 年	2011 年	2012 年	2013 年	2014 年	2015 年	2016 年	2017 年	2018 年
广西	5. 15	6. 07	7. 16	8. 24	9. 15	8. 48	8. 90	10. 21	10. 18	10. 54	10. 44	10. 34
全国	4. 00	4. 40	5. 23	5. 35	5. 89	5. 75	5. 91	6. 70	6. 80	7. 01	7. 12	7. 10

资料来源：历年《中国统计年鉴》《广西统计年鉴》。

其三，公共文化服务财政支出倾斜水平比较。从表 24 中可以看到，广西公共文化服务财政支出倾斜水平大部分年份低于全国水平，只有极少数年份高于全国水平，2010 年以来与全国水平的差距在进一步拉大，是所有基本公共服务项目中倾斜水平低于全国水平的项目之一。

表 24　2007～2018 年广西与全国公共文化服务财政支出倾斜水平比较

单位：%

地区	2007 年	2008 年	2009 年	2010 年	2011 年	2012 年	2013 年	2014 年	2015 年	2016 年	2017 年	2018 年
广西	2.17	2.25	1.80	1.63	1.47	1.52	1.55	1.97	1.94	1.60	1.31	1.29
全国	1.81	1.75	1.83	1.72	1.73	1.80	1.81	1.77	1.75	1.68	1.67	1.69

资料来源：历年《中国统计年鉴》《广西统计年鉴》。

第三，基本环境服务：环境保护服务财政支出倾斜水平比较。

从表 25 中比较得出，广西环境保护服务财政支出倾斜水平绝大部分年份低于全国平均水平，只有极少数年份高于全国平均水平，是所有基本公共服务项目中又一个低于全国水平的项目，并且在 2015 年以来倾斜水平差距进一步拉大。

表 25　2007～2018 年广西与全国环境保护服务财政支出倾斜水平比较

单位：%

地区	2007 年	2008 年	2009 年	2010 年	2011 年	2012 年	2013 年	2014 年	2015 年	2016 年	2017 年	2018 年
广西	1.37	2.16	3.08	3.19	2.12	2.01	2.00	2.41	2.43	2.04	1.73	1.71
全国	2.00	2.32	2.53	2.72	2.42	2.35	2.45	2.51	2.73	2.52	2.77	2.87

资料来源：历年《中国统计年鉴》《广西统计年鉴》。

（二）与典型东部省份比较

1. 与典型东部省份基本公共服务财政支出水平比较

第一，基本公共服务财政支出负担水平比较。

从表 26 中可以看出，2012～2018 年，广西基本公共服务财政支出负担水平比东部地区及其典型省份的水平均高10个百分点左右，这说明广西基本公共服务水平虽在不断提高，但由于GDP总量的悬殊，与东部地区及其典型省份平均水平相比仍有较大差距。

表26 2012～2018年广西与典型东部省份基本公共服务财政支出负担水平比较

单位：%

地区	2012年	2013年	2014年	2015年	2016年	2017年	2018年
广西	22.81	22.11	22.10	24.10	24.25	24.07	23.96
东部平均	12.59	12.94	13.01	15.51	14.81	14.60	14.67
广东	12.75	13.28	13.31	17.36	16.67	16.76	16.79
浙江	11.98	12.53	12.84	15.50	14.76	14.55	14.66
江苏	12.80	12.84	12.81	13.59	12.90	12.36	12.83

资料来源：《江苏统计年鉴》《广东统计年鉴》《浙江统计年鉴》《广西统计年鉴》。

其一，底线生存服务：社会保障服务财政支出负担水平比较。从表27中可以看出，2012～2018年，广西社会保障服务财政支出负担水平远高于东部地区及其典型省份水平。

表27 2012～2018年广西与典型东部省份社会保障服务财政支出负担水平比较

单位：%

地区	2012年	2013年	2014年	2015年	2016年	2017年	2018年
广西	2.16	2.40	2.46	2.73	2.94	3.33	3.32
东部平均	1.03	1.10	1.11	1.30	1.30	1.44	1.43
广东	1.05	1.18	1.16	1.44	1.42	1.59	1.59
浙江	0.99	1.05	1.08	1.26	1.34	1.55	1.56
江苏	1.02	1.04	1.07	1.18	1.16	1.22	1.32

资料来源：《江苏统计年鉴》《广东统计年鉴》《浙江统计年鉴》《广西统计年鉴》。

其二，公众发展服务财政支出负担水平比较。

首先，基础教育服务财政支出负担水平比较。从表28来看，广西基础教育服务财政支出负担水平比东部地区及其典型省份高2个百分点左右，这说明广西基础教育的基础较差，相比东部地区及其典型省份落后得多，历史欠账多。

表 28　2012～2018 年广西与典型东部省份基础教育服务财政支出负担水平比较

单位：%

地区	2012 年	2013 年	2014 年	2015 年	2016 年	2017 年	2018 年
广西	4.50	4.20	4.20	4.68	4.67	4.51	4.53
东部平均	2.53	2.55	2.48	2.69	2.66	2.64	2.61
广东	2.59	2.75	2.63	2.76	2.87	2.87	2.83
浙江	2.53	2.52	2.57	2.95	2.75	2.76	2.75
江苏	2.46	2.36	2.27	2.45	2.38	2.33	2.32

资料来源：《江苏统计年鉴》《广东统计年鉴》《浙江统计年鉴》《广西统计年鉴》。

其次，公共卫生服务财政支出负担水平比较。与基础教育服务财政支出负担水平比较相同的情况也可从表 29 中得出。

表 29　2012～2018 年广西与典型东部省份公共卫生服务财政支出负担水平比较

单位：%

地区	2012 年	2013 年	2014 年	2015 年	2016 年	2017 年	2018 年
广西	1.93	1.97	2.26	2.45	2.56	2.51	2.51
东部平均	0.83	0.86	1.01	1.09	1.16	1.18	1.19
广东	0.87	0.90	1.13	1.24	1.39	1.46	1.46
浙江	0.88	0.93	1.08	1.13	1.15	1.13	1.14
江苏	0.76	0.78	0.85	0.91	0.92	0.93	0.94

资料来源：《江苏统计年鉴》《广东统计年鉴》《浙江统计年鉴》《广西统计年鉴》。

最后，公共文化服务财政支出负担水平比较。从表 30 中同样可以看出，2012～2018 年，东部地区及其典型省份公共文化服务财政支出负担水平略低于广西。

表 30　2012～2018 年广西与典型东部省份公共文化服务财政支出负担水平比较

单位：%

地区	2012 年	2013 年	2014 年	2015 年	2016 年	2017 年	2018 年
广西	0.35	0.34	0.44	0.47	0.39	0.32	0.31
东部平均	0.26	0.26	0.27	0.30	0.28	0.28	0.29
广东	0.24	0.22	0.24	0.26	0.28	0.32	0.32

续表

地区	2012 年	2013 年	2014 年	2015 年	2016 年	2017 年	2018 年
浙江	0. 27	0. 28	0. 29	0. 39	0. 34	0. 31	0. 32
江苏	0. 27	0. 29	0. 29	0. 28	0. 25	0. 22	0. 23

资料来源：《江苏统计年鉴》《广东统计年鉴》《浙江统计年鉴》《广西统计年鉴》。

其三，基本环境服务：环境保护服务财政支出负担水平比较。从表 31 指标比较中得出，2017 ~ 2018 年，广西环境保护服务财政支出负担水平与东部平均水平相近，2018 年稍低于东部平均水平。

表 31　2012 ~ 2018 年广西与典型东部省份环境保护服务财政支出负担水平比较

单位：%

地区	2012 年	2013 年	2014 年	2015 年	2016 年	2017 年	2018 年
广西	0. 46	0. 44	0. 53	0. 58	0. 50	0. 42	0. 40
东部平均	0. 34	0. 39	0. 35	0. 42	0. 36	0. 40	0. 43
广东	0. 41	0. 49	0. 38	0. 44	0. 37	0. 48	0. 49
浙江	0. 22	0. 26	0. 30	0. 39	0. 34	0. 37	0. 38
江苏	0. 35	0. 38	0. 36	0. 43	0. 37	0. 34	0. 35

资料来源：《江苏统计年鉴》《广东统计年鉴》《浙江统计年鉴》《广西统计年鉴》。

第二，人均基本公共服务财政支出水平比较。

从表 32 中可以进一步看出，2018 年，广西人均基本公共服务财政支出不到东部地区平均水平的 60%。

表 32　2012 ~ 2018 年广西与典型东部省份人均基本公共服务财政支出水平比较

单位：元

地区	2012 年	2013 年	2014 年	2015 年	2016 年	2017 年	2018 年
广西	2475. 72	2739. 78	3069. 78	3601. 94	4099. 07	4680. 29	4897. 32
东部平均	3846. 4	4454. 24	5135. 04	6600. 33	7163. 15	8029. 95	8524. 82
广东	3717. 59	4330. 64	4974. 96	6961. 78	7533. 88	8617. 29	9133. 22
浙江	3768. 43	4420. 46	5127. 72	6665. 79	7311. 88	8110. 04	8588. 48
江苏	4043. 11	4617. 07	5325. 66	6135. 15	6609. 58	7276. 03	7757. 57

资料来源：《江苏统计年鉴》《广东统计年鉴》《浙江统计年鉴》《广西统计年鉴》。

2. 与典型东部省份基本公共服务财政支出增长水平比较

第一，基本公共服务财政支出增长水平比较。

从表33中可以看出，2012～2018年，广西基本公共服务财政支出增长水平比东部地区及其典型省份的水平低，说明广西基本公共服务水平增长幅度不如东部地区及其典型省份的大，广西2018年比2012年增长了0.63倍，低于东部地区平均0.81倍的水平。

表33　2012～2018年广西与典型东部省份基本公共服务财政支出增长水平比较

单位：%

地区	2012年	2013年	2014年	2015年	2016年	2017年	2018年
广西	100.00	107.48	116.57	136.19	148.79	164.43	162.56
东部平均	100.00	112.72	122.65	156.97	163.65	178.65	180.54
广东	100.00	113.85	123.89	173.63	182.00	203.54	214.98
浙江	100.00	113.66	123.97	159.69	167.57	180.94	191.33
江苏	100.00	110.97	120.56	137.85	142.04	151.14	158.77

资料来源：《江苏统计年鉴》《广东统计年鉴》《浙江统计年鉴》《广西统计年鉴》。

其一，底线生存服务：社会保障服务财政支出增长水平比较。从表34中可以看出，广西社会保障服务财政支出增长水平高于东部地区及其典型省份水平，2018年比2012年增长了1.4倍，高于东部地区1.2倍的平均水平，是所有基本公共服务项目增长唯一高于东部地区的项目。

表34　2012～2018年广西与典型东部省份社会保障服务财政支出增长水平比较

单位：%

地区	2012年	2013年	2014年	2015年	2016年	2017年	2018年
广西	100.00	123.30	137.14	163.15	190.90	240.38	239.46
东部平均	100.00	117.23	128.26	161.44	176.68	216.10	220.36
广东	100.00	122.25	130.43	174.28	187.60	232.94	238.55
浙江	100.00	114.94	126.08	156.81	182.72	232.10	235.97
江苏	100.00	113.16	127.22	150.25	160.99	187.75	189.21

资料来源：《江苏统计年鉴》《广东统计年鉴》《浙江统计年鉴》《广西统计年鉴》。

其二，公众发展服务财政支出增长水平比较。

首先，基础教育服务财政支出增长水平比较。从表35指标比较来看，广西基础教育服务财政支出增长水平低于东部地区平均水平，广西2018年比2012年增长了0.55倍，低于东部地区0.64倍的水平。

表35　2012～2018年广西与典型东部省份基础教育服务财政支出增长水平比较

单位：%

地区	2012年	2013年	2014年	2015年	2016年	2017年	2018年
广西	100.00	103.51	112.10	134.02	145.03	156.17	155.23
东部平均	100.00	110.72	116.49	135.45	146.43	161.12	164.18
广东	100.00	116.21	120.50	135.93	154.44	171.56	173.26
浙江	100.00	108.23	117.44	144.09	148.09	162.91	164.25
江苏	100.00	106.25	111.42	129.29	136.45	148.35	150.88

资料来源：《江苏统计年鉴》《广东统计年鉴》《浙江统计年鉴》《广西统计年鉴》。

其次，公共卫生服务财政支出增长水平比较。同样的情况也可从表36指标比较中得出，广西公共卫生服务财政支出增长水平多数年份中低于东部地区平均水平，广西2018年比2012年增长了1.02倍，是所有基本公共服务项目增长最快的项目，但仍低于东部地区平均1.28倍的水平。

表36　2012～2018年广西与典型东部省份公共卫生服务财政支出增长水平比较

单位：%

地区	2012年	2013年	2014年	2015年	2016年	2017年	2018年
广西	100.00	112.81	140.35	163.47	184.93	202.36	201.54
东部平均	100.00	113.56	144.18	167.03	193.38	218.74	226.53
广东	100.00	112.71	153.93	181.80	222.08	258.85	268.36
浙江	100.00	114.65	141.81	158.71	177.32	190.96	196.78
江苏	100.00	113.80	134.15	155.29	170.46	190.60	194.88

资料来源：《江苏统计年鉴》《广东统计年鉴》《浙江统计年鉴》《广西统计年鉴》。

最后，公共文化服务财政支出增长水平比较。从表37中可以看到，2014～2016年广西公共文化服务财政支出增长水平高于东部地区平均水平，

2017～2018 低于东部地区平均水平，2018 年比 2012 年增长了 0.4 倍，低于东部地区平均 0.74 倍的水平。

表 37　2012～2018 年广西与典型东部省份公共文化服务财政支出增长水平比较

单位：%

地区	2012 年	2013 年	2014 年	2015 年	2016 年	2017 年	2018 年
广西	100.00	109.51	150.52	173.55	156.15	141.38	140.22
东部平均	100.00	110.06	123.95	145.28	151.99	165.52	174.37
广东	100.00	102.94	122.17	141.37	166.89	207.69	216.24
浙江	100.00	112.55	122.49	175.60	168.53	169.53	174.36
江苏	100.00	115.00	126.48	129.93	128.08	124.54	138.64

资料来源：《江苏统计年鉴》《广东统计年鉴》《浙江统计年鉴》《广西统计年鉴》。

其三，基本环境服务：环境保护服务财政支出增长水平比较。从表 38 指标比较中得出，广西环境保护服务财政支出增长水平低于东部地区及其典型省份水平，2018 年比 2012 年增长了 0.41 倍，低于东部地区平均 0.86 倍的水平。

表 38　2012～2018 年广西与典型东部省份环境保护服务财政支出增长水平比较

单位：%

地区	2012 年	2013 年	2014 年	2015 年	2016 年	2017 年	2018 年
广西	100.00	107.03	139.98	164.44	151.14	141.83	140.63
东部平均	100.00	125.27	121.80	157.54	146.75	180.67	186.25
广东	100.00	130.73	110.02	136.91	126.34	184.01	189.36
浙江	100.00	126.31	155.28	216.07	207.72	244.72	264.33
江苏	100.00	118.24	122.67	159.13	147.09	150.93	157.24

资料来源：《江苏统计年鉴》《广东统计年鉴》《浙江统计年鉴》《广西统计年鉴》。

第二，人均基本公共服务财政支出增长水平比较。

从表 39 中可以进一步看出，2012～2018 年，广西人均基本公共服务财政支出增长水平低于东部地区平均水平，2018 年比 2012 年增长了 0.51 倍，低于东部地区平均 0.73 倍的水平。

表 39　2012～2018 年广西与典型东部省份人均基本公共服务财政支出增长水平比较

单位：%

地区	2012 年	2013 年	2014 年	2015 年	2016 年	2017 年	2018 年
广西	100.00	106.63	111.56	129.33	139.75	153.86	151.23
东部平均	100.00	111.58	120.12	152.53	157.19	169.91	172.54
广东	100.00	112.24	120.39	166.45	171.50	188.67	190.25
浙江	100.00	113.01	122.45	157.26	163.77	175.16	176.32
江苏	100.00	110.04	118.50	134.92	137.98	146.47	148.87

资料来源：《江苏统计年鉴》《广东统计年鉴》《浙江统计年鉴》《广西统计年鉴》。

3. 与典型东部省份基本公共服务财政支出倾斜水平比较

第一，底线生存服务：社会保障服务财政支出倾斜水平比较。

从表 40 指标比较中可以看出，广西社会保障服务财政支出倾斜水平高于东部地区及其典型省份水平，2012～2018 年，广西比东部地区平均水平高 1 个～3 个百分点，但在 2015 年以后广西与东部地区及其典型省份倾斜水平的差距在拉大。

表 40　2012～2018 年广西与典型东部省份社会保障服务财政支出倾斜水平比较

单位：%

地区	2012 年	2013 年	2014 年	2015 年	2016 年	2017 年	2018 年
广西	9.46	10.85	11.13	11.33	12.13	13.83	13.69
东部平均	8.15	8.48	8.52	8.38	8.80	9.86	10.02
广东	8.27	8.88	8.71	8.30	8.53	9.47	9.56
浙江	8.30	8.39	8.44	8.15	9.05	10.65	10.78
江苏	7.94	8.09	8.38	8.65	9.00	9.86	10.01

资料来源：《江苏统计年鉴》《广东统计年鉴》《浙江统计年鉴》《广西统计年鉴》。

第二，公众发展服务财政支出倾斜水平比较。

其一，基础教育服务财政支出倾斜水平比较。从表 41 指标比较来看，广西基础教育服务财政支出倾斜水平高于东部地区及其典型省份水平，2012～2014年略低于东部地区平均水平，2015年以来广西比东部地区水平略高，由于广西基础教育服务财政支出加速增长，其财政支出倾斜水平趋于稳定。

表41　2012～2018年广西与典型东部省份基础教育服务财政支出倾斜水平比较

单位：%

地区	2012年	2013年	2014年	2015年	2016年	2017年	2018年
广西	19.74	19.01	18.98	19.42	19.24	18.75	18.96
东部平均	20.08	19.72	19.07	17.32	17.96	18.11	18.03
广东	20.32	20.74	19.76	15.91	17.24	17.13	17.01
浙江	21.09	20.08	19.98	19.03	18.64	18.99	18.87
江苏	19.22	18.40	17.76	18.03	18.46	18.86	18.64

资料来源：《江苏统计年鉴》《广东统计年鉴》《浙江统计年鉴》《广西统计年鉴》。

其二，公共卫生服务财政支出倾斜水平比较。从表42指标比较来看，广西公共卫生服务财政支出倾斜水平高于东部地区及其典型省份水平，2012～2018年广西比东部地区水平高2个百分点左右。

表42　2012～2018年广西与典型东部省份公共卫生服务财政支出倾斜水平比较

单位：%

地区	2012年	2013年	2014年	2015年	2016年	2017年	2018年
广西	8.48	8.90	10.21	10.18	10.54	10.44	10.33
东部平均	6.62	6.67	7.78	7.04	7.82	8.10	8.23
广东	6.84	6.77	8.50	7.16	8.34	8.70	8.99
浙江	7.35	7.41	8.41	7.31	7.78	7.76	7.88
江苏	5.95	6.10	6.62	6.70	7.14	7.50	7.61

资料来源：《江苏统计年鉴》《广东统计年鉴》《浙江统计年鉴》《广西统计年鉴》。

其三，公共文化服务财政支出倾斜水平比较。从表43指标比较中可以看到，广西公共文化服务财政支出倾斜水平低于东部地区及其典型省份水平，2014年以来与东部地区水平的差距趋于稳定。

表 43　2012～2018 年广西与典型东部省份公共文化服务财政支出倾斜水平比较

单位：%

地区	2012 年	2013 年	2014 年	2015 年	2016 年	2017 年	2018 年
广西	1.52	1.55	1.97	1.94	1.60	1.31	1.29
东部平均	2.06	2.01	2.08	1.91	1.91	1.91	1.92
广东	1.86	1.68	1.84	1.52	1.71	1.90	1.92
浙江	2.26	2.24	2.24	2.49	2.28	2.12	2.23
江苏	2.15	2.23	2.25	2.02	1.94	1.77	1.83

资料来源：《江苏统计年鉴》《广东统计年鉴》《浙江统计年鉴》《广西统计年鉴》。

第三，基本环境服务：环境保护服务财政支出倾斜水平比较。

从表 44 指标比较中可以看出，广西环境保护服务财政支出倾斜水平低于东部地区及其典型省份水平，且 2017 年以来倾斜水平差距在进一步拉大。

表 44　2012～2018 年广西与典型东部省份环境保护服务财政支出倾斜水平比较

单位：%

地区	2012 年	2013 年	2014 年	2015 年	2016 年	2017 年	2018 年
广西	2.01	2.00	2.41	2.43	2.04	1.73	1.71
东部平均	2.73	3.03	2.71	2.74	2.45	2.76	2.79
广东	3.19	3.66	2.83	2.51	2.21	2.88	2.96
浙江	1.87	2.07	2.34	2.53	2.31	2.53	2.78
江苏	2.76	2.94	2.81	3.18	2.86	2.75	2.87

资料来源：《江苏统计年鉴》《广东统计年鉴》《浙江统计年鉴》《广西统计年鉴》。

（三）与典型中部省份比较

1. 与典型中部省份基本公共服务财政支出水平比较

第一，基本公共服务财政支出负担水平比较。

从表 45 中可以看出，2012～2018 年，广西基本公共服务财政支出负担水平比典型中部省份均高 3 个～6 个百分点，说明广西基本公共服务水平虽在不断提高，但由于 GDP 总量的悬殊，与中部地区典型省份平均水平相比仍有较大差距。

表 45　2012～2018 年广西与典型中部省份基本公共服务财政支出负担水平比较

单位：%

地区	2012 年	2013 年	2014 年	2015 年	2016 年	2017 年	2018 年
广西	22.81	22.11	22.10	24.10	24.25	24.07	23.96
河南	16.87	17.29	17.21	18.33	18.52	18.44	18.47
湖北	16.73	17.44	17.82	20.52	19.66	19.26	19.10
湖南	18.59	19.15	18.56	19.82	20.52	20.26	20.36

资料来源：《河南统计年鉴》《湖南统计年鉴》《湖北统计年鉴》《广西统计年鉴》。

其一，底线生存服务：社会保障服务财政支出负担水平比较。从表 46 中可以看出，2012～2018 年广西社会保障服务财政支出负担水平略高于河南、湖南与湖北。

表 46　2012～2018 年广西与典型中部省份社会保障服务财政支出负担水平比较

单位：%

地区	2012 年	2013 年	2014 年	2015 年	2016 年	2017 年	2018 年
广西	2.16	2.40	2.46	2.73	2.94	3.33	3.32
河南	2.13	2.27	2.26	2.55	2.65	2.60	2.59
湖北	2.23	2.42	2.59	2.87	3.00	3.13	3.14
湖南	2.37	2.55	2.45	2.70	2.83	3.00	3.01

资料来源：《河南统计年鉴》《湖南统计年鉴》《湖北统计年鉴》《广西统计年鉴》。

其二，公众发展服务财政支出负担水平比较。

首先，基础教育服务财政支出负担水平比较。从表 47 指标比较来看，广西基础教育服务财政支出负担水平比典型中部省份高 1 个百分点左右，这说明广西基础教育基础差，相比中部地区典型省份要落后得多。

表 47　2012～2018 年广西与典型中部省份基础教育服务财政支出负担水平比较

单位：%

地区	2012 年	2013 年	2014 年	2015 年	2016 年	2017 年	2018 年
广西	4.50	4.20	4.20	4.68	4.67	4.51	4.53

续表

地区	2012 年	2013 年	2014 年	2015 年	2016 年	2017 年	2018 年
河南	3.73	3.63	3.43	3.43	3.34	3.35	3.34
湖北	3.26	2.76	2.79	3.06	3.21	3.14	3.12
湖南	3.65	3.30	3.08	3.21	3.34	3.29	3.30

资料来源：《河南统计年鉴》《湖南统计年鉴》《湖北统计年鉴》《广西统计年鉴》。

其次，公共卫生服务财政支出负担水平比较。同样的结论也可从表 48 中得出。

表 48　2012～2018 年广西与典型中部省份公共卫生服务财政支出负担水平比较

单位：%

地区	2012 年	2013 年	2014 年	2015 年	2016 年	2017 年	2018 年
广西	1.93	1.97	2.26	2.45	2.56	2.51	2.51
河南	1.44	1.53	1.72	1.94	1.93	1.88	1.87
湖北	1.19	1.28	1.48	1.72	1.80	1.79	1.78
湖南	1.33	1.40	1.56	1.71	1.77	1.73	1.74

资料来源：《河南统计年鉴》《湖南统计年鉴》《湖北统计年鉴》《广西统计年鉴》。

最后，公共文化服务财政支出负担水平比较。从表 49 中同样可以看出，2012～2018 年，广西公共文化服务财政支出负担水平略高于湖北和河南，略低于湖南。

表 49　2012～2018 年广西与典型中部省份公共文化服务财政支出负担水平比较

单位：%

地区	2012 年	2013 年	2014 年	2015 年	2016 年	2017 年	2018 年
广西	0.35	0.34	0.44	0.47	0.39	0.32	0.31
河南	0.23	0.25	0.26	0.28	0.24	0.22	0.23
湖北	0.28	0.29	0.28	0.28	0.30	0.26	0.27
湖南	0.25	0.28	0.30	0.39	0.46	0.44	0.46

资料来源：《河南统计年鉴》《湖南统计年鉴》《湖北统计年鉴》《广西统计年鉴》。

其三，基本环境服务：环境保护服务财政支出负担水平比较。从表50指标比较得出，2012～2018年，典型中部省份环境保护服务财政支出负担水平与广西趋近，湖北略高于广西。

表50　2012～2018年广西与典型中部省份环境保护服务财政支出负担水平比较

单位：%

地区	2012年	2013年	2014年	2015年	2016年	2017年	2018年
广西	0.46	0.44	0.53	0.58	0.50	0.42	0.40
河南	0.37	0.35	0.34	0.48	0.49	0.54	0.56
湖北	0.43	0.44	0.37	0.49	0.45	0.43	0.44
湖南	0.49	0.53	0.51	0.52	0.55	0.51	0.52

资料来源：《河南统计年鉴》《湖南统计年鉴》《湖北统计年鉴》《广西统计年鉴》。

第二，人均基本公共服务财政支出水平比较。

从表51中可以进一步看出，2018年，广西人均基本公共服务财政支出仅占湖北的69%、湖南的85%。河南人口规模大，故其人均基本公共服务财政支出水平比广西低。

表51　2012～2018年广西与典型中部省份人均基本公共服务财政支出水平比较

单位：元

地区	2012年	2013年	2014年	2015年	2016年	2017年	2018年
广西	2475.72	2739.78	3069.78	3601.94	4099.07	4680.29	4897.32
河南	2063.17	2374.26	2731.25	3099.58	3557.62	4041.45	4655.87
湖北	2649.21	3178.21	3866.32	4883.13	5371.29	5939.03	7128.33
湖南	2491.94	2959.51	3364.07	3866.42	4459.42	5026.53	5763.40

资料来源：《河南统计年鉴》《湖南统计年鉴》《湖北统计年鉴》《广西统计年鉴》。

2.与典型中部省份基本公共服务财政支出增长水平比较

第一，基本公共服务财政支出增长水平比较。

从表52中可以看出，2012～2018年，广西基本公共服务财政支出增长水平比湖南、湖北的水平低，说明广西基本公共服务水平增长幅度不如湖南和湖北的大，广西也略低于河南。

表52　2012～2018年广西与典型中部省份基本公共服务财政支出增长水平比较

单位：%

地区	2012年	2013年	2014年	2015年	2016年	2017年	2018年
广西	100.00	107.48	116.57	136.19	148.79	164.43	162.56
河南	100.00	111.50	120.42	135.81	148.88	164.10	165.23
湖北	100.00	116.27	131.23	163.12	170.83	181.71	189.36
湖南	100.00	113.88	121.81	139.08	153.90	166.77	171.55

资料来源：《河南统计年鉴》《湖南统计年鉴》《湖北统计年鉴》《广西统计年鉴》。

其一，底线生存服务：社会保障服务财政支出增长水平比较。从表53中可以看出，广西社会保障服务财政支出增长水平高于典型中部三省，2018年比2012年增长了1.4倍，分别高于典型中部地区的河南、湖北和湖南0.84倍、1.21倍和0.94倍的水平。

表53　2012～2018年广西与典型中部省份社会保障服务财政支出增长水平比较

单位：%

地区	2012年	2013年	2014年	2015年	2016年	2017年	2018年
广西	100.00	123.30	137.14	163.15	190.90	240.38	239.46
河南	100.00	115.80	125.21	149.75	169.00	183.69	184.36
湖北	100.00	120.87	143.20	171.35	195.32	221.38	221.43
湖南	100.00	119.07	125.92	148.71	166.33	193.62	194.38

资料来源：《河南统计年鉴》《湖南统计年鉴》《湖北统计年鉴》《广西统计年鉴》。

其二，公众发展服务财政支出增长水平比较。

首先，基础教育服务财政支出增长水平比较。从表54指标比较来看，广西基础教育服务财政支出增长水平高于典型中部三省，2018年比2012

年增长了 0.55 倍，分别高于河南、湖北和湖南 0.39 倍、0.53 倍和 0.47 倍的水平。

表 54　2012～2018 年广西与典型中部省份基础教育服务财政支出增长水平比较

单位：%

地区	2012 年	2013 年	2014 年	2015 年	2016 年	2017 年	2018 年
广西	100.00	103.51	112.10	134.02	145.03	156.17	155.23
河南	100.00	105.88	108.57	114.87	121.44	134.94	139.23
湖北	100.00	94.30	105.60	124.67	143.01	152.19	153.21
湖南	100.00	100.23	103.18	114.98	127.84	138.11	146.78

资料来源：《河南统计年鉴》《湖南统计年鉴》《湖北统计年鉴》《广西统计年鉴》。

其次，公共卫生服务财政支出增长水平比较。从表 55 指标比较得出，2018 年与 2012 年相比，广西公共卫生服务财政支出增长了 1.02 倍，是广西所有基本公共服务项目中增长最快的项目，但仍低于湖北、湖南、河南 1.45 倍、1.04 倍、1.04 倍的水平。

表 55　2012～2018 年广西与典型中部省份公共卫生服务财政支出增长水平比较

单位：%

地区	2012 年	2013 年	2014 年	2015 年	2016 年	2017 年	2018 年
广西	100.00	112.81	140.35	163.47	184.93	202.36	201.54
河南	100.00	115.61	141.54	168.49	182.64	196.40	203.68
湖北	100.00	120.18	153.11	192.26	219.75	236.54	245.23
湖南	100.00	116.42	143.59	167.84	185.70	199.20	203.66

资料来源：《河南统计年鉴》《湖南统计年鉴》《湖北统计年鉴》《广西统计年鉴》。

最后，公共文化服务财政支出增长水平比较。从表 56 中可以看到，广西公共文化服务财政支出增长水平低于湖南和湖北两省，广西 2018 年比

2012 年增长了 0.4 倍，分别低于湖南和湖北两省 1.73 倍和 0.48 倍的水平，与河南水平相当。

表 56　2012～2018 年广西与典型中部省份公共文化服务财政支出增长水平比较

单位：%

地区	2012 年	2013 年	2014 年	2015 年	2016 年	2017 年	2018 年
广西	100.00	109.51	150.52	173.55	156.15	141.38	140.22
河南	100.00	116.01	130.92	151.34	139.78	140.06	141.36
湖北	100.00	115.96	122.70	134.51	154.65	147.78	147.79
湖南	100.00	126.52	146.81	205.04	258.15	273.10	273.39

资料来源：《河南统计年鉴》《湖南统计年鉴》《湖北统计年鉴》《广西统计年鉴》。

其三，基本环境服务：环境保护服务财政支出增长水平比较。从表 57 指标比较得出，广西环境保护服务财政支出增长水平低于典型中部省份水平，广西 2018 年比 2012 年增长了 0.41 倍，低于湖南和湖北两省 0.58 倍的水平。

表 57　2012～2018 年广西与典型中部省份环境保护服务财政支出增长水平比较

单位：%

地区	2012 年	2013 年	2014 年	2015 年	2016 年	2017 年	2018 年
广西	100.00	107.03	139.98	164.44	151.14	141.83	140.63
河南	100.00	102.26	109.59	162.42	178.82	220.78	221.29
湖北	100.00	114.73	108.52	152.50	152.30	158.18	158.43
湖南	100.00	117.58	125.64	136.15	156.12	158.34	158.39

资料来源：《河南统计年鉴》《湖南统计年鉴》《湖北统计年鉴》《广西统计年鉴》。

第二，人均基本公共服务财政支出增长水平比较。

从表 58 中可以进一步看出，2012～2018 年，广西人均基本公共服务财政支出增长均低于典型中部三省水平，2018 年比 2012 年增长了 0.51 倍，低于湖南 0.74 倍和河南 0.64 倍的水平。

表 58　2012～2018 年广西与典型中部省份人均基本公共服务财政支出增长水平比较

单位：%

地区	2012 年	2013 年	2014 年	2015 年	2016 年	2017 年	2018 年
广西	100.00	106.63	111.56	129.33	139.75	153.86	151.23
河南	100.00	110.89	119.08	133.55	145.50	159.41	164.23
湖北	100.00	116.18	131.30	163.82	171.07	182.40	189.43
湖南	100.00	114.40	121.43	137.89	150.98	164.11	174.32

资料来源：《河南统计年鉴》《湖南统计年鉴》《湖北统计年鉴》《广西统计年鉴》。

3. 与典型中部省份基本公共服务财政支出倾斜水平比较

第一，底线生存服务：社会保障服务财政支出倾斜水平比较。

从表 59 中可以看出，广西社会保障服务财政支出倾斜水平低于典型中部三省，2012～2018 年，广西社会保障服务财政支出倾斜水平比湖北低 3 个百分点左右，比湖南和河南低 2 个百分点左右，但在 2015 年以后广西与湖南和河南的倾斜水平差距在缩小。

表 59　2012～2018 年广西与典型中部省份社会保障服务财政支出倾斜水平比较

单位：%

地区	2012 年	2013 年	2014 年	2015 年	2016 年	2017 年	2018 年
广西	9.46	10.85	11.13	11.33	12.13	13.83	13.96
河南	12.62	13.10	13.12	13.91	14.32	14.12	14.35
湖北	13.33	13.86	14.54	14.00	15.24	16.24	16.51
湖南	12.76	13.34	13.19	13.65	13.79	14.82	14.88

资料来源：《河南统计年鉴》《湖南统计年鉴》《湖北统计年鉴》《广西统计年鉴》。

第二，公众发展服务财政支出倾斜水平比较。

其一，基础教育服务财政支出倾斜水平比较。从表 60 指标比较来看，2012～2018 年，广西基础教育服务财政支出倾斜水平高于中部地区的湖南和湖北，2014 年以前略低于河南水平，2014 年以后广西比河南的倾斜水平略高，特别是 2015 年以后，由于广西基础教育服务财政支出加速增长，其倾斜水平趋于稳定。

表 60　2012～2018 年广西与典型中部省份基础教育服务财政支出倾斜水平比较

单位：%

地区	2012 年	2013 年	2014 年	2015 年	2016 年	2017 年	2018 年
广西	19.74	19.01	18.98	19.42	19.24	18.75	18.96
河南	22.10	20.99	19.93	18.69	18.03	18.17	18.36
湖北	19.48	15.80	15.67	14.89	16.31	16.31	16.30
湖南	19.61	17.26	16.61	16.21	16.29	16.24	16.25

资料来源：《河南统计年鉴》《湖南统计年鉴》《湖北统计年鉴》《广西统计年鉴》。

其二，公共卫生服务财政支出倾斜水平比较。从表 61 中可以看到，广西公共卫生服务财政支出倾斜水平高于典型中部省份，2012～2018 年广西比湖南和湖北高 1 个百分点左右，也略高于河南。

表 61　2012～2018 年广西与典型中部省份公共卫生服务财政支出倾斜水平比较

单位：%

地区	2012 年	2013 年	2014 年	2015 年	2016 年	2017 年	2018 年
广西	8.48	8.90	10.21	10.18	10.54	10.44	10.33
河南	8.51	8.82	10.00	10.56	10.44	10.18	10.28
湖北	7.13	7.37	8.32	8.40	9.17	9.28	9.45
湖南	7.14	7.30	8.42	8.62	8.62	8.53	8.57

资料来源：《河南统计年鉴》《湖南统计年鉴》《湖北统计年鉴》《广西统计年鉴》。

其三，公共文化服务财政支出倾斜水平比较。从表 62 中可以看到，2012～2018 年，广西公共文化服务财政支出倾斜水平仅高于河南，低于湖南和湖北，与湖南的差距在 2015 年以后不断拉大。

表 62　2012～2018 年广西与典型中部省份公共文化服务财政支出倾斜水平比较

单位：%

地区	2012 年	2013 年	2014 年	2015 年	2016 年	2017 年	2018 年
广西	1.52	1.55	1.97	1.94	1.60	1.31	1.29
河南	1.39	1.45	1.51	1.55	1.31	1.19	1.20
湖北	1.66	1.66	1.55	1.37	1.50	1.35	1.37
湖南	1.32	1.47	1.59	1.95	2.22	2.17	2.19

资料来源：《河南统计年鉴》《湖南统计年鉴》《湖北统计年鉴》《广西统计年鉴》。

第三，基本环境服务：环境保护服务财政支出倾斜水平比较。

从表63指标比较得出，广西环境保护服务财政支出倾斜水平低于典型中部省份水平，且在2017年以后倾斜水平差距不断增大。

表63 2012~2018年广西与典型中部省份环境保护服务财政支出倾斜水平比较

单位：%

地区	2012年	2013年	2014年	2015年	2016年	2017年	2018年
广西	2.01	2.00	2.41	2.43	2.04	1.73	1.71
河南	2.19	2.00	1.99	2.61	2.63	2.94	2.96
湖北	2.54	2.51	2.10	2.38	2.27	2.21	2.24
湖南	2.66	2.74	2.74	2.60	2.70	2.52	2.57

资料来源：《河南统计年鉴》《湖南统计年鉴》《湖北统计年鉴》《广西统计年鉴》。

（四）与典型西部省份比较

1. 与典型西部省份基本公共服务财政支出水平比较

第一，基本公共服务财政支出负担水平比较。

从表64中可以看出，2012~2018年，广西基本公共服务财政支出负担水平比典型西部省份的水平低，特别是低于贵州和云南10个百分点以上，只略高于重庆。这说明广西基本公共服务水平虽在不断提高，但其负担水平与典型西部省份水平相比仍有较大差距。

表64 2012~2018年广西与典型西部省份基本公共服务财政支出负担水平比较

单位：%

地区	2012年	2013年	2014年	2015年	2016年	2017年	2018年
广西	22.81	22.11	22.10	24.10	24.25	24.07	23.96
贵州	40.06	37.98	38.09	37.37	36.15	34.06	33.16
重庆	23.62	23.75	22.96	23.89	22.56	22.24	23.98
云南	34.65	34.62	34.63	34.60	34.10	34.89	34.96

资料来源：《云南统计年鉴》《重庆统计年鉴》《贵州统计年鉴》《广西统计年鉴》。

其一，底线生存服务：社会保障服务财政支出负担水平比较。从表 65 中可以看出，2012～2018 年，广西社会保障服务财政支出负担水平略低于典型西部三省份。

表 65　2012～2018 年广西与典型西部省份社会保障服务财政支出负担水平比较

单位：%

地区	2012 年	2013 年	2014 年	2015 年	2016 年	2017 年	2018 年
广西	2. 16	2. 40	2. 46	2. 73	2. 94	3. 33	3. 32
贵州	3. 42	3. 26	3. 22	3. 23	3. 11	3. 68	3. 78
重庆	3. 33	3. 35	3. 49	3. 59	3. 61	3. 60	3. 63
云南	4. 26	4. 27	4. 56	4. 77	4. 70	4. 58	4. 63

资料来源：《云南统计年鉴》《重庆统计年鉴》《贵州统计年鉴》《广西统计年鉴》。

其二，公众发展服务财政支出负担水平比较。

首先，基础教育服务财政支出负担水平比较。从表 66 指标比较来看，广西基础教育服务财政支出负担水平比重庆高 1 个百分点左右，但比云南和贵州低 1 个百分点左右。

表 66　2012～2018 年广西与典型西部省份基础教育服务财政支出负担水平比较

单位：%

地区	2012 年	2013 年	2014 年	2015 年	2016 年	2017 年	2018 年
广西	4. 50	4. 20	4. 20	4. 68	4. 67	4. 51	4. 53
贵州	7. 28	6. 91	6. 85	7. 33	7. 15	6. 66	5. 87
重庆	3. 47	3. 39	3. 27	3. 38	3. 24	3. 21	3. 12
云南	6. 55	5. 80	5. 27	5. 64	5. 92	6. 10	6. 23

资料来源：《云南统计年鉴》《重庆统计年鉴》《贵州统计年鉴》《广西统计年鉴》。

其次，公共卫生服务财政支出负担水平比较。从表 67 中可得出同样的结论。

表 67　2012～2018 年广西与典型西部省份公共卫生服务财政支出负担水平比较

单位：%

地区	2012 年	2013 年	2014 年	2015 年	2016 年	2017 年	2018 年
广西	1.93	1.97	2.26	2.45	2.56	2.51	2.51
贵州	2.92	2.82	3.26	3.42	3.33	3.22	3.16
重庆	1.46	1.54	1.71	1.98	1.87	1.81	1.85
云南	3.56	2.54	2.75	3.10	3.17	3.34	3.36

资料来源：《云南统计年鉴》《重庆统计年鉴》《贵州统计年鉴》《广西统计年鉴》。

最后，公共文化服务财政支出负担水平比较。从表 68 中可以看出，2012～2018 年，广西公共文化服务财政支出负担水平略低于重庆，但与贵州、云南相比，有较大差距。

表 68　2012～2018 年广西与典型西部省份公共文化服务财政支出负担水平比较

单位：%

地区	2012 年	2013 年	2014 年	2015 年	2016 年	2017 年	2018 年
广西	0.35	0.34	0.44	0.47	0.39	0.32	0.31
贵州	0.72	0.60	0.59	0.58	0.57	0.48	0.53
重庆	0.29	0.27	0.25	0.30	0.27	0.25	0.33
云南	0.60	0.52	0.44	0.45	0.53	0.44	0.48

资料来源：《云南统计年鉴》《重庆统计年鉴》《贵州统计年鉴》《广西统计年鉴》。

其三，基本环境服务：环境保护服务财政支出负担水平比较。从表 69 指标比较得出：2012～2018 年，典型西部省份环境保护服务财政支出负担水平与广西的差距在扩大，2018 年贵州、重庆和云南分别是广西的 2.4 倍、2.1 倍和 3 倍。

表 69　2012～2018 年广西与典型西部省份环境保护服务财政支出负担水平比较

单位：%

地区	2012 年	2013 年	2014 年	2015 年	2016 年	2017 年	2018 年
广西	0.46	0.44	0.53	0.58	0.50	0.42	0.40
贵州	0.96	0.82	0.92	0.92	1.08	0.93	0.96
重庆	0.89	0.89	0.73	0.89	0.77	0.79	0.84
云南	0.98	0.89	0.85	0.98	1.02	1.10	1.19

资料来源：《云南统计年鉴》《重庆统计年鉴》《贵州统计年鉴》《广西统计年鉴》。

第二，人均基本公共服务财政支出水平比较。

从表70中可以进一步看出广西与典型西部省份人均基本公共服务财政支出水平的差距，2018年，广西人均基本公共服务财政支出仅占重庆和云南的70%左右、贵州的83%。

表70　2012～2018年广西与典型西部省份人均基本公共服务财政支出水平比较

单位：元

地区	2012年	2013年	2014年	2015年	2016年	2017年	2018年
广西	2475.72	2739.78	3069.78	3601.94	4099.07	4680.29	4897.32
贵州	2817.70	3243.15	3955.17	4380.64	4928.48	5503.34	5927.89
重庆	3531.12	4111.66	4727.85	5497.06	6074.10	6830.18	7315.93
云南	3331.28	3941.20	4546.27	4857.71	5416.59	6353.91	6789.78

资料来源：《云南统计年鉴》《重庆统计年鉴》《贵州统计年鉴》《广西统计年鉴》。

2. 与典型西部省份基本公共服务财政支出增长水平比较

第一，基本公共服务财政支出增长水平比较。

从表71中可以看出，2012～2018年广西基本公共服务财政支出增长水平比典型西部三省份的水平低。这说明广西基本公共服务水平增长幅度不如典型西部三省份大，而且2018年的增幅差距进一步扩大。

表71　2012～2018年广西与典型西部省份基本公共服务财政支出增长水平比较

单位：%

地区	2012年	2013年	2014年	2015年	2016年	2017年	2018年
广西	100.00	107.48	116.57	136.19	148.79	164.43	162.56
贵州	100.00	111.87	128.56	142.96	154.68	167.38	176.32
重庆	100.00	112.68	121.58	139.53	147.25	159.55	167.87
云南	100.00	114.66	124.22	131.91	140.48	159.91	170.45

资料来源：《云南统计年鉴》《重庆统计年鉴》《贵州统计年鉴》《广西统计年鉴》。

其一，底线生存服务：社会保障服务财政支出增长水平比较。从表72中可以看出，广西社会保障服务财政支出增长水平高于典型西部省份，2018年比2012年增长了1.4倍，分别高于贵州、重庆和云南1.23倍、1倍、0.97倍的水平，是所有基本公共服务项目增长唯一较高于典型西部省份的项目。

表72　2012～2018年广西与典型西部省份社会保障服务财政支出增长水平比较

单位：%

地区	2012年	2013年	2014年	2015年	2016年	2017年	2018年
广西	100.00	123.30	137.14	163.15	190.90	240.38	239.46
贵州	100.00	112.37	127.33	144.58	156.01	211.87	223.42
重庆	100.00	112.73	131.27	148.68	167.19	183.44	200.36
云南	100.00	115.12	133.03	147.81	157.70	170.89	196.54

资料来源：《云南统计年鉴》《重庆统计年鉴》《贵州统计年鉴》《广西统计年鉴》。

其二，公众发展服务财政支出增长水平比较。

首先，基础教育服务财政支出增长水平比较。从表73指标比较来看，广西基础教育服务财政支出增长水平低于典型西部省份，广西2018年比2012年增长了0.55倍，分别低于贵州、重庆、云南0.88倍、0.62倍、0.59倍的水平。

表73　2012～2018年广西与典型西部省份基础教育服务财政支出增长水平比较

单位：%

地区	2012年	2013年	2014年	2015年	2016年	2017年	2018年
广西	100.00	103.51	112.10	134.02	145.03	156.17	155.23
贵州	100.00	112.02	127.28	154.43	168.54	180.21	188.32
重庆	100.00	109.50	117.69	134.29	144.04	156.84	162.21
云南	100.00	101.65	100.02	113.73	129.09	147.94	159.44

资料来源：《云南统计年鉴》《重庆统计年鉴》《贵州统计年鉴》《广西统计年鉴》。

其次，公共卫生服务财政支出增长水平比较。从表74中得出，广西公共卫生服务财政支出2018年比2012年增长了1.02倍，是广西所有基本公共服务项目财政支出中增长最快的，高于云南0.76倍的水平，但仍分别低于贵州和重庆1.24倍、1.19倍的水平。

表 74　2012～2018 年广西与典型西部省份公共卫生服务财政支出增长水平比较

单位：%

地区	2012 年	2013 年	2014 年	2015 年	2016 年	2017 年	2018 年
广西	100.00	112.81	140.35	163.47	184.93	202.36	201.54
贵州	100.00	113.76	150.83	179.46	195.23	216.97	223.56
重庆	100.00	118.28	147.12	187.52	197.80	211.30	219.12
云南	100.00	81.91	96.04	115.19	127.26	149.07	175.69

资料来源：《云南统计年鉴》《重庆统计年鉴》《贵州统计年鉴》《广西统计年鉴》。

最后，公共文化服务财政支出增长水平比较。从表 75 中可以看到，广西公共文化服务财政支出 2018 年比 2012 年增长了 0.4 倍，低于重庆 0.52 倍的水平，高于贵州和云南的水平。

表 75　2012～2018 年广西与典型西部省份公共文化服务财政支出增长水平比较

单位：%

地区	2012 年	2013 年	2014 年	2015 年	2016 年	2017 年	2018 年
广西	100.00	109.51	150.52	173.55	156.15	141.38	140.22
贵州	100.00	97.65	109.70	122.75	135.08	129.84	136.54
重庆	100.00	105.93	109.21	142.52	145.44	148.20	151.47
云南	100.00	98.86	90.57	99.36	125.57	114.89	130.69

资料来源：《云南统计年鉴》《重庆统计年鉴》《贵州统计年鉴》《广西统计年鉴》。

其三，基本环境服务：环境保护服务财政支出增长水平比较。从表 76 指标比较得出，广西环境保护服务财政支出增长水平低于典型西部省份水平，2018 年比 2012 年增长了 0.41 倍，较大幅度低于典型西部省份。

表 76　2012～2018 年广西与典型西部省份环境保护服务财政支出增长水平比较

单位：%

地区	2012 年	2013 年	2014 年	2015 年	2016 年	2017 年	2018 年
广西	100.00	107.03	139.98	164.44	151.14	141.83	140.63
贵州	100.00	101.08	129.83	146.80	193.35	190.76	198.65
重庆	100.00	112.09	103.24	137.71	133.27	151.62	174.23
云南	100.00	104.12	107.67	132.59	148.47	177.49	188.96

资料来源：《云南统计年鉴》《重庆统计年鉴》《贵州统计年鉴》《广西统计年鉴》。

第二，人均基本公共服务财政支出增长水平比较。

从表77中可以进一步看出，2018年广西人均基本公共服务财政支出增长水平比典型西部省份低12个~15个百分点。

表77　2012~2018年广西与典型西部省份人均基本公共服务财政支出增长水平比较

单位：%

地区	2012年	2013年	2014年	2015年	2016年	2017年	2018年
广西	100.00	106.63	111.56	129.33	139.75	153.86	151.23
贵州	100.00	110.91	126.30	138.22	147.61	158.95	166.54
重庆	100.00	112.17	120.44	138.35	145.13	157.37	163.21
云南	100.00	113.99	122.77	129.61	137.20	155.19	164.69

资料来源：《云南统计年鉴》《重庆统计年鉴》《贵州统计年鉴》《广西统计年鉴》。

3. 与典型西部省份基本公共服务财政支出倾斜水平比较

第一，底线生存服务：社会保障服务财政支出倾斜水平比较。

从表78指标比较可以看出，2018年，广西社会保障服务财政支出倾斜水平比重庆低3个百分点左右，与云南相当，比贵州高2个百分点左右，但在2015年以后广西与云南倾斜水平的差距在缩小。

表78　2012~2018年广西与典型西部省份社会保障服务财政支出倾斜水平比较

单位：%

地区	2012年	2013年	2014年	2015年	2016年	2017年	2018年
广西	9.46	10.85	11.13	11.33	12.13	13.83	13.69
贵州	8.54	8.58	8.46	8.64	8.62	10.81	11.96
重庆	14.10	14.10	15.22	15.02	16.01	16.21	16.35
云南	12.29	12.34	13.16	13.77	13.80	13.13	13.77

资料来源：《云南统计年鉴》《重庆统计年鉴》《贵州统计年鉴》《广西统计年鉴》。

第二，公众发展服务财政支出倾斜水平比较。

首先，基础教育服务财政支出倾斜水平比较。从表79指标比较来看，广西基础教育服务财政支出倾斜水平高于重庆和云南，2014年以前广西略高于贵州，2014年以后广西比贵州略低，2015年以来广西基础教育服务财政支出倾斜水平趋于稳定。

表 79　2012～2018 年广西与典型西部省份基础教育服务财政支出倾斜水平比较

单位：%

地区	2012 年	2013 年	2014 年	2015 年	2016 年	2017 年	2018 年
广西	19.74	19.01	18.98	19.42	19.24	18.75	18.96
贵州	18.16	18.19	17.98	19.62	19.79	19.55	19.21
重庆	14.69	14.28	14.22	14.14	14.37	14.44	14.40
云南	18.89	16.75	15.21	16.28	17.36	17.47	17.43

资料来源：《云南统计年鉴》《重庆统计年鉴》《贵州统计年鉴》《广西统计年鉴》。

其次，公共卫生服务财政支出倾斜水平比较。从表 80 指标比较中得出，广西公共卫生服务财政支出倾斜水平高于典型西部省份，2018 年广西比重庆高 2 个百分点左右，也略高于贵州、云南。

表 80　2012～2018 年广西与典型西部省份公共卫生服务财政支出倾斜水平比较

单位：%

地区	2012 年	2013 年	2014 年	2015 年	2016 年	2017 年	2018 年
广西	8.48	8.90	10.21	10.18	10.54	10.44	10.33
贵州	7.30	7.42	8.56	9.16	9.21	9.46	9.55
重庆	6.16	6.47	7.45	8.28	8.28	8.16	8.23
云南	10.27	7.34	7.94	8.97	9.30	9.57	9.61

资料来源：《云南统计年鉴》《重庆统计年鉴》《贵州统计年鉴》《广西统计年鉴》。

最后，公共文化服务财政支出倾斜水平比较。从表 81 指标比较可以看到，广西公共文化服务财政支出倾斜水平仅高于重庆，略低于云南、贵州。

表 81　2012～2018 年广西与典型西部省份公共文化服务财政支出倾斜水平比较

单位：%

地区	2012 年	2013 年	2014 年	2015 年	2016 年	2017 年	2018 年
广西	1.52	1.55	1.97	1.94	1.60	1.31	1.29
贵州	1.81	1.58	1.54	1.55	1.58	1.40	1.56
重庆	1.21	1.14	1.09	1.24	1.20	1.13	1.26
云南	1.74	1.50	1.27	1.31	1.55	1.25	1.31

资料来源：《云南统计年鉴》《重庆统计年鉴》《贵州统计年鉴》《广西统计年鉴》。

第三，基本环境服务：环境保护服务财政支出倾斜水平比较。

从表 82 指标比较得出，广西环境保护服务财政支出倾斜水平低于典型西部省份水平，并且在 2017 年以后由于广西增幅下降，倾斜水平差距不断增大。

表 82　2012～2018 年广西与典型西部省份环境保护服务财政支出倾斜水平比较

单位：%

地区	2012 年	2013 年	2014 年	2015 年	2016 年	2017 年	2018 年
广西	2.01	2.00	2.41	2.43	2.04	1.73	1.71
贵州	2.39	2.16	2.41	2.45	2.98	2.72	2.88
重庆	3.76	3.74	3.19	3.71	3.40	3.57	3.61
云南	2.83	2.57	2.45	2.84	2.99	3.14	3.22

资料来源：《云南统计年鉴》《重庆统计年鉴》《贵州统计年鉴》《广西统计年鉴》。

（五）与内蒙古比较

1. 与内蒙古基本公共服务财政支出水平比较

第一，基本公共服务财政支出负担水平比较。

从表 83 中可以看出，2012～2015 年，广西基本公共服务财政支出负担水平高于内蒙古，但 2016 年起，内蒙古该指标增长速度快于广西，而且两个自治区差距不断扩大。

表 83　2012～2018 年广西与内蒙古基本公共服务财政支出负担水平比较

单位：%

地区	2012 年	2013 年	2014 年	2015 年	2016 年	2017 年	2018 年
广西	22.81	22.11	22.10	24.10	24.25	24.07	23.96
内蒙古	21.55	21.81	21.80	23.89	24.93	28.14	29.68

资料来源：《内蒙古统计年鉴》《广西统计年鉴》。

其一，底线生存服务：社会保障服务财政支出负担水平比较。从表 84 指标比较可以看出，2012～2018 年，广西社会保障服务财政支出负担水平低于内蒙古。

表 84　2012～2018 年广西与内蒙古社会保障服务财政支出负担水平比较

单位：%

地区	2012 年	2013 年	2014 年	2015 年	2016 年	2017 年	2018 年
广西	2.16	2.40	2.46	2.73	2.94	3.33	3.32
内蒙古	2.74	2.91	2.99	3.40	3.55	4.37	4.65

资料来源：《内蒙古统计年鉴》《广西统计年鉴》。

其二，公众发展服务财政支出负担水平比较。

首先，基础教育服务财政支出负担水平比较。从表 85 指标比较来看，广西基础教育服务财政支出负担水平大多比内蒙古高 1 个百分点以上，这说明广西与内蒙古基础教育的基础薄弱，相比内蒙古，广西历史欠账要多得多。

表 85　2012～2018 年广西与内蒙古基础教育服务财政支出负担水平比较

单位：%

地区	2012 年	2013 年	2014 年	2015 年	2016 年	2017 年	2018 年
广西	4.50	4.20	4.20	4.68	4.67	4.51	4.53
内蒙古	2.77	2.70	2.68	3.01	3.07	3.49	3.63

资料来源：《内蒙古统计年鉴》《广西统计年鉴》。

其次，公共卫生服务财政支出负担水平比较。从表 86 指标比较中得出，广西公共卫生服务财政支出负担水平与内蒙古同属一个档次。

表 86　2012～2018 年广西与内蒙古公共卫生服务财政支出负担水平比较

单位：%

地区	2012 年	2013 年	2014 年	2015 年	2016 年	2017 年	2018 年
广西	1.93	1.97	2.26	2.45	2.56	2.51	2.51
内蒙古	1.12	1.16	1.28	1.44	1.57	2.01	2.52

资料来源：《内蒙古统计年鉴》《广西统计年鉴》。

最后，公共文化服务财政支出负担水平比较。从表 87 指标比较可以看出，2012～2018 年，广西公共文化服务财政支出负担水平低于内蒙古。

表 87　2012～2018 年广西与内蒙古公共文化服务财政支出负担水平比较

单位：%

地区	2012 年	2013 年	2014 年	2015 年	2016 年	2017 年	2018 年
广西	0. 35	0. 34	0. 44	0. 47	0. 39	0. 32	0. 31
内蒙古	0. 55	0. 52	0. 52	0. 54	0. 49	0. 73	0. 86

资料来源：《内蒙古统计年鉴》《广西统计年鉴》。

其三，基本环境服务：环境保护服务财政支出负担水平比较。从表 88 指标比较得出，2012～2018 年，内蒙古环境保护服务财政支出负担水平高于广西，与广西差距逐渐扩大。

表 88　2012～2018 年广西与内蒙古环境保护服务财政支出负担水平比较

单位：%

地区	2012 年	2013 年	2014 年	2015 年	2016 年	2017 年	2018 年
广西	0. 46	0. 44	0. 53	0. 58	0. 50	0. 42	0. 40
内蒙古	0. 83	0. 78	0. 80	0. 98	0. 88	0. 89	0. 92

资料来源：《内蒙古统计年鉴》《广西统计年鉴》。

第二，人均基本公共服务财政支出水平比较。

从表 89 中可以进一步看出，2012～2018 年，广西人均基本公共服务财政支出水平仅占内蒙古的 50% 左右。

表 89　2012～2018 年广西与内蒙古人均基本公共服务财政支出水平比较

单位：元

地区	2012 年	2013 年	2014 年	2015 年	2016 年	2017 年	2018 年
广西	2475. 72	2739. 78	3069. 78	3601. 94	4099. 07	4680. 29	4897. 32
内蒙古	5977. 45	6655. 85	7480. 54	8278. 83	9219. 53	9565. 03	10128. 05

资料来源：《内蒙古统计年鉴》《广西统计年鉴》。

2. 与内蒙古基本公共服务财政支出增长水平比较

第一，基本公共服务财政支出增长水平比较。

从表 90 中可以看出，2012～2018 年，广西基本公共服务财政支出增长水平比内蒙古的水平高，说明广西基本公共服务水平增长幅度大于内蒙古，而且2017年以后增幅差距进一步扩大。

表90　2012~2018年广西与内蒙古基本公共服务财政支出增长水平比较

单位：%

地区	2012年	2013年	2014年	2015年	2016年	2017年	2018年
广西	100.00	107.48	116.57	136.19	148.79	164.43	162.56
内蒙古	100.00	107.60	113.25	124.14	131.72	132.22	138.47

资料来源：《内蒙古统计年鉴》《广西统计年鉴》。

其一，底线生存服务：社会保障服务财政支出增长水平比较。从表91指标比较可以看出，广西社会保障服务财政支出增长水平高于内蒙古，2015年以后增长幅度差距进一步拉大。

表91　2012~2018年广西与内蒙古社会保障服务财政支出增长水平比较

单位：%

地区	2012年	2013年	2014年	2015年	2016年	2017年	2018年
广西	100.00	123.30	137.14	163.15	190.90	240.38	239.38
内蒙古	100.00	112.75	122.11	138.99	147.55	161.70	183.25

资料来源：《内蒙古统计年鉴》《广西统计年鉴》。

其二，公众发展服务财政支出倾斜水平比较。

首先，基础教育服务财政支出增长水平比较。从表92指标比较来看，2014~2018年广西基础教育服务财政支出增长水平高于内蒙古。2015年以前，广西增长幅度与内蒙古相当，2015年以后，广西增长幅度远远大于内蒙古，2017~2018年增长幅度差距拉大至25个百分点以上。

表92　2012~2018年广西与内蒙古基础教育服务财政支出增长水平比较

单位：%

地区	2012年	2013年	2014年	2015年	2016年	2017年	2018年
广西	100.00	103.51	112.10	134.02	145.03	156.17	155.23
内蒙古	100.00	103.84	108.59	121.95	126.14	127.70	129.36

资料来源：《内蒙古统计年鉴》《广西统计年鉴》。

其次，公共卫生服务财政支出增长水平比较。从表 93 指标比较得出，广西公共卫生服务财政支出 2018 年比 2012 年增长了 1.02 倍，是广西所有基本公共服务项目中增长最快的，但仍低于内蒙古 1.07 倍的水平。

表 93　2012～2018 年广西与内蒙古公共卫生服务财政支出增长水平比较

单位：%

地区	2012 年	2013 年	2014 年	2015 年	2016 年	2017 年	2018 年
广西	100.00	112.81	140.35	163.47	184.93	202.36	201.54
内蒙古	100.00	110.18	128.03	144.54	159.99	181.82	206.87

资料来源：《内蒙古统计年鉴》《广西统计年鉴》。

最后，公共文化服务财政支出增长水平比较。从表 94 指标比较中可以看到，2016 年以前广西公共文化服务财政支出增长幅度高于内蒙古，但 2017 年内蒙古的增幅提高很快，2018 年超越广西。

表 94　2012～2018 年广西与内蒙古公共文化服务财政支出增长水平比较

单位：%

地区	2012 年	2013 年	2014 年	2015 年	2016 年	2017 年	2018 年
广西	100.00	109.51	150.52	173.55	156.15	141.38	140.22
内蒙古	100.00	100.97	105.39	109.87	102.34	133.93	146.36

资料来源：《内蒙古统计年鉴》《广西统计年鉴》。

其三，基本环境服务：环境保护服务财政支出增长水平比较。从表 95 指标比较得出，广西环境保护服务财政支出增长水平高于内蒙古，但内蒙古 2018 年增长很快，与广西的差距只有 6 个百分点。

表 95　2012～2018 年广西与内蒙古环境保护服务财政支出增长水平比较

单位：%

地区	2012 年	2013 年	2014 年	2015 年	2016 年	2017 年	2018 年
广西	100.00	107.03	139.98	164.44	151.14	141.83	140.63
内蒙古	100.00	100.40	108.49	133.18	121.13	109.18	134.66

资料来源：《内蒙古统计年鉴》《广西统计年鉴》。

第二，人均基本公共服务财政支出增长水平比较。

从表96中可以进一步看出，2015年以前，广西人均基本公共服务财政支出增长水平与内蒙古相当，2015年以后，广西的增长水平远远高于内蒙古，2017～2018年增长幅度差距拉大至20个百分点左右。

表96　2012～2018年广西与内蒙古人均基本公共服务财政支出增长水平比较

单位：%

地区	2012年	2013年	2014年	2015年	2016年	2017年	2018年
广西	100.00	106.63	111.56	129.33	139.75	153.86	151.23
内蒙古	100.00	107.27	112.58	123.10	130.14	130.20	132.12

资料来源：《内蒙古统计年鉴》《广西统计年鉴》。

3. 与内蒙古基本公共服务财政支出倾斜水平比较

第一，底线生存服务：社会保障服务财政支出倾斜水平比较。从表97指标比较可以看出，广西社会保障服务财政支出倾斜水平低于内蒙古3个百分点左右。

表97　2012～2018年广西与内蒙古社会保障服务财政支出倾斜水平比较

单位：%

地区	2012年	2013年	2014年	2015年	2016年	2017年	2018年
广西	9.46	10.85	11.13	11.33	12.13	13.83	13.69
内蒙古	12.71	13.32	13.71	14.23	14.24	15.54	16.21

资料来源：《内蒙古统计年鉴》《广西统计年鉴》。

第二，公众发展服务财政支出倾斜水平比较。

首先，基础教育服务财政支出倾斜水平比较。从表98指标比较来看，广西基础教育服务财政支出倾斜水平高于内蒙古6个百分点以上。

表98　2012～2018年广西与内蒙古基础教育服务财政支出倾斜水平比较

单位：%

地区	2012年	2013年	2014年	2015年	2016年	2017年	2018年
广西	19.74	19.01	18.98	19.42	19.24	18.75	18.96
内蒙古	12.84	12.39	12.31	12.62	12.30	12.40	12.36

资料来源：《内蒙古统计年鉴》《广西统计年鉴》。

其次，公共卫生服务财政支出倾斜水平比较。从表 99 指标比较中得出，广西公共卫生服务财政支出倾斜水平高于内蒙古 3 个百分点以上。

表 99　2012～2018 年广西与内蒙古公共卫生服务财政支出倾斜水平比较

单位：%

地区	2012 年	2013 年	2014 年	2015 年	2016 年	2017 年	2018 年
广西	8.48	8.90	10.21	10.18	10.54	10.44	10.33
内蒙古	5.19	5.32	5.87	6.05	6.31	7.14	7.03

资料来源：《内蒙古统计年鉴》《广西统计年鉴》。

最后，公共文化服务财政支出倾斜水平比较。从表 100 指标比较可以看到，广西公共文化服务财政支出倾斜水平略低于内蒙古 1 个百分点左右。

表 100　2012～2018 年广西与内蒙古公共文化服务财政支出倾斜水平比较

单位：%

地区	2012 年	2013 年	2014 年	2015 年	2016 年	2017 年	2018 年
广西	1.52	1.55	1.97	1.94	1.60	1.31	1.29
内蒙古	2.55	2.39	2.37	2.25	1.98	2.58	2.96

资料来源：《内蒙古统计年鉴》《广西统计年鉴》。

第三，基本环境服务：环境保护服务财政支出倾斜水平比较。

从表 101 指标比较得出，广西环境保护服务财政支出倾斜水平低于内蒙古 1.5 个百分点左右，且 2015 年以后，由于广西增幅下降，两者倾斜水平差距不断增大。

表 101　2012～2018 年广西与内蒙古环境保护服务财政支出倾斜水平比较

单位：%

地区	2012 年	2013 年	2014 年	2015 年	2016 年	2017 年	2018 年
广西	2.01	2.00	2.41	2.43	2.04	1.73	1.71
内蒙古	3.84	3.58	3.68	4.12	3.53	3.17	3.41

资料来源：《内蒙古统计年鉴》《广西统计年鉴》。

三 2018年广西财政支持基本公共服务均等化的评估结论

（一）总体评估结论

2018 年广西坚持以人民为中心的发展思想，坚持以社会主义核心价值观为引领，从解决人民群众最关心最直接最现实的利益问题入手，以普惠性、保基本、均等化、可持续为方向，强化公共资源投入保障，努力优化资源配置、推动城乡区域均等化发展。2018 年，广西居民人均可支配收入名义增长 7.9%，其中农村居民收入增长 9.8%，连续 7 年高于全国增速；全年共有 115 万以上贫困人口脱贫、1400 个以上贫困村出列和 14 个贫困县摘帽；坚持把改善人民生活作为重中之重，财政支出 80.5% 用于民生领域；大力发展教育事业和着力提升医疗卫生水平；扎实推进文化体育发展，村级公共服务中心覆盖率 80%，居全国前列；切实做好社会保障工作，深化社会保障制度改革，城乡居民基本养老保险参保率超过 98%。

1. 广西加大社会保障的财力支持

第一，支持就业创业服务体系建设。

2016～2018 年，广西共开展职业培训 62.95 万人，其中就业技能培训 47.6 万人，创业培训 11.31 万人，培训后共实现就业 25.44 万人。广西城镇新增就业 100.03 万人，完成“十三五”目标 175 万人的 57.16%。

第二，继续加强社会兜底保障能力。

城乡低保标准和补助水平不断提高。2015～2018 年，广西城乡低保标准分别从 373 元/月和 2304 元/年，提高到 518 元/月和 3338 元/年，城乡低保月人均补助水平分别从 268 元和 111 元，提高到 337 元和 170 元。

不断丰富适合残疾人特殊需求的基本公共服务，为残疾人平等参与社会发展创造便利条件。全面落实困难残疾人生活补贴和重大残疾人护理补贴制度，每人每月 50 元。广西有 27.6 万名残疾人享受困难残疾人生活补贴，

36.5 万名重度残疾人享受护理补贴，困难残疾人生活覆盖率 71.58%、重度残疾人护理补贴覆盖率 82.29%。广西配备康复协调员 1.4 万人，残疾人基本康复服务覆盖率 47.1%，残疾人辅助器具适配率 45.9%。

第三，大力推进保障性安居工程建设。

2016 年至 2018 年 5 月，广西棚户区改造累计开工 35.92 万套，占 57.51 万套任务的 62.46%。2016～2017 年，广西共完成农村危房改造 28.14 万户，解决了 110 多万名贫困群众的安全住房需求，完成了“十三五”广西农村危房改造中期目标 16 万户（“十三五”广西农村危房改造目标 32 万户的一半）的 176%，其中完成建档立卡贫困户等 4 类重点对象危房改造 12.39 万户。

2. 广西基础教育资源有效扩充

2018 年，广西实施《广西教育提升三年行动计划（2018～2020 年）》，加大教育投入，加快城乡教育均衡发展，提升教育服务水平，大力补齐公共教育短板。广西投入 7.6 亿元新建改扩建 363 所公办幼儿园和扶持 4000 所多元普惠幼儿园发展；推进全面改薄工程，统筹落实资金 54.56 亿元新建改扩建义务教育学校 7500 多所，预计增加学位 20 万个。51 个县（市、区）通过国家义务教育均衡发展督导评估认定。统筹 5.4 亿元新建改扩建高中 64 所，着力破解学校学位、床位、餐位不足问题。

3. 广西积极推进“健康广西”建设

广西实施基层医疗卫生机构能力建设行动计划卓有成效，不断提高公共卫生服务水平。2017 年广西人均基本公共卫生服务经费达到 50 元，城乡居民规范化电子建档率达到 86.55%，免费婚检率达 98.72%，居全国首位，重型地中海贫血胎儿医学干预率提高至 99.31%。实施“17 免 2 补”妇幼健康惠民政策，2017 年孕产妇死亡率 12.49/10 万，婴儿死亡率 3.51‰。2018 年广西乡镇卫生院达标率为 91.16%，设备配置已全部达标；广西每千人口乡镇卫生院床位数为 1.56 张，高于全国平均水平（1.35 张）0.21 张。

4. 广西基层文化体育服务供给进一步增加

为更好地满足人民群众精神文化需求和体育健身需求，持续实施全民健身工程、村村通广播电视乡镇无线覆盖工程、农家书屋出版物补充更新项目、农村电影公益放映工程、公共文化设施免费开放、村级公共服务中心等一系列工程。2016～2017 年，广西新增 9259 个体育场地，人均体育场地面积为 1.42 平方米。广西经常参加体育锻炼人数从 2015 年的 1685 万人次，增加到 2018 年的 1860 万人次。2018 年投入自治区乡村振兴发展资金 4.1 亿元，用于完善县级文化场馆、体育场馆、乡镇文化站和各级体育场地建设。

（二）广西财政支持基本公共服务均等化的局限

1. 基于广西财政支持基本公共服务均等化的评估结论

在中央政策大力支持下，在广西各设区市、各部门共同努力下，广西基本公共服务均等化工作有序推进，广西公共财政重点向民生领域倾斜，财政收入用于民生的支出比例提高至 80.5% 以上，完成了一批重大民生工程，基本公共服务体系进一步完善，基本公共服务均等化水平稳步提升。

同时，虽然广西公共服务项目的财政支出比重逐年增加，但无论是从总体还是具体上看，广西财政支出用于基本公共服务支出的比重仍然显得不足。还存在规模不足、质量不高、发展不平衡等突出问题，基本公共服务的规模和质量难以满足人民群众日益增长的需求。主要表现在：①基本公共服务资源总量不足。城乡区域之间资源配置不均衡，服务水平差异大。②基本公共服务体制机制创新滞后，财力保障机制不健全。广西部分市县人民政府基本公共服务主体责任意识有待加强；引导社会力量参与的市场化体制机制尚未建立；面向基层的人才培养和激励机制创新不足。

2. 基于与全国和典型省份财政支持基本公共服务均等化比较的评估结论

广西作为西部欠发达地区，经济发展基础相对薄弱，国民收入相对较低，政府财政能力相对有限。2017 年广西按常住人口计算人均一般公共预算支出仅为全国平均水平的 81.1%、西部地区平均水平的 75.8% 和自治区平均水平的 69.0%，地区发展不平衡的矛盾非常突出，直接制约着广西基本公共服务均等化的实现水平。

2007～2018 年广西基本公共服务财政支出增长水平高于全国平均水平，但低于东、中、西部地区典型省份中的绝大部分省份，仅高于河南和内蒙古。这说明广西基本公共服务水平虽在不断提高，但与其他省份的差距仍然很大。由于自然条件、历史原因影响，广西经济底子薄、基础设施不完善、农村贫困程度深，教育、医疗、社保等民生领域欠账多，具有典型的总量不足和发展不平衡不充分的特点。2018 年广西人均基本公共服务财政支出仅占全国平均水平的 60%、东部地区平均水平的 55%、中部地区平均水平的 68%、西部地区平均水平的 83%。2018 年广西用于教育、医疗卫生、社会保障和就业、住房保障等基本公共服务的财政支出占当年广西财政总支出的 37%，虽创历史新高，但还是远远低于全国及典型省份的水平。

综上，广西基本公共服务尤其是教育、社保、卫生和文体与全国平均水平仍有较大差距，与东部、中部及西部省份情况比较，发展都非常不平衡。因此，广西基本公共服务均等化建设是一个长期的渐进过程，基本公共服务均等化的水平应与现有的经济发展基础、国民收入与财政能力相匹配，需要根据经济社会的发展水平而逐步提高。

四　2019 ~2020 年广西财政支持基本公共服务均等化建设

（一）2019 ~ 2020 年广西财政支持基本公共服务均等化建设目标

根据《广西“十三五”基本公共服务均等化规划》，2019 ~ 2020 年广西基本公共服务体系将更加完善，基本达到全国平均水平，基本公共服务均等化总体实现（见表 102）。一是制度规范基本成形，基本公共服务依法治理水平明显提升。二是标准体系全面建立，各领域标准逐步完善。三是保障机制巩固健全，可持续发展的长效机制基本形成。四是共建共享总体实现，基本实现基本公共服务全覆盖。[①]

① 广西“十三五”基本公共服务均等化规划［EB/OL］. 广西壮族自治区人民政府网，（2017 - 09 - 01）. http：//www. gxzf. gov. cn/zwgk/zfwj/20170901 - 640686. shtml.

表 102　2020 年广西基本公共服务领域发展指标（部分）

指标	2020 年	属性
基本公共教育		
九年义务教育巩固率(%)	95	约束性
基本劳动就业创业		
城镇新增就业人数(万人)(5 年累计)	175	预期性
农民工职业技能培训(万人次)(5 年累计)	50	预期性
基本社会保险		
基本养老保险参保率(%)	90	约束性
基本医疗保险参保率(%)	>95	约束性
基本医疗和公共卫生		
人均预期寿命(岁)	77.5	预期性
养老床位中护理型床位比例(%)	30	预期性
基本住房保障		
城镇棚户区住房改造(万套)	35.13	预期性
基本公共文化体育服务		
公共图书馆流通人次(万人)	2000	预期性
广播、电视综合人口覆盖率(%)	≥98	约束性
残疾人基本公共服务		
困难残疾人生活补贴和重度残疾人护理补贴覆盖率(%)	>90	预期性
残疾人基本康复服务覆盖率(%)	80	预期性

(二)2019~2020年广西基本公共服务均等化建设面临的挑战

1. 基本公共服务供给规模不足

广西基本公共服务的供给规模与人民群众对公共服务不断增长的需求之间的矛盾越来越突出。主要表现在与全国及其他省份相比，广西教育、医疗和社保等基本公共服务领域欠账多，具有典型的发展不平衡不充分的特点。2019 年随着新一轮减税降费政策的实施，其短期效应财政减收会逐渐显现，对基本公共服务的刚性支出带来不小的压力。

第一，从供给总量来看。

2017 年广西一般公共预算收入 1615.03 亿元，仅为全国的 0.94%；2018 年人均基本公共服务财政支出仅占全国平均水平的 60%、东部地区的

55%、中部地区的68%、西部地区的83%；2018年用于教育、医疗卫生、社会保障和就业、住房保障等基本公共服务的支出占当年财政总支出的37%，虽创历史新高，但还是远远低于全国及其他省份的水平。

第二，从供给规模来看。

广西财政用于基本公共服务支出的总量和比重虽然都在逐年增加和提高，但国际与国内地区间比较数据显示：2014年，发达及高收入国家公共教育支出和医疗支出分别占国内生产总值的平均比重为4.8%和12.3%，中等收入国家分别为4.15%和5.6%，中等收入国家医疗支出占国内生产总值的比重为5.8%，而广西2018年以上各项支出比例（公共教育支出和医疗支出分别为4.13%和2.48%）不仅大大低于高收入国家的水平，也不及中等收入国家的水平。

第三，从公共服务项目建设来看。

广西有些公共服务项目不按规划要求选址，或因耕地占补平衡落实困难，特别是“占水田补水田”难以落实，造成项目用地报批进展缓慢，影响项目进度。虽然自治区政府已明确鼓励盘活存量用地用于养老服务等公共服务设施建设，但目前各地利用存量用地用于公共服务设施建设的积极性不高。

2. 基本公共服务基础设施总体薄弱

广西教育、医疗卫生、文化、体育、养老、婴幼儿托育等设施建设和保障性安居工程及城镇公共设施建设总体薄弱。一是义务教育学校办学条件落后，呈现“城市挤”和“农村弱”的格局。“大班额”问题突出，2017年小学“大班额”达1.55万个，占班级总数的12.76%；初中“大班额”达1.78万个，占班级总数的53.54%。部分村级学校基础设施薄弱、设备匮乏的状况仍未得到有效改善。农村中小学危房占比高，大部分都集中在村小和教学点。教辅设施配套设施差，生活用房、运动场地等紧缺。二是乡镇和村两级医疗机构医疗资源配置明显不足，优质医疗卫生资源稀缺。公共卫生基础设施建设乏力，广西70.95%的乡镇卫生院业务用房千人口床位、床均面积未达到国家要求，84.42%的乡镇卫生院没有配齐基本诊疗设备，60%以上的卫生院没有配备数字平板 X 线成像系统（DR）、彩色 B 超等基本的医疗设备和救护车，广西社区卫生服务中心已配备 DR、彩超等基本设备的，仅占应配备数的 41.39%，调查发现普遍存在规模小、设备简陋、药品种类少等问题；医疗服务能力严重不足，乡镇医保结算网络平台技术维护人员缺乏，给患者结算造成极大的不便。三是公共文化和养老设施缺口大。截至 2017 年底，广西还有 575 个乡镇综合文化站未达到自治区最低标准，广西县级图书馆和县级文化馆达标率仅为 21.93% 和 27.42%；仍有近三成的乡镇收听不到或收不好广播电视信号；广西人均体育场地面积低于全国平均水平超过 10 个百分点，近一半的地级市、县、乡没有公共体育中心或达不到国家建设标准；养老床位数 23 万张，距全国平均水平差 7 万张。基本公共服务基础设施条件总体薄弱的格局仍然没有改变。

3. 城乡基本公共服务供给结构不平衡

城乡基本公共服务供给结构不平衡的局限。①中心城区基本公共服务设施、服务内容、服务水平等普遍高于农村地区。广西优质的基本公共服务资源向城市集中，存在城市公共设施超大超前建设的现象。虽然近几年来县区和乡村地区的基本公共服务设施的覆盖率得到较大幅度的提升，但符合农村居民需求的服务内容仍处于较稀缺的状态，基本公共服务设施质量水平和功能不均衡问题比较突出。②公共服务供给不均衡表现最为突出的是城乡之间的分割和基本公共服务在不同群体之间的分割。如除了传统城乡二元结构，还面临着新的二元结构问题，城镇人口迅速增加，农民工市民化进程偏慢，据统计，仅南宁市 80 多万人居住在城镇却没有城镇户口，大量的农业转移人口未能享受城镇居民的基本公共服务；又如最基本的社会福利保障基金在农村没有实现全覆盖，调查结果显示，2017 年，广西农民工参加基本养老保险的比例为 26.3%，而高龄农民工养老保险参保率仅为 7.4%；特别是最需要保障的贫困弱势群体所享受到的基本公共服务严重不足，存在着“享受不均”的现象。③由于农村人口在不断减少，同时大量农民工涌入城市，农村的基本公共服务资源普遍存在设施实际利用效率低、闲置浪费的现象。如农村近几年的小学生入学人数减少，农村卫生院的就诊率下滑，农村文化等基础设施闲置等情况，就足以证明这一点。

4. 普惠性转移支付较少，地方支配转移支付资金的自由度不足

公共服务财政转移支付的局限。①普惠性转移支付较少。近年来，广西城市流入人口不断增加，市民对与人口直接相关的公共服务数量和质量需求日益提高，但与人口因素直接相关的教育、科学技术、文化、公共安全等普惠性转移支付占比较低。以南宁市为例，根据统计数据，2016 年南宁市户籍人口为 751.74 万人，占广西户籍人口总量的 13.47%，而相关转移支付收入占比均未达到人口占比。如 2017 年，义务教育等转移支付占比为 9.12%，专项转移支付中教育占比为 8.95%、科学技术占比为 5.16%、文化体育与传媒占比为 7.06%、公共安全占比为 10.62%，均低于南宁市占广西户籍人口比重。②地方支配转移支付资金的自由度不足。虽然《中华人民共和国预算法》明确了除应当由中央和地方共同承担的事项外，中央在安排专项转移支付时，不得要求地方政府承担配套资金，但仍有不少专项转移支付项目要求地方配套资金。以南宁市为例，2017 年上级转移支付需市本级配套资金 41 项合计 4.67 亿元，其中教育配套 1.19 亿元、社保配套 1.12 亿元、农村危旧房改造和美丽乡村建设配套 0.97 亿元、财力性补助配套 0.58 亿元、易地扶贫配套 0.55 亿元。在地方财力有限的情况下，配套资金负担过重极易加剧市县收支矛盾，弱化基层保障均等化服务能力。

5. 基本公共服务评价体系有待完善

基本公共服务评价标准存在以下局限。①广西还没有制定关于基本公共服务均等化的统一标准以及政府考核标准，也没有把公众对政府基本公共服务的满意度纳入考核政府绩效的指标，不同程度地影响了政策的落实和目标的实现。②公众由于缺乏公共服务评价的平台渠道、方法与技能，无法评价基本公共服务的供给能力与效果，各级政府也没有及时获取和准确把握公众的满意度，进而对基本公共服务供给方式、结构、质量、效果都缺乏作为需求方公众的精确验证。③简单运用以政府为主导、“自上而下”的决策机制，难以提高基本公共服务的供给效率和保证基本公共服务均等化目标的实现。

（三）基本公共服务供需矛盾带来的经济社会风险不容小视

1. 继续依靠财政加大投入，必然扩大政府债务，增加政府债务风险

近几年广西在基本公共服务各领域暴露出来的矛盾，是基本公共服务投入方面出现的供需矛盾，是发展基础弱、制度不完善、发展不平衡不充分引发的局部矛盾。比如农村留守儿童辍学和进城农民工子女失学问题，就是在增加教育投入过程中对经济社会发展新变化新矛盾关注不够引发的，需要适当调整教育投入结构，加大教育薄弱环节投入，补齐短板。又比如养老保险制度高费率的问题，不能完全依靠增加财政投入来解决，而应主要通过改革完善养老保险制度实现。基本公共服务领域发展离不开财政的投入，但在当前财政收入增长下滑的形势下，增加支出极有可能扩大政府债务，增加政府债务风险。

2. 基本公共服务领域发展短板如果得不到有效弥补会诱发社会风险

基本公共服务领域发展的短板主要是基本养老保障、公共医疗保障、公共教育三大领域。①基本养老保障问题。近几年来，经济下行导致养老保险欠费增加，极有可能出现养老保险支出困难的局面，而如果退休职工少拿或拿不到应有的养老金，则会直接影响退休职工的基本生活。又由于历史欠账和制度不健全，目前企业退休职工因为养老金低于行政事业单位职工退休金，造成企业退休职工普遍缺乏获得感，容易酿成社会群体事件。②公共医疗保障问题。经济下行和财政收入增长困难也可能使医疗保险支付发生困难，会导致患者与医院的矛盾加剧，也可能引发患者与医疗保险管理机构的兑付矛盾。③公共教育问题。农村留守儿童、进城务工农民工子女的辍学和失学，意味着人力资本积累放缓，与广西正在实施的工业化和乡村振兴对较高文化、科技素质的劳动力需求极不相适应，影响广西的现代化进程。解决基本公共服务矛盾，不仅是帮助群众解决生活保障问题，也是为本区域发展、人民生活打造安定的社会环境。

3. 基本公共服务均等化缺乏财力可持续性保障会积累经济风险

第一，广西经济总量小、增长不够稳，基本公共服务均等化缺乏可持续

性保障。

进入经济“新常态”以来，广西 GDP 增速持续下滑，2016 年、2018 年先后跌破 8% 和 7%，较之全国其他省份，广西经济增长持续下滑时间更长。广西人均 GDP 长期排在全国第 28 位①。近几年减税降费短期负效应造成广西财政收入减少，2019 年 1～6 月，广西税务部门落实新一轮减税降费政策累计减税 141.13 亿元，财政收入增幅回落较大。在经济下行与财政收入短期增长困难的双重压力下，广西基本公共服务均等化缺乏可持续性保障。

第二，制度安排缺失是广西基本公共服务均等化缺乏可持续性又一重要原因。

如要解决人口老龄化带来的养老难题，其中最大的难题是要降低过高的基本养老保险缴费率，因为过高的养老保险缴费率不仅会提高企业产品成本，也会挤占企业年金成长空间，难以构建基本保险、商业保险、补充保险合理搭配的可持续养老保障制度体系。又如农村留守儿童的辍学和失学问题的解决仍然滞后，不仅会增加教育不公平的矛盾，也不利于高质量发展战略的实施。诸如这些基本公共服务领域的矛盾，如果不妥善解决，会导致经济的不可持续，诱发新的经济矛盾，积累新的经济风险。

（四）广西财政需加力支持基本公共服务均等化建设

2019～2020 年，广西基本公共服务体系更加完善，体制机制更加健全，基本公共服务水平基本达到全国平均水平，基本公共服务均等化总体实现。但这一目标绝不是轻轻松松就可以实现的，必须付出艰辛的努力。这就要求我们必须夯实基本公共服务均等化财政及制度保障：持之以恒地推进国民收入倍增计划；以缩小和消除城乡居民的“享受不均”为重点，推动城乡基本公共服务均等化均衡发展；加大基本公共服务政策宣传力度，建立健全公

---

① 鹿心社．解放思想　改革创新　扩大开放　担当实干　奋力开启建设壮美广西共圆复兴梦想新征程［J］．当代广西，2019（4）．

众对基本公共服务的评价体系，提高公众满意度。

1. 推动经济高质量发展，稳步扩大基本公共服务供给规模

发达国家与地区的经验表明，经济越发达，基本公共服务供给规模与总量越大，供给质量越好，均等化程度越高。因此，加快广西经济高质量发展是扩大基本公共服务供给规模与总量，推动基本公共服务均等化的关键。首先，要毫不动摇地把发展作为第一要务。广西仍是后发展欠发达地区、全国脱贫攻坚主战场，仍处于转型升级、爬坡过坎阶段，发展不平衡不充分仍是广西面临的最突出问题。必须着力在解放思想、改革创新、扩大开放、担当实干上下功夫求实效，以推动广西经济高质量发展，夯实财力基础，稳步扩大基本公共服务供给规模和增加供给总量。其次，在减税降费财政收入减少的背景下，要充分盘活财政存量资产、土地等财政资源，积极组织收入，拓宽投入渠道，满足基本公共服务支出的需要；并逐年扩大政府购买基本公共服务的规模，鼓励社会民间资金投入公共服务领域，改变单一靠政府投入负担的局面。最后，做好新增建设用地计划指标保障和指导实施盘活存量土地政策。按照“集中统筹、分级保障”原则，优先保障脱贫攻坚、基础设施、基本公共服务发展新增建设用地计划指标。积极指导各市加大盘活存量建设用地力度，引导城乡公共服务设施项目优先使用存量土地，通过盘活存量建设用地拓展用地空间，支持相关政策落实，加快公共服务项目建设，提升公共服务供给能力。

2. 加强规划和加大投入力度，完善基本公共服务基础设施建设

加强规划和加大投入力度的重点。①加强规划和动态调整。根据人口分布和流动情况，科学合理规划基本公共服务资源的布局和配置，并建立与人口分布相匹配的动态调整机制①，使公共交通等公共设施与人口分布相协调，保障基本公共服务的数量和质量与群众的需求基本相匹配。②坚持扩展资源，确保各类基础设施提质增量。继续实施“教育提升三年行动计划”“基层医疗卫生机构能力提升行动计划”“乡村振兴产业发展基础设施公共

① 杨向鹏．“国家—社会”关系视角下的当代中国民生建设研究［D］．北京：中央财经大学，2018.

服务能力提升三年行动计划”“为民办实事工程”等各类专项工程，提升各类教育、卫生、文化、体育、养老服务及社会服务设施质量，提升基础设施水平，提升各类设施人均面积。③积极向国家建议，在财政事权和支出责任划分，或在基本公共服务均等化标准体系建设时，结合各地经济发展水平和财政状况给予差异化政策，对于西部地区、少数民族地区、边境地区、革命老区等欠发达地区给予倾斜，给予广西更多的支持，以缩小广西人均财政支出与其他地区的差距。

3. 优化基本公共服务支出结构和资源配置，补齐结构短板

补齐结构短板的具体举措。①在财政支出结构上实现优化，建立稳定的基本公共服务投入增长机制，真正形成以基本公共服务支出为主的财政支出结构。②构建和完善财政平衡机制。由于基本公共服务具有非排他性和非竞争性，其独特地位决定了只能是由政府提供主要的基本公共服务。但是，政府之间财政能力不均衡的客观现实又使得区域间基本公共服务无法实现均等化，因此必须通过均衡财政分配以实现区域间财政能力均等化，以此来推动区域基本公共服务均等化的实现。[①] 在坚持财政事权划分由中央和自治区决定的基础上，完善市和县区落实的机制，中央和自治区确定中央与广西的基本公共服务领域共同财政事权范围、支出责任分担方式、基础标准，市以下事权范围、支出责任分担方式、保障标准由各市确定，以强化地方政府立足于个体公平发展。并明确县区政府职责，发挥其辖区管理优势和积极性，体现对脱贫攻坚、补齐发展短板的政策倾斜，适当简化基本公共服务领域事权和支出责任的分担方式，保障政策落实。③根据各地具体情况适当合并农村学校、卫生院等基础设施，提高集中度和利用率，以提高公共服务质量，缩小城乡差距。[②] 除此之外，要适时加速推进城镇化和城乡一体化。因为，城镇化、工业化的程度越高，基本公共服务资源被集中利用的程度就越高，基本公共服务就越均等。

① 张启春．区域基本公共服务均等化的财政平衡机制——以加拿大的经验为视角［J］．华中师范大学学报（人文社会科学版），2011（11）．

② 谢殿宝．浅议广西基本公共卫生服务均等化［J］．北方经济，2010（11）．

4. 明确财政事权保障标准和支出责任，完善转移支付制度

转移支付制度改进的方向。①根据中央、自治区改革精神和各市实际，市以下相应明确为市级事权、市与县区共同事权。并在中央、自治区地方财政事权和支出责任改革方案出台后，再结合各市实际划分市以下各级人民政府在基本公共服务各领域的事权。[①] ②按照保持现有各市与县区财力格局总体稳定的原则，改革后涉及支出变化的，通过市与县区年终结算上解或补助基数下达的方式处理，以维持市与县区财力格局总体不变。对中央在贫困县安排的公益性项目，严格落实取消县级和连片特困地区市级配套资金的政策。③各市根据中央、自治区改革精神完善落实转移支付制度。按照相关要求，将一般性转移支付和专项转移支付中安排的基本公共服务领域共同事权事项，统一纳入共同事权分类分档转移支付，切实履行各级政府承担的基本公共服务领域事权的支出责任。

5. 健全基本公共服务的评价体系，提高财政供给基本公共服务的质量与效益

健全基本公共服务评价机制的着力点。①基本公共服务评价机制要具有可操作性和可用于测量的指标体系。既能纵向地观察公共治理和公共服务的发展变化，又能横向与其他地区进行比较，便于取长补短，不断创新发展。科学测量广西公共服务发展情况和社会治理状况，以科学数据强有力地展示广西的发展现状，提升广西知名度和影响力。②以结果为导向，重视公众供给结果和质量的评价。把总体实现基本公共服务均等化作为衡量各级政府绩效的一个约束性指标，并积极引入公众对基本公共服务的评价体系作为外部评估机制等重塑激励约束机制，促使各级政府间转向“为基本公共服务均等化而竞争”。③以相应的制度框架和立法相配套，保证评价体系的透明性和公开性。及时了解和掌握公众对所提供的公共服务的满意度，并及时反馈给各相关供给主体，发挥公众对基本公共服务的评价体系应有的作用，以提高以财政为主的基本公共服务供给质量与效益。

---

① 河北省人民政府办公厅关于印发基本公共服务领域省与市、县共同财政事权和支出责任划分改革实施方案的通知［R］. 河北省人民政府公报，2018.

广西财税营商环境发展报告

良好的营商环境是一个国家和地区经济软实力的重要体现。党的十八大以来，党中央、国务院高度重视优化中国营商环境，持续推出“放管服”系列改革战略举措，推动中国营商环境全面优化。当前营商环境作为一种考量指标在世界范围内兴起，已成为衡量政府改革成效的重要标准之一。本报告对广西和中国典型省份 2018 年营商财税环境的发展形势进行分析，同时对广西 2020 年营商财税环境进行初步展望，以期为各界人士了解广西营商财税环境情况提供一定借鉴。

一 2018年广西营商环境财税指标总体评估

本报告在借鉴世界银行《2019 年世界纳税报告》缴费率指标编制标准以及剔除个人所得税影响等做法的基础上，编制建立了 3 个营商环境财税指标，分别为地区经济的税收负担率、地区工业的企业所得税缴税率和地区工业的增值税缴税率。上述 3 个指标在评估营商财税环境时，均为负向（逆向）指标，即数值（负担率或缴税率）越高，营商财税环境评价越低。以上指标计算的数据来源于国家统计局网站、广西壮族自治区统计局网站、国家税务总局网站等。

（一）广西经济的税收负担率指标呈略微增长趋势

税收负担是纳税人因向政府缴纳税款而承担的货币损失或经济福利的牺牲。正常来说，税收负担率愈高，税负就愈重，高税负将对营商环境产生消极影响；反之，税收负担率愈低，税负就愈轻，低税负对营商环境产生积极影响。

缴税率是企业利润用于缴纳税款的比例，是企业利润承担税负情况的直接反映。正常来说，高缴税率意味着企业利润承担了较高的缴税负担，在与政府的收入分配关系中处于劣势，税负重，投入生产经营的资本受限，对营商环境产生消极影响；反之，低缴税率即企业利润的缴税负担较轻，对营商环境产生积极影响。

需要注意的是，任何指标值都存在合理区间，如果经济税负值过低或缴税率过低，将反作用于经济，阻碍经济发展。

2017 年和 2018 年广西经济的税收负担率分别为 11.89% 和 11.91%。2018 年该指标较 2017 年增长 0.02 个百分点，广西经济的税收负担率出现轻微增长（见图 1）。

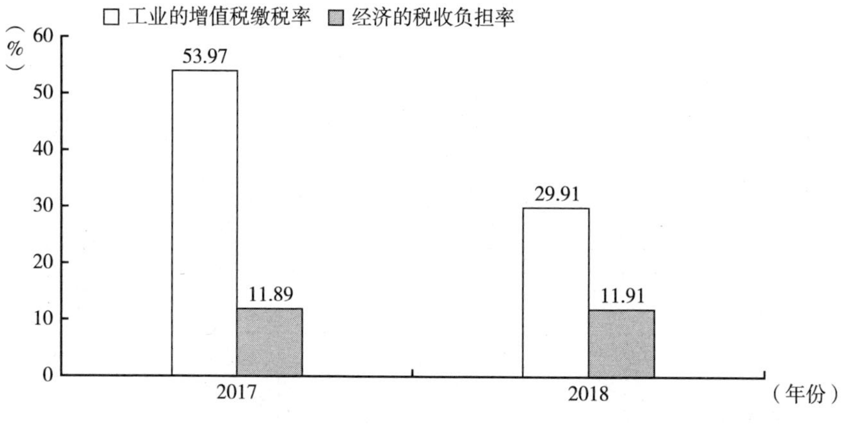

图 1　2017 年和 2018 年广西经济的税收负担率和工业的增值税缴税率

（二）广西工业的增值税缴税率指标出现巨幅下降

2017 年和 2018 年广西工业的增值税缴税率分别为 53.97% 和 29.91%。2018 年该指标较 2017 年大幅下降 24.06 个百分点。广西工业的增值税缴税率指标出现巨大下降符合此阶段中国减税降费环境背景。

（三）广西工业的企业所得税缴税率指标较低

2017 年广西工业的企业所得税缴税率仅为 5.89%（见表 1），对比全国平均水平、各经济区域平均水平、典型省份水平，广西该指标具有较大的低税负营商环境优势。

表 1　2017 年和 2018 年全国和典型省份营商环境财税指标统计

单位：%

地区		2017 年			2018 年	
		经济的税收负担率	工业的企业所得税缴税率	工业的增值税缴税率	经济的税收负担率	工业的增值税缴税率
全国		17.38	11.59	80.34	17.34	39.19
东部地区	广东	14.85	11.64	76.00	14.78	36.14
	浙江	13.61	10.72	65.70	14.24	39.33
	江苏	15.23	12.63	68.43	15.43	37.06
	平均值	14.71	11.88	70.75	14.90	37.17
中部地区	河南	9.84	3.68	25.82	10.22	24.37
	湖北	12.45	11.23	70.08	12.21	24.97
	湖南	10.41	5.84	73.38	10.44	34.92
	平均值	10.82	6.09	47.22	10.92	27.00
西部地区	贵州	15.50	7.93	74.68	15.83	34.69
	重庆	13.41	9.65	58.73	13.70	28.06
	云南	16.45	12.97	96.00	17.36	56.96
	广西	11.89	5.89	53.97	11.91	29.91
	平均值	14.31	9.11	70.85	14.37	37.41
自治区	内蒙古	14.01	13.66	95.37	13.95	41.01

注：①数据根据国家统计局网站、广西壮族自治区统计局网站、国家税务总局网站数据整理计算所得。

②某地区经济的税收负担率为该地区税收总额减去该地区个人所得税收入总额后，除以该地区生产总值的计算结果。考虑到营商环境财税指标的评估效果，故本报告在计算该指标时剔除了个人所得税的影响。

③某地区工业的企业所得税缴税率为该地区工业的企业所得税收入总额除以该地区工业企业利润总额的计算结果。各地区工业企业利润总额按各地区规模以上工业企业利润总额计算。

续表

④某地区工业的增值税缴税率为该地区工业的增值税收入总额除以该地区工业企业利润总额的计算结果。各地区工业企业利润总额按各地区规模以上工业企业利润总额计算。

⑤东部地区平均值：为广东省、浙江省、江苏省三省平均数。

⑥中部地区平均值：为河南省、湖北省、湖南省三省平均数。

⑦西部地区平均值：为贵州省、重庆市、云南省、广西壮族自治区四省份平均数。

⑧因为工业的企业所得税缴税率和工业的增值税缴税率指标计算时用规模以上工业企业利润总额计算而非用各地区工业的所有企业利润总额计算，所以指标值会出现偏高情况。

另外，基于数据口径一致性和官方数据公布时限原因，本指标仅以2017年经济数据进行计算与分析，后续将根据各政府部门数据更新发布情况进行修改与完善，持续更新工业的企业所得税缴税率指标年度数据。

二　2018年广西与全国和典型省份营商环境财税水平比较

（一）与全国平均水平比较

1. 广西经济的税收负担率连续两年低于全国平均水平

2017年和2018年广西经济的税收负担率指标均低于全国经济的税收负担率。广西经济的税收负担较轻，在全国具有明显的经济轻税负优势。

2018年全国和广西经济的税收负担率分别为17.34%和11.91%，广西低于全国指标5.43个百分点；2017年广西该指标为11.89%，低于全国指标5.49个百分点（见图2）。

2. 广西工业的增值税缴税率连续两年低于全国平均水平

2017年和2018年广西工业的增值税缴税率指标均低于全国平均水平，广西工业的增值税缴税负担较轻，在全国存在低税负营商环境优势。

2018年全国和广西的工业的增值税缴税率分别为39.19%和29.91%，广西低于全国指标9.28个百分点；2017年全国和广西的相同指标分别为80.34%和53.97%，广西低于全国指标26.37个百分点（见图3）。

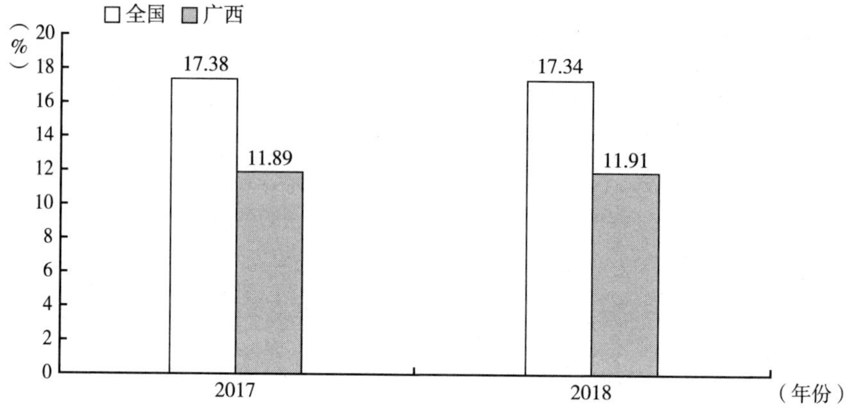

图 2　2017 年和 2018 年全国与广西经济的税收负担率对比

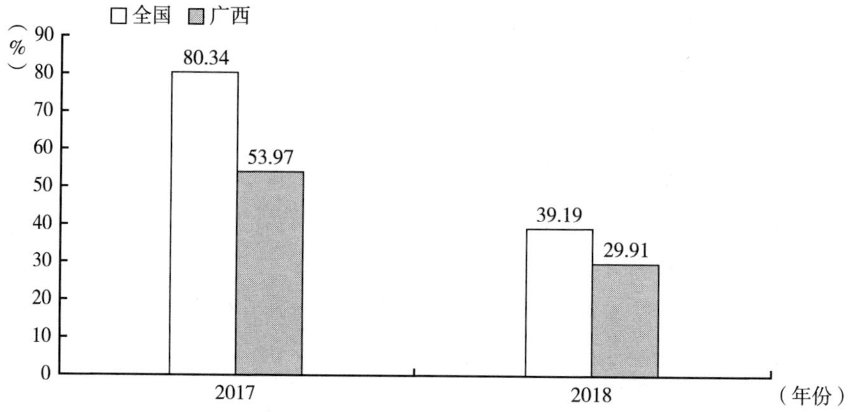

图 3　2017 年和 2018 年全国与广西工业的增值税缴税率对比

3. 广西工业的企业所得税缴税率低于全国平均水平

2017 年广西工业的企业所得税缴税率较轻，远低于全国平均水平，在全国具有较强的低税负营商环境优势。2017 年全国和广西工业的企业所得税缴税率分别为 11. 59% 和 5. 89%，广西低于全国指标 5. 7 个百分点（见图 4）。

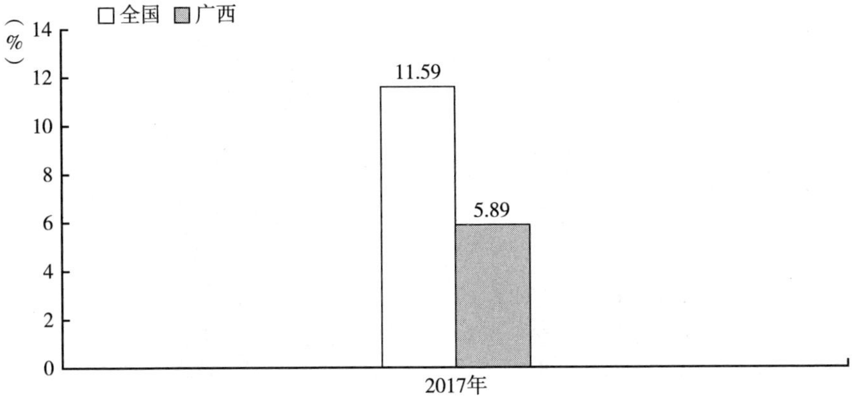

图 4　2017 年全国与广西工业的企业所得税缴税率对比

（二）与典型东部省份比较

1. 经济的税收负担率比较

2017 年和 2018 年广西经济的税收负担率指标均低于东部平均水平和东部典型省份（广东、浙江、江苏）。从该指标来看，广西与东部平均和东部典型省份比较具有明显的经济低税负营商环境优势。

2018 年广西经济的税收负担率为 11.91%，分别低于东部平均水平 2.99 个百分点、低于广东 2.87 个百分点、低于浙江 2.33 个百分点、低于江苏 3.52 个百分点。2017 年广西该指标为 11.89%，低于东部平均水平 2.82 个百分点、低于广东 2.96 个百分点、低于浙江 1.72 个百分点、低于江苏 3.34 个百分点（见图 5）。

2. 工业的增值税缴税率比较

2017 年和 2018 年广西工业的增值税缴税率指标均低于东部平均水平和东部典型省份（广东、浙江、江苏）。此期间广西工业的增值税缴税负担与东部地区比较具有明显的低税负营商环境优势。

2018 年广西工业的增值税缴税率为 29.91%，分别低于东部平均水平 7.26 个百分点、低于广东 6.23 个百分点、低于浙江 9.42 个百分点、低于

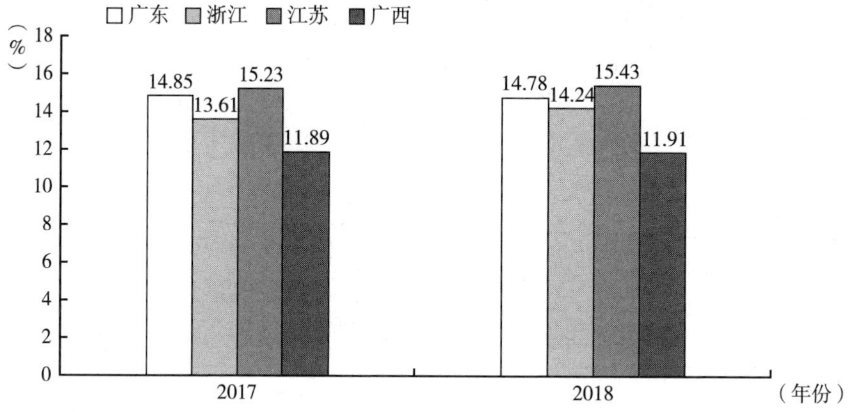

图 5　2017 年和 2018 年东部地区与广西经济的税收负担率对比

江苏 7. 15 个百分点。2017 年广西该指标为 53. 97%，分别低于东部平均水平 16. 78 个百分点、低于广东 22. 03 个百分点、低于浙江 11. 73 个百分点、低于江苏 14. 46 个百分点（见图 6）。

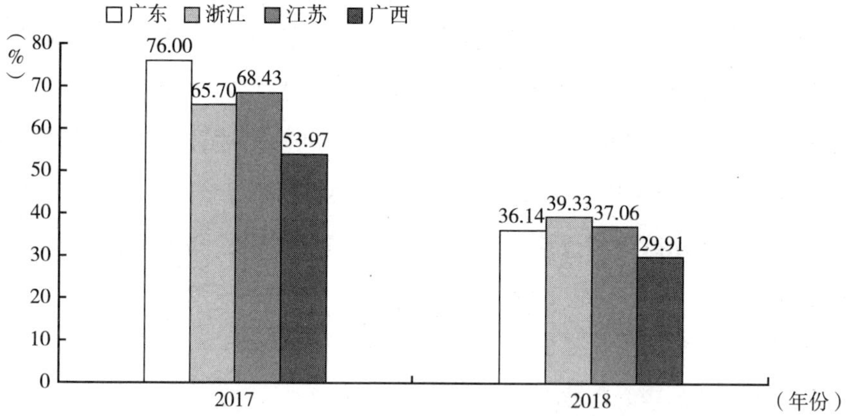

图 6　2017 年和 2018 年东部地区与广西工业的增值税缴税率对比

3. 工业的企业所得税缴税率比较

2017 年广西工业的企业所得税缴税率分别低于东部平均水平以及广东、浙江和江苏水平。从该指标来看，广西与东部平均和典型东部发达省份比较具有明显的工业企业所得税低税负营商环境优势。

2017 年广西工业的企业所得税缴税率为 5.89%，分别低于东部平均水平 5.99 个百分点、低于广东 5.75 个百分点、低于浙江 4.83 个百分点、低于江苏 6.74 个百分点（见图 7）。

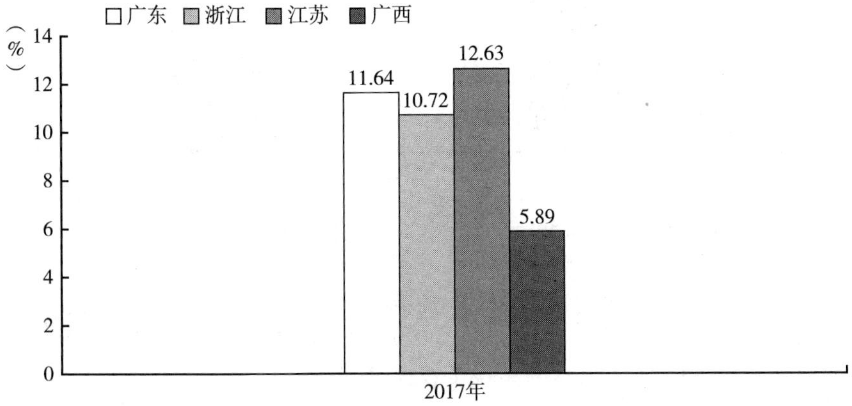

图 7　2017 年东部地区与广西工业的企业所得税缴税率对比

（三）与典型中部省份比较

1. 经济的税收负担率比较

2017 年和 2018 年广西经济的税收负担率指标均高于中部平均水平且基本高于中部典型省份。从该指标来看，广西相比中部平均和中部典型省份处于较明显的经济高税负营商环境劣势。

2018 年广西经济的税收负担率为 11.91%，分别高于中部平均水平 0.99 个百分点、高于河南 1.69 个百分点、低于湖北 0.30 个百分点、高于湖南 1.47 个百分点。2017 年广西该指标为 11.89%，分别高于中部平均水平 1.07 个百分点、高于河南 2.05 个百分点、低于湖北 0.56 个百分点、高于湖南 1.48 个百分点（见图 8）。

2. 工业的增值税缴税率比较

2017 年和 2018 年广西工业的增值税缴税率指标均高于中部平均水平，

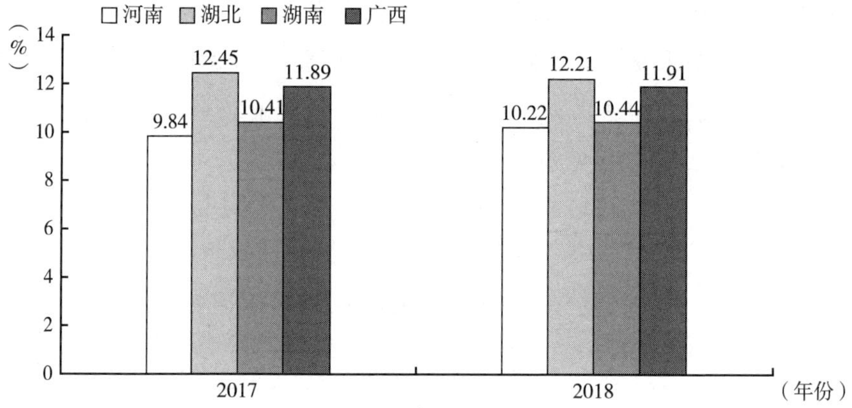

图8　2017 年和 2018 年中部地区与广西经济的税收负担率对比

且 2018 年该指标基本高于中部典型省份。此期间广西工业的增值税缴税负担与中部地区比较处于明显的高税负营商环境劣势。

2018 年广西工业的增值税缴税率为 29. 91%，分别高于中部平均水平 2. 91 个百分点、高于河南 5. 54 个百分点、高于湖北 4. 94 个百分点，而低于湖南 5. 01 个百分点。2017 年广西该指标为 53. 97%，分别高于中部平均水平 6. 75 个百分点、高于河南 28. 15 个百分点，分别低于湖北 16. 11 个百分点、低于湖南 19. 41 个百分点（见图 9）。

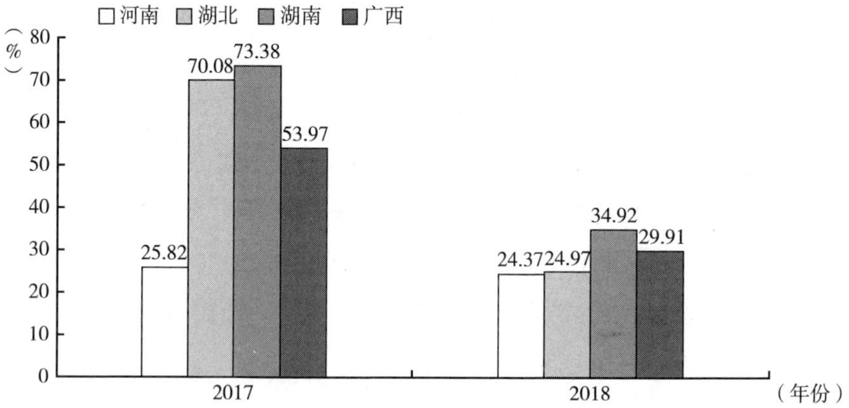

图9　2017 年和 2018 年中部地区与广西工业的增值税缴税率对比

3. 工业的企业所得税缴税率比较

2017 年广西工业的企业所得税缴税率分别低于中部平均水平和湖北水平，分别高于河南和湖南水平。从该指标来看，广西与中部省份平均水平相比具有低税负营商环境优势，但与个别省份相比税负较重。

2017 年广西工业的企业所得税缴税率为 5.89%，低于中部平均水平 0.2 个百分点、低于湖北 5.34 个百分点，高于河南 2.21 个百分点、高于湖南 0.05 个百分点（见图 10）。

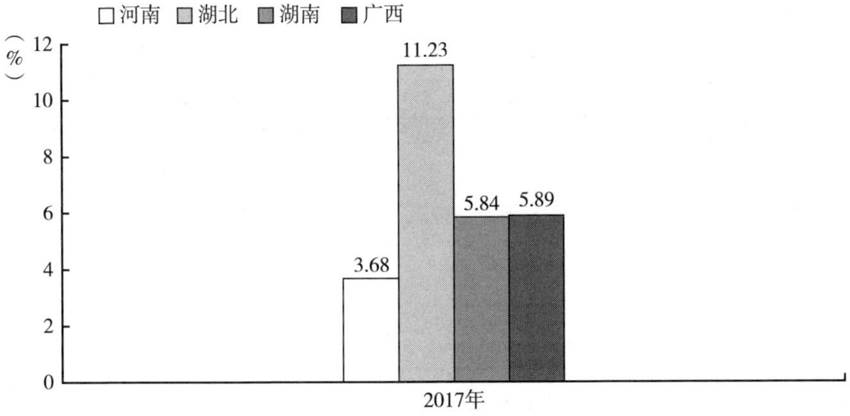

图 10　2017 年中部地区与广西工业的企业所得税缴税率对比

（四）与典型西部省份比较

1. 经济的税收负担率比较

2017 年和 2018 年广西经济的税收负担率指标均低于西部平均水平和西部典型省份（贵州、重庆和云南）。从该指标来看，此期间广西在西部省份中具有明显的经济低税负营商环境优势。

2018 年广西经济的税收负担率为 11.91%，分别低于西部平均水平 2.46 个百分点、低于贵州 3.92 个百分点、低于重庆 1.79 个百分点、低于云南 5.45 个百分点。2017 年广西该指标为 11.89%，分别低于西部平均水平 2. 42 个百分点、低于贵州 3. 61 个百分点、低于重庆 1. 52 个百分点、低于云南 4. 56 个百分点（见图 11）。

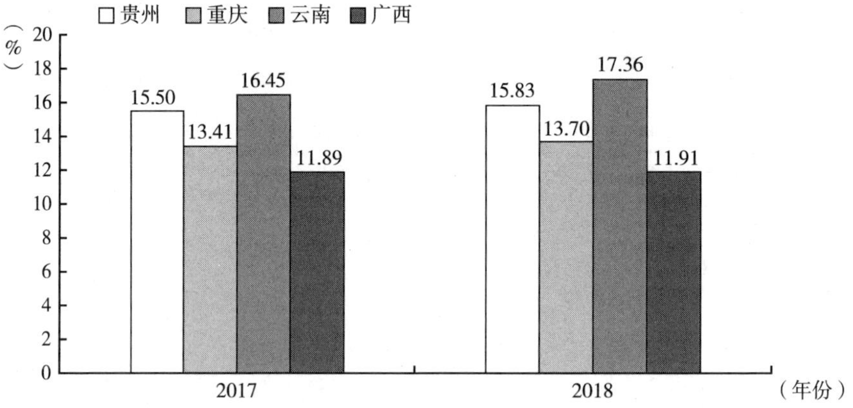

图 11　2017 年和 2018 年西部地区与广西经济的税收负担率对比

2. 工业的增值税缴税率比较

2017 年和 2018 年广西工业的增值税缴税率指标均低于西部平均水平，2018 年该指标低于西部典型省份贵州和云南。从该指标来看，此期间广西在西部省份中具备一定的低税负营商环境优势。

2018 年广西工业的增值税缴税率为 29. 91%，分别低于西部平均水平 7. 5 个百分点、低于贵州 4. 78 个百分点、低于云南 27. 05 个百分点，高于重庆 1. 85 个百分点。2017 年广西该指标为 53. 97%，分别低于西部平均水平 16. 88 个百分点、低于贵州 20. 71 个百分点、低于云南 42. 03 个百分点，低于重庆 4. 76 个百分点（见图 12）。

3. 工业的企业所得税缴税率比较

2017 年广西工业的企业所得税缴税率分别低于西部平均水平和 3 个西部典型省份水平。从该指标来看，广西在西部省份中具有明显的工业的企业所得税低税负营商环境优势。

2017 年广西工业的企业所得税缴税率为 5. 89%，分别低于西部平均水

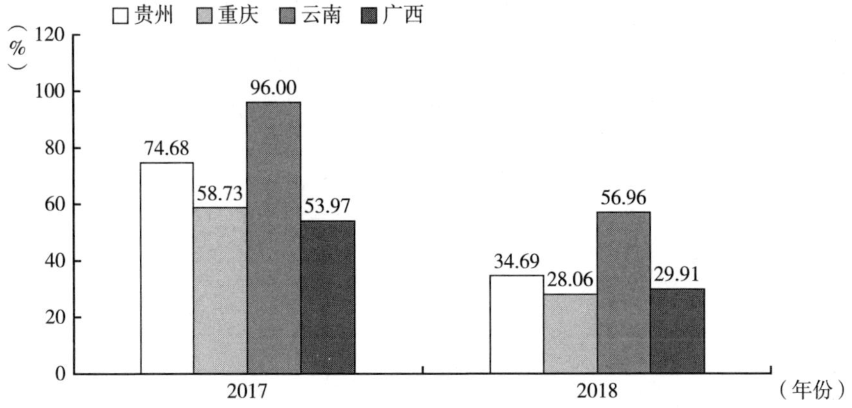

图 12　2017 年和 2018 年西部地区与广西工业的增值税缴税率对比

平 3.22 个百分点、低于贵州 2.04 个百分点、低于重庆 3.76 个百分点和低于云南 7.08 个百分点（见图 13）。

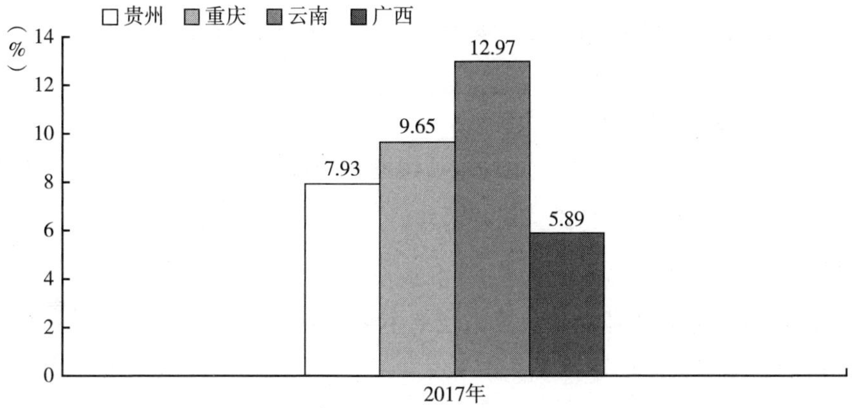

图 13　2017 年西部地区与广西工业的企业所得税缴税率对比

（五）与典型自治区——内蒙古比较

1. 经济的税收负担率比较

2017 年和 2018 年广西经济的税收负担率指标均低于内蒙古。从该指标来看，广西与内蒙古相比，具有明显的经济低税负营商环境优势。

2018 年广西经济的税收负担率为 11.91%，低于内蒙古 2.04 个百分点。2017 年广西经济的税收负担率为 11.89%，低于内蒙古 2.12 个百分点（见图 14）。

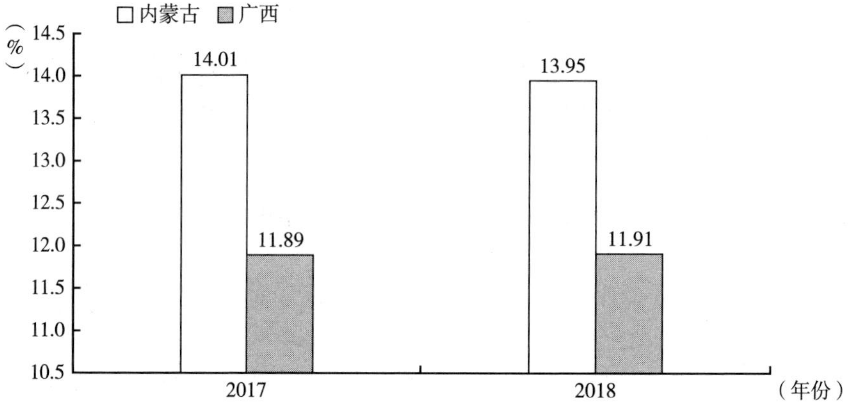

图 14　2017 年和 2018 年内蒙古与广西经济的税收负担率对比

2. 工业的增值税缴税率比较

2017 年和 2018 年广西工业的增值税缴税率指标均低于内蒙古。从该指标来看，广西与内蒙古相比，具有明显的工业的增值税低缴税负担营商环境优势。

2018 年内蒙古工业的增值税缴税率为 41.01%，广西工业的增值税缴税率为 29.91%，低于内蒙古 11.10 个百分点。2017 年内蒙古工业的增值税缴税率为 95.37%，广西工业的增值税缴税率为 53.97%，低于内蒙古 41.40 个百分点（见图 15）。

3. 工业的企业所得税缴税率比较

2017 年广西与内蒙古相比，具有显著的工业的企业所得税低缴税率营商环境优势。广西工业的企业所得税缴税率为 5.89%，低于内蒙古 7.77 个百分点（见图 16）。

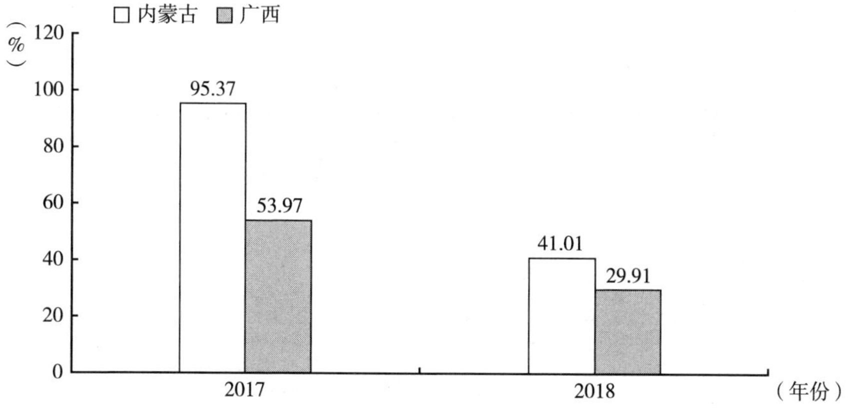

图 15　2017 年和 2018 年内蒙古与广西工业的增值税缴税率对比

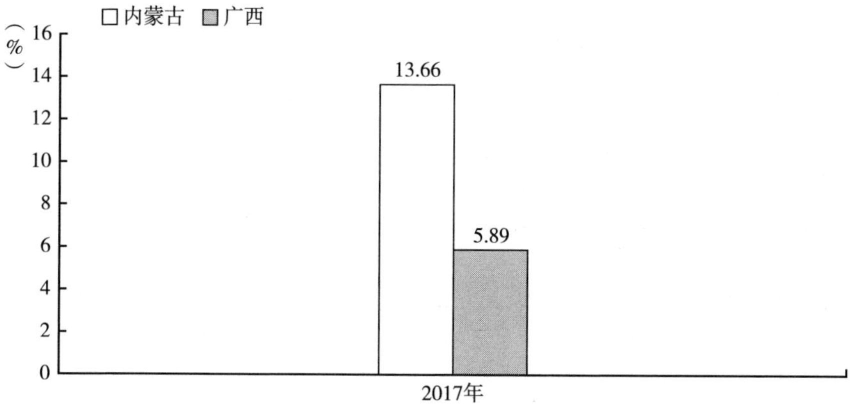

图 16　2017 年内蒙古与广西工业的企业所得税缴税率对比

（六）与全国和典型省份的排序比较

1. 2018年广西营商环境的财税指标排序

2018 年广西经济的税收负担率指标和工业的增值税缴税率指标在全国 11 个典型省份中优势排名中上，表明广西这两个指标的竞争力较好，在 11 典型省份中具备一定的低税负营商环境优势。

2018 年广西经济的税收负担率指标在全国 11 个典型省份中依据税负从

轻到重排名第3，与2017年排位一致，其低税负营商环境竞争力较强。同期，广西工业的增值税缴税率指标在全国11个典型省份中依据缴税从少到多排名第4，较2017年下降2位，其低缴税负担营商环境竞争力减弱，但其指标值低于全国、东部西部平均水平，仍具备不错的低税负营商环境优势（见表2）。

表2　2018年中国典型省份营商环境财税指标排名统计

地区	经济的税收负担率(%)	排名（税负从轻到重）	地区	工业的增值税缴税率(%)	排名（缴税从少到多）
全国	17.34		全国	39.19	
河南	10.22	1	河南	24.37	1
湖南	10.44	2	湖北	24.97	2
广西	11.91	3	重庆	28.06	3
湖北	12.21	4	广西	29.91	4
重庆	13.70	5	贵州	34.69	5
内蒙古	13.95	6	湖南	34.92	6
浙江	14.24	7	广东	36.14	7
广东	14.78	8	江苏	37.06	8
江苏	15.43	9	浙江	39.33	9
贵州	15.83	10	内蒙古	41.01	10
云南	17.36	11	云南	56.96	11

资料来源：根据国家统计局网站、广西壮族自治区统计局网站、国家税务总局网站数据整理计算所得。

2. 广西经济的税收负担率排序

2018年广西地区经济的税收负担率为11.91%，在全国11个典型省份中低税负优势排名第3，优势排名低于河南（10.22%，第1位）、湖南（10.44%，第2位），高于湖北（12.21%，第4位）、重庆（13.70%，第5位）、内蒙古（13.95%，第6位）、浙江（14.24%，第7位）、广东（14.78%，第8位）、江苏（15.43%，第9位）、贵州（15.83%，第10位）、云南（17.36%，第11位）。广西具备较强的地区经济低税负营商环境竞争力（见图17）。

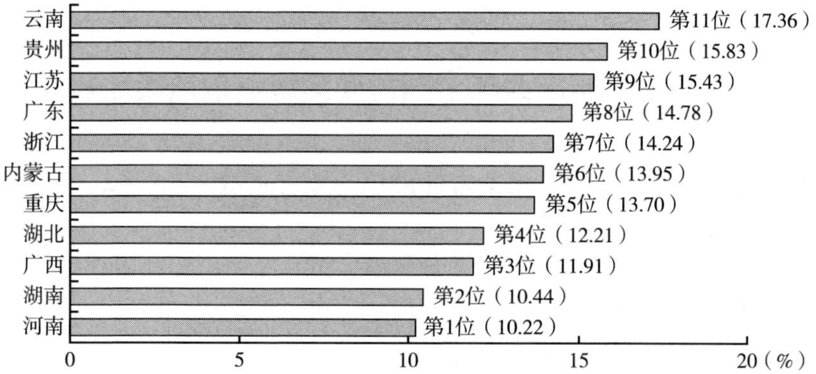

图 17　2018 年中国典型省份经济的税收负担率排名

3. 广西工业的增值税缴税率排序

2018 年广西工业的增值税缴税率为 29.91%，在全国 11 个典型省份中低缴税负担优势排名第 4，优势排名低于河南（24.37%，第 1 位）、湖北（24.97%，第 2 位）、重庆（28.06%，第 3 位），高于贵州（34.69%，第 5 位）、湖南（34.92%，第 6 位）、广东（36.14%，第 7 位）、江苏（37.06%，第 8 位）、浙江（39.33%，第 9 位）、内蒙古（41.01%，第 10 位）、云南（56.96%，第 11 位）。广西工业的增值税低缴税负担营商环境优势较好（见图 18）。

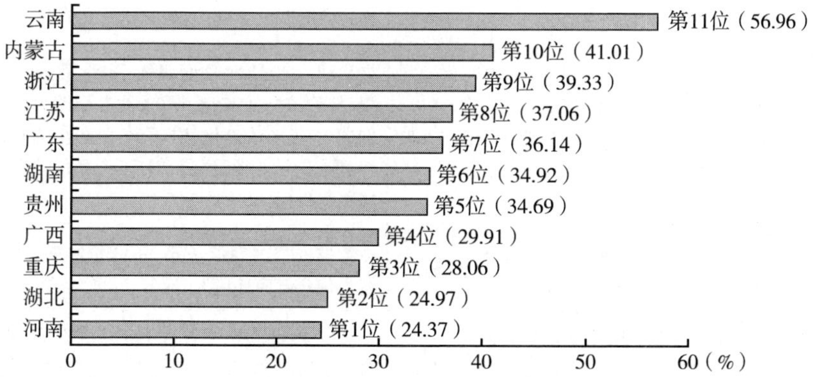

图 18　2018 年中国典型省份工业的增值税缴税率排名

三　2018年广西与全国营商环境财税政策比较

（一）广西营商财税环境发展的中央财税政策

党的十八大以来，党中央、国务院高度重视中国整体营商环境的优化，持续推出系列改革战略举措以促进全国各省份营商财税环境的优化。同时，财政部和国家税务总局紧跟中央推进“放管服”改革步伐，高度重视营商财税环境优化，颁布多项政策要求并持续提出指导意见，对包括广西在内的全国各地优化营商财税环境起到了重要指导和积极推动作用。中央相关政策具体如下（见表3）。

表3　中央优化营商财税环境相关政策统计

年份	政策文件	发布机构	主要内容
2013	《国务院机构改革和职能转变方案》	国务院	提出简政放权，以“简政放权、放管结合”推动优化营商环境走向深入
2013	《中共中央关于全面深化改革若干重大问题的决定》	中共中央	提出建设法制化营商环境
2015	《2015年推进简政放权放管结合转变政府职能工作方案》（国发〔2015〕29号）	国务院	深入推进行政审批改革、投资审批改革、收费清理改革、商事制度改革；推进监管方式创新，优化政府服务等，中国营商环境改革推向纵深
2015	《中共中央关于制定国民经济和社会发展第十三个五年规划的建议》	中共中央	提出进一步转变政府职能，持续推进简政放权、放管结合、优化服务，激发市场活力和社会创造力；完善法治化、国际化、便利化的营商环境；形成了“放管服”三管齐下全面优化营商环境更高目标
2016	《2016年国务院政府工作报告》	国务院	持续推进“放管服”改革，不断提高政府效能，着力优化营商环境
2016	《2016年推进简政放权放管结合优化服务改革工作要点》（国发〔2016〕30号）	国务院	强调在更大范围、更深层次、以更有力举措推进“放管服”改革，破除体制机制障碍，降低制度性交易成本，优化营商环境

续表

年份	政策文件	发布机构	主要内容
2016	《关于开展 2016 年“便民办税春风行动”的意见》(税总发〔2016〕2 号)	国家税务总局	加快建设服务型税务机关,推进税收现代化建设。推进服务深度融合,包括提高办税效率、便利发票领用、创响服务品牌、服务国家战略 4 类 20 项措施;推进执法适度整合,包括明晰执法责任、规范进户执法、增进纳税信用 3 类 6 项措施;推进信息高度聚合,包括拓宽信息查询、实现信息共享、共建电子税务局 3 类 5 项措施
2016	《税务系统简化优化纳税服务流程方便纳税人办税实施方案》(税总发〔2016〕16 号)	国家税务总局	加快建设服务型税务机关,深入推进税收现代化,推进办事流程简化优化和服务方式创新
2016	《关于加快推行办税事项同城通办的通知》(税总发〔2016〕46 号)	国家税务总局	加快推行同城通办,推进办税便利化改革,方便纳税人自主选择办税服务厅办理日常涉税事项,提升纳税服务水平
2017	《压缩办税时间优化营商环境改革实施方案》(税总函〔2017〕145 号)	国家税务总局	优化办税流程,提高办税效率;推进网上办税,提升服务效能;强化后台支撑,增强服务保障
2017	《关于进一步推进“多证合一”工商共享信息运用工作的通知》(税总函〔2017〕402 号)	国家税务总局	进一步推进“多证合一”工商共享信息运用,进一步巩固商事登记制度改革成果,切实减轻纳税人和基层税务人员负担
2017	《关于取消一批涉税事项和报送资料的通知》(税总函〔2017〕403 号)	国家税务总局	开展涉税事项和报送资料的清理工作,公布第一批取消事项和资料清单
2017	《关于开展 2017 年“便民办税春风行动”的意见》(税总发〔2017〕10 号)	国家税务总局	提速减负,打造效能税务;创新服务,积聚智慧税务;精准发力,唱响便民税务;公正执法,营造公平税务;合力共赢,构建协作税务
2017	《关于进一步深化税务系统“放管服”改革优化税收营商环境的若干意见》(税总发〔2017〕101 号)	国家税务总局	推出优化税收营商环境 30 条硬举措,推动税务系统“放管服”改革提质升级
2017	《关于跨省经营企业涉税事项全国通办的通知》(税总发〔2017〕102 号)	国家税务总局	为方便纳税人办税,对跨省经营企业部分涉税事项实行全国通办
2017	《关于创新跨区域涉税事项报验管理制度的通知》(税总发〔2017〕103 号)	国家税务总局	切实减轻纳税人办税负担,提高税收征管效率,创新跨区域涉税事项报验管理制度,优化办理流程等有关事项

续表

年份	政策文件	发布机构	主要内容
2018	《关于开展 2018 年“便民办税春风行动”的意见》（税总发〔2018〕19 号）	国家税务总局	增强政策确定性，在提升纳税人税法税制认同感上展示新风貌；增强管理规范性，在提升纳税人依法纳税公平感上展现新风貌；增强系统稳定性，在提升纳税人办税渠道畅通感上展示新风貌；增强办税便利性，在提升纳税人申报缴税便捷感上展示新风貌；增强环境友好性，在提升纳税人税法遵从获得感上展示新风貌
2018	《关于贯彻落实全国深化“放管服”改革转变政府职能电视电话会议精神优化税收营商环境有关事项的通知》（税总函〔2018〕461 号）	国家税务总局	推出优化税收营商环境 10 项硬举措，进一步打造稳定公平透明的税收营商环境；新增优化税收营商环境试点单位 12 个省（区、市），进一步推进纳税便利化改革
2018	《全国税务系统进一步优化税收营商环境行动方案（2018 年～2022 年）》（税总发〔2018〕145 号）	国家税务总局	优化营商环境决策部署，加快税收便利化改革成果转化，切实提高税收服务经济高质量发展水平

除上述具体政策以外，近两年中央多次重要会议均提出优化中国营商环境并做出具体工作部署，对中国整体营商环境优化重视程度前所未有，对各地营商财税环境提升起到了积极促进作用。2018 年国务院首次常务会议确定的首个议题为：部署进一步优化营商环境；同年全国“两会”提出“六个一”新举措优化营商环境；同年李克强总理发表重要讲话提出“提高政府服务效能，打造国际一流、公平竞争的营商环境”；同年全国营商环境评价现场会暨优化营商环境工作推进会召开，中国初步建立了国际可比的中国特色营商环境评价指标体系。2019 年十三届全国人大二次会议提出继续推进减税降费提升中国营商环境；同年财政部提出聚焦便利化、法制化和打通政策落地“最后一公里”三大方向优化营商环境；同时提出将从“建筑许可、纳税、跨境贸易”三方面持续优化中国营商财税环境；等等。

（二）广西营商财税环境发展的地方财税政策

广西壮族自治区政府认真贯彻党中央、国务院改善营商环境、深化

"放管服"工作系列措施和要求，大力推行营商财税环境改革。广西地方优化营商财税环境相关政策具体如下（见表4）。

表4 广西地方优化营商财税环境相关政策统计

年份	政策文件	发布机构	主要内容
2015	《关于服务全区经济稳增长的意见》(桂国税发〔2015〕81号)	广西壮族自治区国家税务局	持续开展"便民办税春风行动"、开展"扶持企业发展"活动、继续推动纳税信用增值、加强税收政策宣传辅导等，强化纳税服务，营造良好税收环境，全面支持广西经济稳增长
2016	《关于印发"十三五"时期全面推进依法治税实施方案的通知》(桂地税发〔2016〕134号)	广西壮族自治区地方税务局	坚持严格规范公正文明执法；强化权力制约和监督；完善权利救济和纠纷化解机制；全面推进政务公开
2016	《关于办税事项广西通办的通告》(广西壮族自治区地方税务局通告2016年第4号)	广西壮族自治区地方税务局	为广西纳税人提供四类21项涉税业务的广西通办服务
2017	《关于纳税人涉税信息采集共用事项的公告》(广西壮族自治区地方税务局、广西壮族自治区国家税务局公告2017年第1号)	广西壮族自治区地方税务局、广西壮族自治区国家税务局	推进办税便利化改革，简并涉税资料，提高办税服务效率：广西壮族自治区地方税务局、国家税务局联合确定了纳税人涉税信息采集共用事项，实行一次采集，双方共享共用
2017	《关于推广出口退(免)税无纸化申报试点有关事项的公告》(广西壮族自治区国家税务局公告2017年第4号)	广西壮族自治区国家税务局	推广出口退(免)税无纸化申报，进一步优化办税服务，加快出口退税进度，支持外贸稳增长
2017	《关于印发贯彻落实〈广西壮族自治区税收保障条例〉工作方案的通知》(桂地税发〔2017〕85号)	广西壮族自治区地方税务局	规范税收管理，提高征管水平；优化税收服务，促进规范执法；构筑信息平台，推进信息管税；强化监督制约，保障工作落实
2018	《关于发布〈办税事项"全程网上办"清单〉的公告》(广西壮族自治区国家税务局、广西壮族自治区地方税务局公告2018年第5号)	广西壮族自治区国家税务局、广西壮族自治区地方税务局	公布办税事项"全程网上办"清单，进一步推进便捷办税，优化营商环境

续表

年份	政策文件	发布机构	主要内容
2018	《关于进一步深化改革创新优化营商环境的若干意见》（桂发〔2018〕10号）	中共广西自治区委员会、广西壮族自治区人民政府	提出进一步改善政务、建设经营、融资、税费、人力资源、通关、信用、法治等八大环境
2018	《推进办税便利化的若干措施》（桂政办发〔2018〕51号）	广西壮族自治区人民政府办公厅	有效提升纳税人办理涉税事宜便利度
2018	《关于优化税收营商环境的实施意见》（桂税发〔2018〕1号）	国家税务总局广西壮族自治区税务局	推出50项办税便利化、减轻企业税费负担举措，进一步优化税收营商环境、促进税收工作高质量发展

四　2018年广西营商财税环境评估结论与建议

（一）广西营商财税环境评估结论

1. 广西营商环境发展的财税指标评估结论

第一，关于指标的比较结论。

对广西经济的税收负担率指标评估。根据2017～2018年数据，广西经济的税收负担率指标在全国具备较强的营商环境竞争力，经济低税负优势显著。2018年广西经济的税收负担率指标在低税负优势方面优于全国平均、东部平均、西部平均，优于东部典型省份（广东、浙江、江苏）、中部典型省份（湖北）、西部典型省份（贵州、重庆、云南）和内蒙古；略逊于中部地区，该指标营商环境竞争力低于中部平均和中部典型省份（河南、湖南）。

对广西工业的增值税缴税率指标评估。根据2017～2018年数据，广西工业的增值税缴税率指标在全国的营商环境竞争力较强，具备工业的增值税低缴税负担营商环境优势。2018年广西工业的增值税缴税率指标竞争力优于全国平均、东部平均、西部平均，优于东部典型省份（广东、浙江、江苏）、中部典型省份（湖南）、西部典型省份（贵州、云南）和内蒙古；略低于中部平均、中部典型省份（河南、湖北）和西部典型省份（重庆）。

对广西工业的企业所得税缴税率指标评估。根据2017年数据，广西工业的企业所得税缴税率指标在全国具有较强的营商环境竞争力，工业的企业所得税低缴税负担优势显著。广西工业的企业所得税缴税率指标在低税负优势方面优于全国平均、东部平均、中部平均、西部平均，优于东部典型省份（广东、浙江、江苏）、中部典型省份（湖北）、西部典型省份（贵州、重庆、云南）和内蒙古。

第二，关于指标的排序结论。

2017~2018年在全国11个典型省份中，广西营商环境的财税指标（经济的税收负担率、工业的增值税缴税率、工业的企业所得税缴税率）总体排名较好，经济的税收负担率指标连续两年的竞争力排名均高居第3，工业的增值税缴税率指标排名小幅下降至第4，工业的企业所得税缴税率指标排名第3。此期间广西税负类营商环境指标竞争力总体变动不大。

具体来看，从影响广西营商环境发展的财税指标排序评估来看，在全国11个典型省份中依据税负从轻到重或缴税从少到多原则，2018年与2017年相比，广西地区经济的税收负担率指标排名保持第3（同比排名不变），工业的增值税缴税率指标排名第4（同比下降2位）。根据该营商环境财税指标排位变化可知，广西税负类营商环境指标的竞争力在全国11个典型省份中较好，此期间总体变化不大，其中工业的增值税缴税率指标竞争力出现轻微倒退，从2017年的第2位降低至2018年的第4位。

2. 财税政策提升广西营商财税环境发展的评估结论

影响广西营商环境发展的财税政策主要有：党中央、国务院及各部委优化营商环境发展政策涉及的财税改进部分；财政部、国家税务总局直接颁布的系列优化营商财税环境的政策要求和指导意见；广西地方制定实施的促进广西营商环境发展的财税政策。目前影响广西营商环境发展的财税政策起到了良好的营商环境改善助推效果。

第一，中央优化营商财税环境政策推动全国营商环境实现飞跃，对广西等各省份提升营商财税环境起到了良好的引领效果。

党的十八大以来，财政部和国家税务总局持续推进审批制度改革，进一步精简审批流程，完善监管方式，引领广西等各省份财政税务机关先后大量取消行政审批事项和行政审批中介服务事项。

国家税务总局简化增值税发票认证、持续推进“互联网＋税务”行动、连续开展“便民办税春风行动”、大数据优化税收管理、深化“放管服”改革等，带动广西等各省份电子办税、智慧办税、便民办税、大数据管税、优化纳税服务，营造了公平透明的税收营商环境。

财政部和国家税务总局近几年为改善企业营商财税环境实施的改革数量巨大、质量极高，为广西等省份展现了“新财税、新担当、新作为”的优化营商环境新形象，对广西提升财政税务系统新形象，紧跟中央政策，抓紧实施营商财税环境改革提供了重大引领、支持、指导和要求，对不同地区和城市针对营商财税环境提出具体改进措施起到了良好的助推效果。

第二，广西推进营商财税环境改革地方政策取得明显成效。

2018 年中共广西自治区委员会、广西壮族自治区人民政府发布《关于进一步深化改革创新优化营商环境的若干意见》（桂发〔2018〕10 号）、广西壮族自治区人民政府办公厅发布《推进办税便利化的若干措施》（桂政办发〔2018〕51 号）、国家税务总局广西壮族自治区税务局发布《关于优化税收营商环境的实施意见》（桂税发〔2018〕1 号）。以上政策进一步实现了减少纳税人涉财涉税资料、优化业务渠道、简化业务流程、压缩业务办理时间、减轻纳税成本负担、提升办事效率、改进办理涉财涉税事宜便利度、增强企业获得感，广西优化营商财税环境地方政策实施效果显现。

（二）广西营商环境的财税局限与对策建议

1. 营商环境的财税局限

第一，影响营商环境发展的财税管理程序问题。

这些问题集中在以下方面。①创新意识不足。智慧办税效能不足，个性化和自助化服务方式需要优化，电子税务局高效性与便利性有待进一步提升。②简政放权需进一步深化。部分涉财涉税审批事项下放和承接尚未做到无缝衔接；现行保留的部分行证许可事项仍有取消下放空间；仍需大幅度压缩限时办结事项，不同程度存在涉财涉税事项流转环节多、资料报送重复、办理时限偏长问题。③征管方式转变滞后。事前审批向事中事后监管转变尚未完全到位；经验管理向大数据管理转变滞后；“以票控税”向“信息管税”转变亟待适应；申报表填写复杂不满足纳税人简易申报需求，且征管流程仍存在复杂耗时问题，纳税人循环证明、重复证明未彻底解决。

第二，影响营商环境的财税政策局限。

中央财税政策局限。一是现行减税政策主要集中在企业所得税方面，若企业效益不好，则对该类企业营商环境的改善效果有限。二是当前降费对社保费的聚焦仍较少，向劳动密集型企业倾斜降费力度必须更大。三是减税降费是出于中国当前经济社会发展战略目标而做出的重要调整，过分强调和依赖减税绝非明智之举，科学设计和推进减税降费意义重大。

地方财税政策局限。一是广西地方优惠政策出台的力度和执行的灵活性远不及其他省份，财政支持政策和税收服务政策与先进省份相比差距较大。二是政策的落地实施效果不足。根据国家税务总局 2018 年全国营商环境调查结果，广西排名靠后，企业对包括营商财税政策在内的广西各营商环境政策落地情况反馈不理想。三是广西营商环境多部门合作政策、共管政策、共治政策缺乏。

2. 优化营商财税环境的对策建议

第一，基于指标评估的理性判断。

需要注意的是，经济或产业的税收负担率（或缴税负担）并不是越低越好，如果比重过低，政府集中的财力有限，将严重影响政府各项职能的正常履行，削弱财政对宏观经济运行和资源优化配置的调控能力。所以如果一味追求通过经济或产业的低税收负担来改善营商财税环境，将会导致整个经济环境的低质和低效。因此，经济税负或产业税负指标控制在一定的合理范围之内即可。

江苏、浙江等经济发达省份的各类税负率指标均较高，极有可能是其第一产业比重低，而新兴行业、资源型行业和高附加值行业比重大造成的税收负担高，或工业税收占企业利润的比重较高，而这也是其经济运行质量高、第二和第三产业发达的一种反映。所以，单纯通过税负类指标判断营商财税环境存在一定局限性。

第二，探索优化营商的财税程序性环境。

关注纳税准备时间。大部分办税便利化举措重点都在于减少办税耗时，如减少申报耗时、缴税耗时和等候耗时等。而其中纳税人办税的前期准备时间，即纳税准备时间对于税务机关来说表现为“隐形”时间，不易引起税务机关的关注。广西财税部门可重点针对此容易被忽视的环节，进一步挖掘缩短纳税准备时间。

关注涉税争议处理。完善有效的涉税争议调处或协商机制是一项重要的税后评价指标。广西财税部门可以此作为优化地方营商财税环境的特色和突破，在基层税务机关设立前置或缓冲区并予以重点关注和优化设计，在广西财税机关内部更高效、公平、透明地解决涉税争议，避免争议上交，减少法律诉讼，提高处理效率，节约征纳成本，充分维护纳税人的合法权益。

关注科技办税。科技办税对提升税收效能、优化营商环境的潜力巨大，通过网络、区块链、AI 和大数据等优化广西营商财税环境的巨大潜能有待深入开发。先期可从纳税人满意度调查中对信息化办税得分较低的项目予以完善，但更要着眼长远，科技办税的改革意义重大。

进一步精简办税流程。重点围绕“减环节、缩时限、降成本、提精准”，进一步精简流程推进纳税服务工作便利化。

第三，探索优化营商的财税政策环境。

科学推进减税降费。科学制定广西本地减税降费实施方案，合理平衡“减税”与“增支”问题。理性利用税收优惠政策，避免税收优惠导致税制复杂，甚至出现“有害税收竞争”。保证中央减税降费支持创业创新政策在广西的落地，推动广西经济创新发展。

关注工业增值税减税政策的落地。重点关注小微企业普惠性减税政策措施；重点落实好工业相关减税降费措施；重点配合研究减征相关地方税种和附加的政策方案；重点增强调查研究，积极主动提出切实可行的意见建议。

关注财政支出方向。营商环境是一项涉及经济社会改革和对外开放众多领域的系统工程，地方财政支出上可加大对商业流通事务支出、智慧政务平台（系统）开发投入支出、涉外发展服务支出、公共服务事项支出等的权重。

第四，推行企业培育式营商财税环境改革。

建议吸取苏州工业园区经验，结合广西区域经济发展创新税收管理，优化营商环境。以广西区内特定的产业园区、经济园区、开放开发试验区等特定区域为试点，为企业提供一个更宽容、存在“试错”空间、培育式的经营环境。具体为，对特定区域内新模式、新业态、新技术（产品）的企业实施“税收包容审慎监管原则”的特色税收管理。

第五，加强社会化纳税服务。

税务部门应加强与海关、工商、质检、环保、银行、司法等部门合作，同时进一步加强与涉税中介机构等行业组织、税务信息服务商、新闻媒体、教育机构合作，既构建“大征信”格局，同时又可以为纳税人提供专业税收知识宣传咨询、培训、法律救济、税银合作、技术服务等，促进纳税服务多元化。

五　2019 ~2020年广西营商财税环境展望

（一）广西营商财税环境发展前景面临的机遇和风险

1. 蕴含的机遇

第一，中国（广西）自由贸易试验区设立迎来营商环境优化新机遇。

2019 年中国（广西）自由贸易试验区获中央批复设立，是国家赋予广西的重大使命，使广西迎来新一轮大开放大发展的机遇叠加期。广西迎来了加快转变政府职能、深化投资领域改革、推动贸易转型升级、深化金融领域开放创新、推动创新驱动发展等新要求。站在新起点上，优化广西营商环境是广西等不得、慢不得、拖不得的攻坚战。中国（广西）自由贸易试验区设立后，将给广西优化营商环境带来一系列契机：中央对中国（广西）自由贸易试验区赋予了更大的政策自主权，广西营商财税环境的优化将有更多勇于创新、大胆探索、实践和示范的可能。

第二，“智慧财税、能级跃迁”营商财税环境新契机。

随着广西经济进入新一轮大开放大发展的机遇叠加期，广西经济跃迁式、跨越式发展成为可能，广西数字经济、智慧经济、现代新兴产业的逐渐成熟将为广西智慧财政和智慧税务提供更多助益；而经济市场的愈加成熟必然推动纳税人质素的提升，企业对涉财涉税行为的配合度和理解度提高，纳税意识的增强，都将给广西财税构建、推动、实施更优良的营商财税环境政策提供机遇。

第三，国家税务总局重视给予广西营商财税环境新使命。

广西作为国家税务总局第二批新增优化税收营商环境试点单位，优化营商财税环境责任重大。广西税务必须勇担重任，敢于在优化营商财税环境工作中创新争先，肩负推出系列可复制和可推广的优化营商财税环境措施任务的新使命。

2. 面临的风险

第一，减税降费对广西营商财税环境的挑战。

中国持续出台多项减税降费举措，使得优化营商环境有更大作为的同时也对其提出了巨大的挑战，特别是对广西财税系统简化涉财涉税流程、优化业务办理、提升服务效率等改进并落地营商财税环境措施，紧跟中央步伐提出了更多挑战。广西如何配套中央减税降费政策，进一步实施优化营商财税环境举措，达到激发市场主体活力的目的至关重要。

第二，经济形势和工作的复杂性带来的挑战。

国际经济贸易形势愈加复杂，广西对外贸易和区内经济发展面临更大的挑战。而营商财税环境的合理优化，是财政税务系统刀刃向内的自我革命。广西财税系统要想在优化营商财税环境中实现赶超，从跟跑者或齐跑者转变为领跑者，这对广西财税优化营商环境提出了重大挑战。

（二）基于广西营商环境发展的财税指标前景

1. 广西经济的税收负担率指标前景

2019～2020年广西经济的税收负担率指标预期出现下降可能。广西政府对工业增值税减负工作的重视将极大促进广西增值税减负的实现。根据中央进一步扩大全国减税降费规模并落实政策实施效果来看，全国范围内大规模减税改善中国营商环境是中国未来较长一段时间的主旋律，该政策预期下包括广西在内的全国各省份将迎来经济税负的走低。

2. 广西工业的增值税缴税率指标前景

2019～2020年广西工业的增值税缴税率指标预期下降。第一，中国持续大规模推进减税降费，且增值税是减税政策的重要内容，这将进一步推动包括广西在内的全国各省份增值税减负。第二，在工业增值税减负方面，广西政府将继续积极主动开展减税政策实施情况评估，全面提升工业减免税统计数据的质量和时效；同时优化征管服务确保纳税人应知尽知、应会尽会、应享尽享，在全社会推动形成稳定积极的预期。

3. 广西工业的企业所得税缴税率指标前景

基于广西持续大力发展工业，2019～2020年广西规模以上工业增加值将稳健增长，工业税源继续扩大，广西工业的企业所得税缴税率指标预期可能出现略微上升。第一，广西工业的企业所得税缴税负担上升，并不意味着广西营商财税环境的倒退，只要该上升值在合理区间内即可。第二，工业的企业所得税缴税率指标的合理上升，也是广西第二产业预期快速增长、工业茁壮发展、经济运行质量提高的侧面反映，而且地方政府提供公共服务的财力也越充足。所以从经济发展质量和政府财政收入来看，工业的企业所得税缴税率提高也有着其积极的一面。

4. 广西营商环境发展的程序性指标前景

2019～2020年广西办税便利化、办税信息化、办税规范化、办税效率程度、纳税遵从程度、纳税人权益保障程度六大营商环境财税程序性指标提升可期。在办税便利化指标方面，根据国家税务总局的要求和指导意见，广西将进一步推进办事流程简化优化、进一步精简办税资料、进一步改进网上办税便捷度。在办税信息化指标方面，广西税务将继续立足“互联网＋税务”、依托“智慧税务”行动计划，在电子办税、手机办税上下大力气提高信息化建设。在办税规范化指标方面，广西税务将着力打造办税制度规范升级，围绕“制度＋科技”为办税规范化提供支撑。在办税效率程度指标方面，广西税务系统将依托“互联网＋”，扩大税收业务网上办理范围，并将继续对标先进，重点突破办税效率程度指标，进一步提升办税效率。在纳税遵从程度指标方面，广西将继续重点深化税务系统“放管服”改革，倒逼涉税管理服务方式转变，促进纳税义务人遵照税收法令及税收政策履行纳税义务，提升纳税人的纳税遵从度。在纳税人权益保障程度指标方面，广西将继续完善纳税服务规范化建设，加强纳税辅导常态化机制，优化纳税人投诉收集、核实、处理和回复机制，努力推进纳税人权益保障渠道得以畅通。

（三）影响广西营商财税环境发展的财税政策前景预测

1. 影响广西营商财税环境发展的中央财税政策前景

第一，中央继续实施减税降费政策的影响。

根据2019年国务院政府工作报告可知，未来一段时期国家将继续实施减税降费措施，增强经济发展后劲。减税降费是目前中国经济的高频词，体现了国家对构建良好营商环境的决心与信心。减税降费措施在较长一段时间内都将会对包括广西营商财税环境在内的全国各省份营商财税环境的政策制定和执行有深远影响。广西政府在制定具体营商财税环境实施方案时，既要考虑中央普惠性减税与结构性减税并举，保证降低制造业和小微企业税收负担政策的落地实施，又要考虑广西区情和产业经济发展实际，对激发本地市场活力、提振广西企业发展信心、优化整体营商环境进行全盘考虑。

此外，在降费方面，中央推进的降低企业社保缴费负担政策对广西税务也将有较大影响。降低社会保险费率、减轻企业社会保险缴费负担、稳步推进社会保险费征收体制改革等与广西营商财税环境发展息息相关。为配合中央系列工作部署，未来广西税务必将在优化社保缴费服务、政策落地宣传、优化办理流程等指标方面争取进步，为社保缴费政策落地生根营造良好环境。

第二，中央继续深化“放管服”改革的影响。

国家持续深化“放管服”改革，推动降低制度性交易成本，打造发展软环境，广西营商财税环境建设也必将继续围绕“深入推进简政放权、切实创新监管方式、持续优化纳税服务”进行。深化“放管服”改革，对广西营商财税环境优化提出了完善财税优惠备案措施、优化财税行政审批、简化表单项目填报、简化迁移注销流程、精简涉财涉税事项检查、对接广西政务平台、压缩企业业务办理时间、提高发票服务效率等任务和要求。

2. 影响广西营商财税环境发展的地方财税政策前景

2019～2020 年广西将继续结合本地区实际，实施好中央的减税降费政策。配合中央优化营商财税环境政策部署制定本地区具体实施方案，让服务更加优质高效，让政策更加衔接有序、落地有声。并且在中国（广西）自由贸易试验区经济建设的地方财税政策制定中，积极创新优化营商环境，发挥先行先试的勇气、敢行敢试的担当、快行快试的精神、善行善试的本领。

附录：财税经济社会指标说明

一　财税收支指标

（一）财政收支

1. 财政收支水平 = 财政收支总额/GDP 总量

2. 全国平均财政收支水平 = 分别计算 31 个省份财政收支水平/31（省份）

3. 人均财政收支 = 财政收支总额/人口总量（常住人口）

4. 财政收支缺口 =（一般公共预算支出 - 一般公共预算收入）/一般公共预算支出

（二）财政收入

5.（地方）财政收入 =（地方本级）一般公共预算收入

一般公共预算收入 = 税收收入 + 非税收入

非税收入 = 纳入一般公共预算管理的部分非税收入项目

6. 全国（东部地区、中部地区、西部地区）平均财政收入水平 = 全国（东部地区、中部地区、西部地区）一般公共预算收入/GDP

7. 地方财政收入水平 = 地方一般公共预算收入/GDP

8. 人均财政收入 = 一般公共预算收入/人口总量（常住人口）

（三）税收收入

9. 税收收入 = 全部税种收入（国内收入）+ 进口"两税"收入 - 出口退税

进口“两税”收入 = 进口增值税收入 + 进口消费税收入

出口退税 = 出口退增值税 + 出口退消费税 + 出口免抵调税等

10. 人均税收收入 = 税收收入总额/人口总量

人均地方本级税收收入 = 地方本级税收收入/人口总量

11. 中央和地方本级税收收入

（1）中央本级税收收入

中央本级税收（2018 年起）= 中央税种收入（消费税 + 车辆购置税）+ 进口“两税”（进口消费税 + 进口增值税）+ 中央固定收入（邮政、金融、石油、电力等规定企业总分机构缴纳的企业所得税、城市维护建设税，海洋石油企业缴纳的资源税，股票交易印花税）+ 共享税中中央分享部分（国内增值税 50%，其余企业所得税 60%，个人所得税 60%）。

中央本级税收（2003 ~ 2017 年）= 中央税种收入（消费税 + 车辆购置税）+ 进口“两税”（进口消费税 + 进口增值税）+ 国内增值税 75% + 国税征收的营业税 + 企业所得税 60% + 个人所得税 60%。

中央本级税收（2002 年）= 中央税种收入（消费税 + 车辆购置税）+ 进口“两税”（进口消费税 + 进口增值税）+ 国内增值税 75% + 国税征收的营业税 + 企业所得税 50% + 个人所得税 50%。

中央本级税收（2000 ~ 2001 年）= 中央税种收入（消费税 + 车辆购置税）+ 进口“两税”（进口消费税 + 进口增值税）+ 国内增值税 75% + 国税征收的营业税 + 企业所得税（外资企业除外）+ 个人所得税（国税征收的个人利息所得税）。

（2）地方本级税收收入

地方本级税收 = 地方税种收入 + 共享税种收入中地方分享部分（共享税种收入 - 中央分享部分）。

（3）说明

2018 年“营改增”全面改革后，中央与地方国内增值税分享比例调整为五五分成。1994 年（税制全面改革）至 2017 年，中央与地方国内增值税分享比例为 75∶25。

中央与地方营业税分享：1994～2017 年，各银行总行、保险公司总公司集中缴纳的部分归中央，其余归地方。2018 年“营改增”后，无此税。

中央与地方企业所得税分享比例：2000～2001 年，地方分享外资企业所得税（外资银行归中央），其余由中央分享。2002 年，中央与地方分享比例为 50∶50，2003 年起调整为 60∶40。

中央与地方个人所得税分享比例：2000～2001 年，除规定的个人利息所得税归中央外，其余全部归地方。2002 年分享比例为 50∶50。2003 年起调整为 60∶40。

中央与地方股票交易印花税分享比例：1994～1996 年，中央与地方各分享 50%。1997 年调整为 88∶12，2000 年调整为 91∶9，2001 年调整为 94∶6，2002 年调整为 97∶3。2003 年起全部归中央（股票以外印花税一直给地方）。股票交易印花税只在上海和深圳证券交易所征收，全国大部分省份无此项收入。因此，税收统计中，印花税可归入地方税种收入。

资源税中归属中央分享部分收入主要由国家税务总局海洋石油管理局负责征管，城市维护建设税归属中央收入部分主要由规定行业的企业集团总部所在税务机构（集中北京）负责征收，大部分省级税收总额中无此项收入。因此，税收统计中，上述两税种可视同“准地方税种”，归入地方税种收入。

12. 税类收入

（1）税类收入（基于税收收入的行政归属）＝中央税种收入＋共享税种收入＋地方税种收入

中央税种收入＝消费税收入＋车辆购置税收入

共享税种收入＝增值税收入＋企业所得税收入＋个人所得税收入＋资源税收入＋城市维护建设税收入＋印花税收入

地方税种收入＝土地增值税收入＋房产税收入＋城镇土地使用税收入＋耕地占用税收入＋契税收入＋车船税收入＋烟叶税收入＋环境保护税收入

（2）税类收入（基于课税对象）＝货物劳务税类收入＋所得税类收入＋财产税类收入＋其他税种收入

货物劳务税类收入 = 国内增值税收入（营业税收入） + 国内消费税收入 + 车辆购置税收入

所得税类收入 = 企业所得税收入 + 个人所得税收入 + 土地增值税收入

财产税类收入 = 房产税收入 + 城镇土地使用税收入 + 耕地占用税收入 + 契税收入 + 资源税收入 + 车船税收入

其他税种收入 = 税类收入 − 货物劳务税类收入 − 所得税类收入 − 财产税类收入

13. 主要税种收入 = 增值税收入 + 企业所得税收入 + 个人所得税收入

14. 产业税收收入 = 第二产业税收 + 第三产业税收（第一产业为低税或无税产业，不计入统计）

第二产业税收收入 = 工业税收收入 + 建筑业税收收入

第三产业税收收入 = 第三产业各行业税收的总和

15. 企业税收收入 = 大型企业税收收入 + 中型企业税收收入 + 小型企业税收收入

16. 经济类型税收收入 = 国有企业税收收入 + 私营企业税收收入 + 外资企业税收收入 + 港澳台企业税收收入 + 个体经营税收收入

非国有企业税收收入 = 民营企业税收收入 = 经济类型税收收入 − 国有企业税收收入

涉外企业税收收入 = 外资企业税收收入 + 港澳台企业税收收入

17. 分区域税收收入

区域税收收入 1 = 广西三大经济区税收收入 = 北部湾经济区（4 市、6 市）税收收入 + 桂西资源富集区 + 珠江—西江经济带广西七市税收收入

区域税收收入 2 = 广西 14 个地级市税收收入

（四）财政支出

18. 财政总支出规模 = 财政总支出的相对规模（不变价） = 一般公共预算支出规模（不变价）

（1） 地方财政总支出 = 地方本级一般公共预算支出规模

（2）财政支出结构

财政民生支出 = 教育支出 + 科学技术支出 + 文化体育与传媒支出 + 社会保障和就业支出 + 医疗卫生和计划生育支出 + 节能环保支出 + 城乡社区支出 + 农林水支出 + 交通运输支出 + 商业服务业等支出 + 国土资源气象等支出 + 住房保障支出 + 粮油物资储备支出（13 类）

生态环境支出 = 节能环保支出

（3）基本公共服务财政支出

各项基本公共服务财政支出 = 基本公共服务财政支出结构 = 底线生存服务财政支出 + 公众发展服务财政支出 + 基本环境服务财政支出

底线生存服务财政支出 = 社会保障服务财政支出

公众发展服务财政支出 = 基础教育服务财政支出 + 基本医疗服务财政支出 + 公共文化服务财政支出

基本环境服务财政支出 = 环境保护服务财政支出

基本公共服务财政支出负担 = 基本公共服务财政支出总量/GDP

人均基本公共服务财政支出 = 基本公共服务财政支出总量/人口总量

19. 全国平均财政支出水平 = 全国财政支出/GDP

20. 人均财政支出 = 财政总支出/人口总量（常住人口）

二　财税负担指标

（一）财政负担

21. 财政收入负担 = 财政收入总额/GDP（GDP - 第一产业增加值 = 第二、第三产业 GDP）

财政总收入负担 = 财政总收入总额/GDP = 一般公共预算收入负担 = 税收负担 + 非税收入负担

一般公共预算收入负担 = 一般公共预算收入/GDP

非税收入负担 = 非税收入/GDP

地方债务收入负担 = 地方债务收入/GDP

社会保障费收入负担 1 = 社会保障费收入/GDP（即产业提供的社会保障费收入）

社会保障费收入负担 2 = 社会保障费收入/城镇就业人员工资总额（即个人负担的社会保障费；统计年鉴缺乏全社会个人收入总额指标或城乡就业人员工资总额指标，因此使用城镇就业人员工资总额指标替代）

（二）税收负担（经济对税收的贡献）

22. 宏观税负

宏观税负 1 = 税收总额/（第二、第三产业）GDP（GDP－第一产业增加值）

宏观税负 2 = （税收总额 + 社会保障费）/GDP

23. 中央和地方本级税收负担

中央本级税负 = 中央本级税收总额/GDP

地方本级税负 = 地方本级税收总额/GDP

24. 税类收入负担

（1）基于税收收入行政归属的分类

中央税种收入负担 = 中央税种收入/GDP

共享税种收入负担 = 共享税种收入/GDP

地方税种收入负担 = 地方税种收入/GDP

（2）基于课税对象的分类

货物劳务税类负担 = 货物劳务税类收入/GDP

所得税类负担 = 所得税类收入/GDP（即 GDP 贡献的所得税收入，而非企业和个人负担的所得税）

财产税类负担 = 财产税类收入/（第二、第三产业）GDP（即 GDP 贡献的财产税收入，而非企业和个人负担的财产税）

25. 主要税种收入负担

增值税（+营业税）负担 = 增值税（+营业税）收入/GDP

企业所得税负担 1 = 企业所得税负担/企业利润（即企业负担的企业所得税）

企业所得税负担 2 = 企业所得税/GDP（即 GDP 贡献的企业所得税）

个人所得税负担 1 = 个人所得税/城镇就业人员工资总额（统计年鉴上缺乏个人收入总额或城乡就业人员工资总额指标和数据，此为替代指标）

个人所得税负担 2 = 个人所得税/GDP（即 GDP 贡献的个人所得税）

26. 分产业分行业税收负担

（1）分产业税收负担

第二产业税收负担 = 第二产业税收/第二产业增加值

工业税收负担 = 工业税收/工业增加值

制造业税收负担 = 制造业税收/制造业增加值

第三产业税收负担 = 第三产业税收/第三产业增加值

（2）第二产业分行业分税种税收负担

工业增值税负担 = 工业增值税/工业增加值

制造业增值税负担 = 制造业增值税/制造业增加值

工业企业所得税负担 = 工业企业所得税/工业利润

制造业企业所得税负担 = 制造业企业所得税/制造业利润

27. 分经济类型税收负担

国有企业税收负担 = 国有企业税收/国有企业增加值

非国有企业税收负担 = 非国有企业税收/非国有企业增加值

私营企业税收负担 = 私营企业税收/私营企业增加值

外资企业税收负担 = 外资企业税收/外资企业增加值

港澳台企业税收负担 = 港澳台企业税收/港澳台企业增加值

涉外企业税收负担 = 涉外企业税收/涉外企业增加值

个体经营税收负担 = 个体经营企业税收/个体经营企业增加值

28. 分企业规模税收负担

大型企业税收负担 = 大型企业税收/大型企业增加值

中型企业税收负担 = 中型企业税收/中型企业增加值

小型企业税收负担 = 小型企业税收/小型企业增加值

29. 分区域税收负担

区域税收负担 1 = 广西三大经济区税负 = 北部湾经济区（4 市、6 市）税负 + 桂西资源富集区税负 + 珠江—西江经济带广西七市税负 = 北部湾经济区（4 市、6 市）税收收入/北部湾经济区（4 市、6 市）GDP + 桂西资源富集区税收收入/GDP + 珠江—西江经济带广西七市税收收入/GDP

区域税收负担 2 = 广西 14 个地级市税收负担 = 各市税收收入/各市GDP

30. 进出口税收负担

进口“两税”负担 = 进口两税/进口贸易总额

出口退税负担 = 出口退税/出口贸易额

三　财税收入弹性系数（财税收入增长）

（一）财政收入弹性系数

31. 财政总收入弹性系数 = 财政总收入增长百分比/GDP 增长百分比 =（财政总收入增量/上一年财政总收入总量）/（GDP 增量/上一年 GDP 总量）

一般公共预算收入弹性系数 = 一般公共预算收入增长百分比/GDP 增长百分比 =（一般公共预算收入增量/上一年一般公共预算收入总量）/（GDP 增量/上一年 GDP 总量）

非税收入弹性系数 = 非税收入增长百分比/GDP 增长百分比 =（非税收入增量/上一年非税收入总量）/（GDP 增量/上一年 GDP 总量）

地方债务收入弹性系数 = 地方债务收入增长百分比/GDP 增长百分比 =（地方债务收入增量/上一年地方债务收入量）/（GDP 增量/上一年 GDP 总量）

社会保障费收入弹性系数 1 = 社会保障费收入增长百分比/GDP 增长百分比 =（社会保障费收入增量/上一年社会保障费收入量）/（GDP 增量/上一年 GDP 总量）

社会保障费收入弹性系数 2 = 社会保障费收入增长百分比/城镇就业人员工资总额增长百分比 = （社会保障费收入增量/上一年社会保障费收入量）/（城镇就业人员工资总额增量/上一年城镇就业人员工资总额总量）

32. 基本公共服务财政支出增长

（1）基本公共服务财政支出增长 = 基本公共服务财政支出增量/上一年基本公共服务财政支出总量

社会保障服务财政支出增长 = 社会保障服务财政支出增量/上一年社会保障服务支出总量

基础教育服务财政支出增长 = 基础教育服务财政支出增量/上一年基础教育服务支出总量

基本医疗服务财政支出增长 = 基本医疗服务财政支出增量/上一年基本医疗服务支出总量

公共文化服务财政支出增长 = 公共文化服务财政支出增量/上一年公共文化服务支出总量

基本环境服务财政支出倾斜 = 环境保护服务财政支出/一般公共预算支出

（2）人均基本公共服务财政支出增长 = 人均基本公共服务财政支出增量/上一年人均基本公共服务支出总量

（二）税收收入弹性系数

33. 税收收入弹性系数 = 税收收入增长百分比/GDP 增长百分比 = （税收收入增量/上一年税收总量）/（GDP 增量/上一年 GDP 总量）

34. 货物劳务税类收入弹性系数 = 货物劳务税类收入增长百分比/GDP 增长百分比

35. 分产业分行业税收弹性系数

（1）分产业税收弹性系数

第二产业税收弹性系数 = 第二产业税收收入增长百分比/第二产业增加值增长百分比

工业税收弹性系数＝工业税收收入增长百分比/工业增加值增长百分比

制造业税收弹性系数＝制造业税收收入增长百分比/制造业增加值增长百分比

第三产业税收弹性系数＝第三产业税收收入增长百分比/第三产业增加值增长百分比

（2）第二产业分行业分税种税收弹性系数

工业增值税弹性系数＝工业增值税收入增长百分比/工业增加值增长百分比

制造业增值税弹性系数＝制造业增值税收入增长百分比/制造业增加值增长百分比

工业企业所得税弹性系数＝工业企业所得税收入增长百分比/工业利润增长百分比

制造业企业所得税弹性系数＝制造业企业所得税收入增长百分比/制造业利润增长百分比

36. 分经济类型税收弹性系数

国有企业税收弹性系数＝国有企业税收收入增长百分比/国有企业增加值增长百分比

民营企业税收弹性系数＝民营企业税收收入增长百分比/非国有企业增加值增长百分比

私营企业税收弹性系数＝私营企业税收收入增长百分比/私营企业增加值增长百分比

外资企业税收弹性系数＝外资企业税收收入增长百分比/外资企业增加值增长百分比

港澳台企业税收弹性系数＝港澳台企业税收收入增长百分比/港澳台企业增加值增长百分比

涉外企业税收弹性系数＝涉外企业税收收入增长百分比/涉外企业增加值增长百分比

个体经营税收弹性系数＝个体经营企业税收收入增长百分比/个体经营企业增加值增长百分比

37. 分区域税收收入弹性系数

区域税收收入弹性系数 1 = 北部湾经济区（4 市、6 市）税收弹性系数 + 桂西资源富集区税收弹性系数 + 珠江—西江经济带广西七市税收弹性系数 = 北部湾经济区（4 市、6 市）税收收入增长百分比/北部湾经济区（4 市、6 市）GDP 增长百分比 + 桂西资源富集区税收收入增长百分比/GDP 增长百分比 + 珠江—西江经济带广西七市税收收入增长百分比/GDP 增长百分比

区域税收收入弹性系数 2 = 广西 14 个地级市税收收入弹性系数 = 各市税收收入增长百分比/各市 GDP 增长百分比

38. 进出口税收收入弹性

进口"两税"收入弹性 = 进口"两税"收入增长百分比/进口贸易总额增长百分比

出口退税弹性 = 出口退税总额增长百分比/出口贸易总额增长百分比

四　对财税收支依存度（财税收入贡献度）

（一）对财政收入依存度

39. 对一般公共预算收入的依存度 = 一般公共预算收入/一般公共预算收入总计（相对收入） = 一般公共预算收入/一般公共预算支出（相对支出）

地方财政自给率 = 地方一般公共预算收入/地方一般公共预算支出

40. 对非税收入依存度 = 非税收入/一般公共预算收入（收入） = 非税收入/一般公共预算支出（支出）

对土地出让预算收入的依存度 = 国有土地出让预算收入/一般公共预算收入（收入） = 国有土地出让预算收入/一般公共预算支出（支出）

对国有资本经营预算收入依存度 = 国有资本经营预算收入/一般公共预算收入（收入） = 国有资本经营预算收入/一般公共预算支出（支出）

41. 对上级财政依存度 = 中央补助收入/一般公共预算收入 = 中央补助收入/一般公共预算支出

42. 对地方债务的依存度 = 地方债务收入/一般公共预算收入总计（收入）= 地方债务收入/一般公共预算支出（支出）

（二）对税收收入依存度

43. 对税类收入依存度

（1）税类收入依存度（基于收入行政层级归属）

中央税种收入依存度 = 中央税种收入/税收总额

共享税种收入依存度 = 共享税种收入/税收总额

地方税种收入依存度 = 地方税种收入/税收总额

（2）税类收入（基于课税对象）

货物劳务税类收入依存度 = 货物劳务税类收入/税收总额

所得税类收入依存度 = 所得税类收入/税收总额

财产税类收入依存度 = 财产税类收入/税收总额

44. 主要税种收入依存度

增值税收入依存度 = 增值税收入/税收总额

企业所得税收入依存度 = 企业所得税收入/税收总额

个人所得税收入依存度 = 个人所得税收入/税收总额

45. 产业税收收入依存度

第二产业税收收入依存度 = 第二产业税收收入/税收总额

第三产业税收收入依存度 = 第三产业税收收入/税收总额

46. 企业规模税收收入依存度

大型企业税收收入依存度 = 大型企业税收收入/税收总额

中型企业税收收入依存度 = 中型企业税收收入/税收总额

小型企业税收收入依存度 = 小型企业税收收入/税收总额

47. 经济类型税收收入依存度

国有企业税收收入依存度 = 国有企业税收收入/税收总额

民营企业税收收入依存度 = 民营企业税收收入/税收总额

涉外企业税收收入依存度 = 涉外企业税收收入/税收总额

私营企业税收收入依存度 = 私营企业税收收入/税收总额

个体经营税收收入依存度 = 个体经营税收收入/税收总额

48. 分区域税收收入依存度

北部湾经济区（4 市、6 市）税收收入依存度 = 北部湾经济区（4 市、6 市）税收收入/税收总额

桂西资源富集区税收依存度 = 桂西资源富集区税收收入/税收总额

珠江—西江经济带广西七市税收依存度 = 珠江—西江经济带广西七市税收收入/税收总额

各市税收收入依存度 = 各市税收收入/税收总额

（三）财政支出倾斜度

49. 财政支出倾斜度 = 某一类财政支出/财政总支出

（1）一般公共服务支出倾斜 = 一般公共服务支出/一般公共预算支出

财政民生支出倾斜 = 民生支出/一般公共预算支出

生态环境支出倾斜 = 节能环保支出/一般公共预算支出

（2）基本公共服务财政支出倾斜 = 基本公共服务支出/一般公共预算支出

社会保障服务财政支出倾斜 = 社会保障服务财政支出/一般公共预算支出

基础教育服务财政支出倾斜 = 基础教育服务财政支出/一般公共预算支出

基本医疗服务财政支出倾斜 = 基本医疗服务财政支出/一般公共预算支出

公共文化服务财政支出倾斜 = 公共文化服务财政支出/一般公共预算支出

环境保护服务财政支出倾斜 = 环境保护服务财政支出/一般公共预算支出

五　税收贡献与经济贡献匹配度（税收增长贡献与经济增长贡献匹配度）

（一）税收贡献与经济贡献匹配度

50. 产业税收贡献与产业贡献匹配度

产业（经济成分、企业规模、区域）税收贡献率 = 产业（经济成分、

企业规模、区域）税收增加值/税收总量×100%

产业（经济成分、企业规模、区域）经济贡献率＝产业（经济成分、企业规模、区域）增加值/GDP 总量×100%

（二）税收增长贡献与经济增长贡献匹配度

51. 产业税收增长贡献与产业增长贡献匹配度

产业（经济成分、企业规模、区域）税收增长贡献率＝产业（经济成分、企业规模、区域）税收增量/税收总量的增量×100%

产业（经济成分、企业规模、区域）经济增长贡献率＝产业（经济成分、企业规模、区域）增加值的增量/GDP 总量的增量×100%

（三）税收对经济增长的贡献度

52. 税收对经济增长的贡献度＝税收对经济增长的贡献率×当年经济增长率

六　GDP 指标

（一）现价与不变价的 GDP 和财税收入指标

53. GDP 统一使用（第二、第三产业）GDP 口径（第一产业为低税或无税产业）

财政年鉴和税务年鉴的财政和税收统计指标都是现价口径，而统计年鉴和统计网站发布的 GDP 指标有现价与不变价，特别是经济增长率指标主要是不变价的指标，本报告一般使用现价的财政、税收和 GDP 指标。

如果内文标注财政、税收和 GDP 指标，则表示使用的是不变价的财政、税收和 GDP 指标。

（二）人均 GDP

54. 人均 GDP＝GDP/人口总量（常住人口）

主要参考文献

陈光 . 2015. 促进区域经济协调发展的地方税收政策探讨——以广西为例 [J]. 经济研究参考，(23)：63 – 67.

付广军 . 2019. 2018 年中国税收形势分析预测及 2019 年初步展望 [A] //李平 . 2019 年中国经济形势分析与预测 [C]. 北京：社会科学文献出版社 .

郭庆旺 . 2019. 减税降费的潜在财政影响与风险防范 [J]. 管理世界，35 (6)：1 – 10，194.

何辉，樊艺璇 . 2018. 出口退税与出口贸易：中国经验数据实证检验 [J]. 税务研究，405 (10)：104 – 110.

霍军，秦大磊，孔祥军 . 2017. 广西县域税收发展的问题与对策分析 [J]. 经济研究参考，(47)：22 – 24，29.

李平 . 2019. 2019 年中国经济形势分析与预测 [M]. 北京：社会科学文献出版社 .

李顺明，冯敏，王单娜 . 2010. 促进广西北部湾经济区开发建设的财税政策研究 [J]. 广西财经学院学报，23 (1)：24 – 29.

刘德吉 . 2013. 基本公共服务均等化：基础、制度安排及政策选择 [M]. 上海：上海交通大学出版社 .

庞凤喜，杨雪 . 2018. 优化我国税收营商环境研究——基于世界银行 2008 ~ 2018 年版营商环境报告中国得分情况分析 [J]. 东岳论丛，(12)：124 – 131.

普华永道，世界银行 . 2019 – 06 – 15. 2019 年世界纳税报告 [EB/OL]. https：//max. book118. com/html/2018/1127/7046125153001161. shtm.

人大重阳.2018. 中国各地区财政发展指数2018年报告［R］. 人大重阳“中国财税研究报告”第7期.

商务部综合司.2020－06－15. 中国对外贸易形势报告（2020年春季）［EB/OL］. http：//www. mofcom. gov. cn/article/gzyb/.

夏杰长.2008. 大力推进民生财政的意义与思路［J］. 领导之友，(3)：29.

杨君昌，曾军平.2008. 关于城乡公共服务均等化问题的思考［J］. 上海财经大学学报，(6)：87－91.

粤港澳大湾区研究院.2018－12－03. 2018年中国城市营商环境评价报告［EB/OL］. https：//www. useit. com. cn/thread－21400－1－1. html.

Nakamura E.，Steinsson J. 2014. Fiscal stimulus in a monetary union：evidence from US regions［J］. The American Economic Review，104（3）：753－792.

Ravallion M. 2013. How long will it take to lift one billion people out of poverty?［J］. The World Bank Research Observer，28（2）：139－158.

图书在版编目(CIP)数据

广西财税与经济社会发展报告．2019／广西财经学院广西（东盟）财经研究中心著．--北京：社会科学文献出版社，2021.4
ISBN 978-7-5201-7891-4

Ⅰ．①广… Ⅱ．①广… Ⅲ．①区域经济发展-研究报告-广西-2019②社会发展-研究报告-广西-2019
Ⅳ．①F127.67

中国版本图书馆CIP数据核字（2021）第026349号

广西财税与经济社会发展报告（2019）

著　者／广西财经学院广西（东盟）财经研究中心

出 版 人／王利民
组稿编辑／恽　薇
责任编辑／孔庆梅

出　版／社会科学文献出版社·经济与管理分社（010）59367226
地址：北京市北三环中路甲29号院华龙大厦　邮编：100029
网址：www.ssap.com.cn
发　行／市场营销中心（010）59367081　59367083
印　装／三河市龙林印务有限公司

规　格／开　本：787mm×1092mm　1/16
印　张：27.25　字　数：417千字
版　次／2021年4月第1版　2021年4月第1次印刷
书　号／ISBN 978-7-5201-7891-4
定　价／168.00元